普通高等教育精品系列教材
（该教材得到西南民族大学省部级规划教材培育项目资助）

创业学：理论与实践

CHUANGYEXUE：
LILUN YU SHIJIAN

主　编◎冯　旭　鲁若愚
副主编◎白　龙　邓添予　燕宇飞

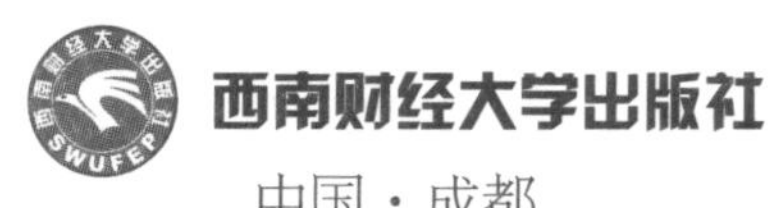

西南财经大学出版社
中国·成都

图书在版编目(CIP)数据

创业学:理论与实践 / 冯旭,鲁若愚主编;白龙,邓添予,燕宇飞副主编.--成都:西南财经大学出版社,2025. 6. --ISBN 978-7-5504-6757-6

Ⅰ. F241. 4

中国国家版本馆 CIP 数据核字第 20255X0K04 号

创业学:理论与实践

主　编　冯　旭　鲁若愚

副主编　白　龙　邓添予　燕宇飞

策划编辑:何春梅

责任编辑:李　才

责任校对:李思嘉

封面设计:墨创文化

责任印制:朱曼丽

出版发行	西南财经大学出版社(四川省成都市光华村街 55 号)
网　　址	http://cbs. swufe. edu. cn
电子邮件	bookcj@ swufe. edu. cn
邮政编码	610074
电　　话	028-87353785
照　　排	四川胜翔数码印务设计有限公司
印　　刷	郫县犀浦印刷厂
成品尺寸	185 mm×260 mm
印　　张	21. 125
字　　数	501 千字
版　　次	2025 年 6 月第 1 版
印　　次	2025 年 6 月第 1 次印刷
印　　数	1—2000 册
书　　号	ISBN 978-7-5504-6757-6
定　　价	49. 80 元

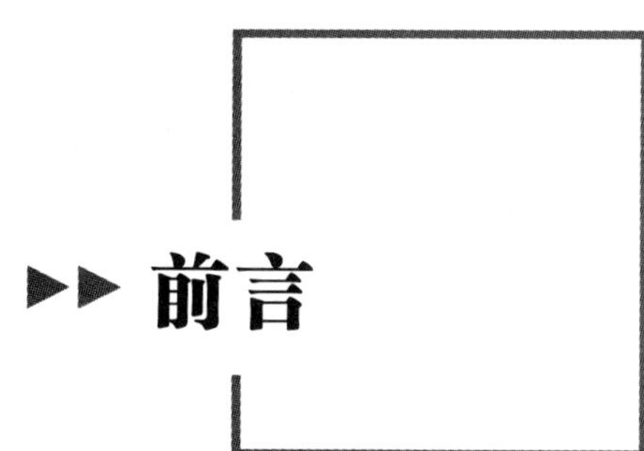

前言

2002年作者师从电子科技大学管理学院鲁若愚教授，开始从事创新创业研究，硕士和博士阶段辗转四川大学和电子科技大学，最早专注于创新研究。2008年电子科技大学创新与创业研究中心成立农民创业讲习所，其间作者跟随鲁若愚教授在四川雅安、彭州、新津等地从事农民创业教育教学活动，自此开始接触创业教育，但还是从管理视角教授学生创业课程。

2012年开始作者从事博士后研究工作，研究方向为创业管理，在博士后进站时听从导师建议，开始参与创业实践。最早的创业项目主要是基于互联网的企业管理咨询和培训，在创业过程中深刻体会到创业的知易行难，遇到了太多的挑战，也承受了太多的挫折。

2014年作者有幸接触猪八戒网的天使投资机构——易一天使及其总经理曹日辉先生，在与曹日辉先生的交流过程中，开始了解和认识精益创业及其在创业实践中的价值。随后，作者尝试把精益创业理论付诸实践，也尝试把精益创业理论带进大学课堂。2014年开始作者在西南民族大学开设"精益创业实战"的通识选修课，在开展精益创业实践的同时，也以精益创业理论指导学生开展创业实践。在此期间作者指导并深度参与学生创业项目"租立耶""企管家"等，虽然项目都没有获得大的成功，但是项目都连续经营三年以上，其中"企管家"项目年营业额已经突破百万，并且保持百分之百的增长。多年的创业实践与科研促进了创新创业教学活动的发展，作者负责的创业课程先后被认定为国家级、省级社会实践一流课程，作者也先后获得四川省教学创新大赛二等奖、三等奖等奖项。

本教材的主编是冯旭与鲁若愚，副主编是白龙、邓添予、燕宇飞。此外，陈小艳、晋邑、霍丽莎也参与了教材的编写，谢鹏晶、饶淑琪、张文青、赵淯及谢炎等研究生参与了数据整理工作，这里一并予以感谢！

本教材具有以下特点：

第一，作者都具有丰富的创业教学及实践的经验。白龙老师长期指导学生参加创新创业活动，获得"挑战杯"全国大学生系列科技学术竞赛一等奖、"创青春"全国大学生创业大赛二等奖、四川省大学生创新创业课程指导大赛一等奖等多项奖励；邓添予老师主讲的创业课程获得四川省青教赛三等奖，指导的学生获得中国“互联网+”大学生创新创业大赛国赛银奖及铜奖、四川省大赛金奖。

第二，拥有配套的在线视频，能够帮助学生更好地将教材与视频教学内容结合，掌握创业基础知识。

第三，强调创业的思政与实践。每章末都有与创业内容融合的课程思政内容，还有与课程内容配合的课上或课下的创业实践项目。

由于时间仓促，书中难免有疏漏之处，恳请各位专家学者和广大读者批评指正。

冯旭

2024.12.4

目录

127/ 6 商业模式

159/ 7 创业资源整合

1 创新创业概要

【核心问题】

1. 创新创业课程包含哪些内容？
2. 创业分为哪些类型？
3. 创新分为哪些类型？
4. 创业的定义是什么？
5. 创业的动机包括哪些？
6. 什么是创新创业思维？
7. 创业思维的五大原则是什么？

【学习目的】

1. 了解创新创业的主要概念。
2. 了解中国创业活动的起源与发展。
3. 认识创业的好处，树立创业思维和创新精神。
4. 了解效果推理理论的含义。
5. 理解创业思维的五大原则。
6. 理解精益创业的核心思想及行动逻辑。

【引例】

邓小燕：青春是稻花香的味道

2023 年 6 月 14 日，四川省广元市剑阁县普安镇赶集现场，广元耕鑫农业有限公司总经理邓小燕和团队正通过公益赶集直播的形式帮集上的老乡推广、宣传和销售土鸡蛋、折耳根、背篓等农产品；第二天，邓小燕又来到四川省眉山市青神县汉阳镇云插秧现场，通过直播形式展示大米如何从田间到餐桌，宣传、推广家乡的贡米；刚下播，邓小燕又和团队商量接下来的日程。连日来，邓小燕马不停蹄地奔走在推动乡村振兴的路上……

让“小贡米”走出大山

1989 年出生的邓小燕，性格开朗活泼，身上总是散发着一种热情、阳光的感染力，充满正能量。

小时候，邓小燕的梦想是成为一名教师。19 岁那年，她如愿考进西南民族大学，攻读音乐教育学专业。随着父母年龄渐长，挣钱养家的重担便落在了邓小燕尚且有些稚嫩的肩膀上。思索许久，她放弃了儿时的梦想，孤身一人踏上了南下珠海的火车。她在服装店卖过服装，在芯片厂数过芯片，在公司做过前台……忙碌的打工生活中，邓小燕一边提升自我，一边寻找着更好的机会。经过多次简历投递，邓小燕被深圳一家环保公司录用，成为一名农村污水处理从业者。她参与建设了珠海市多个幸福村污水处理项目，因为成绩突出，被评为珠海市“幸福使者”，短短一年多时间就获得了年薪 20 万元的待遇。

身处热闹繁华大城市的邓小燕，看着沿海农村的发达程度，常常想起自己贫瘠的家乡，她总想为家乡做点什么。2015 年，邓小燕带着在大城市开阔的眼界和积累的经验返回了家乡。

邓小燕的家乡东宝镇位于四川省广元市剑阁县西部。充足的光照、宜人的气候、得天独厚的土壤孕育出的稻米粒粒饱满、色泽莹润，做出的米饭香软可口，在唐朝就是贡米。受制于传统种植方式，一直以来，稻米产量不高，贡米并没能给村民带来良好的经济收益。

“这么好的米，不能就这样困在大山里。”2015 年，邓小燕返乡创业的第一件事就是让“小贡米”走出大山。

返乡创业的第一年，邓小燕引种“越年再生稻”100 亩（1 亩≈666.67 平方米。下同），可由于对水稻种植技术和管护不熟悉，最终以失败告终，花光了 40 万元积蓄。“一个没下过地的女娃娃，能靠水稻带动致富吗？”乡亲们的质疑声此起彼伏。是坚持还是放弃？邓小燕在心中不停地斗争着，最终不服输的她咬牙坚持了下来。

邓小燕重整旗鼓，那一年的每一天，她几乎都在路上，车子一年开了 7 万公里，四处考察学习，到全国各地学习技术，邀请科研院所专家选育优良品种、走进田间地头指导种植。通过对当地土壤、水质、气候进行专业分析，她最终选择了川优 6203 水稻品种。2016 年，邓小燕采用先进覆膜育秧技术试种的良种水稻大获丰收，卖了好价钱，越来越多的村民主动加入。邓小燕又以核心产区为示范，严格按照有机标准生产，成立了广元耕鑫农业有限公司，打造出属于自己的贡米品牌，产品一上市便成为“抢手货”。

多元经营，持续发展

后来，邓小燕又相继开通了淘宝、京东、微店几大电商平台，通过直播带货促进销售，以统一生产计划、生产资料、技术培训、技术规程、品牌包装和保护价回收的“五统一保”方式运作，走上规模化种植优质水稻之路。如今，“东宝贡米”的价格稳定在每公斤20元左右，优质水稻种植面积超过1万亩，带动周边8个镇的2 000多村民人均年增收约1.2万元。

为更好地带动乡亲共同致富，邓小燕的公司采取“土地流转+土地入股+订单回购”生产利益联结模式，在东宝镇双西村、长梁村，武连镇寨桥村等地开启规模化种植，公司优先让妇女就业，优先让贫困户就业。公司已实现规模带动种植水稻1万余亩，覆盖8个乡镇19个村，助力728户2 356名村民致富。

“东宝贡米”做成了品牌，卖出了好价，但如何持续发展的问题，摆在邓小燕面前。为此，邓小燕成立了四川燕乡肴传媒科技有限公司，采取“农业产业扶贫+厨房新零售+电商”模式，做线下体验，开设“现碾米·城市打米坊”；向上争取更多的项目资金，建设水稻育秧基地、烘干基地和加工基地、高标准农田基地，改造乡镇集镇，建设双西村村委会贡米文化馆，打造贡米文化之乡，为家乡的贡米产业带去实实在在的效益。

“大米是最普通的农产品，价格会有‘天花板’，要想让老乡得到更多实惠，就必须多元经营。”邓小燕实行“以商招商”的方式，引进了四川福果农业科技有限公司，合伙投资600万元，利用东宝镇长梁村、桐梁村1 200亩土地拓展，建起了脆红李产业园。如今，东宝“女皇李”成为当地又一特色优势产业，持续释放效能。在普安镇、龙源镇，邓小燕引进了四川田木果农业科技有限公司，合伙投资1 000万元，流转承包3 000亩地建设水果产业园，种植春见、猕猴桃等，成功打造集餐饮、观光、体验于一体的农耕体验基地，带动3镇6村1 800户农户通过种植蔬果致富增收。

邓小燕还牵头举办“插秧节”“打谷节”，活动中开展的“爱心认购”“体验购买”“乡村玩乐”等销售方式吸引了成千上万的游客前来体验，不仅健全了自己的产业链条，还为家乡解决了农产品难卖的问题。

“走得再远，也不能忘记为什么出发!”

从大山走出来的邓小燕，也在帮助大山里的乡亲。2020年，她以购代扶，采购凉山州布拖县土豆10万余斤（1斤=500克。下同），给贫困留守儿童送去价值10余万元的生活学习用品。2022年7月，她又向凉山州昭觉县地莫乡中心小学校送去800套桌椅。

2022年6月，剑阁县枇杷、李子、梨子等水果丰产，短时间集中上市带来了滞销难题。面对群众求助，邓小燕组织团队连夜拍视频、搞宣传，在微信朋友圈、抖音直播带货，成功卖出了5万斤枇杷；她还帮助剑阁县、凉山州昭觉县、巴中市等地销售20万余斤李子。

如今，在邓小燕的带货直播间，除了“东宝贡米”，还有菜籽油、腊肉、香肠等几十种当地特色产品，以及资中血橙、攀枝花番茄、甘孜酥油茶、凉山土豆等四川其他地区的优质农产品，每年销量高达5 000余吨。

在邓小燕的影响下，越来越多的年轻人回到家乡。“95后”大学生母沿海就是受到邓小燕创业经历启发而回乡创业的。“作为一名返乡创业者，我会像小燕姐一样，用自己的专业知识为老百姓带来高效育种和高产稳产技术，把科技的种子播撒进乡村的沃土。”母沿海说。

“每一次站在田间地头，都让我看到无限希望，农村的发展大有可为，我要投身农业一线，带动更多农户种好粮，让更多的农产品走出大山，让乡村更美好。”邓小燕望着一望无际的稻田满脸喜悦，憧憬着3个月后进入成熟期的水稻——风过千顷浪，万里稻花香。

返乡8年来，邓小燕带领村民种植优质水稻超过1万亩，带动8镇19村2 000多名群众人均年增收1.2万元。2020年，邓小燕被乡亲们选为双西村党支部委员、村委会委员，2023年她获得了“中国青年五四奖章”。

（案例来源：澎湃新闻. 团十九大·代表风采⑧邓小燕：稻花香飘万里[EB/OL].(2023-07-14).https://m.thepaper.cn/baijiahao_23863909；央视网. 邓小燕：青春是稻花香的味道[EB/OL].(2023-05-05)[2025-02-18].https://news.cctv.com/2023/05/05/ARTI4VCbwf8Mp342M14LWk31230505. shtml.）

1.1 概论

2014年9月时任国务院总理李克强在第八届夏季达沃斯论坛开幕式上的致辞让中国大地掀起了“大众创业”“草根创业”的新浪潮。2014年起国务院及各部委相继出台了300多份激励创业的文件。邓小燕便是这波创业浪潮中的典型代表。

1.1.1 为什么学创新创业

2012年8月教育部办公厅印发了《普通本科学校创业教学基本要求（试行）》，文件要求各高校创造条件，面向全体学生单独开设“创业基础”必修课。那么，大学生为什么要学习创新创业？如果不想创业还需要学习创新创业课程吗？

创新创业与生活、工作息息相关，其基本概念和方法可以广泛应用于工作和生活中。创新是引领发展的第一动力。在如今瞬息万变的新时代，创新能力与创新思维愈发重要。创业不仅是一项活动，更是一种思维方式和精神，是推动人类前行的力量。大学生毕业后到企事业单位、政府机关工作，都需要运用到创新创业的相关知识，而且在日常学习中也会接触到大量的创新创业课程和创新创业活动。

1.1.2 创新创业学什么

大学生通过创新创业课程可以学到有关创新创业的基本知识、基本技能，培养创新创业意识、创新创业思维、创新创业精神。培养创新创业意识的目的并不是要大学生都去创业或马上去创业，而是希望把创新创业的“种子”播撒在大学生心里，当“阳光”“土壤”“水分”“空气”都合适的时候，这些“种子”便会生根发芽。培养创新创业思维则是希望大学生用创新创业的思维去面对、思考、解决工作和生活中的问题。培养创新创业精神则是希望塑造大学生的创新意识、务实精神和独立人格。

1.2 创新创业的内涵

1.2.1 创新的基本概念

熊彼特（Joseph Alois Schumpeter）认为，创新就是把一种从来不曾有过的关于生产要素的新组合引入生产体系。创新的目的在于获取潜在利润。

国内学者陈劲（2021）提出，创新是从新思想（创意）的产生、研究、开发、试制、制造到首次商业化的全过程，是将远见、知识和冒险精神转化为财富的能力，特别是将科技知识和商业知识有效结合并转化为商业价值或社会价值的能力。

1.2.2 创业的基本概念

创业是一种长期并普遍存在的社会现象和人类活动。狭义的创业即指创办一个企业，按照这个定义很容易区分一个人是否在创业。在这种定义下，对于大学生来说创业确实不容易。广义的创业是指创造性地把有价值的想法变成现实的过程。任何一个在不确定环境下开发新产品、新业务的人都是创业者，这样来看很多事情都能够被称为创业——大到创办一个公司，小到去实现一个小小的想法。在创业基础课程中，我们采用广义的创业概念。

1.2.3 主要概念区分

1.2.3.1 创新与创业

创新与创业并不是完全等同的概念，有些创业活动主要是在模仿甚至复制别人的产品、服务以及经营模式，自身并没有什么创新。创业侧重于财富创造，关注市场和顾客，更注重商业化过程，可以表现为把创新商业化，也可以表现为模仿并商业化。基于创新的创业活动更容易形成独特的竞争优势，也有可能为顾客带来新的价值，进而实现更好的成长。

根据创业者的动机不同，创业可以分为机会型创业和生存型创业。机会型创业是指在发现或创造新的市场机会下进行的创业活动，创业者把创业作为其职业生涯中的一种选择。为了更好地抓住机会创业，人们会采取不同的办法。如政府工作人员"下海"、企业职工辞职创业等。生存型创业是指创业者把创业作为其不得不做出的选择，其必须依靠创业为自己的生存和发展谋出路，是为了生存的创业。

二者的区别在于：机会型创业看重的是创业进入新创造出来的市场，而且是大市场和中市场；生存型创业则很少考虑创业是否进入了新市场，即使开辟了新市场，也是小的市场。

1.2.3.2 创新与发明

创新和发明不同：发明是技术上的概念，其结果是发现新事物；创新则是一种经济术语，是将新事物、新思想付诸实践的过程。创新与发明之间并不存在某种必然的联系。创新过程可以始于发明，如将某种发明运用于生产过程中，或将某种新的资源与现有资源组合到一起，以便达到创新的预期目标。同时，创新过程也可以不依赖某种特定的发明，而仅仅对目前的活动进行新的组合，同样也能达到创新的目标。

1.2.3.3　**创新与创造**

创新最简单的定义就是：提出创意并把它商业化。没有创意，就没有创新。创造和创新不同，创造仅仅意味着提出创意，创新还意味着把创意转变为现实，实现商业化。

1.2.3.4　**创新与研发**

研发是一种系统的创造性工作，目的在于丰富有关人类、文化和社会的知识宝库，并利用知识进行新开拓、新应用。研发可分为基础研究、应用研究和试验发展三部分。基础研究指的是以现象和事实为基础的实验或理论工作，主要目的是获取新知识；应用研究指的是对原始数据进行调查研究，针对某个特定应用领域获取新知识，其研究的目的在于解决企业面临的实际问题；试验发展指的是系统的试验工作，把从已有的科学研究和经验中获得的知识，用于新工艺、新产品、新系统和新服务开发，或者用于改进已有的工艺、产品和服务。

因此，研发是一个从创意产生到研究、开发、试制完成的过程。研发强调的是“过程”与“产出”。创新离不开研发，但创新并不等同于研发。

1.3　创新的类型

创新可以从不同角度进行分类。按照创新内容的不同，创新可分为产品创新、工艺（流程）创新、服务创新、商业模式创新四大基本类型。按照创新程度的不同，创新可以分为渐进性创新与突破性创新。按照面向市场的不同，创新还可分为维持性创新与破坏性创新。

1.3.1　产品创新

产品创新，作为满足顾客需求或解决顾客问题的关键途径，其核心目标在于增强产品设计与性能的独特性。产品创新主要涵盖三个类别：元件创新、架构创新和复杂产品系统创新。

首先，当创新导致一个或多个元件的变更而不影响整个系统结构时，我们称之为元件创新。例如，自行车车座通过添加凝胶材料以增强减震效果，这一改进并未改变其余结构，因此属于元件创新的范畴。

其次，若创新引发整个系统结构或组件间作用方式的变革，则被视为架构创新。从功能手机到智能手机的转变，便是一个显著的架构创新实例。

最后，复杂产品系统创新涉及研发投入大、技术含量高且多采取单件或小批量定制生产的大型产品、系统或基础设施，如大型计算机、航空控制系统、高速列车等。此类创新因其复杂性而显得尤为突出。

1.3.2 工艺（流程）创新

工艺（流程）创新，即指在生产及传输产品或服务时所采用的新型方式和方法，包括但不限于对产品加工过程、工艺路线以及设备的创新。此创新的目的在于提升产品质量、降低生产成本、加快生产速度、减少资源消耗以及优化工作环境。

对于制造型企业而言，工艺（流程）创新意味着采用新工艺、新方法，并整合先进的制造技术，以获取在成本、质量、生产周期、产品上市速度以及物流配送效率等方面的优势，同时也增强了企业定制化生产的能力。例如，将自行车制造中的传统材料替换为新型轻质合金材料或碳纤维材料，或将生产线从传统的手工操作升级为自动化生产线，均属于工艺（流程）创新的范畴。

产品创新与工艺（流程）创新往往是相互推动、相辅相成的。一方面，新工艺（流程）的采用往往能推动新产品的开发。例如，先进的纺织技术的引入使得新型面料的生产成为可能，从而推动了服装行业的创新。另一方面，新产品的推出也会催生新的生产工艺（流程）。例如，电动汽车的兴起推动了电池制造技术的革新，进一步提升了电池的能量密度和安全性。

此外，一个企业的产品创新，对于另一个企业来说可能是一种工艺（流程）创新。例如，某机床厂开发出的新款数字机床产品对于使用该产品来加工其他产品的企业来说，能够提高生产速度、质量和效率，也是一种工艺（流程）创新。

1.3.3 服务创新

服务创新，作为当今企业或各类组织不可或缺的发展动力，旨在通过优化服务系统，提高服务质量，提升服务效率，进而创造出新的商业价值和社会价值。随着全球经济的深入发展，服务业的迅猛崛起已成为现代经济的显著特征。中国 2023 年服务业增加值占国内生产总值的比重为 54.6%，对经济增长的贡献率超过 60%。

在欧美等发达国家和地区，服务业的地位愈发凸显。据统计，这些国家服务业的产值占 GDP 的比重已高达 60%~80%，服务业已然成为推动经济发展的主导力量。在这样的背景下，服务业的创新便显得尤为重要，其重要性甚至可以与制造业的技术创新媲美。

服务创新的理论基础根植于技术创新，两者在诸多方面存在密切的联系。技术创新为服务创新提供源源不断的动力，而服务创新则将技术创新的应用范围进一步扩展，使技术创新的价值得以最大化。然而，尽管两者关系密切，但服务业的特殊性使得服务创新具有其独特的特点和战略。

与制造业相比，服务业更加关注人与人之间的交互和体验。因此，服务创新不仅要求技术层面的突破，更需要在服务流程、服务方式、服务内容等方面进行全面优化。例如，餐饮行业通过引入智能化点餐系统、优化菜品搭配、提供个性化服务等措施，不仅提高了服务效率，还极大地提升了顾客的消费体验。

此外，服务创新还需要充分考虑市场需求和消费者心理。在激烈的市场竞争中，只有深入了解消费者需求、提供满足其期望的服务，才能在竞争中脱颖而出。例如，旅游行业通过大数据分析消费者偏好，推出定制化旅游线路、提供个性化旅游服务等方式，赢得了消费者的广泛赞誉。

总之，服务创新是服务业持续发展的重要保障。在全球化、信息化、智能化的时代背景下，企业需要不断探索和创新服务模式，以适应市场变化和消费者需求变化。只有这样，才能在激烈的市场竞争中立于不败之地，实现可持续发展。

1.3.4 商业模式创新

在当今的商业世界，竞争日益激烈，企业间的博弈已不再局限于产品层面的较量。管理学泰斗德鲁克（Peter F. Drucker）（2007）曾深刻指出："当今企业之间的竞争，不是产品之间的竞争，而是商业模式之间的竞争。"这句话为我们揭示了企业成功的核心要素之一——商业模式的创新和独特性。

商业模式，作为一种概念性工具，为企业提供了清晰的商业逻辑蓝图。它不仅描述了公司如何为客户创造价值，还涵盖了公司的内部结构、合作伙伴网络以及关系资本等关键要素。这些要素共同构成了企业实现价值传递以及创造可持续、可盈利性收入的基础。

为了更好地理解和运用商业模式，奥斯特瓦德（Alexander Ostervalder）和皮尼厄（Yves Pigneur）发明了商业模式画布这一工具。这一工具为我们提供了一种通用的语言，用于描述、可视化、评估和创新商业模式。商业模式画布包含了四个主要方面：客户、提供物（产品或服务）、基础设施和财务能力。

在客户方面，商业模式画布强调了客户细分和价值主张的重要性。企业需要深入了解目标客户的需求和偏好，以便为他们提供量身定制的产品或服务。同时，企业还需要明确自身的价值主张，即为什么客户愿意选择我们的产品或服务，以及我们如何与竞争对手区分开来。在提供物方面，商业模式画布关注产品或服务的渠道和客户关系。企业需要选择合适的渠道来推广和销售产品或服务，如线上平台、实体店等。同时，企业还需要建立和维护良好的客户关系，以提高客户满意度和忠诚度。在基础设施方面，商业模式画布涵盖了核心资源、关键业务和重要合作。企业需要拥有足够的资源来支持其运营和发展，如技术、人才、资金等。同时，企业还需要明确自身的关键业务，即那些能够为企业带来核心竞争力的业务活动。此外，企业还需要寻求与合作伙伴建立紧密的合作关系，以实现资源共享和优势互补。在财务能力方面，商业模式画布关注收入来源和成本结构。企业需要明确其收入来源，即产品或服务的定价策略和销售量。同时，企业还需要关注成本结构，以确保在保持盈利的同时实现可持续发展。

通过运用商业模式画布这一工具，企业可以更加全面地审视自身的商业模式，发现其中的优势和不足，从而制定更加有效的战略规划和执行计划。在这个快速变化的时代，只有不断创新和优化商业模式的企业才能立于不败之地。

1.3.5 渐进性创新与突破性创新

根据创新程度的不同，创新可分为渐进性创新与突破性创新。

1.3.5.1 渐进性创新

渐进性创新，作为企业持续发展的动力源泉，指的是在已有技术框架内，对产品、服务或生产流程进行小幅改进与优化。这种创新方式通常侧重于细节的调整和完善，旨在使现有技术的效能最大化，从而巩固企业在市场中的领先地位。

对于许多成熟型企业而言，渐进性创新扮演着至关重要的角色。这些企业往往拥有深厚的市场积淀和稳定的客户群体，而渐进性创新正是它们在不改变核心竞争力的前提下，不断满足消费者日益增长的需求的关键。通过不断优化产品性能、提升服务质量或改进生产流程，企业能够保持其市场地位的稳定，并持续获得消费者的青睐。

虽然渐进性创新具有诸多优点，但它也存在着明显的局限性。首先，由于它主要关注对现有技术的微调和改进，因此很难引领行业的技术革命或开创全新的市场领域。其次，当市场上出现突破性创新时，渐进性创新往往难以应对，因为它缺乏颠覆性的力量来对抗全新的技术和商业模式。

回顾历史，我们可以看到许多企业正是因为忽视突破性创新而遭受了沉重的打击。例如，在数码相机技术的冲击下，许多传统的胶卷相机企业因为过于依赖渐进性创新，未能及时适应市场变化，最终陷入了困境。同样，随着智能手机技术的迅猛发展，许多传统手机制造商也因为未能跟上技术创新的步伐而逐渐失去了市场份额。

这些历史教训提醒我们，企业在追求渐进性创新的同时，也需要时刻关注市场和技术的发展趋势，积极寻找新的增长点和创新机会。只有不断适应市场的变化，积极拥抱突破性创新，企业才能在激烈的竞争中立于不败之地。因此，对于现代企业而言，平衡渐进性创新和突破性创新的关系，将是其实现持续发展的关键所在。

1.3.5.2 突破性创新

突破性创新是导致产品性能主要指标发生巨大变化，对市场规则、竞争态势、产业版图具有决定性影响，甚至导致产业重新洗牌的一类创新。

这类创新蕴含全新的概念与重大的技术突破，往往需要优秀的科学家或工程师花费大量的资金，历时8~10年或更长的时间来实现。这些创新常伴有一系列的产品创新与工艺（流程）创新，以及企业组织创新，甚至导致产业结构的变革。

所有成功的技术型企业都需要渐进性创新来满足当前客户不断变化的需求，由此实现企业的持续成长。但是这些创新还必须周期性地辅以不连续性创新。突破性创新就是典型的不连续性创新。IBM、通用电气、摩托罗拉、惠普、西门子、飞利浦、3M、通用汽车和杜邦等大公司都会有规律地用突破性创新来打断正在进行的渐进性创新。

然而，就算在美国、欧洲和日本等发达国家和地区，突破性创新也极具挑战性和难度。突破性创新的结果，往往失败多于成功。曾经的一项研究表明，在美国风险资本支持的新企业所进行的创新中，只有小部分属于真正的突破性发现和基础技术的改进创新。因为风险基金的生命周期有限（通常为8年），因此并不鼓励投资长期的、高风险项目，尽管这些项目的获利潜力很大。

突破性创新与渐进性创新在创新目标、过程及不确定性等方面都存在显著的不同（见表1-1）。

表1-1 渐进性创新与突破性创新的多角度比较

比较项目	渐进性创新	突破性创新
创新目标	维持与提升现有市场地位	改变游戏规则，实现跨越

表1-1(续)

比较项目	渐进性创新	突破性创新
重点	原有产品成本和性能的提高	开发新产业、产品、工艺
技术	现有技术的开发利用	研究探索新技术
不确定性	低	高
技术轨道	线性的、连续的	发散的、不连续的
商业计划	创新开始即制订计划	基于探索性学习而演化
新思想产生与机会识别	在前一个创新末期产生	偶发于整个生命周期
主要参与者	正式的交叉功能团队	具有多种功能知识的个人，非正式的网络
过程	正式的阶段模型	早期阶段是非正式的柔性，后期阶段是正式的柔性
组织结构	在业务单位内部运转的跨功能项目小组	从思想到孵化器，再到目标驱动的项目组
资源与能力	标准的资源配置	创造性获取资源与能力
运营单位的介入	早在一开始就正式介入	从早期的非正式介入到后期正式介入

资料来源：陈劲，郑刚. 创新管理［M］. 北京：北京大学出版社，2021.

根据创新的基本类型与性质，陈劲等（2021）总结出如图 1-1 所示的创新类型矩阵。该矩阵可以用于分析、诊断组织或公司创新的现状，并提出有针对性的创新管理优化建议。

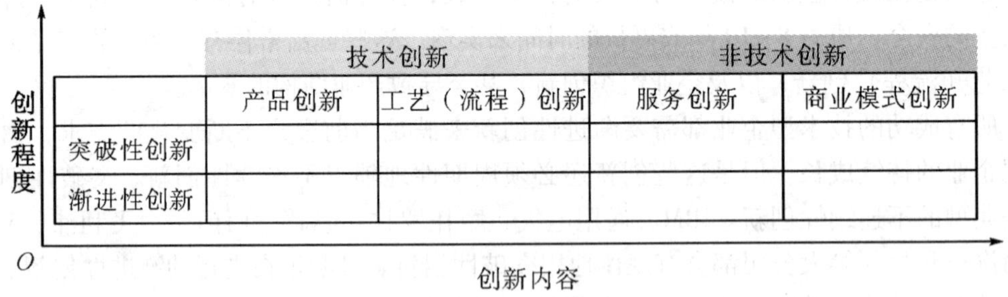

创新程度	技术创新		非技术创新	
	产品创新	工艺（流程）创新	服务创新	商业模式创新
突破性创新				
渐进性创新				

O　创新内容

图 1-1　创新矩阵类

（资料来源：陈劲，郑刚. 创新管理［M］. 北京：北京大学出版社，2021.）

1.3.6　维持性创新与破坏性创新

根据创新面向的市场不同，创新可分为维持性创新与破坏性创新。

1.3.6.1　维持性创新

从特定企业的视角出发，当创新活动基于既有的技术路径和知识积累，通过不断的优化与改良以推出新型产品时，此即构成了一种连续性创新，或称为维持性创新。以苹果公司为例，自 2007 年 1 月成功推出 iPhone 1 手机以来，该公司依托其深厚的技术底蕴，持续对手机产品进行技术迭代与升级。截至 2023 年，iPhone 系列已发展至

iPhone 15 系列，在处理器性能、内存容量、屏幕质量以及摄像头技术等多个方面均实现了持续的创新与进步。

1.3.6.2 破坏性创新

1. 破坏性创新的内涵

非连续性创新，亦称为间断性创新，指突破传统技术轨道，采取与原有连续性创新迥异的路径。其主要涵盖突破性创新与破坏性创新两大类别。其中，突破性创新旨在针对既有市场，在主流技术性能基础上实现显著跃升；而破坏性创新则着眼于新的细分市场或低端市场，建立在全新技术轨迹与知识基础之上。以 UT 斯达康推出的小灵通为例，其作为可移动固话产品，相对于传统固定电话而言，即构成了一种破坏性创新。

克里斯坦森（Clayton M. Christensen），哈佛商学院知名学者，于 1997 年在其著作《创新者的窘境：大公司面对突破性技术时引发的失败》中，对破坏性创新的概念及其影响进行了系统阐述与分析。

根据目标市场的不同特征，他对创新进行了明确的分类，即维持性创新与破坏性创新。在维持性创新的视角下，企业致力于在主流消费者所关注的维度上，对现有产品进行持续的优化与改进，以向现有市场提供更加优质的产品。而破坏性创新则基于够用技术的原则，通过新技术或技术的融合、集成，开发出偏离主流市场用户所重视的性能特征的产品或服务。这些产品或服务主要聚焦于低端用户或新用户所看重的性能特征（或特征组合），通过率先占领低端市场或新兴市场，实现对部分现存主流市场产品或服务的替代或颠覆。

要使破坏性技术创新取得成功，必须满足以下两个核心条件：首先，主流市场必须存在产品与服务的过度功能化，导致顾客感受到价值冗余；其次，在位企业需被高端或高利润市场所吸引，从而在面临来自“低端”颠覆性技术的挑战时，可能选择逃离低端市场。

在考量创新的效应时，我们应当着眼于其与当前主流技术、主流客户群和关联企业的相对关系。一旦破坏性创新确立了显著的性能提升路径，它便逐渐转变为维持性创新，进而可能催生新一轮的破坏性创新。重要的是要认识到，对一家公司而言具有破坏性的创新，在另一家公司中可能表现为维持性的效果。举例来说，互联网销售对戴尔电脑的直销模式来说是一种维持性创新，但对康柏、惠普和 IBM 等的传统销售渠道来说则是一种破坏性创新。

克里斯坦森提出了两种基本的破坏模式：低端破坏和新市场破坏。随后，学者们又进一步提出了第三种破坏模式，即高端市场的切入破坏。以美国联邦快递为例，它起初便定位于高端市场，并在稳固地位后逐步向中端和低端市场渗透，实现了破坏性的市场重塑。

在克里斯坦森破坏性创新理论的基础上，郑刚结合中国企业通过破坏性创新实现崛起的丰富案例，开发了破坏性创新矩阵，如图 1-2 所示。这一矩阵为企业提供了一个全面而深入的分析框架，以指导其在创新过程中的决策与战略调整。

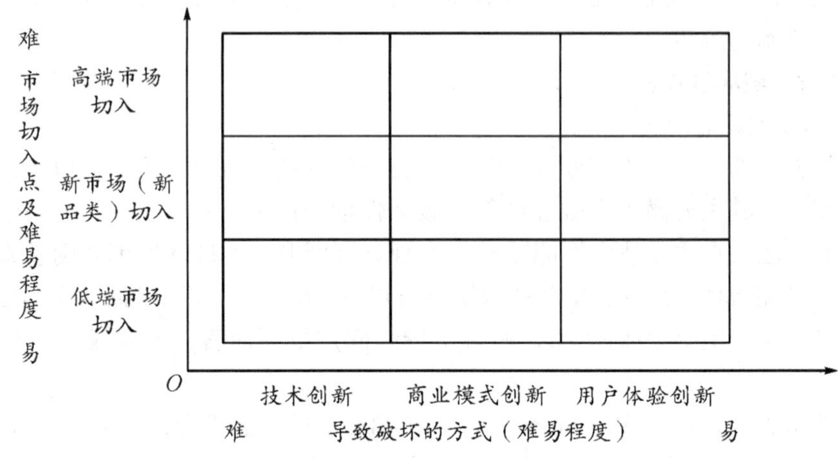

图 1-2　破坏性创新矩阵

（资料来源：郑刚. 创新者的逆袭：变革时代后发企业创新致胜之道［J］. 清华管理评论，2020（C2）：101-105.）

2. 破坏性创新的分类

根据破坏力度的不同实现路径，破坏性创新可进一步细分为三大类别：

（1）破坏性技术创新。以华为为例，公司在初创阶段选择避开竞争激烈的中心城市，转而深耕县级市场。凭借与当时跨国巨头相比具有更高性价比的破坏性技术，华为成功地在低端边缘市场占据了一席之地。随后，通过持续的技术改进和产品升级，华为逐步实现了市场的跨越式发展。类似地，高通、大疆、海康威视等企业也通过引入与主流技术相异的破坏性技术创新，实现了市场的快速崛起。

（2）破坏性商业模式创新。在创新的道路上，掌握核心技术并非唯一途径。以小米为例，公司在成立初期便通过创新的互联网手机商业模式，成功吸引了大量用户，实现了市场的快速拓展。同样，拼多多在面对淘宝、京东等电商巨头的竞争时，选择了一种独特的商业模式，即专注于服务尚未完善的农村和乡镇市场，通过社交电商的模式，实现了用户的快速增长。这种破坏性商业模式创新为拼多多在竞争激烈的市场中脱颖而出提供了有力支持。

（3）破坏性用户体验创新。在刚起步阶段，很多企业可能暂时还没有独特的技术优势，也没有差异化的商业模式，但凭借出色的用户体验，仍然有机会逆袭。例如，同样是卖数码产品和家电，京东相比于苏宁易购为什么能后来者居上？除了一个线下、一个线上的商业模式差别，还有一个重要因素就是用户体验。自营物流是京东的核心竞争力之一，可以做到当天晚上下单第二天早上就送货上门，给用户提供了很快捷且便捷的购物体验。

根据最初的市场切入点及难易程度，破坏性创新也可分为三类：

（1）从低端市场切入。例如，比亚迪汽车刚起步时主打三四万元的“老百姓买得起的车”，而当时主流的跨国车企并不屑于这块利润薄弱的低端市场。比亚迪汽车先从低端市场切入，解决了生存问题，然后不断进行产品升级迭代，目前在新能源汽车领域已经可以在主流市场与跨国公司竞争。

（2）开辟一个全新的市场或品类。例如，九阳豆浆机最先开辟了家庭豆浆机的新市场，大疆开辟了消费级无人机的新市场，王老吉开辟了罐装凉茶的新市场。

（3）从高端市场切入。例如，特斯拉电动车最初做的是几十万美元一辆的豪华电动跑车，选择先切入高端、小众市场，建立口碑和声誉。由于高端市场往往市场容量有限，因此特斯拉近年来陆续推出 Model 3 和 Model Y 等，逐渐进入主流市场。

1.4 创新创业浪潮

说到创新创业你会想到什么?

可能大多数学生都会想，毕业之后进入大公司找一份稳定的工作，或是进入政府部门做公务员，创新创业与我无关。但是，事实上创新创业与每个人都息息相关。我们现在所用的很多东西，都是前人创新创业的结果。

1.4.1 现在的中国是创业的沃土

今天的中国正在成为创业的沃土。第一，全球创业都关注多少钱投在研发上，产出了多少专利与新产品。经济危机后，全球研发投入在下降，但中国在上升，专利与研发的投入与产出为创业提供了基础（一般来讲，研发投入达到占 GDP 1%的水平要经历相当长的时期，但越过 1%就会加速，这个现象被经济学家称为“科技起飞”；以研发投入占 GDP 超过 1%这个标准来定义，中国已经进入科技起飞的阶段）。第二，从市场成长性角度看，中国市场增长速度是最快的，中国的城镇化与消费升级为创业企业提供了广阔的市场空间。

【情景案例】

淘宝网的出世

淘宝的横空出世不但互联网界没有料到，就连阿里巴巴的员工也没想到。淘宝是马云的神来之笔，是阿里巴巴的第二个杰作。

同样还是湖畔花园，同样是秘密打造，同样是完全免费，而且从三年免到五年。一切都似曾相识，淘宝的确是阿里巴巴的成功复制。

淘宝的出世，改变了阿里巴巴的格局，使阿里巴巴从一个 B2B 公司变成了一个涵盖 B2B、B2C 和 C2C 的真正的电子商务公司，因此马云说：“全世界真正称得上电子商务的网站，一家是 eBay，一家是亚马逊，一家是阿里巴巴。”

淘宝一出世就开始了与 eBay 的战争，随即也揭开了阿里巴巴与 eBay 的战争序幕。这场战争很惨烈也很壮观。

战争伊始杨致远就说：“在日本、在中国台湾地区，我们跟 eBay 竞争过，在这两个地方雅虎是最大的拍卖市场，已经有过经验。只要提供一个很好的当地性服务，就可以把 eBay 打败。以现在我了解的淘宝成就，淘宝在中国真正到了像我们当时在日本一样的成熟阶段，因此我很有信心它在中国把 eBay 打败。”

战争打了两年半时，马云宣布：“与 eBay 的较量淘宝已经取得胜利。”此时，淘宝的市场份额超过 eBay，达到 60%。

战争进行到第四个年头时，淘宝的市场份额已经超过 80%，eBay 已经远远不是淘宝的对手了。而截至 2013 年 6 月，淘宝的市场份额占 95.1%，昔日霸主易趣网只剩 0.2%。截至 2013 年底，淘宝网拥有近 5 亿的注册用户数，每天有超过 6 000 万的固定访客，同时每天的在线商品数已经超过了 8 亿件，平均每分钟售出 8 万件商品。截至 2013 年 12 月，全国已发现各种类型的淘宝村 20 个，遍及河北、山东、江苏、江西、浙江、福建、广东 7 个省，涉及产品包括家居、服装、箱包、农产品、小商品、户外用品等多个品类。

支付宝的问世

阿里巴巴的诚信体系和支付体系都是在 2003 年建立的，诚信通在 2003 年 3 月推出，支付宝于 2003 年 10 月问世。马云是不会再等五年的，因为他知道要是真的再等五年，那么什么都晚了。

马云不是没有等过。当 1999 年初创建阿里巴巴时，马云清楚网上信用问题没有解决，银行没有准备好，配送没有准备好，因此他只做信息流。阿里巴巴就是靠信息流盈利的。当时的 8848 等网站都在全力推进以网上交易为主的电子商务，但马云坚持认为中国的电子商务是三年以后的事情。到了 2003 年，马云不能再等了。他知道没有支付和配送，没有资金流和物流的电子商务不是真正的电子商务。于是阿里巴巴率先推出了诚信通和支付宝。

2005 年初，马云说：“2005 年将是中国电子商务的支付年。”这个预言很准。自从 2003 年 10 月淘宝第一个推出支付宝后，2004 年 10 月 eBay 推出安付通，2005 年，99bill、YeePay、PayPal（贝宝）、财付通等几十个支付工具纷纷出笼。此时，国内的网上支付大战已经如火如荼。

作为电子商务网站上的支付工具，支付宝这次不仅领先了 1 年多，而且还引领了中国的网上支付风潮。

（案例来源：任荣伟，梁西章，余雷. 创新创业案例教程［M］. 北京：清华大学出版社，2014.）

1.4.2　我国的四次创业浪潮

1.4.2.1　第一次创业浪潮

第一次创业浪潮开始于 1984 年，在基于生存和发展的需求基础上，诞生了第一批创业者。代表人物主要有柳传志、刘永好、张瑞敏等。这些创业者是在计划经济体制架构和市场经济条件下长出的新芽，当时创业真可谓是逢山开路、遇水架桥。

第一次创业浪潮有两个特点：一是开创了我国创业史上的伟大成就；二是通过企业的成功运营，改善了周围的环境和条件，获得了周围的尊重和认同。

1.4.2.2　第二次创业浪潮

第二次创业浪潮开始于 1992 年，改革开放总设计师邓小平第二次赴深圳特区视察并发表了重要谈话，推动中国掀起新一轮改革开放的热潮，在新一轮的改革开放热潮下涌现了一大批创业者。这一阶段的创业代表人物有俞敏洪、郭广昌等。创业的领域更广泛，涵盖产品、服务、农业、商业、金融、保险等。在当时，中国有了股票市场，金融和投资领域出现了更多的创业机会。对创业者来讲，因为有了金融和投资者的助力，创业更容易，成长更快。股票市场的成功，进一步推动了中国资本市场相关制度的发展。

1.4.2.3　**第三次创业浪潮**

第三次创业浪潮开始于1996年，创业企业主要是以风险投资资金建立的互联网公司。代表人物主要有马云、马化腾、丁磊、张朝阳等。这些企业在新一轮国际化和信息技术的发展下创立，基本上聚集在互联网领域，在资金技术上均有全球化的影子，这个阶段也催生了风险投资行业，并促进其在中国发展。

1.4.2.4　**第四次创业浪潮**

第四次创业浪潮开始于2014年。与第三次创业浪潮相比，互联网，特别是移动互联网影响着人们的日常生活、社会交往，从衣食住行到学习、交友、购物等，造就了互联网一代。这都是由新一批创业者创造出来的。本次创业和消费的主力为“80后”和“90后”，每年大约有250万人创业。

第四次创业浪潮的背景是：①政府支持。中央和地方政府专门出台了多项鼓励大学生创业的文件，工商、税收、融资等也有大量的促进创新、创业的政策。②消费升级提供了强大的市场需求。西南财经大学中国家庭金融调查与研究中心甘犁教授根据2015年GHFS调查数据测算，中国中产阶级的数量为2.04亿人，掌握的财富总量为28.3万亿元，中国中产阶级的数量和财富都超过美国和日本，跃居世界首位。③技术门槛降低，体现在：轻资产创业成为可能；出现了一个成规模的天使投资者群体；后续的创业投资链条已经发展成熟，形成了完整的投资、上市、并购的闭环体系。

第四次创业浪潮的特点表现为：①中国是新兴的消费市场，中产阶级的崛起对高品质产品的需求，让中国进入一个消费升级时代；②国家政策鼓励创新与创业，新一届政府多次提到大众创业、万众创新，大规模降低创业门槛；③出现了一大批天使投资者；④电商、移动互联网的发展提供了创业平台；⑤创业主体开始拓展至“90后”，“90后”新生代成长环境更优越，向往自由；⑥随着技术的发展，信息更易获得，创业门槛降低。

1.5　创业的动机

对《全球创业观察中国报告》的研究发现，创业能力包括创业动机与创业技能两个方面。因此，认识创业者的创业动机是非常重要的。

1.5.1　创业的好处

如果创业成功，从中获得的好处至少有：①更好地掌握自己的命运，不必听命于他人，而是按照自己的节奏工作和生活；②赢得威望和利润；③享受为社会、为他人做出贡献的成就感；④获得财务自由。这些好处是许多人所向往的，但许多初创业者更多的是奔着财务自由这个目标去的，认为创业成功就是挣足够多的钱。如果仅仅奔着这个目的去创业，结果有可能会让你很失望。

大多数情况下，创业者的收入与受雇于别人并无显著区别，但财富分配却不均衡。少数超级企业大亨，如比尔·盖茨，他创造了巨大的利润，而其他创业者所得的利润，都可能处于平均水平以下。对于那些低于平均收入水平的创业者来说，他们所赚的钱甚至比雇员还少，如果决定去创业，就不要把创业成功定义为赚钱，要树立一种成功不仅仅体现在金钱上的思想。

1.5.2 主要的创业动机

调查发现，创业者的创业动机通常有：第一是财务自由，第二是做自己的老板，第三是做对自己有意义的事；第四是尝试解决困扰自己的问题，第五是实现自己的创业梦想。根据创业的广义定义，做自己能做的事、做自己想做的事情，可能是创业带给创业者最大的好处。

1.5.3 创业精神与创业思维

创业基础教育的目的不是鼓吹盲目创业，不是为了创业而创业，而是鼓励大家去创新、去尝试。人生选择有多种可能性，每一种都可以去试试。

我们每一个大学生，都需要具备创业精神，需要去关注社会问题，需要去创新，需要率先行动，需要有承担风险的勇气和能力。在这个时代，抓住一个机会挣钱是很容易的事情，但找准一个普遍的社会问题，然后去解决它才是最有价值的事情。创业者不仅要通过为社会提供产品以获得商业回报，还要承担社会责任，解决社会问题。创业者需要一种情怀，关注社会问题，并以此作为创业的初衷和方向。创业意味着要独辟蹊径，发现新的问题，或用新的方法解决已经存在的问题。

创新者需要全新的思维，创新性地去解决问题。一个人只有单一的人生经历无法去做创新的思考，因此创业者需要丰富的人生经历和体验，才能站在不同的角度去考虑问题。创业意味着结果的不确定性；如果结果是确定的，就不是去创业，而是去执行。最好的思维方式就是快速行动，在行动中去试错，然后快速学习和迭代，以较低的风险实现目标。同时需要不同背景、不同思维、不同技能的人组成团队，才能产生更多的创新点。

创业要时刻做好面对不确定性的准备，并且要用正确的方式去应对风险。但风险不等于赌博，每往前行动一小步都要进行评估：在最坏的情况发生时自己是否可以承担？这样做的回报是什么？在权衡以后再采取下一步行动。

【情景案例】

摩拜单车胡玮炜：被资本追逐的骑行创新

对于饱受“最后一公里”困扰的大城市来说，基于移动互联网的无桩共享单车无疑是2016年一个重要的商业模式创新。

摩拜单车作为其中的代表企业，在上线仅8个月时间里，连续完成了从A轮到D轮的融资，在资本寒冬中受到投资机构的追捧，估值超过100亿元人民币，正式迈入“独角兽”行列。

摩拜单车创始人胡玮炜毕业于浙江大学城市学院新闻系，在汽车行业做了近十年的媒体记者。

2013年初，在拉斯维加斯CES展览上，她被各大汽车公司展出的人车交互、车车交互及未来交通出行产品和概念所触动，回国后不久便创办了“极客汽车”。

随着“极客汽车”的发展壮大，胡玮炜结识了越来越多的汽车行业的先锋派，开始畅想未来的出行方式，她认为个人交通工具将会回归，比如自行车和电动车。

偶然一次，胡玮炜和蔚来汽车董事长李斌聊起智能单车，李斌问她要不要做共享自行车，胡玮炜当时有一种被击中的感觉，立刻就答应了。

胡玮炜在极客公园创新大会（GIF 2017）上说：“我很喜欢骑自行车，在我看来，一个城市如果能有自行车骑行，那是幸福指数很高的一件事。”她说自己以前在国内外一些城市旅游的时候，看到路边的公共自行车想骑，但是不知道去哪里办卡、怎么退卡以及到哪里还车，“我要做的自行车首先要用技术手段解决这些痛点。”

2014年12月，胡玮炜迅速组建了团队。2015年1月，“互联网+科技”思维的摩拜单车横空出世。胡玮炜渐渐发现有一大群人也认为摩拜单车是个很酷的想法，自愿降薪加入摩拜，最著名的是前优步中国上海负责人王晓峰，加入后担任CEO。

摩拜单车应用程序（App）在2016年4月正式上线，并于当月在上海正式运营，9月份摩拜单车全面进驻北京，随后进驻广州、深圳、成都、宁波、厦门、佛山、武汉等城市。

胡玮炜是一个身材瘦小的女生，她并不像现今大多数年轻创业者那样善于言谈，她看起来很安静，充满了感性。她不止一次说，摩拜单车更像是一场城市复兴运动，改变了城市的生态，而不只交通出行本身。

（案例来源：2017年度20大创新创业案例[EB/OL].(2018-01-20)[2025-02-18].http://www.fromgeek.com/alibaba/139232.html.）

从上面的案例可以看出，不应该将自己的思维限制在狭小的空间里，要在生活中不断地去发现和思考。正如明茨伯格所说，在你尝试着做各种事情，不断地试验、吸取教训、做出改变的过程中，战略就出现了。

1.6 创业逻辑与创业思维

1.6.1 效果逻辑与因果逻辑

设想两种情景：第一种情景是跟团去九寨沟旅游。此时你首先要干什么？你首先应查阅旅行团信息，旅行团通常会有明确的目标，比如要去哪些景点都有详细的行程计划。然后你根据需要选择相应的旅行团，并准备需要的资源，比如时间、费用。最后你就可以报团出行了。这是跟团游，有明确的目标、详细的计划。根据目标、计划准备好资源后再出发，这是典型的管理思维。第二种情景是自由行，也就是说走就走的旅行。你可能有一点钱，有一点时间，那你准备去哪里呢？不明确。然后背着一个背包就出发了，你去的目的地是不明确的，也没有详细的计划，你认为某个地方好玩，可能会在这里多停留几天。这是典型的创业思维，它的特点是从现有的资源开始行动，创造多种可能性。这里的创业思维学术上称为效果逻辑，而管理思维被称为因果逻辑。

效果逻辑理论植根于萨阿斯瓦斯（Saras Sarasvathy）对 27 位企业创始人的深入研究，这些企业的销售额介于 2 亿和 65 亿美元之间。该理论的核心发现概述如下：

第一，成功的企业家并非从明确的目标或产品构想出发，而是采取手段驱动的行动路径。他们首先审视自我认知与专业知识，随后与潜在的利益相关者群体建立联系，寻找合作契机。随着资源的创新组合不断涌现，愿景或许会逐渐成形，但推动这一进程的关键在于手段、机遇及利益相关者的互动，而非单一的愿景驱动。

第二，在评估商业机会时，成功的企业家更倾向于考量“可承受损失”，而非预期收益。鉴于未来的不确定性，他们应避免对未来进行过度预测或计算期望值，以期将潜在损失控制在可接受范围内。这种策略使他们即便未能取得巨大成功，也能相较于那些基于潜在收益猜测而冒险投资的同行承受更小的损失。通过不断尝试基于可承受损失的试验，他们为探索宝贵的新资源组合开辟了道路。

第三，面对意外情况，成功的企业家不是逃避，而是积极应对。他们承认未来的不可预测性和最终路径的不确定性，因此保持高度的灵活性，利用突发事件重新评估手段与目标。每遇突发事件，他们都会反思：这是否预示着新的可能性？即便遭遇意外，他们的创业热情也丝毫不减。

第四，成功的企业家擅长吸引志同道合的伙伴，以建立广泛的合作关系网络。他们擅长转换角色，将初期的客户转变为合作伙伴，供应商转变为投资者，投资者转变为客户、员工或其他角色。最终，他们编织成一张由投资者、客户、供应商和员工等利益相关者共同参与的“合作网络”，大家共同承诺，携手创造事业并营造相应环境。

效果逻辑理论应运而生，与因果逻辑理论形成鲜明对比。因果逻辑，又称预测逻辑，侧重于精确预测与清晰目标的设定；而效果逻辑，即非预测逻辑，则高度依赖利益相关者的参与，并强调手段导向的策略。

不同的逻辑方式会引发不同的行为，管理是复制或者优化已有的事物，而创业是去创造新事物。因此创业的行为和活动需要创业思维。对比两种逻辑可以发现：因果逻辑，是从 1 到 N 的过程，比如要把一个已经不存在的企业发展壮大，就需要因果逻辑；效果逻辑，是从 0 到 1 的过程，也就说这个企业一开始是不存在的，是从无到有的一个过程，创业企业的目标是不明确的，不知道未来会是什么样，它是从现有的资源开始行动，所做的都是能做的小行动，它的重点在于创造（见表 1–2）。

表 1–2　因果逻辑与效果思维的区别

视角	管理思维	创业思维
计划视角	大计划	小行动
目标视角	明确	不明确
过程视角	从 1 到 N	从 0 到 1

表1-2(续)

视角	管理思维	创业思维
资源视角	直到拥有资源再开始行动	从拥有的资源开始行动
路径视角	直线	迭代
结果视角	复制或优化	创造

两种逻辑没有优劣之分，它们是相互联系、相互依赖并相互转化的关系。两种逻辑应用于不同的场景：因果逻辑主要应用于确定环境，而效果逻辑更适合应用于未知的或快速变化的环境。

效果逻辑的起点是行动，但如何行动却需要管理思维。比如在创办一个企业时，可能更多地使用效果逻辑，但是在具体怎么做的时候，或短期内完成某个任务时，就需要因果逻辑。因果逻辑本身强调计划与执行，但是在面临变化的时候又需要效果逻辑。比如一个企业已经运转起来了，但在运转过程中，是否要上新项目，或者发生新变化时，就需要用效果逻辑去做决策。

【拓展阅读】

奈特（Frank Hyneman Knight）对风险和不确定性进行了严格区分，进而提出真正意义上的不确定性概念——奈特氏不确定性。设想一个游戏，在盒子里放有绿球和红球，规则是每次抓一个球，抓到红球就奖励50美元。具体情况见表1-3，第三种情形就是奈特氏不确定性。

表1-3　弗兰克·奈特对风险和不确定性的分类

情形	风险	模糊性	奈特氏不确定性
未来结果分布	已知	未知	既不存在，也不可知
例子	盒子里有5个绿球和5个红球，抓到一个红球可得到50美元的奖励	盒子里共有10个绿球和红球，但两种颜色球的确切数目未知，抓到一个红球可得到50美元的奖励	盒子里可能有球，也可能没有球，抓到一个红球可得50美元的奖励
处理方法	因果推理	回归估计	效果推理

在创业过程中，创业者面临更多的是奈特氏不确定性。针对奈特氏不确定性的环境，美国弗吉尼亚大学商学院的萨阿斯瓦斯教授于2001年提出了效果推理理论，他认为创业目标是向创业活动投入资源的利益相关者们互相博弈的结果，而不是事先存在的可能性组合。创业环境是不可预测的，但是可以通过创业者的主动选择行为在一定程度上加以塑造。该理论被认为是由手段、可承受损失、柔性和先前承诺等构成的多维度结构，并与不确定性显著正相关。效果推理理论被称为非预测逻辑，极度依靠利益相关者并且是手段导向的；与效果推理理论对应的是因果推理理论，因果推理理论被称为预测逻辑，因为它强调必须依靠精确的预测和清晰的目标。由于创业环境更接近于奈特氏不确定性的情形，因此效果推理理论也被称为创业思维，而因果推理理论

被称为管理思维。

那如何培养创业思维呢？第一是创业训练和实践，为此，可以去参加创新创业训练、比赛，也可以把你的创新、创业想法付诸实施。第二是反思，用创业的思维方法去反思过去做的事情，看是否有什么方法能把它做得更好，这样便能在下次做同样的事情时，有一些创新性的做法。第三是进行行动中的效果推理，并在实际行动中遵循创业思维（效果推理的相关原则）。

【作业与思考】

请大家一起来做一个创业思维的练习：分别用管理思维和创业思维两种思维来聊天、交朋友、做饭、学习、找工作，结果会怎样？

1.6.2 创业思维的五大原则

效果逻辑也称为创业思维。创业思维是一种行动导向的方法，体现了实用主义的哲学思想，认为新的投入（知识、信息、资源、网络和行动）会拓展创业者对机会的认识，强调创业团队中所有成员的共同创造，基于这些理论提炼了创业思维的五大原则。

1.6.2.1 手中鸟原则

两鸟在林，不如一鸟在手。按照这种原则，创业并非起始于对机会的识别和发现，或者预先设定目标，而是首先分析你是谁——个人特点、兴趣、能力，你知道什么——教育背景、所受训练、专业知识、个人经验，你认识谁——社会人际，即了解你目前手中拥有的资源有哪些。创业行动应该是资源驱动，而不是目标驱动；创业者应该运用各种已有手段或资源来创造新企业，而不是在既定目标下寻找新资源。

1.6.2.2 可承受损失原则

创业不是赌博，是要回避风险的。创业者必须首先确定自己可以承担的损失以及愿意承担的损失有多大，然后才投入相应的资源，而不是根据创业项目的预期回报来投入资源。在采取每一步行动之前，创业者都应该只进行自己能够并且愿意承担的投入，否则就跟赌徒差不多了。在考虑投入时，应该综合权衡各种成本，包括金钱成本、时间成本、职业成本、声誉成本、心理成本和机会成本等。

1.6.2.3 疯狂被子原则

寻找愿意为创业项目投入资源的利益相关者，通过谈判、磋商来缔结创业联盟，建立一个自我选定的利益相关者网络，而不是把精力花在机会成本分析上，更不要做竞争分析。联盟的构成决定创业目标，随着联盟网络的扩大，创业资源会不断增加，创业目标也会不断发生变化。

1.6.2.4 柠檬水原则

西方有一句谚语：如果生活给了你柠檬，就把它榨为柠檬汁。这实际上是要求创业者以积极的心态主动接纳和巧妙应对各种意外事件和偶发事件，它们在创业途中无法避免，不应消极规避或应付。在创业过程中，你采取的行动可能不会带来你期望的结果，但仍需要友好对待，否则可能会错失某些重要的东西。很多时候，意外同时也意味着新的机会。橡皮泥是通用公司一次合成橡胶实验失败的产物，通用公司一直想要发挥它的价值，但是直到 1949 年，它才被一位广告商利用起来。他的想法是这种材料可以作为聚会娱乐的道具，可以做成很多玩具，所以他最后制造了很多玩具，获得了巨大成功。

当然，意外也可能意味着问题。如果可能，解决这个问题，你的解决方案会变成你的资产。假如这个问题会永久存在并且你无法解决，那么它将成为你采取下一步行动的已知事实基础。

1.6.2.5 飞行导航员原则

飞行导航员原则强调控制，强调创业机会是创造出来的，创业者不是把主要精力花在预测未来上，而是采取行动。未来取决于你现在做了什么，很多看似不可避免的发展趋势或许是可以改变的，但前提是你必须采取行动。

当然，并非全部创业者都要采用创业思维来开展创业活动，毕竟不是所有创业活动都会面临高度不确定性。很多时候，需要把管理思维和创业思维结合起来。

具有创业思维的人群有以下特点。

第一，以开放的态度看世界，认为世界仍然在形成之中。他们认为所有人类活动都有各自的作用，企业和市场都是人类的创造物。

第二，从不将机遇视为天上掉下的馅饼或者是不受人为控制的；相反，他们相信机遇由自身确认，并且可以发现并创造。

第三，从不以机械的态度看世界。相反，他们将企业视为自身及世界创造新事物的强大工具，将市场视为自身创造的结果，而非被动寻求所得。利益相关者之间是共同创造的关系。

【作业与思考】

完成以下表格（表 1-4）。第一个是“我的欲望”，把自己一直想做却没有做的事情写下来。第二个是“我所拥有的资源”，这里面包含三个内容：我是谁？——你自己清楚你是谁，对自己的一个评估；我知道什么？——你的知识、你的经验；我认识谁？——你的人脉关系。这些就是你所拥有的资源。第三个是“我能接受的损失”，也就说为了实现想法，你愿意放弃哪些？比如时间、荣誉、金钱或者其他机会等，其中哪些是你可以接受的损失，把它写下来。第四个是“创业团队形成”，你马上可以把组建团队的想法和哪些人分享，分享之后，他们会不会加入，他们加入之后能够带来哪些新资源、新想法。第五个是“行动计划”。

表 1-4 创业思维练习表

我的欲望（desire） 一直想做却没有做的事情

表1-4(续)

我所拥有的资源（means） 我是谁？ 我知道什么？ 我认识谁？
我能接受的损失（affordable loss） 为了实现想法，我愿意放弃哪些（时间、荣誉、金钱或其他机会）？
创业团队形成（commitments） 马上可以和哪些人分享？ 他们能带来什么？新资源、新想法？
行动计划（action plan） 我要做什么？

1.7　精益思想与行动逻辑

1.7.1　精益思想简述

精益思想来源于日本丰田公司的精益制造。20 世纪 50 年代，多种因素促使丰田在公司内推行精益生产，精益生产以多品种、小批量、高质量、低消耗的生产方式获得了巨大成功。精益思想的核心是通过持续地消除浪费，以资源的最低需求向客户提供完美价值，最终实现企业的经济增值。

1.7.2　创业过程中的浪费

精益的核心思想是杜绝浪费，那么在创业的过程中有哪些浪费呢？张岱认为在创业时的浪费，主要有以下几种：

第一，找错问题。辛辛苦苦做了一双世界上独一无二的可以吹头发的皮鞋，可是用户没有这个需求，做出来的产品没人要。

第二，解决方案做错。辛辛苦苦花了一年时间做了一双独一无二可以吹头发的皮鞋，可惜用户需要的是可以吹头发的手机，做出来的产品没有人要。

第三，过早优化。一个可以吹头发的手机都没有卖出去，就苦苦思考如何让它变得更加轻薄，花大把时间和精力追求轻薄设计。

第四，过早扩张。一个可以吹头发的手机都没卖出去，就在苦苦思考如何寻找风投、建厂等。

第五，觉得创业是一辈子的事情，害怕别人把自己的“黄金点子”偷走，所以还在只有一个想法的阶段就担心其他企业会来抄袭，藏着掖着，闭门造车，造出的东西，结果没人要。

1.7.3 精益创业理论与实施步骤

进入21世纪后，“精益生产”的理念被应用到创新创业领域。2012年美国硅谷创业家莱斯（Eric Rise）提出“精益创业”的理论，提倡企业进行“验证性学习”，强调企业应该先向市场推出极简的原型产品，然后通过不断的试验和学习，以最小的成本和有效的方式验证产品是否符合用户需求，灵活调整方向。当产品不符合市场需求时，最好能够“快速地失败、廉价地失败”，而不要“昂贵地失败”。如果产品被用户认可，也应该不断学习，挖掘用户需求，迭代优化产品。精益创业的方法论非常像实验室里做实验的方法。具体步骤如下。

第一步：确定待验证的假设。所谓待验证的假设，就是那些认为理所当然的、一厢情愿的需求。不要自欺欺人，要把这些不确定的主观臆断全部列举出来，按照优先性有针对性地去解决。

第二步：制作最小化可行产品（minimal viable product，MVP）。用最低的成本制作一个用于检验假设的产品，可以是经过开发的产品原型，也可以是一段故事描述，只要能让待测的用户感受到这个产品所带来的价值就可以。比如亚马逊2007年进入在线生鲜杂货市场时，它并没有在全美铺开，而是选择了易于接受新思维的西雅图作为初始投放市场，而且只是选择部分产品进行初始配送，专门挑选居民收入高、居住密度大的小区进行投放。在此过程中，他们不断地对选择的用户进行挑选并增加新的天使用户，产品的种类也越来越丰富，最终在不断实验中，找到了最适合西雅图的方案，并在2012年推广到了洛杉矶。

第三步：确定衡量指标，检验假设。分析哪些客观指标可以表明之前规划的需求确实存在于用户内心之中，召集目标用户，向他们展示MVP，测量衡量指标，用以验证之前的假设。

第四步：坚持或者转型。根据搜集到的结果，决定是坚持最早的规划，还是转变方向。

1.7.4 精益创业的核心思想及行动逻辑

精益创业的核心思想如图1-3所示。

精益创业引申出的行动逻辑如下：

第一，创业者必须承认在创业初期只有一系列未经检验的假设，也就是一些不错的“猜测”而已。一定要总结这些假设，而不是花几个月来做计划和研究并写出一份完备的商业计划书。

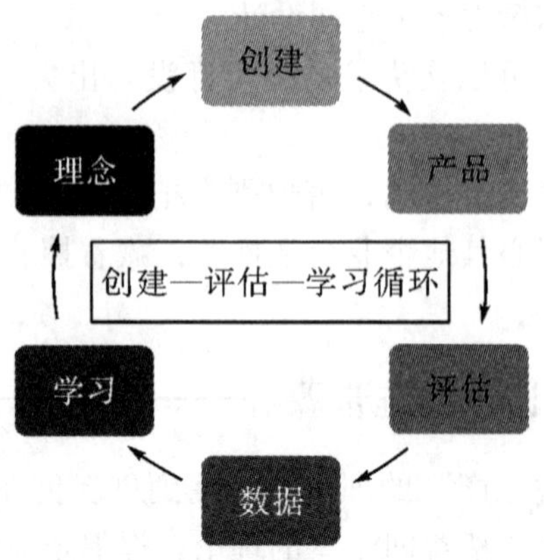

图 1-3 精益创业的核心思想

第二，创业者必须积极行动起来，走出办公室验证假设，即所谓的客户开发，要邀请潜在的购买者和合作伙伴提供反馈。这些反馈应涉及产品的各方面，包括产品功能、定价、分销渠道以及可行的客户。关键在于敏捷性和速度，新创企业要快速生产出 MVP，并立即获取客户的反馈，然后根据客户反馈对假设进行改进。创业者要不断重复这个过程，对重新设计的产品进行测试，并进一步做出迭代，或者转变行不通的想法。

第三，创业者要采取敏捷开发的方式。敏捷开发最早源于软件行业，是一种以用户为本、强调迭代、循序渐进的产品开发模式，传统的开发方式是假设消费者面临问题和需求，周期常在一年以上。敏捷开发完全不同，通过以迭代和循序渐进的方式，预先避开无关紧要的功能，杜绝浪费资源和时间。

互联网时代用户对产品的需求变化很快，比如微信作为一个互联网时代的典型产品，从 2011 年 1 月 21 日上线到 2012 年 1 月，一年时间完成了 12 次迭代更新，从 1.0 版到 3.6 版，平均每 30 天就迭代一次。

【情景案例】

Pierre Omidyar[①] 的精益创新故事

1995 年劳动节我创立 eBay 的时候，eBay 并不是我的事业，它只是我的个人爱好。我不得不建立一个能够自我运行的简单机制，因为我有一个每天都得上班的工作，朝十晚七，我是一名软件工程师，而且周末我想要过自己的生活。因此我需要一个能持续工作的机制，收集顾客的抱怨和反馈，即使是在 Pam 和我都去山林里徒步，只有猫在家的时候。如果那时候我得到一个重要的投资人的银行支票，或者有一个了不起的雇员帮我干活，事情可能会更糟，我很可能创立一个非常复杂而详尽的机制。但是我不得不在一个紧张的预算下运行，我的时间和金钱都非常有限，现实迫使我一切从简，因此我创立了一个能够自行维系的机制。通过建立一个简单的机制，在少数规则的指导下，eBay 开始了自我滚动的有机式发展，它能在某种程度上实现自组织。因此我想

① eBay 的创始人。

告诉你的就是：无论你想构造一个什么样的未来，不要试着筹划一切。因为，计划对我们任何人来说都起不到什么更好的效果。

（案例来源：瑞德，萨阿斯瓦斯，德鲁，等. 卓有成效的创业［M］. 新华都商学院，译. 北京：北京师范大学出版社，2015.）

【作业与思考】

精益创业强调从用户中来到用户中去，产品的创意来源于用户，产品的测试、迭代也依赖于用户。你可以把你的创业想法与你的客户分享，听取他们的意见。

【本章要点】

●创业是创造性地把有价值的想法变成现实的过程。

●与创新相比，创业更加明确地强调顾客导向，强调创造价值和财富。

●对创业活动进行分类有助于了解创业活动的特殊性，总结和提炼关键要素，把握创业的本质。

●创新包括产品创新、工艺（流程）创新、服务创新、商业模式创新等基本类型。根据创新程度的不同，创新可分为渐进性创新与突破性创新；根据创新面向的市场不同，创新可分为维持性创新与破坏性创新。

●创业思维是指如何利用不确定的环境创造商机的思考方式。

●创业思维的五大原则，对于创业者具有重要的指导作用。

●精益思想的核心是通过持续地消除浪费，以资源的最低需求向客户提供完美价值，最终实现企业的经济增值。

【重要概念】

创业 精益创业 创业精神 创业思维 创业思维原则 创业浪潮 创业动机

【复习思考题】

1. 为什么要研究和学习创业课程？
2. 创业与创新的关系是什么？
3. 结合本章介绍的创业分类，说说还有哪些创业类型，你喜欢哪些创业类型，为什么。
4. 如何理解效果推理理论及创业思维五大原则？
5. 如何培养自己的创业思维？

【实践练习】

1. 活动名称：创业者访谈
2. 活动目的：了解创业者精神、学习如何开展访谈
3. 活动人数：30~60 人
4. 活动时间：60 分钟
5. 活动规则：

步骤一，按照 4~6 人一组将学生分成小组，每个小组选择一位创业者作为访谈对象；

步骤二，各小组针对各自的访谈对象，设计合适的访谈提纲；

步骤三，各小组与访谈对象取得联系，开展 1 个小时左右的访谈，访谈时需做好文字、图片、视频等形式的记录；

步骤四，整理访谈内容，各组制作短视频并在课上分享展示访谈心得。

6. 活动反思：从访谈的创业者身上学到了什么？哪些是可以学习的？哪些是无法学习的？访谈提纲还有哪些地方需要修改与完善？

【课程思政】

以创业促进民族地区乡村社区各民族深度互嵌

习近平总书记在中央民族工作会议上强调，“要充分考虑不同民族、不同地区的实际，统筹城乡建设布局规划和公共服务资源配置，完善政策举措，营造环境氛围，逐步实现各民族在空间、文化、经济、社会、心理等方面的全方位嵌入”。如何推动民族地区乡村社区实现深度互嵌，构建有效的促进机制，是乡村社区建设面临的重要任务。为此，西南民族大学调研组赴四川省甘孜藏族自治州康定市新都桥镇、道孚县八美镇，阿坝藏族羌族自治州金川县沙耳乡、小金县四姑娘山镇、红原县瓦切镇及邛溪镇等地进行了深入调研。

调研发现，在党的政策引领下，越来越多的人前往民族地区开展创业活动，带去了先进的理念、技术与管理方式，有效解决了当地群众就业问题，促进民族地区乡村社区转型发展，促使基层治理体系和治理能力现代化水平不断提升，为民族地区乡村社区实现深度互嵌奠定了坚实的基础。

促进乡村社区各族群众广泛交往交流交融。一是创业者主动与当地群众互动交流，建立深层次的情感连接。调研显示，创业者主动与当地群众交朋友、融入当地社会网络；招聘、培训当地员工，建立情同一家的良好关系；主动与当地供应商、同行建立合作互赢的关系。同时，创业者积极承担社会责任，在重阳节慰问老人，组织各类捐赠活动等。二是创业者引导各族群众学好国家通用语言文字及相关专业技能，提高自身发展能力和水平。三是创业者充分发挥连接各方的桥梁作用，提供交流机会。创业者自身与社区各族群众频繁互动的同时，也积极促进广大游客与社区各族居民交往交

流交融。比如，一些民宿经营者会主动给游客推荐当地特色的旅游项目或旅游产品。

促进乡村社区转型发展和身份认同。一是有效推动乡村社区的转型发展。调研发现，建设相互嵌入式的社会结构和社区环境，推动了治理机制的优化，更好促进了各族群众共居共学、共事共乐，形成了整个社区居民认同的共享身份。共享身份能够促进社区团结和资源调动，推动社区转型发展。二是增进了外来创业者的身份认同。以八美镇雀儿村为例，全村 144 户农牧民中有 85 户开办藏家乐，当地民居负责人在客房满房的情况下，给顾客推荐其他民宿的标准是“不管是本地的还是外地的，谁家的房间干净卫生，就给顾客推荐谁家”。而外来创业者也深度融入当地社区，将其视为“第二故乡”。社区的转型促进了身份的认同，形成更优越的创业环境，进一步激发了各族群众的创业热情。

引领乡村社区聚焦社会主义现代化建设。一是盘活资源，增加居民收入。创业者创办的民宿、酒店、餐厅等规模虽小，但数量多，解决了大量乡村社区群众的就业问题。此外，创业者租赁经营场所及设备设施，也增加了乡村社区居民收入。二是优化产业结构，促进产业振兴。创业促进了民族地区乡村社区产业发展，以康定市新都桥镇为例，当地民宿和酒店从 2012 年的 30 余家发展到 2022 年的 300 余家。创业带动了当地文旅产业发展，改善了社区创业及产业发展环境，吸引当地农牧民围绕衣食住行参与创业，推动了各民族共同富裕。

提升城乡社区治理体系和治理能力现代化水平。基层政府在与创业者互动过程中，一方面积极了解创业者诉求，简化业务办理流程，不断改善营商环境，另一方面创新服务方式，丰富服务内容，切实帮助企业解决经营难题。

调研表明，创业在促进民族地区乡村社区经济、社会、文化发展等方面发挥了积极作用，但当前还存在一些制约因素，应立足实际，从多方面着手，更好发挥创业在促进乡村振兴与铸牢中华民族共同体意识方面的作用。

一是建设良好的营商环境。完善相关政策，改善社会环境、产业环境，营造各民族共居共学、共建共享、共事共乐的氛围，吸引更多人返乡入乡创业。

二是促进全方位嵌入。开展各类宣传教育活动，建立铸牢中华民族共同体意识宣传教育常态化机制，深入开展民族团结进步创建工作，促进各民族在空间、文化、经济、社会、心理等方面的全方位嵌入。

三是将创业活动与壮大乡村集体经济有机融合。可以通过集体经济与创业者建立多样化的合作关系，从场地及设施租赁转变为共同投资、相互持股等更紧密的合作关系，并为低收入群体开展创业活动提供支持，激发其干事创业积极性，推动实现共同富裕。

四是因地制宜开展创业引导。返乡入乡创业是促进各民族全方位嵌入的重要途径，应从有利于铸牢中华民族共同体意识的角度，科学规划民族地区乡村社区产业发展，加强创业者与乡村社区的互动，推动企业承担社会责任，不断铸牢中华民族共同体意识、推进中华民族共同体建设。

（案例来源：民族团结促进司. 以创业促进民族地区乡村社区各民族深度互嵌[EB/OL].(2023-09-18)[2025-02-18]. https://www.neac.gov.cn/seac/c103380/202309/1167887.shtml.）

【案例讨论】

请阅读下面案例，讨论回答问题。

北大才子一年解决300万人社保

借助互联网的力量解决人力资源问题已经成为趋势，尤其是正在崛起的中小微企业。而"80后"马西亚和他创建的"人力窝"已经开始启动。

直到2017年10月，在泉州领SHOW天地创业的"90后""泡面达人馆"老板苏启（化名），才成功续上社保，重获在当地买房、买车、孩子上学的资格。有此遭遇的不在少数。公开数据表明，在中国超过7.7亿的实际就业人口中，只有2 000万人享受到专业的人力资源服务，其中痛点尤为明显的是中小微企业。这些企业由于规模小、盈利能力不强，通常缺少系统的纳保机制。

正是基于"让所有中小微企业都用得起人力资源服务"的想法，在业内打拼十多年的马西亚，选择以社保管理服务为切入点，创建了互联网人力资源服务云平台——人力窝，并且很快获得市场的认可。在获得蚂蚁金服的投资助力之后，人力窝的"互联网+人力资源"模式，向着纵深的方向进发。

马西亚是北京大学物理系的高才生，毕业后加入拥有24年人力资源管理历史的北京外企服务集团有限责任公司（FESCO）；在加入FESCO两年半后马西亚被派往上海，出任FESCO上海公司副总经理；2010年，FESCO与全球人力资源服务巨头德科集团（Adecco）（全球500强企业）合资，成立北京外企德科人力资源服务上海有限公司（FESCO Adecco），马西亚成为FESCO Adecco董事、首席运营官，这也为他日后创建拥有豪华资源阵容的人力窝做好了铺垫。

在移动互联网浪潮的冲击下，人力资源（HR）行业受到了不小的冲击。从业十多年的马西亚发现：中国超过4 300万的中小微企业，平均寿命只有2.5年，能存活超过5年的不到7%，基本上没有机会被人力资源企业服务。基于这样的现状，原本嵌于企业ERP系统的人力资源管理，以独立的产品形态涌现出来，如让简历与职位更匹配的招聘类SaaS产品、进行五险缴纳和管理的社保类SaaS产品等，成本更低、效率更高。带着"我想让所有中小微企业都用得起人力资源服务"的初衷，马西亚走访了全国各地很多中小微企业和个体户，也听到了许多来自底层的诉求。在调研中，马西亚发现，社保问题是人力资源服务中痛点最明显的问题。"看起来这是件很小的事，但其实是一个社会问题。"

2016年11月4日，蚂蚁金服集团、FESCO、Adecco三方宣布合资成立人力窝（WoWooHR），这一架构决定了人力窝不仅具备传统人力资源行业的资源优势，还具有业界稀缺的互联网基因。

在蚂蚁金服的推动下，成立不到一年，人力窝与蚂蚁金服旗下支付宝合作的第一个产品"my社保"上线。这款首先落地于支付宝"城市服务"版块的社保产品，从"最基础、痛点最明显"的社保管理服务入手，在为中小企业纳保扫清障碍的同时，也大大提高了纳保效率。

目前，人力窝“my 社保”能为中小微企业和个体工商户提供社保代办、社保公积金政策咨询、社保计算器、个税计算器、公积金计算器、养老金计算器等多样化的社保服务，其中社保计算器已经覆盖全国近 400 个城市。人力窝也在不断拓展“my”系列产品的功能，“my 社保”将上线社保、公积金代跑腿服务，包括为用户提供生育津贴领取、打印社保参保凭证、社保异地转移等业务。

成立仅一年，人力窝已在业内崭露头角：2017 年 8 月，获“亚太首席人才官联合会人力资源服务战略伙伴”称号；同年 9 月，成为上海人才服务行业协会副会长单位；同年 12 月，获颁“2017 中国人力资源先锋服务机构”“年度人力资源创新服务平台”奖项。而以人工智能、大数据和云计算为基础的人力资源管理产品“智慧人力”，则荣膺“2017 人力资源服务创新大奖”。

除社保外，人力窝目前拥有的在线服务还包含入离职管理、薪资管理、员工福利管理、全国人事政策咨询、在线智慧服务中心等。不到一年时间，公司的用户已突破 300 万。

（案例来源：周晶晶. 北大才子从前台到人力窝 CEO，9 个月解决 300 万“网友”社保疑难[EB/OL].(2018-08-07)[2025-02-18]. https://baike.baidu.com/tashuo/browse/content?id=76f8efb94116cbcf8ffed6fc.）

讨论题：

1. 试比较不同的职业道路选择可能面临哪些得失。

2. 如果你是马西亚，你认为案例中他表现出来的哪些特点适合成为一名创业者？

3. 谈谈马西亚的创业故事对你的启发。

2 创新思维与模式

【核心问题】

1. 创新思维的课程包含哪些内容?
2. 设计思维的定义是什么?
3. 设计思维的特点是什么?
4. 精益—敏捷创新模式的概念是什么?
5. 精益—敏捷创新模式的原则有哪些?

【学习目的】

1. 了解设计思维的主要概念。
2. 区分传统问题解决思路与设计思维。
3. 认识设计思维的五大步骤。
4. 理解精益—敏捷创新模式的概念及原则。
5. 理解精益—敏捷创新模式在新产品开发中的运用。

【引例】

IDEO 公司手推车的设计

1999 年,美国 ABC 电视台的一集《夜线》栏目——《深潜》,记录了 IDEO 公司创新设计的秘密武器,在 5 天内重新设计购物手推车的全过程。这段经典影片和 IDEO 公司的其他案例至今仍被全球各大商学院用于 MBA 课程。

手推车设计项目的团队由项目经理和 12 名团队成员构成,项目经理彼德是斯坦福大学工程师(他之所以成为项目经理,并不是因为他是手推车方面的专家,而是由于他是创新设计方面的行家)，其他12名团队成员分别为具有不同专长的人才，其中有MBA、语言学家、营销专家、心理学家、生理学专家等。

手推车的安全问题是最早被发现而且也是最主要的问题。每年手推车导致受伤而到医院就医的人数高达2.2万人。第二个问题就是手推车丢失严重。团队发现，设计主题还不太明确。

在创意过程中，IDEO公司严格要求没有领导和员工之分，没有上下级之分，人人平等，所有成员首先到商场亲自体验各种情境下手推车使用中出现的问题以及使用者的期望等一手资料，同时通过制造商和修理商了解建议和意见，其后重点与专家讨论。专家认为，原来的手推车设计并不安全，也许手推车上的儿童座椅需要改进。他们还发现，人们在购物时不希望离开手推车……当所有设计团队的人员从调查场地返回公司后，他们将获得的第一手资料进行汇报总结，每个小组都要汇报、沟通、分享、演示他们看到的、学到的、掌握的所有情况、知识和信息。他们利用便签贴、大白纸进行演示汇报，发现手推车在大风的吹动下在停车场会以每小时35英里（1英里=1.609 344公里。下同）的速度滑动。每天到商场上班2个小时，就会发现一些关于手推车的非常恐怖的事件，为此他们安排一些成员到商家进行调研。

IDEO公司的创新随处可见，他们可以做到统一思想，聚焦主题，鼓励狂野的点子和想法，不急着批评或者指责别人的观点。因为很多优秀的点子还没有落地，就被批评、指责，从而被消灭在萌芽阶段，这样将很难创新。在IDEO公司，人们可以在别人的观点之上得到灵感，扩展自己的想法，将其发扬光大。不批评指责别人的观点是很难的事情，一旦发现有人批评别人的观点，他们就会摇铃铛警告。

提出自己的点子和想法时，他们利用非常简单的便签贴，每张便签贴上只写一条想法，且只写关键词，不超过10个字。写好点子后，将其贴到墙上，这样一来，人人都可以有不受他人影响的点子。然后大家用紫色的小圆点便签贴标记自己认为好的、比较可行的点子。如果有些点子偏离现实太远，就放弃它。有时，主管们担心讨论偏离主题，会马上开会强调聚焦主题，要求在限定时间完成任务。当各种改良方案准备就绪后，会马上进行展示。大家的设计方案可谓五花八门：分离式手推车可以将篮子拿出来和放回去；高科技手推车可以让客人避免排长队结账；手推车上可以装上扫描器，客人在放货物时就可以扫描货物的价格；还有人为小朋友设计了安全座椅、可以和商场工作人员远程对话的对讲设备……他们从各个小组的设计方案中选出较好的想法，组合起来实现了最后的原型设计。最后，将所有最好的原型部件组合起来得到最终的设计方案。

IDEO公司设计的手推车，几乎没有增加成本，但是设计与之前的大不相同。车轮可以旋转90度，横向前行，再也不会出现碰到其他物品时无法移动的情景，而且客户的购物方式也完全改变了，袋子可以挂在手推车的旁边。

最后，商场的工作人员和最终用户对该手推车给予了高度的评价。

（案例来源：鲁百年. 创新设计思维：设计思维方法论以及实践手册［M］. 北京：清华大学出版社，2018：35-36.）

2.1　设计思维

2.1.1　设计思维的内涵

IDEO 的首席执行官布朗（Tim Brown）对设计思维（design thinking）的诠释是："设计思维，作为一种以人为本的创新方法，其灵感源自设计师的专业方法与工具。它深度融合了人的实际需求、技术的潜在能力，以及实现商业成功所必需的各项条件。"本质上，设计思维是一种以人为核心的问题解决策略。此处所指的设计，是广义层面的设计，它始于对人类需求的深入探索，并致力于创造出与这些需求相契合的解决方案。

设计思维乃是一套严谨且系统的创新探索方法论，其核心在于两大基本理念，即坚持以人为中心的设计理念（human-centered design）与强调同理心的运用（empathy）。此外，设计思维具有双重内涵：其一，它代表着一种对积极改变世界的坚定信念，可视为一种意识形态的表现；其二，它是一套详细而全面的方法论体系，用于指导创新探索，涵盖了多种激发创意的方法和工具，可视为一个综合性的工具箱。

设计思维所倡导的信念，归纳起来大致有以下六点：

第一，设计并非设计师的专利，个人和企业都可以运用设计方法积极地改变世界；

第二，解决问题的出发点是用户需求，而不是商业模式或技术先行；

第三，不要永远只用分析性思维来看问题，不要急于直接找到看似正确的答案，而要先学会问对的问题，并使用发散思维考虑各种看似无关的可能性；

第四，团队要多样化和互补，要跨界协同；

第五，要包容失败，相信失败是学习的过程，失败越早，成功也会越早；

第六，不要只会谈理论和摆数据，要相信动手是最好的思考过程，在动手呈现想法的同时你的创意将得到验证、调整和提高。

2.1.2　设计思维的特点

设计思维从服务对象的最根本需求出发，将问题和挑战转化为创新的机遇，并通过快速设计原型及反复测试来寻找有效解决方案。从洞察客户需求，到构建解决方案，再到原型的验证测试，整个过程会全面考虑人文价值、技术可行性和商业可能性，以期达到真正有效的商业创新。

传统的问题解决思路是发现问题—分析问题—解决问题，而设计思维是一套以人为本的解决问题的方法论。设计思维不是"以问题为中心"而是"以人为中心"；不是依靠逻辑式分析解决，而是依靠洞察加上直觉；不是只看到问题，而是寻求机会点；不是给问题一个答案，而是满足客户需求和期望。

所以，对于一般简单问题采用传统问题解决思路即可，而对于比较复杂、充满不确定性、没有明显解决方案、跨学科、与人有关的系统性问题，可以借鉴的经验和知识非常少，这时运用设计思维理念去解决问题将非常必要。例如，提升顾客在旅馆的入住体验，鼓励银行客户多储蓄，或制作打动人心的公益广告，等等。

设计思维可以解决传统产品和服务研发中存在的问题，如表 2-1 所示。其商业价值得到企业的高度重视，苹果、思爱普、西门子、宝洁等诸多企业争相将其作为创新方法论。

表 2-1 传统产品和服务研发中存在的问题

●未深入了解顾客心理真正要什么，因为顾客也不知道。
●从设计或工程队的角度思考顾客要什么，甚至仅以自己的角度做设计。
●浅显地调查了解顾客，缺乏深入了解顾客的文化脉络或生活脉络的思路和方法。
●粗浅的创意与复杂的组织。企业分工太粗，按功能分组，每人掌握一点，未能全盘掌握顾客的需要，创意是比较粗浅的，受限于分工，也没有做整合。

除了新产品或新服务的开发，设计思维的创新性思维模式逐渐被广泛运用于社会各个领域，如医疗保健、可持续发展、教育、城市规划等。

2.1.3 设计思维的步骤

根据斯坦福大学哈索·普莱特纳设计学院的研究，设计思维的五个步骤如图 2-1：

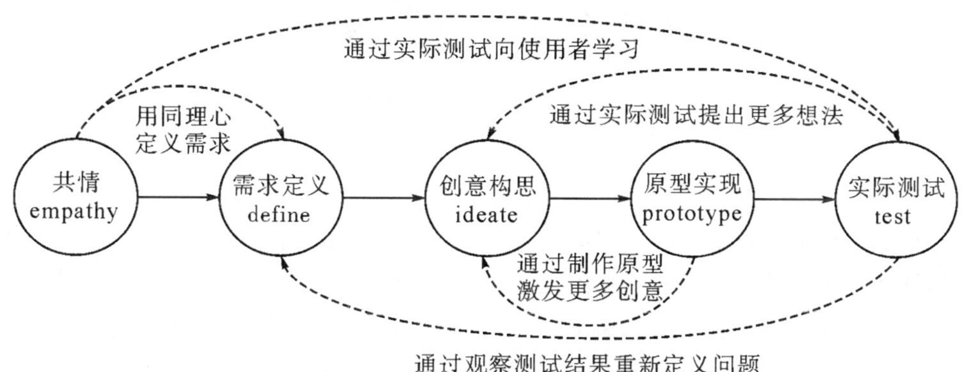

图 2-1 设计思维五步骤：共情/定义/构思/原型/测试

（资料来源：美国斯坦福大学哈索·普莱特纳设计学院）

2.1.3.1 共情

在设计思维的起始阶段，首要任务是共情。此处的共情并非同情，而是强调从用户的角度出发，深入体验并理解其感受。共情，亦称同理心或移情性，要求我们在着手设计之前，深思熟虑地考量用户的行为、思想、言语和情绪。我们应当倾听客户的心声，明确我们的设计为谁而设，旨在解决何种问题。这种思考方式，以用户为核心，体现了对他人需求的深刻关怀，彰显了设计旨在满足人类多样需求的宗旨。这也凸显了在设计过程中思维方式的重要性远超过技术本身。

共情能力的培养，可通过多种方式实现。我们可以咨询行业专家，借助他们的专业见解；我们亦可通过观察、参与和体验，深入了解用户的生活场景和内心动机；此外，将自己置身于相关的物理环境中，有助于我们更直观地把握问题实质。共情对于以人为中心的设计流程，如设计思维，具有举足轻重的地位。它促使设计思考者摒弃个人对世界的固有假设，从而更精准地洞察用户需求。鉴于时间的限制，我们在此阶段会广泛搜集信息，为后续阶段奠定坚实的基础，同时力求全面理解用户、满足他们的需求、应对产品开发过程中可能遭遇的挑战。

比如，在探讨如何优化学校的教室环境时，研究者可以采取一种身临其境的方法，例如模拟学生的日常学习体验，即在教室内持续进行一整天的课程学习。类似地，为了促进学生更好地遵守班级纪律，一种有效的策略是让学生扮演一天教师角色。这些举措旨在深入洞察用户的实际需求，通过搜集详尽的信息，为后续工作奠定坚实基础。研究者将依据这些信息，对用户需求及其背后的关联产品或服务开发问题形成精准且全面的理解。

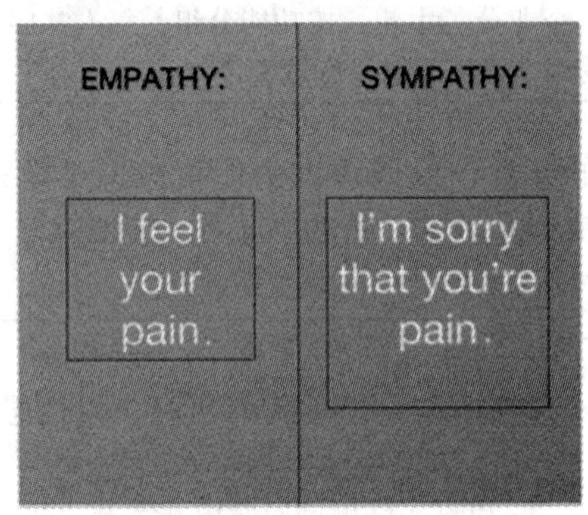

图 2-2　empathy 与 sympathy

（资料来源：美国斯坦福大学哈索·普莱特纳设计学院）

2.1.3.2　需求定义

需求定义是基于对用户情感的深刻理解和实际体验的细致观察，提炼并总结用户遇到的具体问题，进而形成明确的问题定义。在项目启动初期，许多设计人员往往急于着手实施，却忽视了前期的思路梳理和策略规划，仅关注外在的视觉呈现，这看似高效，但实则可能导致后续频繁修改和调整的困扰。因此，在设计前期，将各项研究充分融合，细致观察用户所面临的问题，并依托共情阶段所搜集的数据，深入洞察用户的实际痛点，将有效减少后续潜在的问题和挑战。

在定义阶段，我们将对共情阶段所积累的信息进行全面整合，深入分析观察结果，并对其进行系统的归纳，从而精确界定当前已经识别出的核心问题。在搜集到的调查信息基础上，我们需进一步细化并精确化需求的定义。例如，“提升学生的学业成绩”这一表述较为宽泛，而“增强学生在自习时间内的专注度”则更为精准，且提供了明确的操作路径。只有确保需求的精准定义，我们才能有针对性地解决问题，推动项目的顺利实施。

此外，在问题定义的过程中，应采取以人为中心的视角，确保问题陈述能够准确反映实际情况。为了更精准地阐述问题，应避免将问题与个人愿望或公司需求混淆。例如，将“需要将青少年中少女的食品市场份额提高 5%”这一表述，调整为更为直接和客观的问题陈述：“确保十几岁的女孩能够摄取到充足的营养食品，以促进其健康成长。”

定义阶段对于团队中的设计人员至关重要，它将有助于他们搜集有价值的创意，从而提炼出具有针对性的特性、功能以及其他关键元素。这些元素不仅能够有效地解决问题，还能协助用户以最小的代价自行应对挑战。

2.1.3.3 创意构思

在共情阶段完成后，我们对用户及其需求已有深入的理解。进入定义阶段，我们已能够对观察结果进行详尽的分析和整合，最终以一个以用户为核心的问题陈述作为该阶段的结论。基于这一稳固的基础，我们可以突破传统的思维桎梏，为问题探索新的解决方案，并从多样化的视角来审视问题。

在构思过程中，我们拥有数百种策略，如头脑风暴、思维激荡、反向思考及快速响应等。其中，头脑风暴和反向思考会议旨在激发创新思维，拓宽问题边界。我们将依据定义阶段明确的需求，挑战既有框架，激发创意思维，提出多样化的建议。在此阶段，并非追求每一个建议的完美性，而是在众多提议中筛选出最具价值的方案。

构思阶段的初期，我们致力于搜集尽可能多的想法或问题解决方案。而在该阶段末尾，我们将采用其他构思技术，以辅助我们对所获取的想法进行深入的探究和验证，从而确定最有效的解决策略或提供规避问题所需的必要元素。

2.1.3.4 原型实现

在这一步要做出粗糙、简单的产品或产品中的特定功能的原始模型，用于测试上一步提出的解决方案。原型可以是一个具体的产品模型，也可以是一个小规模的对环境或过程的简单模拟。

设计团队现在将创造出一些价格低廉的产品或产品中特定功能的缩小版本，按照精益创业的术语，可以称之为“最小可行产品”（MVP），以便测试之前的解决方案。

原型可以在团队本身、其他部门或设计团队之外的一小部分领先用户、早期种子用户中进行共享和测试。这是一个实验阶段，目的是为前三个阶段发现的各个问题找出最佳解决方案。快速制作原型的原则如表 2-2 所示。

表 2-2 快速制作原型的原则

●越丑越好，不需要美化； ●越粗越好，不需要精雕； ●越快越好，不需要细琢； ●就地取材，能体验就好； ●用手“思考”。

这些解决方案蕴藏在原型中，将逐个被检验：它们或许会被接受，并进行优化和再检验；但如果用户的体验不好，则会被放弃。

当这个步骤结束时，设计团队将会更好地了解产品中固有的约束条件、存在的问题，以及真实用户在与最终产品交互时的行为、想法和感受方式。

对未知的恐惧往往会扼杀新创意。但快速迭代制造原型，能让团队在市场上取得成功的信心大增。对于那些复杂、抽象的设计，效果尤甚。

2.1.3.5 实际测试

在这个步骤，可以使用之前实现的产品原型或模拟环境来严格测试问题是否得到解决、需求是否得到满足。这个阶段非常重要，一些需求可能会在这个过程中被重新定义，甚至发现新的问题、新的需求。

为了得到最好的解决方案，并尽可能深入地了解产品及其用户，即使到了这个步骤，改进也还在持续进行。

【情景案例】

设计思维案例：海盗船 CT 机

GE 公司医用成像设备设计师迪兹（Doug Dietz）在医院目睹了令他吃惊的一幕：一个小女孩在接受 CT（核磁共振）检查时被吓哭了。经过调查，他发现：医院中近80%的儿科患者需要服用镇静剂才能完成 CT 检查。对孩子们来说，神秘的 CT 机意味着“未知的恐慌”。

运用设计思维方法，迪兹团队重新设计了儿童 CT 检查的体验。他们将 CT 设备设计成海盗船的模样。

在孩子进入 CT 机时，医生宣布：“好了，你现在要进入这艘海盗船，别乱动，不然海盗会发现你的！”经过测试，超过八成的儿童患者会主动选择海盗船 CT 机。刚做完检查的小女孩甚至问：“妈妈，我们明天还能来吗？”

通过墙面、地面、道具与游戏化的引导语言配合，CT 机检查房变成了“海盗船体验馆”，形成了主题化的趣味场景。对儿童而言，严肃、恐怖的医疗检查变成了一次游戏、一次探险之旅。

海盗船 CT 机案例充分体现了以用户为中心的解决问题思路，在满足了儿童患者需求的同时，提高了医院的检查效率。

（资料来源：布朗，马丁. 设计 2.0[EB/OL].(2015-09-08)[2021-02-22]. https://www.hbrchina.org/2015-09-08/3316_3.html.）

2.2 精益—敏捷创新模式

在大众创业、万众创新的背景下，创新已经成为我国企业经营活动的常态，但是由于创新过程的不确定性造成新产品开发存在周期长、成本高、成功率低等问题，这些问题成为企业新产品开发的主要障碍，如何提高创新效率、降低创新成本、提升创新成功率成为企业关注的焦点。针对这些问题国内外 ICT 企业率先将精益与敏捷思想融合，并将其引入企业创新实践过程中，逐步形成了精益—敏捷创新模式，这种创新模式也逐渐被更多行业借鉴，并引入新产品的开发流程中。

2.2.1 精益—敏捷创新模式的来历

精益思想来源于日本丰田的精益制造。20 世纪 50 年代多种因素结合促使丰田在公司内推行精益生产，精益生产以多品种、小批量、高质量和低消耗的生产方式获得了巨大成功。精益思想是以需求为导向，运用多种现代管理方法和手段，充分发挥员工潜能，达到资源的有效配置，最大限度地为企业谋求经济效益的一种新型的经营管理理念。精益理论主要包括精益实践、质量管理、持续的学习与改善。

精益思想的核心是通过持续地消除浪费，以资源的最低需求向客户提供完美价值，最终实现企业的经济增值。进入21世纪后，“精益生产”的理念被应用到创新创业领域，莱斯（2012）提出“精益创业”的理论，提倡企业进行“验证性学习”，强调企业应该先向市场推出极简的原型产品，然后通过不断的试验和学习，以最小的成本和有效的方式验证产品是否符合用户需求，灵活调整方向。当产品不符合市场需求时，最好能够“快速地失败、廉价地失败”，而不要“昂贵地失败”，如果产品被用户认可，也应该不断学习，挖掘用户需求，迭代优化产品。

敏捷思想是指美国制造企业在进入20世纪90年代后根据产品生命周期变短、市场快速变化的特点，在精益思想的基础上提出迎合消费者需求。敏捷思想的核心是：在需求多变的市场环境下，企业需随市场变化做出判断和预测，采取灵活策略，对市场做出快速响应。

敏捷思想提出后被广泛应用于软件开发领域，形成软件的敏捷开发理论。敏捷开发理论强调通过与客户高效的互动来整合个体的努力，从而快速产生直接价值。敏捷创新强调的不仅仅是创新能力，还有能够快速创新、快速迭代的能力，还要持续地快速创新。敏捷创新提倡致力于同时掌握客户需求和先进的科学技术，通过最快交付和最少关键特征设置取悦用户，通过建立一个快速转变创新模型来满足不断变化的需求。

2.2.2 精益—敏捷创新模式的概念

国内外企业基于精益、敏捷思想的创新实践案例比较多，但是学术界针对精益创新或敏捷创新的研究较少，而且关于精益、敏捷创新的研究大多也聚焦于ICT行业，因此对精益—敏捷创新没有统一定义，同时避免与其他创新模式混淆，所以有必要对精益—敏捷创新的概念进行界定。

张旭华（2012）、秦远建和方壮新（2008）认为敏捷创新是“快而好”的创新，也就是把企业应对外围环境变化的敏捷性与差异化创新能力结合起来的一种灵活性思维方式；敏捷创新是企业最大限度地调动创新资源，及时响应市场需求变化，兼具保持领先性的创新速度与产品差异化品质的一种创新策略。

历娜等人（2004）认为企业的精益创新是指通过在传统企业向精益企业的转化过程中，引入精益思想体系的理论和精髓，用精益价值流的思想来统驭企业的建设，通过内部挖潜和优化价值流，以较少的资源投入将企业调整到最佳的经营状态。

借鉴国内外学者对敏捷创新及精益创新的定义，以及莱斯（2012）的“精益创业”理论、莫里斯（Langdon Morris）等人（2016）的敏捷创新理论，再结合GE等企业的创新实践，我们认为精益—敏捷创新是面向用户的创新，是开放式创新，是用户参与的创新，强调从用户中来，到用户中去，提倡进行“验证性学习”，先向市场推出极简的原型产品，然后通过不断试验和学习，以最小的成本和有效的方式验证产品是否符合用户需求，灵活调整方向。

2.2.3 精益—敏捷创新模式的原则

精益—敏捷创新模式的原则有：用户场景价值原则；用户参与原则；资源导向原

则；最简模型原则；快速迭代原则。

2.2.3.1 用户场景价值原则

开发的产品或业务流程一定要能够解决用户问题，为用户带来价值；无论产品或者服务都要切合用户的场景，能够解决用户在特定场景中面临的特定问题，为用户创造价值。在新产品开发过程中，即在创意形成及新产品概念验证阶段，需要企业把握"用户—场景—价值"原则，才能够确保项目的成功。

Novo Nordisk 公司在市场研究中发现，在过去的胰岛素市场大部分公司的聚焦点在于使用过程中的"性能"和"风险"，致力于研发更高纯度、更高稳定性的胰岛素产品，因为纯度 50%的胰岛素比起纯度 10%的胰岛素更能解决病人的问题。但是当大多数品牌胰岛素纯度都提高到 99%以上，继续提高 0.1 个百分点的纯度虽然耗费巨额资金，但是对消费者的使用却影响甚微。Novo Nordisk 公司发现阻碍消费者使用胰岛素的最大因素从"性能"和"风险"转变为"形象"和"容易程度"。"形象"是指胰岛素消费者不愿意让他人知道他们是糖尿病人，"容易"是指怎样注射方便。所以他们转变了战略的聚焦点，不再花费大量精力提高纯度和稳定性，而是帮助消费者提升"形象"和"容易程度"。最终，他们研发出了这种"笔形"的胰岛素，不容易被识别，帮患者掩盖了"糖尿病人"的形象，同时不需要用针注射，提高了使用的容易程度。

2.2.3.2 用户参与原则

精益—敏捷创新要求任何想法和设计都要时刻以用户的需求为考虑的核心，围绕客户的需求进行活动。精益—敏捷创新是用户参与的创新，强调从用户中来到用户中去，创意的形成来自用户，创意及新产品的检验也依赖用户。

丰田公司在 1993 年打算推出一款全尺寸皮卡车。后来这款车在设计师精心设计下隆重上市，然而市场的销量却令人大跌眼镜，丰田公司不得不将产品重新设计。工程师们决定在工厂实验室设计之余，多和使用老式皮卡的人进行沟通交流，在公园、街上等进行谈话。很快他们就在新一轮进军皮卡车市场过程中获得了成功。

2.2.3.3 资源导向原则

精益—敏捷创新强调从企业拥有的资源出发开展创新。

柯克兰（Barbara Corcoran）在《运用你所拥有的一切》一书中描述了这样一个场景：在她做女服务生的时候，她深刻感受到生活毫无进展，死气沉沉。有一天她回到家，向母亲抱怨另外一个女服务生总是十分受欢迎，因为其比自己有更好的外形条件。母亲回答："总有一天你会懂得，利用自己拥有的全部，既然你没有好的外形条件，为什么不在头发上绑一条缎带呢？这样能展现你最甜美可爱的一面。"

2.2.3.4 最简模型原则

敏捷创新要求，没有必要在一开始的时候就将想法全面铺开，而是给它设计一个简单的原型，投入最有可能的市场进行尝试，并进行更新迭代，最后塑造出最终产品的样子。

亚马逊在 2007 年的时候重新进入生鲜杂货市场，他们并没有在全美铺开，而是选择了易于接受新思维的西雅图作为初始投放市场，而且他们只是选择部分产品作为初始的配送品，专门挑选居民收入高、居住密度大的小区进行投放。在此过程中，他们不断地对选择的用户进行挑选并增加新的天使用户，并且产品的品类也越来越丰富。

最终在不断实验中，他们找到了最适合西雅图的方案，并在2012年推广到了洛杉矶。

2.2.3.5 快速迭代原则

精益—敏捷创新要求在最简原型推出市场进行验证的时候，快速地接收市场的反应，对原型进行快速的迭代修正，甚至在必要的时候要把不成功的原型快速淘汰，重新来一次，减小失败带来的损失。

互联网时代用户对产品的需求变化很快，比如微信作为互联网时代的一个典型产品，从2011年1月21日上线到2012年1月，一年时间完成了12次迭代更新，从1.0版到3.6版，平均每30天就迭代一次。Gmail从2004年诞生之后，始终以测试版的形式给用户使用，一直基于用户的使用需求进行快速的迭代，对其进行修正改进，最终才能达到和Hotmail分庭抗礼的效果。

2.2.4 精益—敏捷创新模式的实践

国内外先进企业为精益—敏捷创新模式的应用与发展提供了丰富的理论研究案例，对国内外先进企业的精益—敏捷创新案例的研究有助于认识精益—敏捷创新模式的概念及原则。

美国GE公司是较早把精益及敏捷创新应用到企业新产品开发过程并取得成效的企业之一。GE公司为了致力于变革企业文化，使公司更简化，真正做到以客户为中心，于2012年提出了快速工作法（FastWorks）。该工作法将精益及敏捷思想进行了很好的融合，该工作法以低成本实现了快而好的创新。所有参与其中的团队成员都会在一开始明确分配到各自的任务。GE公司的FastWorks借鉴了精益及敏捷思维。

GE公司共有300多个FastWorks项目，通过FastWorks计划加快灯泡、燃气轮机和电冰箱等各类产品的研发。该公司已有4万名员工参加了新计划培训，FastWorks计划是公司创建122年以来规模最大的业务计划之一。GE公司的FastWorks创新模式的效果非常明显，主要体现在以下几个方面：①缩短开发周期：早期的FastWorks项目包括了高产量7HA燃气涡轮，相比传统方法，其开发成本降低了40%，开发周期缩短了两年；FastWorks让公司用一年半时间就研发出了一款新的燃气轮机，而不是以往所需的5年。②降低开发成本：FastWorks能为每个项目节约几百万美元的开发成本，这意味着如果将销售额增加的可能性考虑在内，则最终能为公司带来10亿美元的节约。③减少失败成本：让员工自由地尝试可能会失败的一切——“失败得快，代价也小”。④提高产量：GE的一个多职能团队和客户E. ON一起，利用软件产品“PowerUp”使E. ON的每台风机的发电量提高了4%。GE公司的快速工作法是将精益—敏捷思想应用到传统行业的成功案例，是精益—敏捷创新模式的应用与发展。实践证明精益—敏捷创新能够更有效地将内外部创新要素结合，以低成本、高效率的模式将创新成果予以应用。

2.2.5 精益—敏捷创新模式在新产品开发中的运用

传统新产品开发分为两个阶段：第一阶段是前期计划，第二阶段是实施。其中第一阶段又分为企业战略开发、新产品战略开发、创意产生、产品概念的开发与评价、业务分析；第二阶段又包括服务的开发和检验、市场测试、商业化、引进后评价四个环节。

基于精益—敏捷创新的概念、原则以及企业的创新实践，我们将精益—敏捷创新的新产品开发流程分为四个阶段：一是计划阶段，二是分析阶段，三是产品开发和检验阶段，四是实施阶段。每个阶段根据其内容又分为不同的环节。具体如表 2-3 所示。

表 2-3　两种创新模式实施步骤的比较

<table>
<tr><th colspan="2">传统新产品开发流程</th><th colspan="2">精益—敏捷创新的新产品开发流程</th></tr>
<tr><td rowspan="7">前期
计划
阶段</td><td rowspan="7">企业战略开发
新产品战略开发
创意产生
产品概念的开发与评价
业务分析</td><td rowspan="3">计划阶段</td><td>企业战略开发</td></tr>
<tr><td>新产品战略开发</td></tr>
<tr><td>创意产生</td></tr>
<tr><td rowspan="4">分析阶段</td><td>创新画布的开发</td></tr>
<tr><td>创新画布的分析</td></tr>
<tr><td>问题验证</td></tr>
<tr><td>产品概念验证</td></tr>
<tr><td rowspan="7">完成
阶段</td><td rowspan="7">产品的开发和检验
市场测试
商业化
引进后评价</td><td rowspan="4">产品开发
和检验阶段</td><td>MVP 制作</td></tr>
<tr><td>定性验证</td></tr>
<tr><td>定量验证</td></tr>
<tr><td>完善改进</td></tr>
<tr><td rowspan="3">实施阶段</td><td>市场测试</td></tr>
<tr><td>商业化</td></tr>
<tr><td>产品与市场匹配分析</td></tr>
</table>

2.2.5.1　计划阶段

计划阶段即准备计划，包括企业战略开发、新产品战略开发、创意产生等环节。计划阶段与传统新产品开发流程对应环节基本一致。

1. 企业战略开发

企业战略开发主要是指一个企业的战略规划与使命，一般来讲企业进行新产品开发之前都需要回顾企业的规划和使命；如果企业的规划和使命不明确，企业必须在这个阶段重新明确其规划和使命，新产品的开发必须服从企业的战略规划。采用精益—敏捷创新模式进行新产品开发也必须服从或遵循企业的规划和使命。

2. 新产品战略开发

根据传统新产品开发步骤，在回顾企业战略规划和使命后，需要确定新产品战略，以及详细的新产品组合计划，新产品的类型和企业目标、规划、产能等相关内容，再制定新产品战略。一般来讲企业在制定新产品开发战略的时候，可以使用表 2-4 中的框架识别增长机会。该框架能够帮助企业识别新产品发展的可能方向，也是创意产生的催化剂。

表 2-4 新产品开发战略

产品	市场	
	现有顾客	新顾客
现有产品	增加份额	开发市场
新产品	开发服务	多角化

精益—敏捷创新模式更强调从现有资源出发寻找创新机会，因此精益—敏捷视角下新产品开发战略选择的方向还是应该围绕企业已有资源，比如现有顾客、现有产品。新产品的发展重点主要是增加份额、开发市场、开发服务，而多角化战略强调企业要为从未使用过公司产品的客户提供新产品，这项业务应该尽量避免选择。

3. 创意产生

在明确新产品开发方向后，接下来便是创意的搜集。创意的搜集应该围绕新产品开发战略，围绕企业现有资源来构思。产生新想法的方法有很多，通常采用的有头脑风暴法、员工及客户征求意见法、顾客观察法、从失败中学习的方法等。

精益—敏捷创新模式下，创意产生阶段需要注意以下两方面：其一，为确保企业有持续、稳定的新创意，企业应该有一个正式机制，比如有专门的机构负责收集员工、顾客的建议，定期进行产品或服务分析。其二，企业应该有相应的机制来对创意进行排序和筛选，明确现阶段企业最需要处理的问题，或新产品开发的方向。在敏捷开发及精益创业领域有很多工具可以供企业选择，比如人种志研究、创新仪表盘、斐波那契数字放大投票差异化、十大创意框架、MoSCoW 模型等，这些工具可以帮助企业从众多创意之中选择更有价值、更重要、更紧迫的创新方向。

2.2.5.2 分析阶段

在传统新产品开发过程中对应的部分是服务概念的开发与评价以及检验获利性和可行性。在传统模式中，本阶段的主要工作是根据新产品创意，给出产品的定义，并且将产品说明与图纸全部呈现给客户，看他们反应如何；业务分析是指在新产品概念得到顾客与员工积极的评价后，分析项目的可行性与潜在利润，在这个阶段要进行需求分析、收入计划分析、成本分析和操作可行性分析。在精益—敏捷创新模式下，分析阶段包括创新画布的开发、创新画布的分析、问题验证、产品概念验证。

1. 创新画布的开发

创新画布是借鉴奥斯特瓦尔德的“商业模式画布”以及莫瑞亚（Ash Maurya）（2013）“精益画布”形成。创新画布与传统的产品概念相比除了新产品的客户群体、主要功能及解决方案外，还增加了考核指标、项目成本分析、创新绩效相关的内容。创新画布的主要结构包括：客户群体、需要解决的问题、解决方案、关键的考核指标体系、项目成本分析、创新绩效。客户群体的确定应该与需要解决的问题一起完成，这一部分工作可以在上一阶段筛选出来的创意基础上完成。

确定客户群体就是明确新产品面向的细分客户，并针对每一个客户群体，阐述他们最需要解决的 1~3 个问题，这些问题也可以理解为用户需要完成的工作。同时在创新画布中需要明确客户目前是采用什么样的手段来解决这些问题的。此外，在确定客户群体时还需要尽量细分目标客户群体，并进一步细化典型用户的各种特征，找到早期的接纳者即领先用户。

解决方案类似于传统创新流程中的新产品概念，主要介绍新产品的主要功能、特点以及解决用户什么样的问题，解决方案应该与问题一一对应。

关键的考核指标是评估新产品在市场中发展的关键，在《精益创业实战》一书中，采用了麦克卢尔（Dave McClure）的"海盗指标组"，这个指标体系是为软件企业设计的，但是这个体系也适用很多行业。"海盗指标组"包括获取、激活、留客、收入、口碑 5 个环节，企业可以针对这 5 个环节设置相应的指标体系。

项目成本分析主要包括新产品的开发成本、新产品的生产成本、新产品的营销成本等相关成本。

项目创新绩效主要包括新产品上市后新增加的收入或创新后降低的成本等。

创新画布内容如表 2-5 所示：

表 2-5　创新画布

<table>
<tr><td>需要解决的问题
（列 3 项）
目前用户的解决方案</td><td>解决方案（与需要解决的问题对应）</td><td>关键的考核指标体系</td><td>客户群体
早期的客户群体</td></tr>
<tr><td colspan="2">项目成本分析：
（项目开发成本、项目维护成本等）</td><td colspan="2">项目创新绩效：
（新增加的收入或创新后降低的成本等）</td></tr>
</table>

2. 创新画布的分析

创新画布完成后需要对画布中的要素进行风险分析。创新画布中的风险主要包括产品风险、客户风险、市场风险等。根据产品的发展阶段把风险按轻重缓急进行排序，然后逐步解决。客户的痛苦程度（问题）、顾客的获取难度（渠道）、价格/毛利（收入及成本分析）、市场规模（目标客户群体）、技术可行性（解决方案）等内容是分析的重点。

在进行创新画布分析过程中，企业可以考虑寻找外部人员来给出建议。外部人员包括领先客户、供应商、经销商以及其他专业人员等。创新画布的分析和完善是一个不断重复的过程，通过不断的分析和改进，形成可行的创新画布予以验证和实施。

3. 问题验证

在该环节主要针对创新画布中的客户风险进行验证，主要验证该类客户是否存在相应的问题。问题验证是新产品开发过程中的一个主要环节，需要与客户进行沟通以明确其需求。在《精益创业实战》一书中，特别强调在问题验证过程中，对客户做深度访谈的重要性，这种方法也被称为"客户探索法"。对客户进行深度访谈，能够确定早期用户的特征，明确问题对用户的重要性。

4. 产品概念验证

在明确问题后（通过深度访谈修改或完成问题后），可以开始进行产品概念的验证。产品概念的验证也采用深度访谈的方式进行。产品概念的验证主要是向用户介绍或演示新产品概念，让用户验证新产品是否能够真正解决用户目前的问题。基于敏捷—精益的思想，演示产品必须是能够实现的，演示产品本身看起来就足够真实，演示产品能够迅速改进，尽量避免浪费。在进行方案验证时，还需对产品的价格进行验证，确认价格是客户能够接受的。可以利用《精益创业实战》一书中 AIDA 的框架来开展解决方案的访谈。

2.2.5.3 **产品开发和检验阶段**

在传统新产品开发流程中，在产品概念得到认可，项目的获利性、可行性得到检验后就开始实施新产品的开发和检验。通常这个阶段存在周期长、费用高、不确定性强的特点。采用精益—敏捷创新方法有助于降低创新成本、缩短创新周期、提高创新效率。

产品开发与检验阶段的主要工作包括：MVP 制作、定性验证、定量验证以及完善改进。

1. MVP 制作

与传统新产品开发流程相比，在精益—敏捷创新模式中新产品的功能更简单、开发周期更短。MVP 是指最小可行性产品，MVP 的功能应该尽量精简，尽量只保留核心部分；减少 MVP 的功能不仅能够缩短开发周期，还能够让新产品更加精炼，能够向客户传达新产品最核心的价值信息。

在敏捷创新画布分析和验证中新产品的功能已经减少了，在该阶段主要是根据敏捷创新画布的要求开发新产品的 MVP。MVP 的开发应该遵循从零开始、从头号问题开始、把“可以要”“不需要”的功能剔除等原则，尽量做到最简原型。

2. 定性验证和定量验证

在 MVP 制作完成后需要及时把新产品的 MVP 推向市场，进行定性及定量验证。定性验证主要是针对 MVP 做客户访谈，在客户访谈中需要向客户展示 MVP，主要验证产品能否满足用户的主要需求、能否获得足够的客户，以及客户是否愿意为新产品支付相应的价格。在定性验证通过后，企业就可以开展定量验证。定量验证是指企业在新产品的 MVP 上市后，采用定量方法验证新产品的 MVP 能否得到用户的认可。在互联网领域经常采用漏斗报表来做定量验证。漏斗报表通常分为 5 个阶段，即获取、激活、留客、收入、口碑。非互联网产品的定量验证可以参照漏斗模型的相关指标进行 MVP 的验证。

3. 完善改进

如果 MVP 通过了定性及定量验证，得到了用户的认可，企业就可以考虑吸收用户意见对 MVP 进行完善改进，形成新产品。

2.2.5.4 **实施阶段**

实施阶段是指新产品在开发及检验完成后开始投放市场的阶段。该阶段包括市场测试、商品化、引进后评价三个环节。这三个阶段与传统新产品开发流程基本一致，只是在本阶段要特别注意监测市场反馈，并根据反馈及时改进、完善新产品及其配套营销策略。

1. 市场测试

MVP 的改进完成后企业就可以正式将产品在限定地区进行试销了，以检验新产品与营销组合变量的市场接受程度。在市场测试过程中根据市场反馈及时调整产品及营销组合。

2. 商品化

在商品化阶段，新产品开始广泛地投放市场。在这个阶段要加强新产品引入期的全面监测，包括网络、电话、面对面交流、投诉、成本、效率等都要跟踪。

3. 引进后评价

传统新产品开发流程中商品化以后，需要开展引进后评价，主要根据新产品商业化搜集到的信息，并在市场实际反应基础上，对新产品及新产品营销组合进行调整。因为客户的需求是不断变化的，企业一定考虑到需求的变化会带来产品功能的变化。

在精益—敏捷创新模式中更强调企业需要不断利用相关指标验证产品与市场的匹配程度。在运营过程中要明确新产品最关键的增长驱动器，在《精益创业实战》一书中提出了三种增长驱动器。这三种模式既适合互联网企业也适合传统企业。这三种模式具体包括：黏度——高留客率、病毒式传播——高推荐率、付费制——高利润率。企业要为新产品选择一种增长驱动器，并进行调整。

总之，精益—敏捷创新模式为企业开发新产品提供了新的方式，但是也给企业的管理带来了新的挑战，因此对精益—敏捷创新理论的研究是必要的。目前采用精益—敏捷创新模式开发新产品的企业以 ICT 企业为主，国内传统行业中采用该模式的企业较少，因此对精益—敏捷创新理论的研究有助于为精益—敏捷创新模式从 ICT 企业向传统行业转化提供理论指导，对丰富创新创业理论也具有重要价值。

【情景案例一】

微信精益—敏捷创新

2010 年 12 月 10 日，小米科技发布了国内最早的短信聊天软件——米聊，功能强大，具有头像、名片、发照片、录音、表情、广播墙等功能。

2011 年 1 月 21 日，腾讯发布了一个为智能手机终端提供即时通信服务的应用程序，也就是微信。微信的第一个版本只有三大功能：发送文字消息，满足用户间文字交流的需求；发送图片，满足用户间分享图片的需求；设置个人头像，让用户更好地表现自己，同时方便好友之间的辨识。微信的定位是即时通信社交软件，要解决的关键问题有两个：和谁交流？交流方式是什么？微信 1.0 的功能虽然简单，但是都紧紧围绕这两个问题来满足用户的核心需求。

没想到 1.0 版刚上线时一片差评。很多人甚至直接打出“不好”“一般”“垃圾”“这也叫通信？根本不能对手机发短信”……

在随后的日子里，微信一步一步更新换代。2011 年几乎每月上新一个版本，增加几个新功能，比如：

2011 年 3 月，支持多人会话，方便用户在手机上开展小群体讨论。

2011 年 4 月，发消息时支持插入表情，为用户增加表达方式。

2011 年 5 月，可以群聊语音对讲，新潮好玩。

2011 年 6 月，寻找手机通信录好友。选择启用手机通信录后，系统会自动帮助用户找到通信录里正在使用微信的好友。

2011 年 8 月，支持视频即拍即发，支持查看附近的人，支持修改群备注名称。

2011 年 10月，支持通过摇一摇手机找到同时也在摇手机的朋友。

接着在3.0版中，微信又推出漂流瓶功能，这个时候的微信开始有了自己的思路。同时开始利用QQ平台大量地拉新。

“微信之父”张小龙曾说过：“我永远不知道微信6个月后是什么样的。”互联网时代最大的变化是不确定性严重压倒确定性变成社会常态。互联网时代没有人告诉你需要什么，这就是现在做产品最大的痛点。今天发布产品的1.0版，不是为了把这些功能全部做完。产品一旦发布上线，马上丢给目标用户，听取他们的反馈，所有的反馈意见收集上来后会作为2.0版的输入。你需要思考的是在尽可能短的时间里，比如四周甚至两周时间里可以做什么……我不会先规划一个特别庞杂的系统，但可以把大任务分解为小任务完成，做一个最简单、最小的可执行的版本，然后不断完善。

腾讯有一款产品，原来叫全民偷菜QQ农场。最疯狂的时候，QQ农场一周迭代23个版本，这样做是为了什么？因为每发出一个版本都有海量用户在用，海量用户反馈，驱使这个团队要快速响应这些需求。要把用户特别热爱的功能细化，就必须频繁地发布新版本。

（改编自：笔记侠.为什么腾讯能长盛不衰？[EB/OL].(2016-09-10)[2025-02-18].https://tech.china.com/news/company/892/20160910/23519032_all.html.）

【情景案例二】

通用电气的精益—敏捷创新

为了适应变化不断加快的商业环境，通用电气（GE）启动了“FastWorks”项目以更好地满足用户需求。该项目正是基于莱斯开创的精益创业框架。精益创业原本是提高创业成功率的一种方法，它最早源于软件开发中的“敏捷开发”，具有“冲刺”（加快交付工作成果）和快速学习的特点。目前，GE和其他公司正尝试将这一方法应用到制造业中。它们相信，通过对顾客反应的快速响应，企业可以降低风险，不会再陷入新产品无人问津的窘境。

2008年，GE决定向价值56亿美元的厨房、洗衣和家用电器制造业务投资10亿美元，推出11个新产品平台，建造或翻新6家工厂，并创造3 000个工作岗位。精益创业对这一战略至关重要。

GE家电运用FastWorks的第一次尝试是为其高端产品线“Monogram”开发对开门冰箱。2013年1月，GE家电首席执行官布兰肯希普（Chip Blankenship）向新成立的团队提出挑战：“你们将改变顾客所看到的一切。你们不会有很多资金。团队很小，需要在3个月内取得工作成果，并在11或12个月内推出可批量制造的产品。”一个跨职能团队迅速成立，他们一起进工厂、制造产品并共同开展市场研究。

不同于销售人员给出设计要求然后就不闻不问的传统方式，顾客将全程参与产品开发。让团队直接倾听顾客反馈是一个重大改变，特别是对工程师而言。在位于路易斯维尔的培训中心，产品销售人员会征求顾客的想法和对产品模型的反馈。他们还去位于纽约和芝加哥的Monogram设计中心，与为顾客获取产品规格和信息的设计师们一起对产品进行测试。

顾客的反馈对工程师而言称不上悦耳动听，但对他们产生了巨大影响。2013 年 1 月，团队研发出了第一款最简化的可行产品。他们在顾客面前展示，发现顾客对产品并无好感。团队得到的第一反馈是不锈钢的颜色太暗。因此，他们将产品改成了较浅的银色。随后照明测试又表现不佳，他们再次修改，重新测试。团队迭代数代产品，到 8 月研发出了第 5 版，顾客终于开始喜欢上这款产品。到 2014 年 1 月，他们共制造了 75 台第 6 版产品，得到了顾客很棒的反馈。团队计划每年都要推出新品。

以前，GE 每 5 年对产品进行改款升级，不对外公开产品的研发过程。但如技术副总裁诺兰（Kevin Nolan）所言："我们从 FastWorks 学到，速度是我们的竞争优势。我们如何大幅提高开放度以及与顾客群的合作度？偷偷摸摸是不行的。"

为了让 FastWorks 发挥效用，GE 在多个领域进行了变革，包括供应商关系、财务等部门的角色和职责。

GE 家电运用 FastWorks 获得了显著成果；开发项目成本减半，速度翻倍，且目前的销售速度是正常销售速度的两倍以上。

公司精益项目主管沃特曼（Todd Waterman）正在将 GE 家电的经验推广到公司其他部门，GE 对 FastWorks 项目寄予厚望。在项目开始的第一年，精益创业创始人莱斯为 GE 培训了 80 名专注于 FastWorks 的教练，向 1 000 名高管介绍了精益创业的理念。通用电气还在全球推出了 100 多个 FastWorks 项目，其范围从建立颠覆性医疗解决方案至设计新的燃气轮机。

此外，精益创业还延伸到公司的非制造领域。GE 计划将精益创业的培训范围扩大到 5 000 名高管，并在一年内推出数百个新项目。莱斯对此评论道："GE 是应用精益实践的理想场所，也无疑是世界上规模最大的精益创业实验室。"

（资料来源：POWER B，How GE applies lean startup practices [J/OL]. Harvard business review，2014，4（7）.（2014-04-23）[2025-02-18].https://hbr.org/2014/04/how-ge-applies-lean-startup-practices.）

【作业与思考】

1. GE 是如何将精益创业与敏捷开发融合开展创新活动的？
2. GE 采用的精益—敏捷创新对企业研发具有怎样的影响？

【本章要点】

●设计思维是一种以人为本的创新方法，灵感来自设计师的方法和工具，它整合人的需求、技术的可能性以及实现商业成功所需的条件。

●设计思维不是以"问题为中心"而是"以人为中心"；不是依靠逻辑式分析解决，而是依靠洞察加上直觉；不是只看到问题，而是寻求机会点；不是给问题一个答案，而是满足客户需求和期望。

●设计思维的五流程包括：共情；需求定义；创意构思；原型实现；实际测试。

●精益—敏捷创新是面向用户的创新，是开放式创新，是用户参与的创新，强调从用户中来，到用户中去，提倡进行“验证性学习”，先向市场推出极简的原型产品，然后通过不断试验和学习，以最小的成本和有效的方式验证产品是否符合用户需求，灵活调整方向。

【重要概念】

设计思维　共情　需求定义　创意构思　原型实现　实际测试　精益—敏捷创新模式

【复习思考题】

1. 为什么要学习创新思维？
2. 传统问题解决思路与设计思维的适用领域分别是什么？
3. 请简述设计思维五步骤，并阐述它们之间是如何产生联系以及层层递进的。
4. 怎样理解精益—敏捷创新模式的概念与原则？
5. 你还知道哪些企业采用精益—敏捷创新模式？

【实践练习】

1. 活动名称：为客户设计背包
2. 活动目的：设计思维体验
3. 活动人数：30~120 人
4. 活动时间：90 分钟
5. 活动规则：

步骤一，教师对设计思维的内容精讲；

步骤二，教师发布任务——为客户设计背包；

步骤三，将同学分成小组，每个小组通过访谈，了解同伴的需要，并洞察同伴内心真正的需要；

步骤四，每个小组对问题进行重构：我们怎样才有可能？

步骤五，每个小组的同学画出 5 个解决方案的草图；

步骤六，每个小组的同学向用户测试想法，并获得反馈；

步骤七，每个小组的反思并产生新的想法；

步骤八，每个小组的同学制作出原型；

步骤九，每个小组分享方案，并获得反馈。

6. 教学用具：A4 纸
7. 活动反思：过程是如何发生的？最后的方案都是包吗？为什么？这几步中最重要的是哪一步？为什么？
8. 备注：包也可改为其他物品

【课程思政】

设计思维与党的群众路线

设计思维是一种设计方法，它为解决问题提供了一种基于解决方案的方法。它在处理定义不清或未知的复杂问题时非常有用，通过理解所涉及的人的需求，通过以人为中心的方式重新构建问题，通过头脑风暴会议创建许多想法，并在原型和测试中采用实际操作的方法。

理解五个阶段的设计思维将使任何人都能够运用设计思维方法来解决我们身边的复杂问题。斯坦福大学 Hasso-Plattner 设计学院提出了五阶段设计思维模型：共情、定义（问题）、构思、原型和测试。

设计思维强调以用户为中心，从用户中来，到用户中去，进行反复迭代，最终满足用户需要。这与我们党的群众路线有异曲同工之妙。

这也说明我们党早在很多年前就已经探索出事物发展的一般规律，这也是我们党在成立20多年时间就建立新中国，在改革开放40余年时间走完西方国家近百年的发展历程的原因之一，这些都说明我们党的群众路线的先进性。

习近平总书记强调群众路线是我们党的生命线和根本工作路线。在新形势下，这条生命线只能加强，不能衰微；只能焕发新的活力，不能失去活力。

群众路线是毛泽东思想的重要内容，是中国共产党根本的政治路线和组织路线，它的理论意义和实践成效，已经为我们党数十年的奋斗历程所充分证实。邓小平说："群众路线和群众观点是我们的传家宝。"

群众路线是中国共产党和政权机关处理同人民群众关系问题的根本态度、工作方法和思想认识路线。在相信群众，依靠群众，全心全意为人民服务的基础上，采取"从群众中来，到群众中去"的方法，即"将群众的意见（分散的无系统的意见）集中起来（经过研究，化为集中的系统的意见），又到群众中去作宣传解释，化为群众的意见，使群众坚持下去，见之于行动，并在群众行动中考验这些意见是否正确。然后再从群众中集中起来，再到群众中坚持下去。如此无限循环，一次比一次地更正确、更生动、更丰富"（《毛泽东选集》第3卷第899页）。坚持群众路线是在实际工作中克服主观主义和官僚主义的有效途径，要求认真实行民主集中制。

一切为了群众，一切依靠群众，讲的是中国共产党的群众观点，是群众路线的核心内容。如果说一切为了群众讲的是目的，就是为什么要这样做，那么一切依靠群众则讲的就是手段的问题，就是如何去做、采取什么方式去做的问题；这是因为：第一，一切为了群众，全心全意地为人民服务，是党的根本宗旨，是党一切工作的根本出发点和归宿，是无产阶级政党区别于其他政党的显著标志。第二，一切为了群众，就必须对人民负责，善于为人民服务。党的一切工作，必须以最广大人民的根本利益为最高标准。第三，一切依靠群众，首先要相信群众能够自己解放自己。要尊重和支持人民群众的革命首创精神；一切依靠群众，既要反对命令主义，又要反对尾巴主义。第四，一切依靠群众，就应该虚心向人民群众学习，应该善于从群众的议论中发现问题，提出解决问题的方针和政策。第五，一切依靠群众，必须在一切工作中发动群众、组织群众。要在新形势下努力创造发动与组织群众的新方式、新方法。

从群众中来、到群众中去，讲的是中国共产党的领导方法和工作方法，是群众路线的又一重要内容。从群众中来，到群众中去的领导方法，是同“从实践中来，到实践中去”的认识过程完全一致的，是马克思主义认识论在领导工作中的创造性运用。

从群众中来，到群众中去的过程，从认识论上说，也就是调查研究的过程。这就把党的实事求是的思想路线同群众路线的工作路线有机统一起来。要做到“从群众中来，到群众中去”，首先要虚心向人民群众学习，向群众做调查工作。做到从群众中来，只是完成了领导工作的第一步，更重要的是要将这些从群众中集中起来的领导意见再回到群众中去，使群众认识到这些意见是符合他们的根本利益的，号召群众实行起来、化作他们自觉的行动，使党的路线、方针、政策转化成为人民群众改造客观世界的物质力量。同时，毛泽东还强调从群众中来，到群众中去的过程中，必须采取一般号召和个别指导相结合的方法。

【案例讨论】

请阅读下面案例，讨论回答问题。

从 1 到 N，见证这支“神笔”的伟大创新

在 2020 年上海进博会上，诺和诺德展示了其多款创新药品，其中引人注目的是一款像笔一样的胰岛素注射装置。这款装置已经成为糖尿病护理行业的游戏规则改变者。诺和诺德，这个在糖尿病研究领域走过近百年的丹麦生物制药公司，其最具影响力的创新莫过于诺和笔。诺和笔的诞生，不仅是一个技术上的突破，更是对糖尿病患者生活方式的深刻改变。

一、好主意的诞生

诺和笔的诞生源于一个有价值的洞察。1981 年，诺和诺德的市场总监富利兰德在阅读 *The Lancet* 杂志上的一篇关于年轻糖尿病女孩使用注射器困难的文章后，萌生了一个想法：是否可以生产一个像笔一样的装置，方便患者使用，并且能够保持一周的胰岛素供应量，只需按下按钮就能提供适量的胰岛素？

这个想法看似简单，实则具有深远的意义。它不仅能够解决糖尿病患者每天使用注射器和玻璃药瓶的烦琐，还能提高他们的生活质量。富利兰德捕捉到了这个有价值的洞察，并把它转化为一个成功的产品——诺和笔。

二、从“市场的小花招”到伟大创新

1985 年，诺和诺德推出了第一代诺和笔。这是一支可以重复使用的胰岛素笔，内置预填充盒，患者只需按一下笔端按钮，就可以得到胰岛素。然而，这支笔在推出时并没有得到多少掌声，甚至被公司内部质疑为“市场的小花招”。

尽管如此，诺和笔仍然以其便捷性和实用性逐渐赢得了患者的青睐。在第一年，就积累了 3 000 名使用者，占到丹麦糖尿病患者的 20%。患者们发现，使用诺和笔后，他们对“基础联合餐时”治疗的接受度也增长了。

随着市场反馈的增加和技术的不断进步，诺和诺德开始着手解决第一代诺和笔存在的问题。他们推出了第二代诺和笔，使用了新的“拨一剂量”系统，让患者能够注射一次即得到 2~36 个单位的胰岛素，而不再局限于每次只能提供 2 个单位。此外，二代诺和笔还采用了塑料材质，更加轻便和耐用。

然而，诺和诺德并没有止步于此。他们继续探索和改进诺和笔的功能和性能。在随后的几年里，他们推出了更多版本的诺和笔，包括具有电子记忆功能的第五代诺和笔，以及能够连接智能手机的数字化诺和笔。这些创新不仅提升了诺和笔的使用便捷性，还让它成为一个智能化的糖尿病管理工具。

三、不断迭代的市场进入模式

诺和笔的成功并非一蹴而就。它经历了多次迭代和改进，才最终成为一个完全成功的市场进入模式。

在第一代诺和笔推出后，诺和诺德就意识到了其存在的缺陷，并开始着手解决这些问题。他们通过市场观察和用户反馈，不断收集信息，优化产品设计。在第二代诺和笔的研发中，他们解决了剂量系统和材质问题，让产品更加实用和耐用。

随着市场的不断扩大和竞争的加剧，诺和诺德开始思考如何保持其市场领先地位。他们意识到，仅仅依靠产品创新是不够的，还需要通过服务创新和模式创新来增强竞争力。于是，他们开始探索数字化和智慧化的解决方案，将诺和笔与智能手机等智能设备连接起来，为患者提供更加全面和个性化的糖尿病管理服务。

这种不断迭代的市场进入模式让诺和笔能够持续适应市场变化和用户需求的变化，从而保持其市场领先地位。

四、重新定义用户需求

诺和笔的成功不仅在于其技术创新和产品迭代，更在于它重新定义了用户的需求。

在传统的糖尿病治疗中，患者需要使用注射器和玻璃药瓶来完成每天的注射。这种方式不仅烦琐而且尴尬，让患者在公共场合感到不自在。而诺和笔的出现打破了这种困境，它通过一个从功能需求到情感需求的转变，让患者在注射胰岛素时感到更加便捷和舒适。

诺和诺德认识到，大部分糖尿病患者对使用注射器感到“不适”，这是一个原先并没有被充分满足的市场需求。于是，他们通过创新开发出了诺和笔，让患者在注射胰岛素时不再感到尴尬。这种对用户需求的深刻洞察和满足，让诺和笔在市场上获得了广泛的认可。

如今，诺和笔已经成为全球糖尿病患者的重要治疗工具之一。它不仅提高了患者的生活质量，还推动了糖尿病治疗领域的发展。随着技术的不断进步和市场的不断变化，诺和诺德将继续探索和创新，为糖尿病患者提供更加优质和便捷的治疗方案。

（资料来源：朱丽. 从 1 到 N，见证这支“神笔”的伟大创新[EB/OL].(2020-12-23)[2025-02-18].https://www.sohu.com/a/439983551_380874.）

讨论题：

1. 在这个案例中，你可以初步感受到设计思维的哪些特征？

2. 根据这个案例，你能具体谈谈设计思维的流程吗？

3. 从这个案例中，你可以得到什么启发？

3 创新管理

【核心问题】

1. 什么是创新?
2. 什么是模糊前端管理? 为什么要进行模糊前端管理?
3. 新产品的开发要经历哪几个阶段?
4. 服务创新的类型有哪些? 它们各有什么特点?

【学习目的】

1. 了解新产品创新的基本过程。
2. 了解影响新产品成功开发的因素。
3. 掌握服务创新的概念与类型。

【引例】

AI 大模型推进创新变革

2020 年 9 月，ChatGPT 正式上线运营，初期版本主要提供基本的聊天功能。随着用户反馈和需求的不断增加，ChatGPT 开始不断升级和改进，加入更多的功能和服务，满足用户的更多需求。

2021 年，ChatGPT 推出了更高级的 GPT 3 聊天机器人，聊天体验更加人性化。同时，ChatGPT 也开始了对机器学习技术的深入研究，不断优化算法和模型。

2022 年 11 月 30 日，总部位于旧金山的 Open AI 推出了 ChatGPT 3.5。随后，各大科技公司纷纷跟进，推出了各自的 AI 大模型产品。

2023 年 2 月，Google 基于其开发的对话编程语言模型（La MDA），推出了类似于

ChatGPT 的对话人工智能服务 Bard。

2023 年 2 月 20 日，复旦大学自然语言处理实验室邱锡鹏教授团队发布了国内首个对话式大型语言模型 MOSS。

2023 年 3 月 16 日，百度在北京召开新闻发布会，正式宣布推出大语言模型“文心一言”，并宣布开启邀请测试。

2023 年 8 月 31 日，文心一言向全社会全面开放，开放首日回复网友超 3 342 万个问题。

2023 年 12 月 28 日，百度首席技术官王海峰宣布文心一言用户规模已突破 1 亿。

进入 2024 年，文心一言继续进行升级和创新，推出了新功能，用户在短时间内即可定制自己的 AI 声音，实现个性化语音播报和实时对话。

2023 年 12 月 1 日，阿里云正式发布并开源了被称为“业界最强开源大模型”的通义千问 720 亿参数模型 Qwen-72B，成为中国首个选择走开源路线的云服务厂商，大幅降低了中小企业使用 AI 的门槛。

根据《北京市人工智能行业大模型创新应用白皮书（2023 年）》，截至 2023 年 10 月，我国拥有 10 亿参数规模以上大模型的厂商及高校科研院所共计 254 家，分布于 20 多个省（区、市）。这表明 AI 大模型正在得到广泛的应用和推广，潜移默化地影响了我们的工作与生活。

首先，AI 大模型在产业创新方面取得了显著成效。目前，AI 大模型已经应用于智能制造、智慧金融、智慧医疗、智慧交通等多个领域，通过优化生产流程、提高决策效率、降低运营成本等方式，推动产业的转型升级，为企业带来更多的商业机会和竞争优势。

其次，AI 大模型在科技创新方面发挥了重要作用。通过大规模数据的分析和识别，AI 大模型提供了新的研究视角和思路，助力科技创新的突破，帮助科学家和研究者发现新的科学规律和现象。

最后，AI 大模型还在社会创新方面扮演着重要角色。得益于 AI 大模型的问世，政府和社会组织可以更好地管理社会事务，提高公共服务的效率和质量。例如，在智慧城市建设进程中，AI 大模型通过智能分析和预测，优化城市资源分配，提升城市治理水平。同时，AI 大模型还可以用于教育、文化等领域的创新，推动社会全面进步。

然而，AI 大模型的发展也带来了一些挑战和潜在问题。例如，数据隐私和安全问题成为重要的关注点，如何保护个人隐私和数据安全成为亟待解决的问题。并且，随着 AI 大模型提供的服务愈加高效和智能，一些岗位正在面临消失或转型的风险。

总体来说，AI 大模型正在推动创新变革、重新定义我们的工作和生活方式，为各行各业带来新机遇的同时也带来了新的挑战。未来还需要充分发挥 AI 大模型的潜力，积极应对和解决相关问题，推动社会的持续创新与进步。

3.1 创意管理

创新的发生依靠好的创意。创意不仅可以引发企业通过一系列活动改变现状，也可以为组织创造新的机会。对于企业而言，如何促进创意的产生，以及如何努力提升创新过程的思考被提上议程。其中，模糊前端作为基本方法被广泛应用。

3.1.1 模糊前端的界定和特征

一般来说，产品创新过程分为三个阶段：模糊前端阶段、新产品开发阶段以及商业化阶段。

模糊前端的概念最早出现于 1985 年，是指产品创新过程中，在正式的和结构化的新产品开发过程之前的活动。在模糊前端阶段，企业提出一个新的产品概念并决定是否投入资源去开发。这个阶段充满了种种模糊不清的现象，如果不一一加以克服，企业很难冲破产品创新的迷雾。这些模糊不清的现象通常包括以下几种：

第一，具有高获利性的构想来源并不明确。口耳相传的轶事很多，构想不一定真实存在；构想形成的环境不能确定。

第二，欠缺高获利性的构想。需要有足够出色的构想，才能填补营收差距，更有效的阶段分界才可增加产能。

第三，前置作业的难解谜团。责任归属与职权界定不清楚，阶段分界的流程导向不清楚。

第四，成功率低。许多好机会遭到扼杀，许多有害无益的机会却被保留下来。

3.1.2 模糊前端管理的目的

3.1.2.1 模糊前端对于新产品开发的重要性

鉴于产品生命周期的显著缩短，以及技术、竞争环境和顾客需求的迅速演变，企业迫切需要对创新流程进行精细优化。在整体的产品开发流程中，创意的萌生构成了新产品开发项目的初始驱动力，因此，以创意为核心的模糊前端环节显得尤为重要。

众多项目并非在开发阶段遭遇挫败，而是在项目启动之际便暗含失败之兆。由于初期判断或研究的偏差，即便在后续的产品开发阶段投入大量资源，也难以扭转失败的命运。由此可见，新产品开发成功的关键在于对模糊前端环节的精准把握和有效管理。

研究发现在新产品开发的整个流程中，对模糊前端进行高效且系统的管理，不仅显著提升了新产品开发的综合绩效，也缩减了大约 30% 的新产品开发时间，体现了优化管理对于提高整体效率与效益的重要性。

3.1.2.2 压缩模糊前端的时间来加快速度

模糊前端阶段的周期可以是几个星期，也可以是几年，这取决于项目的特征、开发者的技能、技术的储备以及其他环境的影响。

1990 年，波士顿咨询集团斯托克（George Jr. Stalk）和霍特（Thomas M. Hout）

曾指出，进入20世纪90年代后，企业间的竞争是基于时间的竞争，时间成为主导新产品开发战略的关键要素。

而加速模糊前端对于新产品开发阶段则有提升速度的好处。如表 3-1 所示，通过模糊前端阶段的加速，企业可以更早地进行产品开发，同样也可以使产品更快速地进入市场，较短的周期还可能创造更多的战略灵活性。这种优势可以为“市场领先者”“快速跟随者”甚至是“追随者”带来不可估量的利润。

表 3-1　加速模糊前端对于新产品开发阶段有提高速度的好处

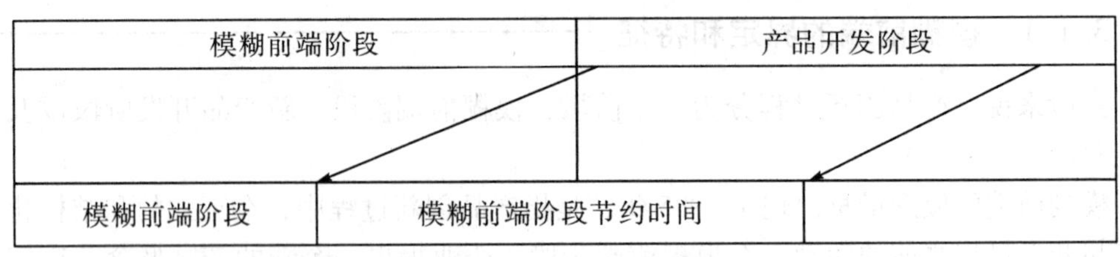

资料来源：陈劲，郑刚. 创新管理［M］. 北京：北京大学出版社，2021.

3.1.3　模糊前端基本要素

科恩（Peter Koen）等学者在其提出的新概念开发模型中，明确阐述了模糊前端所涵盖的五个核心环节，即机会识别、机会分析、创意的产生和丰富、创意的选择以及概念界定。如图 3-1 所示，该模型直观显示了上述各阶段的逻辑关系和重要性。

第一，靶心部分包含了组织上的领导关系，文化氛围及经营战略，也是企业实现五要素控制的驱动力量，是模型的引擎。

第二，内部轮辐域定义了模糊前端阶段五个可控的活动要素（机会识别、机会分析、创意的产生和丰富、创意的选择、概念界定），从而对竞争威胁做出反应或解决相应问题。

第三，影响因素包括组织能力、外部环境（分销渠道、法律法规、政府政策、顾客、竞争对手、政治与经济气候）、开放内外部科学背景等。这些影响因素通向商业化的全部创新过程，而且是企业无法控制的。

第四，指向模型的箭头表示起点，即项目从机会识别或创意的产生和丰富开始。离开箭头表示如何从概念阶段进入新产品开发阶段或技术阶段的流程。

第五，循环箭头表示五个关键要素活动中间的反复过程。

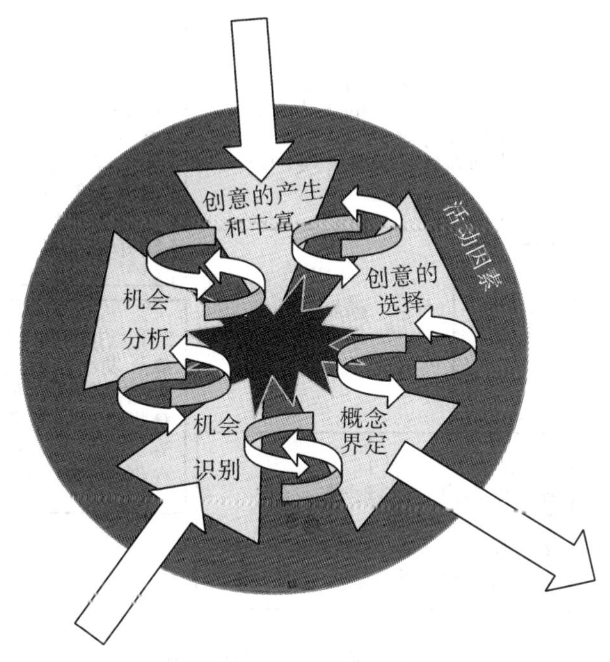

图 3-1 科恩的新概念开发模型

（资料来源：KOEN P，AJAMIAN G，BURKART R，et al. Providing clarity and a common language to the "Fuzzy Front End"［J］. Research technology management，2001，44（2）：46-55.）

新概念开发模型还为新产品开发模糊前端的一些通用术语进行了界定。

第一，创意—— 一个新产品、新服务或者是预想的解决方案的最初萌芽。

第二，机会——为了获取竞争优势，企业或者个人对商业或者是技术需求的认识。

第三，概念——具有一种确定的形式（如书面或视频）特征，并在广泛了解技术需求的基础上符合顾客利益。

3.1.4 如何挖掘创意

创新的源头是创意，如何挖掘创意，并实现对创造的有效管理成为企业创新发展的关键。福思（Forth）提出了 20 周创新管理方法，为企业创业从获取创意到最终转向创新提供了借鉴，如图 3-2 所示。

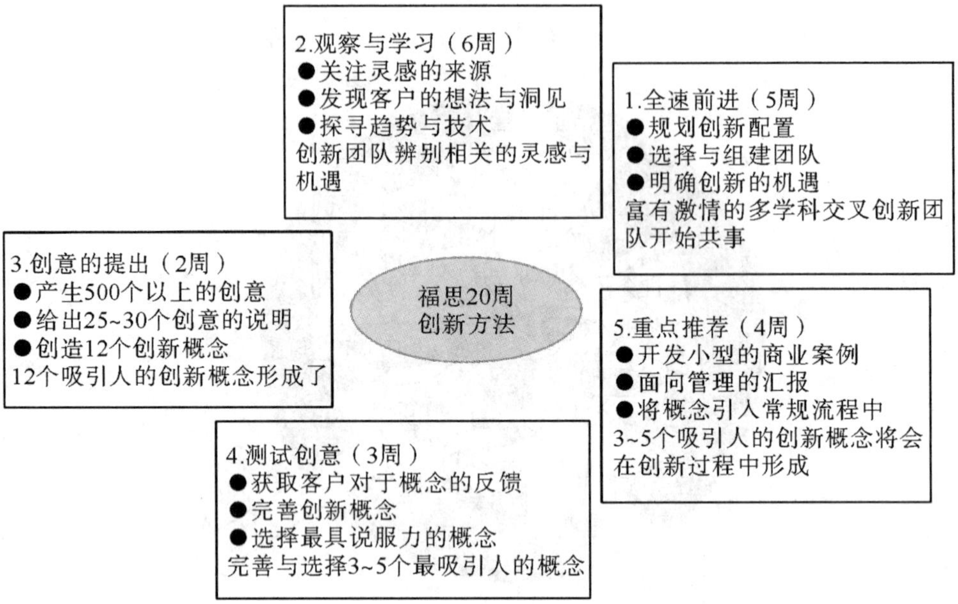

2.观察与学习（6周）
●关注灵感的来源
●发现客户的想法与洞见
●探寻趋势与技术
创新团队辨别相关的灵感与机遇

1.全速前进（5周）
●规划创新配置
●选择与组建团队
●明确创新的机遇
富有激情的多学科交叉创新团队开始共事

3.创意的提出（2周）
●产生500个以上的创意
●给出25~30个创意的说明
●创造12个创新概念
12个吸引人的创新概念形成了

福思20周创新方法

5.重点推荐（4周）
●开发小型的商业案例
●面向管理的汇报
●将概念引入常规流程中
3~5个吸引人的创新概念将会在创新过程中形成

4.测试创意（3周）
●获取客户对于概念的反馈
●完善创新概念
●选择最具说服力的概念
完善与选择3~5个最吸引人的概念

图 3-2　福思 20 周创新方法

（资料来源：BORIECI R. Creating innovative products and services［J］. Journal of products and brand management，2012，21（5）：381-382.）

在企业，挖掘员工创意最常见的做法就是设立意见箱。1895 年，美国国家现金出纳机公司的创始人帕特森（John Patterson）设立了第一个“意见箱”项目，被采纳建议的最初提出者可以获得 1 美元奖励。在当时，这个项目是被认为具有革命意义的。到 1904 年，员工共提出了 7 000 多条创意，其中有 1/3 被采纳。

建立创意收集系统，如设立意见箱等，从操作层面而言，其实现难度较低且成本效益显著。然而，这仅仅是激发员工创造力的初步举措。在深化员工创造力开发方面，英特尔、3M、谷歌等领先企业采取了更为深远的策略，他们将资源投入创造力培训项目。这些项目旨在通过管理层的言行，向员工传达出对其想法和自主性的高度重视。此类信号对于塑造企业文化具有深远影响，其效果往往超越金钱奖励的效果。

在卓越的创新型企业中，创意管理被置于企业寻求新收入来源的核心地位。创意系统不仅有助于企业树立创新理念，还推动企业内部各个部门积极寻求新的商业机会，并促进管理者与员工之间的广泛参与。值得注意的是，创意系统并非意图取代现有的创意开发方法，而是作为一种辅助工具，在既有的部门和产品开发流程中发挥作用，激发其活力，以取得更优的工作成效。

【情景案例】

创意无限可能：讯飞星火 2.0 与讯飞智作联手带来更多创新体验

2022 年底，《虚拟现实与行业应用融合发展行动计划（2022—2026 年）》发布。这份计划明确提出了在未来五年内，我国将在三维化、虚实融合沉浸影音关键技术等方面取得重大突破，以推动虚拟现实技术的深度融合和广泛应用。同时，该计划也强调了要不断丰富新一代适人化虚拟现实终端产品，以满足不同用户的需求。

到 2023 年，随着大模型产业化的序幕正式拉开，科大讯飞利用星火大模型的力量，对讯飞智作进行了升级。2023 年 5 月，科大讯飞就成功实现了 3~10 分钟“智造”数字人的神助攻，这一成果的实现，不仅展示了科大讯飞在虚拟现实技术方面的强大实力，也为我国的虚拟现实产业指明了新的发展方向。同年 8 月 15 日，讯飞星火 V2.0 升级发布会在合肥如约而至，再次对讯飞智作进行重大的蜕变和升级。这无疑将进一步提升讯飞智作的性能和功能，使其在虚拟现实领域的地位更加稳固。

据了解，“讯飞智作”是科大讯飞在 2023 年 4 月份全新推出的一款 AIGC 内容创作平台。这个平台的推出得益于科大讯飞在语言及语音、图像、自然语言理解等底层技术方面的深厚积累。它的主要功能是帮助视频内容创作者快速建立一个虚拟的“AI 演播室”。在这个 AI 演播室中，创作者只需要简单地输入文稿，选定虚拟主播，就可以一键完成音视频内容的输出。这种方式不仅节省了大量的演播道具、设备灯光、背景板等物料成本，而且还降低了主播的人力成本。这种创新的方式，无疑为视频内容创作者提供了更大的便利。

同时，讯飞智作还将依托讯飞星火 V2.0 的多模态能力升级，迎来“更多可能”。据悉，本次讯飞智作的升级点将覆盖视频分析、AI 配音、创意文案、配图生成和 AI 主播等方面。这些升级将进一步提升讯飞智作的功能，解放内容生产力，释放创意想象力。

通过这些升级，讯飞智作将能够实现更精美的场景设计与更“声”动的人物刻画紧密相扣。这将为屏幕前的观众带来更加新颖、有趣、有料的内容视听体验。无论是在视觉效果还是在听觉体验上，都将达到前所未有的高度。

实际上，在认知大模型成为通用人工智能全新曙光的同时，科大讯飞早就开始关注到多模态智能大模型的发展。作为一家领先的人工智能企业，科大讯飞以多模态智能大模型为核心，致力于将语音、图像、视频等其他模态都统一到语义空间中。结合插件和工具等技术手段，科大讯飞实现了多模态协同涌现，打通了从多模理解到多模生成的应用链路。

（案例来源：品科技生活. 创意无限可能：讯飞星火 2.0 与讯飞智作联手带来更多创新体验［EB/OL］.（2023-08-18）［2025-02-18］.https://m.sohu.com/a/712904708_121322230/? pvid=000115_3w_a.）

3.2 新产品开发流程管理

新产品开发本质上是创意商业化的全过程。新产品开发的全流程管理要求企业管控产品开发的各个阶段，最终实现新产品面向客户价值的满足，以提升企业竞争优势。

3.2.1 新产品开发的影响因素

为取得新产品开发的成功，企业首先应当系统、全面地了解影响新产品开发成功的主要因素，其中包含产品属性、战略属性、流程属性、市场属性、组织属性等方面，如表 3-2 所示。

表 3-2　影响新产品开发成功的因素

主要分类	相关影响因素
产品属性	产品竞争性、产品与客户需求匹配、产品价格、产品技术复杂度、产品新颖性
战略属性	市场协同、技术协同、进入策略、专业性人力资源、专业性研发资源、企业资源、战略导向
流程属性	结构化方法、产品预期回报、市场任务执行力、技术专业性与能力、产品发布能力、产品开发周期缩短、市场导向、客户输入、跨职能团队整合、跨职能团队沟通、高层管理者支持
市场属性	竞争反应的可能性、竞争反应强度、市场潜力、环境不确定性
组织属性	组织氛围、项目与组织规模、组织设计、外部关系、组织中心化程度、组织正规化程度

资料来源：EVANSCHIZKY H, EISEND M, CALANTONE R J, et al. Success factors of product innovation: an updated meta-analysis [J]. Journal of product innovation management, 2012, 29 (S1): 21-37.

3.2.2　新产品开发的过程

加拿大著名管理学家库珀（Robert G. Cooper）从阶段门的角度将新产品开发的全过程划分为“创意形成→概念孕育→产品研发→市场测试→市场发布”五个阶段，如图 3-3 所示。

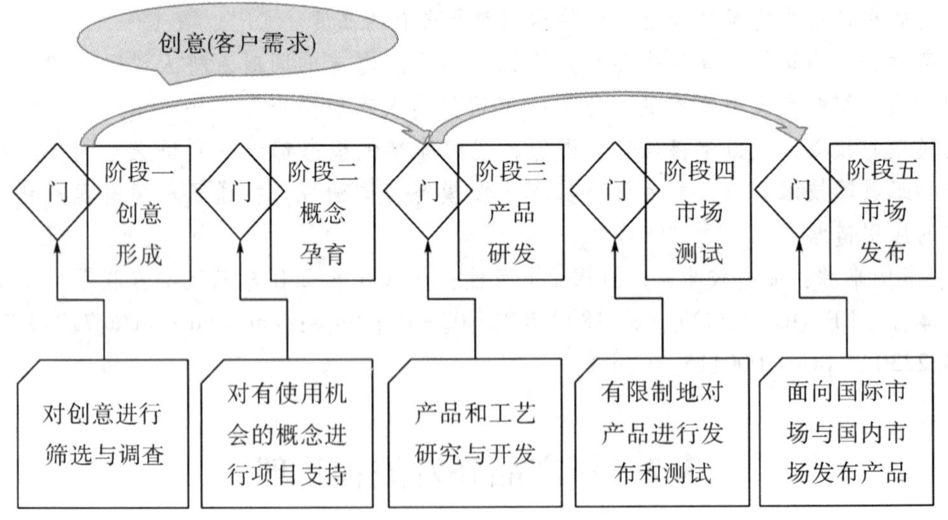

图 3-3　新产品开发的阶段门流程

（资料来源：COOPER R G, Doing it right [J]. Ivey business journal, 2000, 64 (6): 54-60.）

以客户需求为创意来源，新产品开发的第一阶段和第二阶段注重创意形成与产品开发的概念形成，着重面向客户需求对创意进行筛选、调查，以及在筛选基础之上对蕴含商机的产品开发概念予以项目支持。

新产品开发的第三阶段为产品研发，企业整合硬件资源与人员优势，面向新产品开发的需求，通过产品与工艺流程的改进，实施产品设计与原型开发。同时，伴随开放式创新范式的兴起，以及信息技术平台、协同制造等模式的广泛应用，企业能够打破组织边界，柔性利用外部资源优势，形成企业内部资源与外部网络对产品研发的协同创新。

新产品开发流程的最后两个阶段是面向产品商业化的过程，主要包含市场测试与市场发布两个阶段。前者在限定的市场范围内对产品性能、功效等进行测试，同时结合客户需求探索营销策略，倾听市场反馈；基于试测的经验与数据反馈，企业对新产品及其商业化营销策略进行学习完善，最终面向国际市场与国内市场进行产品发布，从而为客户提供价值，获得收益回报，实现新产品创新与开发的市场效应。

然而，完善的新产品开发流程与管理机制并不能保证产品创新的成功与市场的高额绩效回报。产品的卓越性能、新产品开发的概念界定、技术协同、研发前的流程准备、市场协同、营销活动等因素都能够影响并决定新产品开发及其商业化的财务回报与市场成功率。项目领导力、高层管理、客户参与、组织发展、产品概念、供应商参与、流程绩效、市场等因素对于新产品成功也具有重要的影响。

3.2.3 新产品进入市场的时机

麦肯锡公司的研究结果表明，相比预算因素，新产品的市场导入对产品创新的获益会产生更大的影响。德国西门子公司的预测显示：新产品每提前 1 天上市，其为企业产生的利润增量将达到 0.3%；每提前 5 天上市，利润增量将达到 1.4%；提前 10 天上市，利润增量将达到 2.5%。

此外，经济学家与创新管理研究专家同样得出如下结论：新产品延迟投放市场会使企业利润下降，并因产品生命周期的缩短产生更多的损失。因此，“时间和速度”已经成为企业创新实践成败的关键。加速创新的显著优势可见表 3-3。

表 3-3 加速创新的显著优势

优势	描述
1	尽早投放新产品，企业将获取市场先行者优势，比竞争者更早地满足用户需求，从而扩大市场份额；同时，利用领先战略，企业可以提升用户忠诚度，强化用户黏性
2	获得较竞争对手更长的产品销售周期与销售生命，并获得更丰厚的利润回报
3	获得可观的盈利回馈；在竞争相对宽松的环境下，市场与创新领先者获取产品与服务的定价权，获得最佳收益；在竞争激烈的环境下，利润分摊，市场领先者同样获取相对收益优势
4	创新领先者往往有技术领先性，从而获取技术的前沿优势
5	快速创新有利于从战略与信心角度打击竞争对手，从而获取竞争优势
6	快速创新能够使企业更快地应对市场变化，捕捉市场机遇，把握环境先机，从而降低创新与竞争风险
7	快速创新能够降低企业长期发展的运营成本，增加企业的战略与组织柔性
8	快速创新最终可以转化为企业的核心竞争力，并提升企业的技术能力、研发能力、学习能力等竞争优势必备的能力

资料来源：尚鹏. 快速产品创新的加速因素研究［D］. 杭州：浙江大学，2003.

为了加快创新的步伐，企业通过加快产品与服务的上市时间、产品与服务的创新速度，缩短产品与服务的开发周期等策略开展基于时间的竞争。

已有的研究对产品创新速度的影响因素与方法做了大量的探讨，作为企业实施基于时间的创新与竞争战略的依据。1992 年，研究者提出了创新加速方法的五层次模型，将创新的步骤划分为“简化新产品开发结构 →去除新产品开发冗余步骤 →并行工程→消除产品创新过程的时间延迟 →完善加速活动”，并指导实践，大幅提升了产品创新速度与创新成功率。1999 年，有学者在此基础上提出六层次创新加速模型，将以产品创新为核心的活动划分为六个层次，并详细刻画了每个层次的活动目标与主体，如图 3-4 所示。

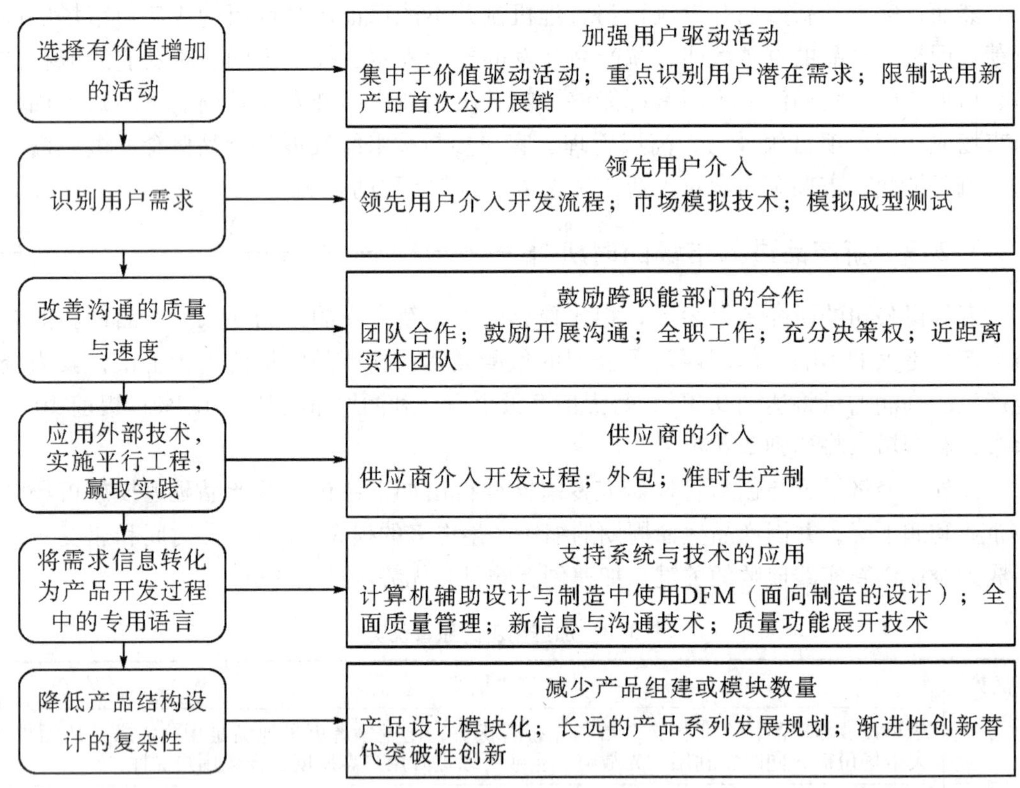

图 3-4　六层次创新加速模型

表 3-4 对加速新产品创新的重要影响因素做了总结。

表 3-4　新产品创新速度影响因素

核心影响因素	描述与解析
创新速度关注度	相较于企业创新绩效的其他方面，譬如质量、成本等，企业更加关注创新速度
高层管理者支持	企业高层管理者及其团队对产品创新速度的认可、重视与资源支持
目标清晰度	新产品开发与创新项目是否明确界定了目标、任务，以及达成的评估准则
新颖性	产品开发与技术应用相比企业已有技术与知识的新颖度

表3-4(续)

核心影响因素	描述与解析
复杂度	产品创新及其所依赖的技术与任务的复杂程度
流程规范化	产品创新与开发所依赖的工艺流程的规范化程度
流程并发程度	产品开发与创新所依赖的工艺流程是否可以并行运作，即产品开发各阶段是否能够展开并行工程
迭代	新产品开发主动构建与原型测试的过程反复程度
组织学习	新产品开发与创新团队在项目开展中知识获取与知识创造的相关过程
团队领导力	创新项目开发负责人拥有的与创新项目相关的技能、知识与经验
团队经验	创新项目成员拥有的经验、知识与技能
团队奉献	团队成员投入新产品开发与创新的程度
内部整合	面向新产品开发与创新，组织成员跨部门合作与交互的程度
职能多样化	新产品与创新项目团队的职能多样化程度
外部整合	供应商、客户等外部合作伙伴对新产品开发与创新的参与程度
团队授权	创新项目开发团队制定决策的自主程度
团队成员的地理位置	新产品开发与创新项目团队成员在同一地点共事的程度

资料来源：CHEN J，DAMANPOUR E，REILLY R R. Understanding antecedents of new product development speed：a meta-analysis［J］. Journal of operations management，2010，28（1）：17-33.

3.3 新服务开发和管理

3.3.1 服务的定义与特征

3.3.1.1 服务的内涵

泽丝曼尔（Zeithaml）认为，服务是一种行动、过程和表现，是由一方向另一方提供或合作生产。例如，IBM 为设备提供维修和维护服务，为信息技术和电子商务应用提供咨询服务、培训服务、网页设计和其他服务。这些服务并不是能够接触到、看得到或者感觉得到的有形产品，而是一种无形的行为和绩效。相似地，医院、饭店、银行和公用事业提供的核心服务内容也主要包括向顾客展示行为和活动，或合作生产。

服务也可以理解为包括所有非有形产品产出的全部经济活动，通常在生产时被消费，并以便捷、愉悦、省时、舒适或健康的形式提供附加价值。

3.3.1.2 服务的基本特征

1. 无形性

相较于有形的消费品或产业用品，服务的组成元素难以通过触摸或肉眼感觉到它的存在，呈现出一种无形无质的特性。这种特性使得服务的评价和验证变得相对困难。随着企业服务水平的持续提升，许多消费品或产业用品往往与附加的顾客服务一同出售。对于顾客而言，这些消费品或产业用品所附带的服务或效用显得更为重要。

2. 不可分离性

服务的不可分离性主要体现在其生产与消费的同步进行上，即服务人员提供服务的过程也正是顾客消费服务的时刻，两者在时间上紧密相连。顾客必须亲自参与到服务的生产过程中，才能最终实现服务的消费。

3. 差异性

服务的差异性主要是因为其构成成分及质量水平在不断变化，难以用统一的标准衡量。由于服务行业是以“人”为中心的产业，服务人员的个性差异以及顾客的不同需求都使得服务质量检验变得复杂。即便是同一服务人员，由于自身因素（如心理状态）的影响，提供的服务水平也可能有所不同。同时，顾客在参与服务的过程中，其知识水平、兴趣和爱好等因素也会对服务的质量和效果产生直接影响。

4. 不可贮存性

服务的不可贮存性意味着服务企业必须解决缺乏库存带来的产品供求不平衡问题。在制定分销策略、选择分销渠道和分销商时，必须充分考虑这一特性。此外，如何设计有效的生产过程以及如何处理被动的服务需求，也是企业面临的挑战。

5. 缺乏所有权

缺乏所有权特性体现在其生产和消费过程不涉及任何物质所有权的转移。由于服务是无形的且不可贮存，一旦交易完成，服务便随之消失。因此，消费者并没有“实质性”地拥有服务，服务的所有权并未发生转移。

3.3.2 服务创新的类型

服务创新的定义和表现形式因情境而异。服务创新可以是对服务的创新和改进，例如，餐厅通过重新设计店面环境以及更新菜单，为顾客带来了全新的用餐体验。在某些情况下，服务创新还涉及内部服务流程的优化和升级。服务创新与增强客户体验和客户角色的重大变动也密不可分。随着自助服务模式的兴起，客户在服务过程中的角色发生了显著变化，从被动接受者转变为积极参与者。这种客户角色的重大变动，推动了更多服务创新的出现。通常，服务创新与组织内部的重大主动性变革紧密相连。例如，一些传统制造业或加工企业，通过战略转型，转变为以提供服务和解决方案为核心的企业。这种转型改变了组织的业务重心，也带来了全新的服务创新需求和机会。从宏观层面来看，服务创新与整个产业以及系统的升级和发展也息息相关。

进一步地，服务创新的类型可分为服务供给创新，围绕顾客角色的创新以及服务解决方案的创新。

3.3.2.1 服务供给创新

并不是所有新服务都是同样新颖的，新服务既可以是重大或者激进的创新，也可以是轻微的创新。服务供给创新具有以下几种形式。

（1）为尚未定义的市场提供新的服务。比如，共享单车提供全新的交通服务就是在开发一个尚未定义的市场。未来的许多变革将会在信息、计算机和互联网的基础上产生，通常这些服务创新能够催生崭新的市场。

（2）为现有市场的同类需求提供的新服务。例如，手机支付成为新的支付方式，滴滴等网约车服务与传统的出租车和客车服务形成竞争。它们所进入的市场原本已经存在产品能够满足同类需求，而它们针对用户需求又进一步优化了服务。

（3）为现有服务市场提供新的服务，指向组织现有的顾客提供组织原来不能够提供的服务。例如，零售商提供咖啡服务或儿童游乐区，一家健康俱乐部开设营养课程，航空公司提供空中网络和电话服务。

（4）扩大现有的服务产品线。如饭店增加新的菜谱，航空公司增加新的航线，法律咨询公司增加法律服务项目，大学开设新的课程或学位。

（5）改变已有服务的性能，包括加快已有服务过程的执行、延长服务时间、扩展服务内容，如在饭店客房中增添一些便利设施。服务改善是服务变革最普遍的一种形式。

（6）风格转变也是一种服务供给创新。它是服务变革中最为时尚的一种形式，表面上这种改变最为显眼，并可能在顾客感知、情感与态度上产生显著影响。比如，改变饭店的色彩设计、修改组织的标志或给飞机涂上不同的颜色都是风格转变。但这些改变并没有从根本上改变服务，只是改变其外表。

3.3.2.2 围绕顾客角色的创新

这种类型的创新和服务本身相互联系。当服务变化或者发展时，创新也就发生了。当顾客使用和享受产品的角色被重新定义，服务创新也有可能出现。例如，在传统的服务背景下，顾客扮演着用户、采购者或者付款者的角色，当顾客的这些角色发生变化时，就会产生新的服务。

很多本质上的创新通过这些方式有效地重新定义顾客的角色。比如，Net Flix 重新定义了在电影租赁过程中的顾客角色。过去顾客来到 Blockbuster 商店租一部或多部电影，要按照预先确定的归还日期，以每部电影为基数计算费用。现在，顾客可以通过邮寄的方式接收电影，按照服务合同付款，并在使用结束后归还电影。在用邮件接收电影时，顾客同样可以使用诸如 Xbox 360、PS3、Wii 或者其他允许从互联网下载的设备，下载电影和电视剧，避免了邮件传输的冲突。因此，虽然在家中看电影的方式没有变化，但是整个服务流程，包括租赁、接收、付款和归还电影都在根本上发生了变化。

3.3.2.3 服务解决方案的创新

许多企业意识到客户不是在寻找一个独立的产品或者服务，而是在为它们的问题寻找创新的解决方案。传统的思维认为“解决方案”是公司提供给客户的“产品和服务的捆绑销售”。然而，相关调查显示，服务解决方案并不是产品和服务的捆绑，而是一系列面对顾客的流程。这些流程包含：①客户需求定义；②定制和集成的产品和服务；③这些集成解决方案的部署；④部署后的客户支持。服务创新是在理解客户问题的基础上发展出来的可以帮助他们达到目的的解决方案。因此，服务解决方案的创新关键是要找出客户的需求和问题。

当一家公司开始思考为客户提供解决方案时，它们就开始花更多时间在客户身上，听取和观察他们的问题，并定义可以通过创新解决方案而达到需求满足的关键点。在企业对企业的模式下，这种工作常常使公司的行为从传统的产品中分离出来，成为单独的活动，例如商业流程的外包、专业领域相关的咨询以及管理服务。而解决方案并不局限于企业对企业的模式，也可以是企业对个体用户的需求满足。

3.3.3 服务创新步骤

服务创新的步骤与制造业开发新产品的步骤类似，但是由于服务的特性，新服务的开发步骤需要做出一定的调整。表 3-5 描述了新服务创新和开发步骤，在开发过程的每个关键步骤前标有检验点，检验点会提出一些要求，而这些要求必须在进入下一阶段前得到满足。另外，新服务或产品的开发是一个完全线性的过程，某些步骤可以同时进行，对于简单的产品和服务而言，某些步骤也可以跳过。

表 3-5　新服务创新和开发步骤

阶段	步骤	检验点	备注
前期计划	企业战略开发与回顾		
	新服务战略开发		
	创意产生	鉴别新服务战略的创意	停止
	服务概念的开发与评价	检测顾客和雇员对概念的反应	停止
	业务分析	检查获利性和可行性	停止
完成	服务开发和检验	导入服务模型的测试	停止
	市场测试	测试服务和其他市场组合变量	停止
	商业化阶段		
	引进后评价		

改编自：泽丝曼尔，比特纳，格兰姆勒. 服务营销［M］. 张金成，白长虹，等译. 6 版. 北京：机械工业出版社，2014.

【情景案例】

“企管家”的服务流程创新

“企管家”是西南民族大学的一个大学生创新创业大赛项目，预期通过技术创新、业务流程创新以及服务创新为小微企业提供优质低价的工商及财税服务。

在开始这个项目之前，团队成员通过市场调研发现，大多数创业企业在初创期间都没有自己的专门的财务人员，只能选择将财税服务外包。而财税服务市场普遍存在隐性收费多、服务过程不透明、用户参与度低、客户咨询响应缓慢、传统手工记账不精准、企业服务收费高等一系列问题，顾客的服务体验并不佳。

基于此，团队成员提出了“互联网+代理记账”的商业模式以及 Uber 抢单的运营模式，并自主研发了一套智能财税系统，尝试将传统的线下手工做账转化为线上云记账。

相较于传统记账模式，“企管家”实现了客户线上下单、线下签约、后台审核及线上线下同步对接的流程再造，使得记账效率提升了 30%~50%，顾客满意度高达 98%，很好地解决了传统行业差、贵、乱的痛点，在服务流程创新上可圈可点。

从用户体验角度来看，“企管家”代理记账全程在线解决，过程清晰快捷，票据交接、原始凭证、财务及税务关键数据、历史财务报表等信息均可实现在线查询。考虑到用户使用场景，“企管家”在手机端及网页端双平台上线，全部收费透明化，标准严格化；设有快递、外勤、上门等各种票据收集方式，定期与用户联系，每个分流程经客户确认后再进行。通过每月四次的短信通知，用户可以实时查看报账进度，参与度大幅提升。而为了保证小微企业用户的账务安全，“企管家”还采取了水印加密等一系列方式保护隐私。

从服务提供角度来看，“企管家”的服务流程采用“流水线”模式，每一环节都由专人负责，确保零失误，提高记账效率的同时降低运营成本。经专业的技术团队设计，“企管家”拥有专属外勤会计、专属会计、平台专业客服三级体系，为用户提供全方位的咨询服务。为确保财税准确及安全，“企管家”严格把控系统权限，设有专业会计对账务进行复核。所有账务处理完成后都会经历会计自检、主管复核、纳税专员终审三道内部程序，最终交由客户检验，整个系统较为专业与智能。

另外，“企管家”采用票据智能识别系统，平均每分钟可以扫描40张票据，工作效率得到3倍提升。创新性的Uber抢单运营模式，让用户的“专属会计师”足不出户，或随时随地拿起手机就能使赚钱、工作两不误，解决了沿海地区会计人力成本高的问题。借助阿里云储存系统，会计师们可以储存尽可能多的数据，并借此实现远程办公和兼职办公，做账时间更加自主化。

总体来说，“企管家”基于行业痛点进行业务流程再造，重视用户需求与体验，在服务流程创新中迈出了很大的一步。

3.3.3.1 前期计划

1. 企业战略开发与检查

在新服务开发伊始，首要任务是审视并回顾组织的规划与使命。若组织的规划与使命尚未达成足够的清晰度与共识，组织必须致力于将其明确化并获得广泛认可。此外，新服务的战略构想务必与组织整体的战略规划保持一致，确保其在组织战略框架内有效实施。

2. 新服务战略开发

新服务的类型与组织的多项核心要素紧密关联，包括但不限于组织的目标设定、规划布局、生产能力以及长期的发展计划。通过精心策划并实施新服务创新战略，组织能够更为有效地催生具有针对性的想法和方案。例如，部分企业在寻求增长时，会倾向于集中资源推动新服务领域的拓展，以实现业务模式的风格转变。而另一些组织则可能选择深耕细分市场，根据特定的利润增长目标，制定更加细化、更具针对性的新战略。

开始制定新服务战略时，可以采用如表3-6的结构识别增长机会。它还可以作为基本决策思路的辅助工具，引导组织在4个单元中选择一两个集中发展。企业可以在现有顾客或更大的顾客范围内开发增长战略，也可以集中力量于现有范围的服务或开发新服务。例如，在很长的一段时间，字节跳动公司通过向海外市场提供服务来获得增长，这是一种“现有服务+新客户”市场开发方式。“企管家”为客户提供的创新的财税服务，是“新服务+现有客户”的服务开发模式。宝洁公司通过汰渍干洗店和清洁洗车项目进入服务领域，是另外一种多样化的“新服务+新顾客”战略增长方式。

表 3-6　新服务战略框架：识别增长机会

提供物	市场	
	现有顾客	新顾客
现有服务	共享建筑	市场开发
新服务	服务开发	多元化

资料来源：Adapted from H. I. ANSOFF H I. Coporate srategy［M］. New York：McGmw-Hill，1965.

3. 创意产生

在这一阶段，创意的遴选将基于先前确立的战略框架。我们常运用多种方法来达成这一目标，包括但不限于头脑风暴、员工与顾客反馈收集、用户调研以及竞品分析。此外，我们亦重视通过实地观察顾客如何使用我们的产品与服务，发现潜在的创新机会。这种方法在顾客对自身需求缺乏明确认识或难以用言语表达时，效果尤为显著，因此我们常称之为“同理心设计”，以体现我们深度理解并满足顾客需求的努力。

在服务业领域，那些与顾客直接交互的员工，往往能够提出具有建设性的服务补充和改良建议。此外，社交媒体和网络平台也已成为新服务创意的重要源泉。部分组织已意识到，员工内部，无论是跨部门还是跨组织间的交流，均能作为极佳的创意获取渠道。因此，积极推动组织间的交流与合作，无疑是激发新创意的有效方式。

为确保新服务创意源源不断，不论这些创意源自组织内部还是外部，均应建立一套规范的机制。这一机制可以是以新服务开发为核心的正式部门，也可以是明确承担创新开发职责的职能部门。同时，我们也应采纳员工和顾客的建议，如设立建议箱、定期召集新服务开发研讨会以及组织由顾客和员工共同参与的专题研究团队，以确保新服务创意的广泛来源和持续更新。

4. 服务概念开发与评价

当某一创意被判定为既满足企业基础业务需求，又契合新服务战略时，企业应立即启动开发流程。在此阶段，服务的特性提出了特定的复杂需求。鉴于服务本身的抽象性，通过图像或语言往往难以精确描述，尤其是在服务尚未标准化的情境下，服务的提供者与顾客需实时协作以共同改善服务。因此，就服务的定义达成广泛共识显得尤为关键。在多方人员共同阐述服务概念的过程中，往往发现各方对概念的理解存在差异，这就要求各方通过多次深入的探讨，最终形成一致的意见。

在确立了清晰的概念定义之后，应当编制一份详尽的服务说明书，用以明确阐述服务的具体特性。紧接着，需对顾客和员工对新概念的潜在反应进行合理预估。服务设计文件务必涵盖服务所解决的具体问题，深入探讨引入新服务的动因，清晰解释服务流程及其带来的益处，并提供合理的服务定价。此外，服务说明书还需明确顾客与员工在服务提供过程中所扮演的角色。待服务说明基本编订完成后，宜组织员工和顾客对新服务概念进行评价，以确保他们充分理解并认同该概念，同时验证此类服务是否能够有效满足市场需求。

5. 业务分析

在概念开发阶段，若服务概念获得了顾客与员工的高度认可，则须进一步探究其可行性与潜在盈利空间。为此，需进行详尽的需求分析、收入评估、成本剖析以及操作层面的可行性探讨。鉴于服务概念与组织运营体系紧密关联，此阶段亦需初步考量人员雇用与培训成本、服务实施系统强化费用、组织功能调整成本以及其他计划内的运营支出。最终，企业需基于回报率与可行性评估结果，对新服务进行审慎筛选。

3.3.3.2 **实施**

1. 服务原型开发与检验

服务原型开发与检验阶段包括构建产品模型和检验顾客接受程度。因为服务的无形性和生产与消费同时进行的特性，该阶段的工作也困难重重。因此，服务开发的这一阶段应当把所有将会与新服务产生利害关系的人，如顾客、一线员工以及来自营销、运营、人力资源部门的代表包括进来，然后形成细化的服务蓝图和实施计划。

在此基础上，每位服务人员均须严格按照最终服务蓝图履行各自的职责。鉴于服务开发、设计与实施过程的复杂性与相互关联性，涉及新服务的所有相关人员在此阶段必须紧密协作，确保新服务的具体化和精细化；否则，即便是微小的运营疏漏，也可能导致优秀的新服务理念无法得到有效实施。

2. 市场测试

在此阶段，新服务将在预先划定的地域范围内进行试销推行，旨在验证该服务以及包括促销、价格和分销系统等在内的营销组合变量的市场接受程度。鉴于新服务的推出常与现有服务的实施系统相互交织，独立评估新服务的表现将面临一定挑战。例如，在特定情况下，银行网点可能受限于其地理位置，难以将新服务拓展至与该银行网点分离的市场区域，因为新服务的开展需依托该银行网点现有服务基础。因此，为确保测试的有效性，将采取灵活多变的策略来评估营销组合的反应情况，比如，通过向企业员工及其家庭成员提供新服务，收集他们对营销组合的反馈情况。

在新服务开发过程中，如果这一阶段做得好就可以确保新服务在未来平稳运作。对服务系统的真正测试往往在市场引进时才刚开始，这时一旦发现问题，服务设计中的错误也就难以改正了。

3. 商品化

在商品化阶段，服务开始实施并引进市场。这个阶段有两个基本目标。

第一个目标是取得服务提供人员对新服务的认可。如果在前期的服务设计与开发过程中，服务提供人员一直参与其中，那么这种认可就较易建立。

第二个目标是在服务引进期的全过程中进行全方位的监测。如果顾客需要 6 个月的时间才能感受到全部服务，那么监测一定要持续至少 6 个月，并且所有细节都要兼顾，包括电话、面对面交流、开账单、投诉、服务提供中的问题、运营效率和成本等都要跟踪记录，便于分析服务的问题出在哪里。

4. 引进后评价

在评价阶段，我们主要依据从服务商品化阶段收集的信息，结合市场的实际反应，对服务提供流程、配置的人员资源以及营销组合变量进行审慎的评估与优化。尽管服务业经过精心规划，仍需不断适应市场变化，做出相应的调整和改进。因此，评价阶段至关重要，需要构建规范的反馈与改进机制，确保以顾客需求为导向，持续提升服务品质。

3.3.4 制定服务蓝图

创新、设计和开发新服务的最大障碍，是不能在概念开发、产品开发和市场测试阶段描绘服务的样子。要使服务说明书与顾客期望相匹配的关键之一，就是能够客观描述关键服务过程的特点并使之形象化，这样员工、顾客和管理者都会知道正在做的服务是什么，以及他们每个成员在服务实施过程中扮演的角色。服务蓝图可以用来解决上述这些困难。

3.3.4.1 什么是服务蓝图

服务蓝图是详细描述顾客经验和服务系统的图片或地图。服务过程涉及的不同人员可以客观地理解它，而无论他的角色或个人观点如何。在新服务的设计和再设计阶段，服务蓝图最为有用。

服务蓝图同时从几个方面展示服务：描绘服务实施的过程、接待顾客的地点、顾客和员工的角色以及服务中的可见要素（见图3-5）。服务蓝图把服务内容进行了合理分块，再逐一描述服务过程的步骤或任务、执行任务的方法和顾客能够感受到的有形展示。

服务蓝图在应用领域和技术领域都有广泛的应用。例如，后勤工业工程、决策理论、计算机系统分析和软件应用等在涉及过程的定义和解释时，都会用到服务蓝图。

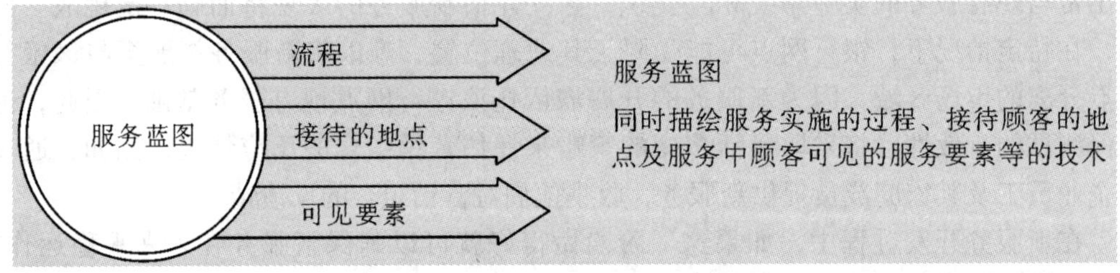

图3-5 服务蓝图

（资料来源：泽丝曼尔，比特纳，格兰姆勒. 服务营销 [M]. 张金成，白长虹，等译. 6版. 北京：机械工业出版社，2014.）

【情景案例】

爱玛客公园圣地行动蓝图

爱玛客（ARAMARK）是一家全球领先的专业服务外包商，经营食品、酒店、设施管理和统一服务。爱玛客的顾客包括大型企业、大学、医疗机构、公园和度假村、会展中心和其他团体。它在2007、2009、2010和2011年度同行业《财富》杂志最受尊敬的公司中排行榜首。公司在22个国家大约有255 000名员工为客户服务。其中一个部门就是爱玛客公园圣地，一个为美国阿拉斯加州丹那利国家公园（Denali National

Park)、弗吉尼亚州雪兰多国家公园（Shenandoah National Park）、亚利桑那州格伦峡谷国家娱乐区的鲍威尔湖圣地游艇码头（Lake Powell Destinations and Marinas）等17个主要公园提供服务的团体。每个公园都有至少三四家服务企业是爱玛客经营的外包合同企业。

目标：服务提升和留住客户

几年前，后来成为爱玛客公园营销总监的里安（Renee Ryan），面临着一项挑战。爱玛客公园的重复业务在整体下降。最明显的是亚利桑那州的鲍威尔湖度假村和游艇码头，公司在那里经营游船租赁、度假区、露营地、乘船游览和食品服务业务。研究发现，很多人都没有再到鲍威尔湖，因为他们的第一次经历和预期并不相符，或者习惯于游览其他度假胜地。里安采用了传统和可视化的蓝图（照片、视频）来帮助说服组织，改变势在必行——通过改善服务使客户受益，通过增加重复业务使公司受益。

里安从典型的顾客角度绘制一幅典型的、高品质酒店/度假村经验蓝图，然后她又绘制了鲍威尔湖度假村经验蓝图。两幅蓝图的比较揭示了在基本服务、标准和流程方面的差异。这个比较过程的结果是，开发新服务、更新设施和增添现代化关键服务元素。特别是可视化蓝图通过照片和视频展示了服务的所有方面，提升服务的需求变得显而易见了。

另一个启示也跳出了蓝图范围。通过可视化的顾客追踪经验发现，顾客们即使在假期也被迫极其努力地工作。为了体验他们所购买的豪华昂贵的游艇，顾客不得不首先列出丰富的购物清单，在度假村附近人潮拥挤的商店采购，带着所有食物和私人用品下一个陡坡路堤，然后把它们拿到船上。旅途开始意味着苦工开始。每晚停泊船只也是件麻烦事，在船上做饭费力又费时。航行同样很紧张，尤其是对于没有经验的船长。地面上破烂的度假村设施，为了下水而要做的繁重工作，以及航行的压力叠加在一起，使得顾客们来了一次鲍威尔湖以后就不想再来了。

蓝图使得所有这些极为生动地展示在高层面前，由此带来了一系列的新服务、现有设施的更新、新的服务标准以及新的评估奖励系统。新服务包括不同等级的门房服务——从帮顾客将东西搬运上船到将顾客用马车送到码头。最高端的服务扩展到为顾客采购物品，让行政总厨随行并在船上烹饪，雇用训练有素的船长来减轻航行压力，同时还可以提供丰富多彩的中间服务。

爱玛客的结果

鲍威尔湖的服务质量改进和新服务降低了50%的顾客抱怨。重返率提升了12个百分点，顾客满意度同样得到了戏剧性的提升。在这个案例中，蓝图的宝贵价值在于让管理者以从未见过的方式看到了服务。同时，蓝图也提供了对话的焦点，带来了改变，并最终催生了新的服务标准和措施。使用蓝图技术帮助公园部门的人明确了真正的客户焦点。

（案例来源：泽丝曼尔，比特纳，格兰姆勒．服务营销［M］．张金成，白长虹，等译．6版．北京：机械工业出版社，2014.）

3.3.4.2 蓝图的构成

服务蓝图主要由顾客行为、前台员工行为、后台员工行为和支持过程构成（见图3-6）。绘制服务蓝图的规则并非一成不变，因此所有的特殊符号、蓝图中分界线的数量以及蓝图中每一组成部分的名称都可以因复杂程度而有所变化。深刻理解蓝图的目的，并把它当成一个有用技术而不是设计服务的条条框框，所有问题就会迎刃而解。实际上，和其他计划流程的工具相比，灵活性也是服务蓝图的优势之一。

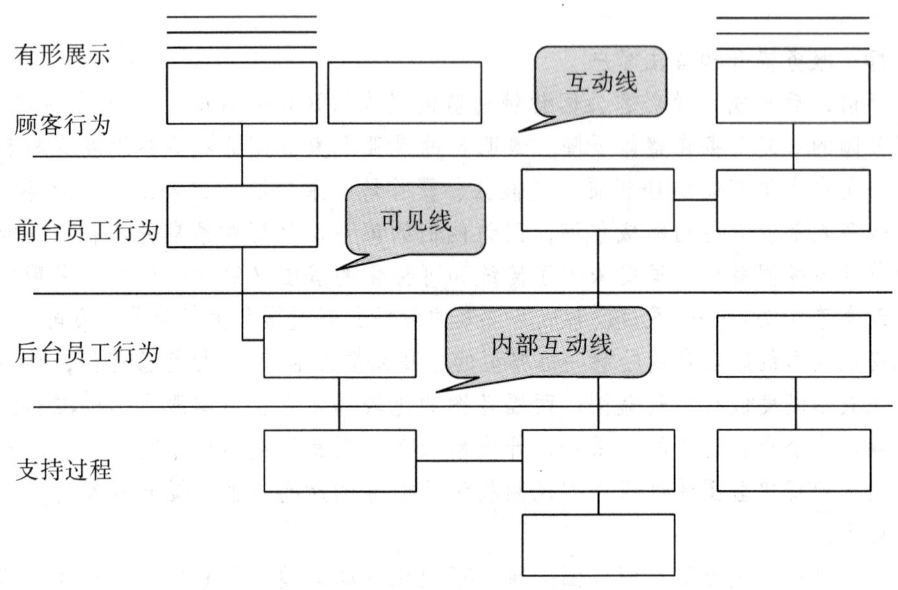

图 3-6　服务蓝图构成

（资料来源：改编自：泽丝曼尔，比特纳，格兰姆勒. 服务营销［M］. 张金成，白长虹，等译. 6 版. 北京：机械工业出版社，2014.）

第一，顾客行为。顾客行为部分包括顾客在购买、体验和评价服务过程中的步骤、选择、行动和互动。比如，在法律服务中，顾客行为可能包括：决定找律师、给律师打电话、面谈、再打电话、收到文件和账单。

第二，前台员工行为。与顾客行为平行的部分是服务人员行为。顾客能看到的服务人员行为是前台的员工行为。比如，在法律服务中，委托人（相当于顾客）可以看到的律师（相当于服务人员）行为，是最初会面、中间会面和最终面对面地出具法律文件。

第三，后台员工行为。发生在幕后、支持前台行为的员工行为称作后台员工行为。比如，律师在幕后所做的任何准备，包括会面准备、最终文件交接准备、顾客和律师或其他一线员工的电话联系都属于蓝图中的这一部分。

第四，支持过程。蓝图中的支持过程部分包括内部服务和支持服务人员实施的服务步骤和互动行为。比如，委托人（相当于顾客）雇用他人所进行的法律调查、准备文件的行为和秘书为会面做的准备工作都属于蓝图中的支持过程部分。

第五，有形展示。蓝图最上面是服务的有形展示。最典型的方法是在每个接触点上方都列出服务的有形展示。比如，在法律服务的过程中，律师（相当于服务人员）与委托人（相当于顾客）面谈的上方应列出办公室布置、书面文件和律师着装等事宜。

在服务蓝图的基本构造中，主要的行为部分由以下 3 条分界线分开。

第一，互动分界线。互动分界线表示顾客与组织间的直接互动。一旦有一条垂直线穿过互动分界线，就表明顾客与组织直接发生一个服务接触。

第二，可视分界线。可视分界线把顾客能看到的服务行为与看不到的服务行为分隔开来。查看蓝图时，通过分析多少服务在可视线以上发生、多少服务在可视线以下发生，可以轻松地判断出顾客是否被提供了较多可视化服务。可视分界线还把服务人员在前台与后台所做的工作分开。比如，在医疗诊断时，医生既进行诊断和回答病人问题的可视化或前台工作，也进行事先阅读病历后记录病情的不可视或后台工作。

第三，内部互动分界线。内部互动分界线用以区分主要的服务工作和其他支持性的服务工作。垂直线穿过内部互动线代表发生内部服务接触。

服务蓝图与其他流程图的显著区别在于顾客体验服务的过程。实际上，在设计有效的服务蓝图时，可以从顾客对服务过程的看法出发，将顾客的服务需求逆向导入服务实施过程。在服务蓝图中，每个行为部分中的框图都表示相应水平上执行服务的人员所需执行或经历的服务步骤。

3.3.4.3 服务蓝图示例

图 3-7 是简化的快递服务蓝图，图中只保留了服务过程中最基本的步骤。每个步骤都可进一步分解，内部过程也能向纵深发展。除了由 3 条分界线分开的 4 个行为部分外，蓝图中还列出了从顾客角度看到的每个步骤中的有形展示。

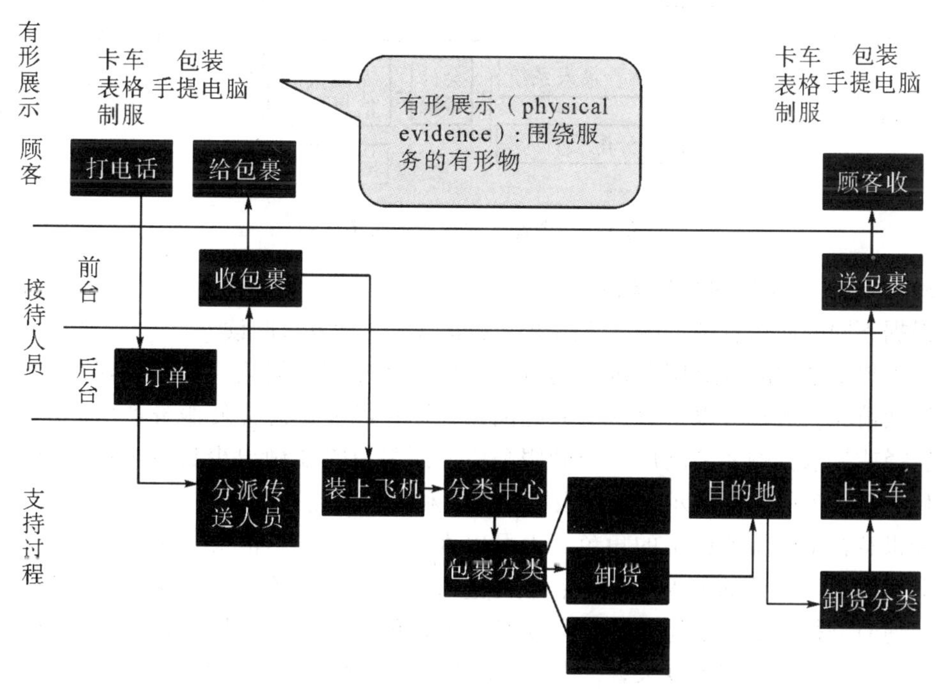

图 3-7 快递服务蓝图

（资料来源：SCHEUING E E，CHRISTOPHER W F. The service quality handbook [M]. New York：Amacom Books，1994.）

如图 3-7 所示，从顾客角度看，服务过程有 3 个步骤：打电话、取件与送件。服务人员是电话订单接线员和递送人员；有形展示是包装材料、寄送的表格、卡车和手提电脑。顾客并不关心发生在可视线之下的复杂过程。

但为了保证顾客可见的3个步骤能够有效进行，顾客不可见的内部服务也必不可少。因此，蓝图中也展示了内部服务的步骤及其如何支持外部服务的进行。根据实际需要，蓝图中的任何步骤都可以进一步细化。比如，如果卸货与分拣步骤费时太长，会导致顾客无法接受的递送拖延，那么卸货与分拣的步骤就应进一步细化以解决出现的问题。

图3-8是情景案例中“企管家”的服务蓝图，该服务蓝图反映了“企管家”项目利用互联网技术实现对客户线上及线下服务的流程。

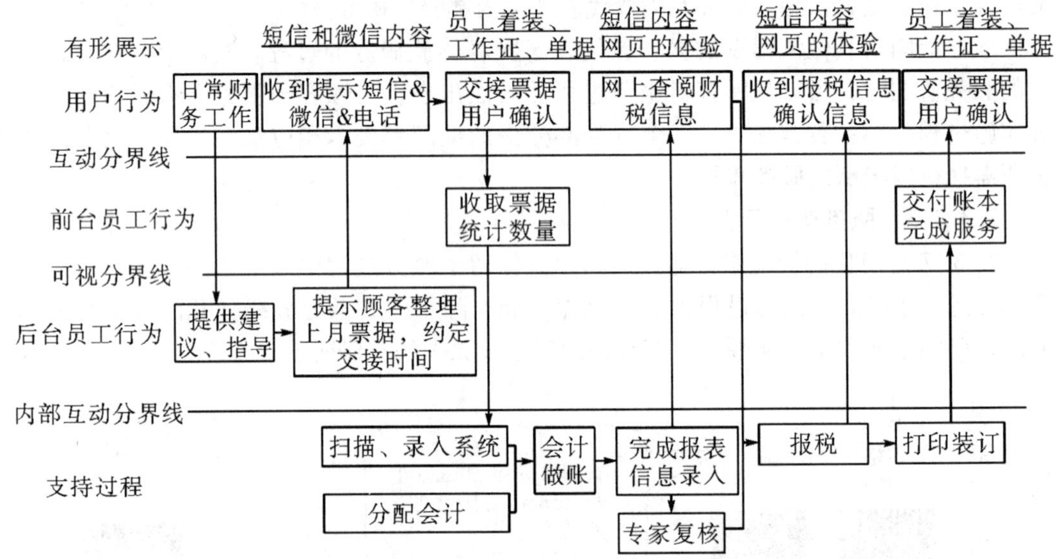

图3-8 企管家财税业务服务蓝图

3.3.4.4 如何使用服务蓝图

根据不同的使用意图，服务蓝图可以采取以下几种方式阅读。

如果想要了解顾客对服务过程的看法，可以从左到右阅读，跟踪顾客行为部分的事件发展情况。通常可以带着这些问题阅读蓝图：顾客是怎样使服务产生的？顾客有什么选择或需求？顾客是高度参与到服务中，还是只需要做出少数行为？从顾客角度看，什么是服务的有形展示？这与组织的战略和定位始终一致吗？

如果意在了解服务员工的角色，也可以水平阅读蓝图，但要集中注意力于可视线上下的行为上。有关的问题将会是：服务过程合理、有效率、有效果吗？谁与顾客打交道？何时进行？效率如何？是一位员工对顾客负责到底，还是顾客会从一位员工转到下一位员工？从顾客角度来看，人和技术的相互影响与切换是否能无缝整合？

如果意在了解服务过程不同因素的结合，或者识别某一员工在大背景下的位置，可以纵向阅读服务蓝图。这时就会清楚哪些任务、哪些员工在服务中起到了关键作用，还会看到组织深处的内部行为与一线服务效果之间的关联情况。需要思考的问题是：为支持顾客互动，员工在幕后要做什么事？什么是相关的支持行为？整个过程从一位员工到另一位员工是如何发生的？

如果意在对服务进行再设计，可以全面阅读蓝图，了解服务过程的复杂程度，着重思考如何改进服务流程，从顾客角度来看什么变化会影响员工和其他内部过程。也可以分析有形展示，看它们是否和服务目标一致。进 步地，服务蓝图也可用来评估服务系统的整体有效性和生产力，并估计潜在的改变如何影响系统。蓝图还可以用来消除服务过程中的失误点和瓶颈点，以及顾客的痛点。服务问题一经发现，就要深入探究服务蓝图，并进一步对系统中那些特定的部分进行细致入微的剖析。

综合来看，服务蓝图的应用对企业有许多益处，包括：

●提供创新的平台；

●了解不同功能、人群和组织内部的角色与相互之间的依赖程度；

●有利于创新的战略和战术；

●转化、存储创新和服务知识；

●从顾客的角度设计事实的瞬间；

●建议服务流程测量和反馈的关键点；

●明确竞争态势；

●了解理想的顾客体验。

3.3.5 建立服务蓝图

服务蓝图的绘制需要涉及许多职能部门和顾客信息，绘制蓝图并非一项可以责成个人或某个部门单独完成的任务。图 3-9 列出了服务蓝图绘制的基本步骤。

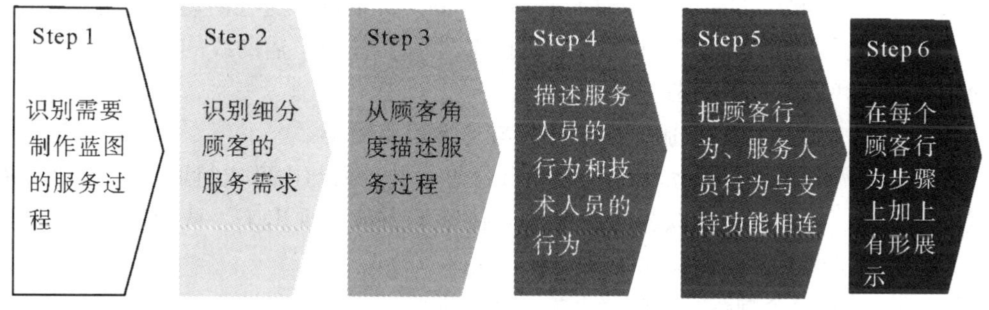

图 3-9 绘制服务蓝图

（资料来源：改编自：泽丝曼尔，比特纳，格兰姆勒. 服务营销［M］. 张金成，白长虹，等译. 6 版. 北京：机械工业出版社，2014.）

3.3.5.1 识别需要制作蓝图的服务过程

服务蓝图可以在不同水平上绘制，这需要在提供服务的出发点上达成共识。比如前面所示的快递蓝图，是在基本的概念水平上绘制的，几乎没有什么细节，基于细分市场的变量或特殊服务也没有列出。如果想要实现更精细化的服务管理，也可以绘制服务蓝图用以描述繁杂的快递业务、庞大的账目系统、互联网辅助的服务以及储运中心业务。这些精细化的蓝图与概念蓝图有某些共性，但也各有特色。如果发现“货物分拣”和“装货”部分出现了问题或瓶颈，那么应该在这两个步骤的服务工作中绘制出子流程的详细蓝图。

3.3.5.2 识别细分顾客的服务需求

市场细分的一个基本前提是，每个细分部分的需求是不同的，因而对服务或产品的需求也会相应变化。假设服务过程因细分市场不同而变化，这时为某位特定的顾客或某类细分顾客绘制的服务蓝图将非常有用。在抽象或概念的水平上，将各种细分顾客纳入一幅蓝图中是可能的。但是，如果需要达到不同水平或目的，单独绘制的蓝图就一定要避免含糊不清，尽可能把握不同细分顾客的具体需求。

3.3.5.3 从顾客角度描述服务过程

这个步骤需要描述顾客在购物、消费和评价服务中经历的选择与行为。如果描述的过程是内部服务，那么顾客就是参与服务的员工。从顾客的角度识别服务时，要避免把注意力集中在对顾客没有影响的过程或步骤上。这个步骤要求必须对"顾客是谁"达成共识，有时为了确定顾客如何感受服务过程，还要进行更加细致的研究。在很多服务过程中，顾客角度的服务起始点不容易被意识到并被给予重视。比如，对理发服务的研究显示，顾客认为服务的起点是给沙龙打电话预约，但是发型师却基本不把预约当成服务的一个步骤。

3.3.5.4 描述服务人员的行为和技术人员的行为

完成前面的步骤之后，下一步需要画上互动线和可视线，从顾客和服务人员的角度出发绘制服务过程，识别出前台服务和后台服务。对于现有服务的描述，可以向一线服务人员询问，哪些行为可以被顾客看到，哪些行为在幕后发生。

在进行技术传递服务或者要结合技术和人力传递的情况下，技术层面所需的行动也要绘制在可视线的上方。如果服务过程中完全没有员工参与，那么这个部分要标注上"前台技术活动"。如果同时需要人员和技术的交互活动，这些活动之间也要用水平线将"可见的员工接待活动"和"可见的技术活动"分开。辅助线的使用可以帮助蓝图使用者阅读和理解服务蓝图。

3.3.5.5 把顾客行为、服务人员行为与支持功能相连

这一步骤需要画出内部互动线，识别出服务人员行为与内部支持职能部门的联系。在这一过程中，内部行为对顾客的直接或间接影响方才显现出来。从内部服务过程与顾客关联的角度来看，内部互动线极具重要性。

3.3.5.6 在每个顾客行为步骤上加上有形展示

最后一个步骤是在服务蓝图上添加有形展示，说明顾客看到的实物以及顾客体验中每个步骤所得到的有形物质。包括服务过程的照片、幻灯片或录像在内的形象蓝图在该阶段也非常有用。它能够帮助分析有形物质的影响及其与整体战略及服务定位的一致性。

【拓展阅读】

关于服务蓝图经常提出的问题

1. 描述现实的服务过程蓝图还是期望的服务过程蓝图?

如果正在设计一项新服务，从绘制期望的服务过程开始极为重要。但在进行服务改进或服务再设计时，则需要从绘制现实的服务过程入手。一旦了解到实际的服务如何进行，修改和使用蓝图即可视为改进服务的基础。

2. 绘制蓝图应使用什么符号？

在这一点上，服务蓝图还没有通用或认可的符号词汇。最重要的是，符号要有明确的定义，并且使用简单。如果服务蓝图要在组织内部共同使用，则应该使用团队或组织内各部门间常用的符号，以便团队和组织能够有效理解蓝图的含义。

3. 一张蓝图上能绘制不同细分市场吗？

一般来说，一张蓝图上不会绘制不同的细分市场。因为各个细分市场具有不同的服务过程或服务特征，服务蓝图的细节会大不一样。只有在一个非常高的水平上（有时称为概念蓝图）才可能同时绘出不同细分市场的蓝图。

4. 蓝图包括例外或补救过程吗？

如果例外事件不多，可以在蓝图上描绘比较简单、经常发生的例外补救过程，但这会使蓝图变得复杂、易于混淆或不易阅读。一个经常采用的、更好的办法是在蓝图上标注基本失误点，必要时，为服务补救过程绘制新的子蓝图。

5. 蓝图要包括时间和费用吗？

蓝图的用途很广泛。如果蓝图的使用目的是减少服务过程中不同部分的时间，时间就一定要纳入，对费用开销或其他与该目的有关的问题也一样。但是原则上并不提倡把这些问题加入蓝图之中，除非它们是中心问题。

6. 谁来绘制蓝图？

蓝图是团队工作的结果，不能在绘制阶段指定个人来完成这项工作。所有涉及服务过程的有关方面，包括组织内各职能部门都要参与蓝图绘制工作或者派出代表参与这项工作。

（案例来源：泽丝曼尔，比特纳，格兰姆勒. 服务营销［M］. 张金成，白长虹，等译. 6 版. 北京：机械工业出版社，2014.）

【本章要点】

●产品创新过程分为三个阶段：模糊前端阶段、新产品开发阶段以及商业化阶段。在这个过程中，创意的产生是新产品开发项目的最初动力。因此，以创意产生为标志的模糊前端非常重要。

●模糊前端包括五个部分，分别是机会识别、机会分析、创意的产生和丰富、创意的选择以及概念界定。

●为取得新产品开发的成功，企业首先应当系统、全面地了解影响新产品开发成功的主要因素，其中包含产品属性、战略属性、流程属性、市场属性、组织属性等方面。

●服务创新类型包括：服务供给创新、围绕顾客角色的创新、服务解决方案的创新。

●服务创新包括前期计划和实施两大步骤，其中，前期计划中包含了企业战略开发与检查、新服务战略开发、创意产生、服务概念的开发与评价、业务分析等；计划部分包含服务原型开发与检验、市场测试、商品化、引进后评价等阶段。

【重要概念】

模糊前端　新产品开发流程　服务创新　服务解决方案创新

【复习思考题】

1. 什么是模糊前端管理？为什么要进行模糊前端管理？

2. 模糊前端的基本要素有哪些？

3. 新产品的开发要经历哪几个阶段？

4. 服务创新的类型有哪些？它们各有什么特点？

5. 结合自身经历，谈谈如何绘制服务蓝图。

【实践练习】

1. 活动名称：绘制海底捞火锅店服务蓝图

2. 活动目的：体验服务蓝图的设计过程和要点

3. 活动人数：30~120 人

4. 活动时间：15 分钟

5. 活动规则

步骤一，教师提问："假如我们打算开一家火锅店，它的服务流程该是什么样的？如何用服务蓝图来显示该火锅店的流程？"

步骤二，小组成员内部以海底捞为案例讨论火锅店的服务流程，并在一张 A4 纸上画出海底捞火锅店的大致服务蓝图。

步骤三，挑选 1~2 个小组进行快速分享。

6. 教学用具：A4 纸、水彩笔、签字笔

7. 活动反思：服务蓝图的绘制步骤有哪些？哪个步骤是主要步骤？采用虚拟员工提供的在线服务，虚拟员工应该放在前台、后台还是支持过程？

【课程思政】

大疆：用科技重新定义"中国制造"

2018 年开始，大疆已在消费级无人机领域保持超越 90%的市场占有量。2013—2017 年的 4 年时间里，营收从 8.2 亿元一路飙到 175.7 亿元，2020 年实现营收 260 亿元。当时董事会预测，到 2022 年，大疆的营收可达 1 700 亿元。

杭州人汪滔从小就喜欢模型飞机。在看了一本关于红色直升机冒险故事的漫画书后，他开始想象天空，大部分时间都在阅读关于模型飞机的书——这个爱好比他平庸的学习成绩带给他更多安慰。

2001 年，汪滔考入华东师范大学，选择了进电子系学习。为了实现自己的梦想，汪滔大三的时候就从华东师范大学退学，进入香港科技大学电子与计算机工程系。2005 年，汪滔在香港科技大学准备毕业设计。很少有本科生自己决定毕业设计的方向，但他决定研究遥控直升机的飞行控制系统，他还找了两个同学说服老师同意他们的研

究方向。汪滔要解决的核心问题，正是他小时候最期盼的——“能悬空不动，想停就停”的自动悬停。半年努力后，他们的 Demo 失败了。

不服气的汪滔继续没日没夜地研究，终于在 2006 年 1 月做出了第一个样品。之后，汪滔继续在香港科技大学攻读研究生课程。同时，他和朋友集资 200 万元在深圳成立了大疆创新公司。

2011 年起，大疆连续推出多旋翼控制系统和地面站系统。2012 年，大疆开发出全球第一款无人机——“大疆精灵 Phantom 1”，2012 年底，大疆拥有制造完整无人机所需的一切：软件、螺旋桨、支架、万向节和遥控器。2013 年 1 月，大疆发布“DJI Phantom”。由于其简单易用，迅速撬动了非专业无人机市场，占领 70%的市场份额。2013 年大疆进入美国，短短两年占领美国市场 50%的份额，2018 年达 80%，以致屡次被美国列入“黑名单”。全球消费级无人机市场已经被大疆垄断。

“我们的经历证明，初出茅庐的年轻人只要踏实做事，就能够获得成功，我们相信，那些回归常识、尊重奋斗的人，终将洞见时代机遇，并最终改变世界。”大疆创新创始人、CEO 汪韬介绍说。大疆创新花了 10 年时间从 0 到 1，达到行业的顶峰，开启了全球飞行成像的新时代，展现了改变世界的无限可能性。

“公司初创团队只有 3 个人，包括汪韬在内，都是初出茅庐的大学生，出发点很单纯，就是要做自己想做的事情。”大疆创新公关总监谢阗告诉记者，大疆创新与其他许多公司的不同之处在于，当公司开始创业时，并没有考虑过赚钱。

技术创新是大疆创新的生命线。以梦想为动力，依托精湛的技术实力和高端人才聚集。大疆创新不断进行商用自主飞行控制系统研发，填补了国内外多项技术空白，并推出了飞行控制系统、云台系统、多旋翼飞行器、小型多旋翼一体机等系列产品。这些产品均获得了市场的认可。而且几乎每一次大疆创新无人机系列的迭代和升级都是从 0 开始，技术架构为案完全不同。例如，大疆创新的精灵 3 和精灵 3SE，虽然在外观上相似，但后者的架构完全颠覆了前者。

人才是大疆创新发展的核心力量。谢阗表示，大疆创新对人才有自己的定义，那就是必须具备真知灼见。所谓真知灼见，就是在看问题时不跟随、不盲从，能够独立思考，透过现象看到问题的本质，并提出解决问题的方法。为了积极吸引、培养和发展人才，大疆创新提供了一个扁平化的机制和平台。在这个平台上，研发资源的分配靠个体的努力。每个人用自己的创造力和解决问题的能力公平竞争，而且研发预算没有上限。

从 2013 年开始，大疆创新主办了高校机器人大赛。仅在前三届比赛中，大疆创新就投入了 2 亿多元，并且从中招募了 20 名人才。

如今，大疆创新已经从起初的 3 人创业团队，成长为在全国拥有 12 000 多名员工的大型企业，客户遍布全球百余个国家和地区，在全球无人机市场份额中占比超过 70%，成为无人机市场的绝对霸主。

创新是时代发展的核心动力，也是当前最热门的术语。创新是创业活动的基础。缺乏创新，很难开发具有真正市场潜质和产品差异化特征的创业项目。

（案例改编自：界面新闻. 500 个品牌案例丨大疆：用科技重新定义“中国制造”.（2023-01-05）[2025-02-18].https://baijiahao.baidu.com/s? id=1754168371610468182&wfr=spider&for=pc.）

【案例讨论】

请阅读下面的案例，讨论回答问题。

拼多多：一匹社交电商“黑马”

拼多多是近年来电商行业的一匹“黑马”，凭着“拼着买更便宜”的策略吸引用户，联合社交与电商的流量，创新性地推出沟通分享再购物的社交电商新模式。拼多多于2015年10月上线，不到5年时间积累了5亿多用户，2018年7月，拼多多在美国纳斯达克上市，截至2020年4月8日，拼多多市值472亿美元，已经成为仅次于阿里（天猫、淘宝）和京东的中国第三大电商，也是过去十年中增长最快的电商公司。

社交电商指的是依托社交平台的电商，特点是通过社交关系实现商品和信息的流动。淘宝和京东购物的核心关键词是“搜”——人找货，而拼多多购物的核心关键词是“拼”——货找人。淘宝的电商模式是典型的“人找货”，即打开App，输入要搜索的物品，然后挑选和购物。在拼多多上，可以看到平台上的单独购买价格和发起拼单价格。若选择拼团，可以通过在App上直接选择也在拼团的拼友，或者自行开团。开团之后，购物者需要将拼团链接发送到社交平台，并在规定拼团时间内，自行找到足够数量的其他购买者，才能继续购买流程。如果在开团时间内，没有达到指定的参团人数，购买就会失效，并且系统会自动将押金退至原支付账户。这就成功达成了商品找用户的目的。拼多多将社交属性融入购买行为的规则设置，加上低廉的价格和爆款产品，引爆了朋友圈和微信群。

创始人黄峥对社交电商有独特的思考。他认为，拼多多顺应了消费品分众化的趋势，消费者被分成了越来越零散化的小组，每一组消费者对应不同类型的产品。他认为消费者会因为平台有针对性而被吸引，从而留下，平台因此获得稳定的流量，这种供应链的改造真正为消费者创造了价值。

黄峥介绍说，拼多多的创始团队，既有电商的强运营思维又有游戏的社交基因。他们深知以淘宝的模式再造一个淘宝，对用户来说是没有价值的。而实现社交和电商的融合，创造一种新的电商模式，让消费者体验另一种购物方式，才是拼多多团队奋斗的动力源泉。关于平台盈利模式，拼多多现在并没有像其他电商平台一样从广告中抽成，目前只代微信收取0.6%的交易手续费，然而未来可以依托流量多角度变现。

以拼多多、云集为代表的裂变式社交拼团模式，是移动电商和社交媒体相结合的商业模式创新，具有增长性强、获客成本低等优势，成为零售电商行业与平台电商、自营电商并驾齐驱的“第三极”。

（案例来源：陈劲，郑刚. 创新管理［M］. 北京：北京大学出版社，2021）

讨论题：

（1）拼多多做了哪些服务创新？与其他电商平台有什么不同？

（2）拼多多的创始人黄峥是怎么产生这种创新想法的？

（3）创新对于个人特质有什么要求？

4 创业者与创业团队

【核心问题】

1. 如何定义创业者？创业者有哪些特征？
2. 如何创建优秀的创业团队？
3. 创业团队中的股权应当如何合理分配？
4. 大学生在创业过程中容易遇见哪些问题？应当如何避免？

【学习目的】

1. 了解创业者个体的独特心理素质和能力素养。
2. 掌握搭建团队的方法及要点。
3. 掌握团队建设的方法和要点。
4. 理解股权分配的原则和作用。
5. 明确大学生创业过程中常见的问题。

【引例】

郭鑫的创业经历

郭鑫，四川阿坝人，南开大学周恩来政府管理学院政治学系政治学与行政学本科学生，商学院财务管理专业研究生，高维资本创始合伙人，高维科技创始人兼 CEO。2013 年他被美国彭博社评为全球 30 岁以下杰出创业家，先后获得过“中国青年五四奖章”提名奖、中国大学生年度人物等荣誉。郭鑫 2013 年受邀于北京航天城与习近平总书记座谈青年创业，2014 年受邀随时任国务院副总理汪洋出访德国，2015 年受邀于中南海与时任国务院副总理刘延东座谈青年人创业投资。2015 年 5 月 4 日荣获“中国青年五四奖章”，他是该奖章的唯一在校大学生获得者。

2008 年，郭鑫考入成都市树德中学光华校区读高中。在高中期间，郭鑫积极参加社会实践活动和研究性学习活动。郭鑫亲身经历了汶川特大地震，特别关注灾区学生的心理健康。刚上高中，郭鑫就组织同学成立了“‘5·12’汶川大地震灾区高中应届毕业生精神状态调查小组”，利用课余时间开展调查研究活动。通过走访、发放问卷、座谈，先后调查都江堰外国语实验学校和都江堰中学等重灾区学校 1 000 余名学生，撰写了超过 10 万余字的调查笔记，形成了一篇题为《不一样的青春属于不一样的坚强》的高质量、高水平心理调研报告，对灾区学校灾后心理援助工作起到了积极的作用，获得成都市市级学生社会实践奖励。

创业梦想在激情燃烧中绽放

2011 年，大学一年级的郭鑫偶然参加了一次朱旭峰老师的“环境政策过程”讲座，朱老师在讲座中提到的中国环境生态补偿问题深深地打动了他。在老师们的指导下，郭鑫就国内外生态补偿的各种办法进行了研究。很快，郭鑫就意识到，现有的研究模式和经验做法很难有效解决现实问题，自己应当亲自去农村调研访谈，探索全新的解决方案。

虽然一不认识人、二没钱，但这些都没有阻挡郭鑫赴农村调研的热情。“我在网上查了 100 多个乡镇的电话号码，打过去讲了自己的一些想法，大部分乡镇干部都不愿接纳，”郭鑫回忆道，去农民家里了解情况，经常被赶出来，甚至被骂出来。这时，郭鑫想到了大学生村官群体，他用 QQ 群的搜索功能加了近 100 个各种类型的大学生村官群。通过大学生村官群，郭鑫进一步了解了农村退耕还林所面临的困境，渐渐形成了用电子商务方式把林下的农产品销售到国际市场，让这些退耕还林农民富起来的思路。

“创业就是不确定的人在不确定的环境下做不确定的事情，要追求复杂问题简单化，要积极创造条件把事情干成。”郭鑫发现，尽管农村互联网普及程度不高，但几乎所有的大学生村官都能够熟练使用互联网甚至移动互联网，那么只要把这些遍布各村的大学生村官发动起来，再由他们联系村民，就能把电子商务开进农村了。于是，他发动团队成员在各个群里宣传自己的模式。正是通过这样的办法，郭鑫联系上了最早的一批“梦想赞助商”，这些“赞助商”接纳并支持了他的想法。正是第一批试点的成功，郭鑫一举把自己的模式推向了全国。不到一年的时间，全国 18 个省（区、市）的 100 多个县都接入了郭鑫的电子商务平台——“探元诚鑫通”，与全世界近 30 个国家互联互通，帮助近 1 000 万名农民发家致富。

“探元诚鑫通”项目最初只是个大学生社会实践项目，但随着项目的推进，郭鑫最终决定成立规范化的电子商务公司进行商业化运作。后来，郭鑫又果断引入了一家知名风险投资基金，在带来后续融资的同时帮助公司探索到稳定的盈利模式，使公司发展顺利地走上了快车道。最后，经过两轮融资，公司被一家知名企业以上亿元的估值并购。

郭鑫在自己的微信朋友圈里曾发布了这样一条微信：“人生是一场马拉松，有低谷，更有险峰，更多时候我们恰如盲人摸象，更重要的是保有激情。”这句“心灵鸡汤”实际上正是郭鑫自己的生活写照。他经常连着几天半夜从外地回来后马上召开会议或约客户商谈，有时候半夜 12 点多到天津，因为咖啡馆都关门了，就跑到酒店大堂聊到凌晨 2 点，第二天仍然如此……

强大的执行力铸就成功的基石

“拖延症”可能是时下很多年轻人的通病，大学生中的某些“一拖再拖”现象，经常让人很无奈，而郭鑫的一系列行动却颠覆了人们对大学生欠缺执行力的认知。

2013 年第一家公司并购交割之后，郭鑫通过一次偶然聊天，了解到由于土壤条件和气候原因，海南三沙等海疆地区许多人长期吃不上新鲜蔬菜，患上了各类疾病。他马上联想到南开大学一项闲置多年的无土栽培培养基技术。出于商业的直觉，郭鑫在跟合伙人简单商议以后，决定马上动手去试验自己的解决方案。

郭鑫的三沙经历给校团委副书记刘巍留下了深刻印象：“郭鑫带领团队去海南不到一周的时候，我给他打了个电话，因为我以为他会和其他学生一样，只是去做社会实践，所以当时只是想了解一下他的调研情况，但没想到，郭鑫告诉我项目已经在推进了，他已经找到了企业和政府的联系人，这样的效率让我大吃一惊。”

“如果你真要创业的话，就从今天开始做，不要等有钱了再去做，因为很多事不用钱就能做好，有创业梦想的人就应该勇敢闯一次，先迈出一步。”郭鑫是这样说的，也是这样做的，但这“闯”的背后是郭鑫极度吃苦耐劳的精神和高度专注的态度。即便是外出调研，郭鑫也能够在吵闹、嘈杂的硬座车厢里全神贯注地完成自己的作业。大学期间，郭鑫从没“挂”过科，还攻读了商学院的第二学位。

将深度学习当作成功的刚需

“人只有站在 8 000 米的高空才能看到 8 000 米的风景。”郭鑫认为，深度学习是创业者的刚需，整合资源是创业的根本。要带着问题学习，要将知识与实践融合在一起。

除了依靠大量阅读汲取知识外，丰富的人脉资源也是郭鑫重要的“信息源”。郭鑫的微信里有 259 个群，“中国 IT 圈社区枢纽”“资金运作”“中国工业互联网+”等，无论工作多忙，郭鑫都要抽出时间到各种专业的微信群里研究分享的精华，构建和完善自己的知识体系。

郭鑫的导师，南开大学商学院财务管理系主任李莉老师曾经说过：“我如果两周没有跟郭鑫聊天的话，他再说的话我就开始听不懂了，他每天知识更新的频率和信息的采集率是非常高的。”

“你在跟郭鑫聊天时，完全感觉不到他是一个‘90 后’，他的知识储备、对问题的看法以及对社会需要的敏感程度，远超一般人，这一点就让我愿意留在这里，与公司共同奋斗。”曾是一家海外教育机构副总的“创业岛”行政主管高琳如是说。

（资料来源：天津日报：爱拼才会赢 —— 南开大学学生郭鑫创业纪实[N/OL].天津日报,2015-05-13(1)[2025-02-18].https://news.nankai.edu.cn/mtnk/system/2015/05/15/000233934.shtml.）

许多商业领袖都曾经是创业者，通过创业成就了今天的事业，如福特（Henry Ford）、乔布斯（Steve Jobs）、曹德旺、马云等。人们对这些杰出人物取得的瞩目成就津津乐道时，往往忽略了这些商业领袖也曾是一位普通创业者的事实。

福特（1863—1947）出身于爱尔兰移民家庭，在美国密歇根州的一个农场长大。青少年时期的福特就显露出工程师的天赋，15 岁时独立制作出一台内燃机。福特在 30 岁的时候已经成为爱迪生照明公司的一名工程师，工作收入能让他积累到足够的资金开展对内燃机的个人研究。福特创立的第一家汽车公司叫底特律汽车公司，但因为忽略了对销售的投入而很快倒闭，即福特当时过度重视提升新车的性能而忽视了汽车市场的需求。福特创立的第二家汽车公司用自己的名字命名，但公司投资者迫使福特离开，此后这家公司被改名为凯迪拉克汽车公司。福特的第三家公司成立于 1903 年，在成立 5 年后福特公司推出了著名的福特 T 形车。1913 年福特开创性地将流水线引入他的工厂，从而极大地提高了生产量。1918 年的时候，美国国内行驶的汽车中有一半都是福特 T 形车，到 1927 年福特一共生产了 1 500 万辆 T 形车，这一汽车产量的世界纪录维持了 45 年。

无论是过去、现在还是未来，不断涌现的像福特这样的开拓者都用他们的创业实践不断改变着大家的日常生活与消费习惯，这个世界也因他们的创新而改变。也就是说，创业活动不但可以帮助创业者获得高层次的自我实现，还可以推动社会经济持续健康发展。德鲁克（2007）甚至认为，成千上万的企业家的创新活动避免了经济大衰退。因此，创业者对现代社会经济的重要性是显而易见的。

早年的创业研究聚焦于对创业者“天赋”的研究，因为大量案例研究的结果显示，成功的创业者的确具备一些特殊素养，如心理素质、专业技能和领袖气质等。当时的研究者希望通过对成功创业者的特质进行分析，总结出他们异于“普通人”的特殊素养，从而得到成功创业的一般规律。

但是近年的研究表明，学者们更倾向于创业者是可以培养的这一观点。诚然，创业者的成功部分源于自身的先天素养优势，但是更多创业者的成功源于后天的有意识学习和实践。例如，奥莱特（Bill Aulet）（2017）对麻省理工学院在创业方面的辉煌成就进行研究时发现，麻省理工学院校友每年创办 900 家企业的源泉是鼓励每个学生随时随地创办企业的传统。正是由于这种创业文化的高度普及，每个学生都对创业异常热情，学校提供的很多课程也和创业高度相关，目的都是帮助学生投身创业实践。所以，学生可以通过创业教育掌握和形成创业者的基本技能与思维习惯，并且大多数学生在合适的创业环境中都可以变得更加富有创造力和创新精神，也更能适应创业这项极富挑战性的活动。

在现实中，并不是所有的创业者都能获得成功，创业者在社会人群中的分布也基本符合“二八定律”。出现这一现象的原因是，虽然创业的技能与思维可以通过创业教育获得，但是创业是否成功还受到很多外部因素如创业机会和创业团队资源等的影响。那么，没有创业意愿的大学生就不需要接受创业教育了吗？答案是否定的。因为在这个科技加速改变世界的时代，经济社会的快速发展也将让没有创业意愿的大学生在未来工作中时刻面临机遇与挑战，这就需要大家持续开发自己的潜力并以创新性思维来应对挑战。所以，创新能力与创新精神是现代大学生的基本素养之一，这种能力与精神无论对创业者还是非创业者都同样重要。

4.1 创业者

4.1.1 创业者的定义与行为特征

博尔顿（Bill Bolton）等认为，创业者是通过创造和创新能力识别创业机会、创建新事业并实现其价值过程的人。由此定义可以看出，创业者的显著特征就是创业行为的开展，包括识别创业机会、创建新事业并最终实现自我价值等活动。

创业行为的产生受创业者面临的外部因素与内部因素的影响。外部因素包括社会经济条件、创业资源、政策法规等，这些因素具有一定的不确定性，需要创业者结合自身经验对创业可行性进行分析和判断，进而采取相应的行动。内部因素为创业者的自身因素，包括创业意愿和技能等。博尔顿和汤普森（John Thompson）认为创业者的个人天赋、创业技能与创业者性格共同驱动创业者行为（创业者行为三角模型）。他们还认为，创业者性格的形成完全基于天赋与技能，虽然创业技能可以通过系统化的创业基础教育获得，但是过于死板的工商管理教育会阻碍创业者的创新精神发挥和性格形成。所以在学习创业基础、培养创业能力与精神的时候，要时刻注意提升能力的同时不要让自己的天赋与思维被过多流程化、模式化的学习内容束缚。

例如，乔布斯是苹果公司的创立者，在苹果公司发展壮大的过程中，乔布斯的创业行为受内外部因素的影响明显。就外部因素而言，乔布斯生活在离硅谷不远的地方，青少年时期就接触过早期电子产品。当时美国社会资本投资电子产品的兴趣浓厚，苹果公司成立第一年便获得 69 万美元的投资。由此可见，虽然乔布斯的创业过程不是一帆风顺，但良好的外部环境为他的创业成功提供了巨大支持。乔布斯的创业行为也受到内部因素的驱动，虽然因经济原因被迫辍学，但乔布斯依然天赋过人、能力出众，他参与研发的电子计算机一直具有良好的性能。乔布斯在 20 世纪 80 年代被迫短暂离开自己创立的苹果公司，但在运营皮克斯动画工作室时期的杰出成就证明他具备突出的创业技能。乔布斯基于前述天赋与技能演变出坚持创新、追求极致的创业者性格，为苹果公司的发展壮大做出了巨大贡献。

由此可见，创业者是在机遇与挑战共存的不确定环境中，凭借自己的创业天赋、创业技能与创业性格开创事业、实现自己人生价值的人。

4.1.2 创业者的性格特质

创业者的性格特质主要指成功创业者有别于常人的独有性格特征或行为习惯，有时被人们称为创业者天赋或创业者特质。早期学者认为创业者的性格特质是与生俱来的，很难在创业教育等后天培养过程中获得。但近年来的研究表明，很大一部分的创业者性格特质存在于人们的潜意识中，可以通过合适的创业教育手段和引导逐渐发掘出来。

创业环境的高度不确定性对创业者的心理素质和性格提出了较高的要求。虽然学者们从未统一过创业者性格特质的表述，但大多认为成功创业者常常具备如下性格特质。

第一，勇于创新。成功的创业者往往不是“墨守成规”或“循规蹈矩”的人，在面对问题和挑战时，他们更倾向于寻找创新性的方法来应对。大量创业案例表明，创业者必须“不走寻常路”，才能不同凡响。

第二，专注精神。创业环境存在大量的不确定性，创业机会也是瞬息万变，创业者面对复杂多变的外部环境时，需要保持专注。很多成功的创业者都有一股不达目的誓不罢休的韧劲，因为创业者的时间和精力都是有限的，专注于事业本身才能让创业者在多变的环境中安如磐石。

第三，乐观坚韧。创业的过程充满艰辛，大部分创业者在创业初期都极度缺乏创业资源，虽然成功的创业者往往能够把握稍纵即逝的创业机会，但是总体来说整个创业过程依然是困难重重、险象环生。在面对不利局面甚至是企业生死存亡的关键时刻，创业成功者大多能以乐观的心态应对。也许在其他人眼中形势已经糟糕透顶，创业成功者依然可以尽量冷静地寻找应对方案，而不随随便便放弃努力。

第四，敢于冒险。创业者大多具有冒险精神，创业成功者常常会做出高风险的决策，并且有强大的自信心和心理承受能力。创业初期的机遇稍纵即逝，这就意味着创业者往往在信息还不充分的时候就要做决策，同时创业资源约束也迫使大多数创业者只能将有限的资源集中于问题的一个解决方案上，这些境况都让创业者面临着较高风险。在很多创业者眼中，风险往往意味着机会。但是，敢于冒险并不意味着创业者大多是赌徒，成功者在决策时会分析成功的可能性以及失败带来的后果，结合自己的经验与直觉做出合理判断。

第五，积极主动。创业成功者大多会保持积极主动的工作和生活态度，他们无论在生活还是在工作中都不会逃避问题。在创业过程中，大多数创业者都会面临不少棘手的问题，而创业成功者面对困难时通常会选择迎难而上，直面问题本身，通过自身或团队的努力发现问题、解决问题，决不拖延更不会逃避或者放弃。

第六，独立意识。创业者在创业过程中往往会受到外界评价的干扰，早期的创业成果有可能存在不完善的地方，但是成功的创业者很少会因为外界的评价而摇摆不定，或被舆论左右。也许大众还不接受创业者的创新，也许最初的商业模式还没得到市场认可，但成功的创业者通常能独立思考，并坚持主见，绝不会轻易动摇自己的观点。

第七，精力充沛。创业过程中有大量的问题等着创业者亲自解决，这就需要创业者时刻保持足够旺盛的精力。创业者需要去筹集资金，协调创业团队工作，还要花很多时间去经营公司，这些工作只有精力充沛的人才能胜任。

4.1.3 创业者的能力

创业活动不同于常规的企业经营，它对创业者综合能力提出了全方位挑战。因此，创业者能力常常被认为是创业过程能健康持续发展的重要保障。创业者的能力通常指的是创业活动中应对困难并解决问题的方法和技巧，这些技能一般是在后天学习过程中形成的。大部分成功创业者的创业能力源于自身学习经历或实际工作经验积累，在技术迭代迅速、市场竞争日益激烈的现代经济社会中，创业者能否在变化中把握机遇、在竞争中占据优势，很大程度上取决于创业者自身具备的技能以及灵活运用技能的能力。综合分析专家学者们基于不同视角归纳出的创业者应该具备的能力清单，可将创业者的创业能力分为与心理素质相关的创业者内在能力（表 4-1）以及与创业工作相关的创业者实践能力（表 4-2）。

表 4-1　创业者的内在能力及其表现

内在能力	内在能力表现
自制能力	创业者大多数时候能够控制好自己的情绪，特别是遇到挫折时，成功创业者的第一选择不是宣泄负面情绪，而是克制地推动创业活动往合理的方向发展。当然在取得成功的时候，创业者也能克制试图松懈的想法，尽量维持充沛的精力持续创新
责任感	创业者的责任感体现在勇于承担创业过程中的重大责任，不但要对客户负责，还要对自己和家庭负责，对创业团队和投资人负责。逃避责任的创业者很快会被环境淘汰
沟通能力	创业活动需要大量的资源支持，但创业者往往受到创业资源匮乏的约束。成功的创业者能够通过自身优秀的沟通能力将自己的社会关系网络中的相关人员发动起来，充分借助团队、商业伙伴和朋友的力量为创业项目提供支持，减少创业过程中资源匮乏带来的负面影响

表 4-2　创业者的实践能力及其表现

实践能力	实践能力表现
学习能力	创办新的事业意味着在走别人没走过的路，即便已有他人成功的先例，也无法完全复制。所以大多数创业者需要在创业过程中持续学习，要在“打仗中学会打仗”，随时保持对新事物的好奇心和“空杯心态”
创新能力	创业者应具备创造性地解决问题的能力，成功的创业者往往具有开放的思维，很少受到现有模式或固定习惯的约束，勇于突破自我，积极尝试用创造性思维来解决各种问题
应变能力	创业者需要面临大量的机遇和挑战，很多事件都无法提前准确预测，成功的创业者具备“见招拆招”的应变能力，可以在信息不完全的时候结合自身经验灵活应对，快速决策或调整策略，尽可能迅速地把局势扭转到对自己有利的一面
观察能力	创业者必须具备敏锐的环境洞察力，成功的创业者大多善于观察和总结。创业的高风险特征要求创业者对市场等环境的变化非常敏感，通过细致观察和思考发现问题本质或用户需求，从而快速捕获创业机会或者识别出潜在风险与威胁
说服能力	创业者凭借个人单打独斗是很难成功的，创业过程中需要大量的外部支持，这就要求创业者具备很强的说服能力，让持有创业资源的人支持自己。成功的创业者大多是充满激情的鼓动家，他们往往可以通过极富感染力的表达换取团队的支持、客户的信任以及投资人的耐心，而这些支持和帮助都是创业者的坚强后盾

创业者的实践能力大多源于自身实践经验的积累，部分专业技能源于教育或培训。一个引人注目的现象是，成功的创业者大多拥有明显超出常人的好奇心，很多人都善于提出让人印象深刻的问题，并且渴望深入了解新生事物、发现问题的本质。这说明创业者的成功在很大程度上依赖于快速吸收知识并掌握技能的实践能力。

显然，创业者应具备的能力不只局限于表 4-2 中所列出的几种，他们还应具备很多创业所需的具体工作技能，如创办新企业的经验、运营企业的能力、评估和防范风险的能力、销售技巧、发掘或培训合格员工的能力、财务管理的能力等，这些都是与企业创办和公司日常运营相关的重要实践技能。

4.1.4 创业者的思维方式

学者在早期研究中将研究重点集中于对创业者的性格、特质等方面的归纳总结，试图寻找创业成功的关键因素，也就是所谓的“创业基因”。但是研究者们在分析了大量的创业案例后发现，创业者的性格、特质种类多样，很难归纳出共同点。比如，有部分研究者认为个人魅力这一特质是创业者成功的关键因素，但是大量创业案例显示，个人魅力只能在短期内发挥重要作用，长期的作用效果不明显。也就是说，仅仅依靠个人魅力这一特质无法让初创企业持续健康发展。

虽然所谓的“创业基因”不存在，但研究显示成功创业者的思维方式具有相近的模式。于是以萨阿斯瓦斯为代表的部分研究者展开了对创业思维的研究，试图通过揭示创业者的思维方式来寻找创业者成功的关键因素。

传统的工商管理思维是基于对未来的预测确定工作目标，再根据确定的目标制订计划并实施。而创业思维和传统管理思维相比存在明显差别：创业者在行动前会重点考察自身能力与创业资源的约束，基于约束条件制定行动目标，创业过程中随着事业的发展，创业者的能力和资源也会发生变化，因此行动目标会不断调整。由此可见，创业思维方式具有更加灵活、更具可行性的明显特点，创业最终实现的目标可能会与创业之初的设想差距很大。萨阿斯瓦斯将这种创业思维方式称为基于效果的创业思维。基于效果的创业思维的创业活动在初创阶段不会强求是否制定绝对的目标，每阶段的创业行动目标是创业者结合自身能力和创业资源约束制定并灵活调整的，如果在实施过程中遇到现有资源条件下难以逾越的障碍，创业者可以灵活修正目标，绕过障碍继续推进工作，在创业过程中持续完善目标，在自身能力和创业资源允许的情况下达到最好的效果。

创业者的思维有如下几种特点。

第一，创业者相信机遇是无处不在的，人们可以通过自身努力用合理的方法发现甚至创造机遇。

第二，创业者能够正视失败，他们认为失败仅仅是创业过程的过渡阶段，是创业成功的垫脚石。部分成功的创业者也有多次创业失败的经历，但从未放弃过创业的梦想。

第三，创业者会根据自己的能力与创业资源来分析问题，从现有约束出发思考目标实现的可能性，而不会预先用固定的目标束缚自己的创业活动。

第四，创业者会依据自己能够承受的最大风险而非预期收益进行决策，同时还会创造风险相对较低的而未来可能性更大的机遇。为了减少风险，创业者还会说服其他利益相关者参与到创业过程中，共同分担可能的风险，分享未来的收益。

第五，创业者常常通过快速行动的方法“拥抱偶然性”，创业者思维使得创业者善于利用偶然事件，通过积极有效的快速行动将其转化为新的机遇。

其实，创业者思维除了帮助创业者抓住机遇和应对挑战外，还在传递一种积极主动的世界观。因此，同学们在学习创业基础、尝试掌握创业基本技能的同时，也要有意识地在学习生活过程中挑战自我，激发自己的潜能，让自己成为初步具备创新创业精神的新一代大学生。

4.2　创业团队

有一种关于创业的观点是创业者独自一人创办了公司，这是由于大量新闻报道都聚焦于成功的创业者，甚至将创业者描述为披荆斩棘的孤胆英雄，但是事实并非如此。实际上，创业是一项团队工作，罗伯茨（Edward Roberts）的研究发现：创业团队规模越大意味着创业成功的可能性越大，或者说创始人多意味着更高的创业成功率。创业团队规模与创业成功率相关的主要原因是，创业者的能力和精力是有限的，在创业过程中也面临着巨大的压力，因此大多数创业者有充足的意愿寻求“合作者”的帮助与支持，这些“合作者”以“联合创始人”的身份加入创业团队，为创业者分担压力与风险，同时也一起分享创业成功后的收益。

1976 年 7 月的一天，零售商特雷尔（Paul Terrell）向乔布斯和沃兹尼亚克（Stephen Gary Wozniak）联合创办的苹果公司订购了 50 台苹果电脑，并要求一个月内交货，这是苹果公司成立以来做成的第一笔“大生意”。但是交货期过短导致乔布斯和沃兹尼亚克几乎每天都在拼命工作，平均每周工作近 70 个小时，终于在第 29 天完成了订单，50 台苹果电脑如数交货。但是加班过程让乔布斯和沃兹尼亚克意识到资金匮乏是创业过程中的瓶颈。乔布斯后来回忆道：“大约是在 1976 年秋天，我发现市场增长的速度比我们想象的还快，我们需要更多的钱。”为此，他们开始尝试获得更多资金支持。1976 年 10 月，马克库拉（Mike Markkula）向苹果公司提供了 25 万美元的投资，并主动帮助苹果公司制订一份商业计划。马克库拉是位训练有素的电气工程师，且十分擅长推销工作，被人们称为推销奇才。在马克库拉的协助指导下，苹果公司的发展速度大大加快了。1980 年 12 月 12 日，苹果公司股票公开上市，在不到一个小时内，460 万股全被抢购一空，当日以每股 29 美元收市。按此收盘价计算，苹果公司高层产生了 4 名亿万富翁和 40 名以上的百万富翁，其中马克库拉持有的苹果股票市值为 1.54 亿美元。

4.2.1　创业团队的类型

创业团队由多位成员构成，团队成员通过分工协作、分担责任的方式为创业项目的成功提供有力支持。虽然组建创业团队都是为了充分发挥团队协作优势，但是不同创业项目的创业团队类型还是有区别的。根据团队领导对创业过程控制权限大小、合作紧密度，创业团队可以分为四种不同的类型，即领袖型创业团队、伙伴型创业团队、核心型创业团队以及散点型创业团队，如表 4-3 所示。

表 4-3　创业团队的四种类型

合作程度	团队领导控制权限低	团队领导控制权限高
合作紧密	伙伴型	核心型
合作不紧密	散点型	领袖型

第一，领袖型创业团队。领袖型创业团队成员之间的合作不够紧密，成员之间独立性较强，此类创业团队的组建通常源于团队领导的招募活动。此类创业团队的领导者通常是创业项目的发起人或核心技术控制人，因此拥有较大的控制权限。此类创业团队的主要优点为：①创业项目核心资源和技术将一直由团队持有，个别成员的离开通常不会对整个创业过程带来重大损失。②团队领导对创业过程有较大的主导权，决策速度快，团队执行力较强。③创业团队领袖会根据自己的需求挑选和招募“合伙人”，所以在团队内部不易形成权力重叠。但决策权力过于集中也会给领袖型创业团队带来风险，如领导做出错误决策的风险会随着权力过度集中而明显增大。

第二，伙伴型创业团队。伙伴型创业团队由具有共同创业目标且互相协作的成员组成。伙伴型创业团队没有固定的、地位明确的“领导者”，关键决策通常由团队成员通过协商达成一致意见后做出。此类创业团队的主要优点为：①集体协商的决策模式使得决策失误的概率较低。②因为没有固定的“领导者”，团队成员之间相对平等的地位更有利于内部的交流与协作。但因为大部分决策都需要团队成员协商讨论，所以决策速度较慢，有时候需要耗费过多的时间和精力才能达成共识。

第三，核心型创业团队。核心型创业团队的成员中存在一位“核心人物”或“关键人物”，相对于“团队领袖”，“核心人物”更像是团队的代言人和协调者，不具备“团队领袖”的绝对权威。大部分核心型创业团队的“核心人物”由成员共同推选产生，其主要精力集中于协调和统筹规划，因此在做重要决策时，“核心人物”依然会充分考虑其他团队成员的意见。此类创业团队的优点为：①团队核心的存在可以提高决策速度，充分听取其他成员的意见也能有效降低决策失误的风险。②团队核心通常由成员们共同推举产生，具有稳固的领导地位，团队执行力也较强。但是当团队核心与其他普通成员意见不统一时，双方冲突升级往往会导致普通成员退出。

第四，散点型创业团队。散点型创业团队的成员在创业过程中有很强的独立性，为了确保团队成员在创业活动中的凝聚力，此类创业团队通常会约定一个较为严格的行动规则。此类创业团队通常被认为是创业初期的过渡性团队，当团队目标以及共同价值观逐渐清晰以后，散点型创业团队将会演变成其他类型的团队。

在创业实践中，创业团队的类型往往没有明显的界线，在创办企业的不同阶段都需要结合实际对团队的类型进行合理调整。因此，没有一成不变的创业团队类型，在创立新事业的过程中，创业团队类型的合理演变非常利于创业目标的实现。

4.2.2 衡量优秀创业团队的因素

通常可以通过以下四个维度来衡量一个创业团队的优秀程度。

第一，团队成员的专业素养与实践技能。专业素养通常指成员接受专业教育的程度，专业素养不仅体现在团队成员自身的学历，还体现在接受教育过程中培养出的学习能力和领悟力，因为创业过程常常面临快速变化的内外部环境，只有拥有出众学习能力的人才能把握创业活动中的机遇、应对出现的挑战。实践技能包含业务能力和创业实践经验，拥有出众业务能力的团队成员可以让创业过程更加顺畅，而拥有创业实践经验的团队成员可以降低创业失败的风险。

第二，团队成员的社会网络与创业资源。团队成员的社会网络不仅可以帮助团队拓宽信息获取渠道，还可以增大创业团队获得更多创业资源的概率。创业团队在创业初期都会面临创业资源匮乏的难题，高质量的团队成员社会网络可以让募集足够创业资源的目标更容易实现。

第三，团队成员共同价值观的匹配度。创业团队成员对于初创企业的发展目标、竞争策略、实现路径是否有清晰且统一的认识，决定着团队成员共同价值观的匹配度。共同价值观通常被认为是创业团队的核心和基石，对创业团队而言发挥着激励和凝聚的作用。价值观不匹配的团队成员之间往往会因为理念不合出现冲突，只有共同价值观匹配才能有效地维系团队，引导大家最大限度地发挥协作精神，为创业目标的实现做出贡献。

第四，团队成员权限与角色定位的清晰程度。创业团队需要根据具体的创业活动灵活分工，只有团队成员权限分配科学合理，角色定位与自身特长契合的时候，成员间的协作优势才能更好地发挥出来，从而大幅提高创业成功的可能性。

4.2.3 创业团队的组建

创业团队的组建通常会受到外部条件的影响。例如，有的创业项目是几位好友先组建了创业团队，再协商出具体的创业目标，而有的创业项目是核心成员已经有了创业的想法，再去邀请其他成员一起组成创业团队。因此创业团队组建过程异常复杂，无法归纳出具有显著指导意义的创业团队组建流程。

虽然没有创业团队会机械地按照固定的流程来组建，但是以下几个问题在团队从组建到完善和成熟的历程中必须合理解决。

第一，明确创业行动的方向。组建理想的创业团队，就是要找到志同道合的合作伙伴，在明确了行动方向后，才有可能从潜在人选中挑出具有共同价值观的团队成员。

第二，挑选合适的团队成员。创业是一个过程，创业团队的组建当然也是一个循序渐进的过程。由于创业初期创业资源极度匮乏，团队规模应控制在一个合理范围，在招募团队成员的过程中，也需要充分考虑到团队成员能力、经验与性格的互补性，成员能力互补除了可以强化协作从而更好地发挥团队作战优势以外，还有利于团队成员之间相互学习，促进知识与经验的增长，尽可能地避免能力缺失导致的创业项目停滞甚至失败等问题。

第三，合理划分权责。创业团队内部权责划分也是团队组建过程中的重要工作。创业团队的权责划分指的是根据具体的创业活动需要，合理分配创业成员的职责、权限与收益，确保成员能各司其职，顺利开展创业活动。由于创业过程的不确定性，团队组建是一个演化过程，例如当团队成员变更时，团队的权责划分就要做出相应调整。所以大多数创业团队的权责划分是一个动态的过程。

第四，制定有效的约束制度和激励机制。创业团队在组建过程中需要形成一系列具有可操作性的约束制度，借此约束团队成员，避免团队成员有不利于创业成功的行为，保证创业过程中的团队秩序。激励机制是一种可以量化的调动团队成员积极性的制度体系，如股权激励、绩效激励、薪酬激励等，以最大限度地发挥团队成员的作用为目的。

完美的创业“梦之队”大多无法在朝夕之间组建起来，创业过程中的约束与不确定性让团队组建与完善成为一个持续调整的过程。在团队动态调整的过程中，团队领导者或核心人物还应该多倾听其他成员的观点，保证团队内部可以流畅地进行沟通与协调，并且在演化过程中注重团队精神的培养，提升团队凝聚力。

4.2.4 创业团队的领导

创业团队的领导是指为了实现创建新事业的目标，给创业团队提供指引和管理的团队核心。现代管理学认为，领导与管理存在明显区别。科特（John Kotter）认为，领导与管理的主要区别有以下三点：

第一，领导更具有全局性，管理具有相对局部性。领导的主要工作内容是做决策，而管理的主要工作内容更偏重具体目标的实现与计划的执行。

第二，领导具有超前性，管理具有当前性。领导需要把更多的精力放在发展方向的选择上，管理则更多地聚焦于当前的计划执行与问题解决。

第三，领导应对不确定性的问题，管理解决具体而复杂的问题。

科特认为：情况越具体越复杂，越需要管理；创业环境越不稳定，越需要领导。所以，创业团队的领导人在创业过程中需要注意领导和管理的区别：领导者不拒绝冒险，不愿意被条条框框束缚；管理者追求的是秩序、效率和低风险。创业团队中领导者和管理者的界限很模糊，常常会有人身兼两种角色，因为现代管理理论仅仅将领导和管理视为不同种类的工作，而非不同种类的人。

创业团队的成长也是影响创业能否成功的重要因素，所以创业团队领导人还需要重视创业团队成员的迭代与磨合问题。创业是一个较漫长的过程，团队成员会随着创业活动的演化而发生变动，部分成员会选择离开，也会有新的成员加入。大量创业案例表明，这种团队成员的迭代都是不可避免的，所以身为团队领导人或核心需要正视成员迭代现象，积极干预团队成员迭代过程，促使团队演化成人员结构更合理、共同价值观更清晰明确的创业团队。成员之间的磨合也是创业团队领导人或核心人物需要关注的内容，成员磨合的主要目标是：促进成员之间的了解与良性竞争，合作意愿大于冲突，形成良好的团队文化。虽然团队成员在创业过程中可能在目标选定、利益分配等方面存在分歧与冲突，但创业团队领导人可以通过明确的权责和合理的激励机制将成员的工作成果、个人价值实现以及合理回报有效匹配，最终形成规则。

组建创业团队的目的是分担创业过程中的责任与压力，发挥团队协作的优势。身为创业团队领导人就应该注重培养团队成员的协作精神、增强团队凝聚力。常用的促进团队成员协同配合的方式有如下四种：

第一，营造良好的沟通氛围。大量案例表明，创业团队内部分歧与冲突的根源之一为成员之间沟通不畅。创业过程中的海量工作与巨大心理压力会让团队成员焦虑不安，在此状态下因为沟通不及时或沟通不充分极易出现误会。创业领导人需要在团队内部构建起有效的沟通机制，鼓励成员互相尊重和信任，能带头倾听彼此的意见，及时发现矛盾、缓解冲突，提高团队工作效率与凝聚力。

第二，鼓励良性竞争。良性竞争可以最大限度地促使团队成员发挥潜能，但是过度竞争会破坏团队凝聚力，甚至危及创业项目的生存。创业团队领导人需要有意识地组织成员解读和提炼团队的共同价值观，避免成员对共同价值观的认知出现偏差，在合理理解和提升共同价值观的基础上营造良好的团队竞争文化氛围，减少成员竞争带来的负面影响。

第三，建立公平合理的利益分配制度。大多数创业团队都以获取创业成功后的商业成就作为重要的目标，在创业过程中建立合理的利益分配制度可以产生明显的激励作用。如果创业团队成员明确知道按照利益分配制度，自己的付出可以换取满意并且可以量化的回报，那么成员对团队的忠诚度与积极协同的意愿都会明显提升。因此，创业团队领导人需要制定公平合理的利益分配制度，并向所有成员确保制度中的分配承诺最终都能实现。

第四，定期组织团队聚会活动。创业团队成员之间的关系连接不应该只有工作关系一种，定期组织创业团队聚会活动可以增进成员之间的了解。创业团队领导人可以适时组织团队成员聚会，避免单一工作关系导致成员之间产生隔阂。常见的创业团队聚会包括为成员庆祝生日和“家庭日”等活动。融洽的团队关系能够提升成员间协同的意愿与效果。

4.2.5 创业团队的股权分配

创业过程充满艰辛，团队中每一位成员的付出都很重要，只有整个团队齐心协力，各显神通，才能提高创业成功的概率。因此，如何有效凝聚团队成员，最大限度地激发团队潜能是创业团队领导人的重要工作内容。

显然，创业团队的共同价值观是团队的核心与基石，是组织的灵魂，也是维系组织生存发展的精神支柱。但是在团队成员之间进行合理的股权分配，也是一种更为直接的激励手段。创业团队内部的股权分配制度，将“合伙人”转变为初创公司的股东，在实质上是一种经济激励。团队成员有机会公平分享创业成功后的商业利益时，就愿意分担创业过程中的压力，也会更有动力为创业贡献自己的力量。案例研究结果表明，当创业团队成员充分感知到股权分配的公平合理性时，成员对团队的忠诚度会明显提高。

通常情况下，股权分配这种经济激励方式，由于其激励强度和预期回报是可以量化的，所以相对于共同价值观等精神激励而言，能更直接也更容易在较短时间内产生效果。正是由于股权分配有如此显而易见的效果，创业团队常将股权激励与精神激励结合使用。

创业团队成员之间如何进行利益分配一直是创业过程中难以回避的话题。在现代社会经济关系中，信用与契约精神的作用已经得到人们的广泛关注和认可。股权分配作为创业过程中成员间契约精神的重要体现，广泛应用于各种领域的创业团队的经济激励措施中。无论是亲友合伙创业还是利益伙伴创业，在进行创业团队建设时都会协商如何进行股权分配（见图 4-1）。

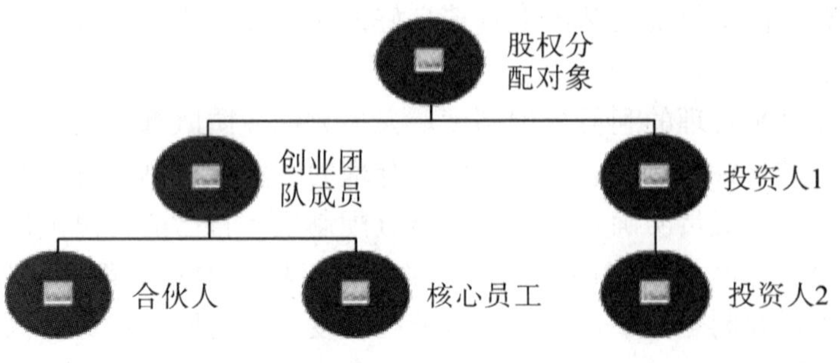

图 4-1 股权分配

初创企业的主要股权分配对象有两类：股权投资人与创业团队。投资人用创业团队急需的资金换取初创企业的股权，因此需要考虑投资人的合理权益。创业团队在内部分配股权时又分为合伙人和核心员工两类。合伙人通常指在创业初期一起出钱出力打开局面的人，核心员工通常是关键技术人员或运营管理人员。上述三种与创业相关的群体都会对公司股权提出要求，特别是初创公司创业资源紧张，风险高且稳定性不足，股权代表的未来企业收益是吸引人才和投资的重要工具。

股权分配通常需要遵循以下三个原则：

第一，股权分配比例要和投资金额多寡匹配。理论上，投资金额多的投资人持有的股份比例大，投资金额少的投资人持有的股份比例小。

第二，创业合伙人与核心员工的股份需要使用合理分配策略。合伙人或核心员工投入的资金通常不多，但是他们的能力和社会关系也是重要的创业资源，所以需要用股权换取他们的付出。在创业团队内部分配股权是一个需要谨慎对待的问题，因为团队成员对创业项目的投入大多是个人能力或社会资源，其投入的绩效需要一定长度的时间周期才能得到验证，所以需要设计合理的股权分配策略，如期权激励等，规避潜在风险。

第三，股权是一种稀缺资源，不能轻易将创业公司的股权分配给不必要的人。通常的经验是，能用支付佣金的方式获取的能力，就不要用分配股权的方式获取。

通常从以下两个方面来判断股权分配方案是否科学合理。

其一，在确保控制权的前提下充分体现激励的效果。持有股权也代表着对企业拥有控制权，片面考虑股权的经济激励作用会引起股权过于分散的风险，股权分散很容易导致创业团队内部协调困难、责任不明确的负面影响。

其二，实现贡献度与决策权的统一。股权代表着控制权，也代表着重大事项的决策权，通常情况下，对创业公司贡献大的成员应该获得更多的股权，从而具有重大事项的决策权。

需要强调的是，股权分配方案的实施要有契约精神。如果创业项目的未来还存在很多不确定性，那就要充分防范和解决可预见到的风险和问题。创业团队建设的一个重要环节就是把利益相关者的权力与责任以股权分配的方式进行约定，切忌求贤若渴时随便许诺、利益分配时却锱铢必较。

4.3 大学生创业过程中的常见问题

4.3.1 迷失在创业者身份的虚荣中

【情景案例】

小高是北京某高校的大三学生，因其发明的文字识别算法简单实用且具有较好的发展潜力，学校创新创业指导中心教师帮助他获得了一笔上百万元的天使投资，支持小高在此算法的基础上开发出一款能识别印刷品上文字内容的App。

但是拿到投资后的小高完全迷失在“成功”创业者的虚荣之中。作为学校第一位拿到天使投资的在校学生，小高经常以嘉宾的身份受邀参加各种创业分享会和创业比赛，极为享受万众瞩目的感觉。为了在同学们中塑造“成功”创业者的形象，小高挪用项目研发资金购买了一辆二手奥迪跑车，并且将公司从学校创客茶馆搬迁至昂贵的高档写字楼。虽然投资人就项目进展缓慢且资金消耗过快的情况多次表达了不满，但小高依然不顾项目研发投入不足的现状，计划再花一大笔钱重新装修新租下的办公室。

忍无可忍的投资人依据投资合同中的保护性条款拒绝向小高支付余下的款项并最终放弃了小高的项目。此时的小高感受到巨大压力，不得不将注意力转到App开发上。但是高档写字楼高昂的房租加上奢侈花销让他能用于研发的资金捉襟见肘，无力维持下去的小高最终以失败告终。

小高犯下的是大学生创业者常犯的错误，很多大学生只看到创业成功者通过创业实现了财务自由的一面，却忽略了创业成功者在创业中的艰辛过程与一直承受巨大压力的另一面。创业者在创业过程中付出的汗水和泪水、承受的压力和委屈，都远远超过仅为实现财务自由这一目标所需的代价。真正的创业者大多怀揣实现个人价值甚至改变世界的梦想，财务自由只是个人价值实现过程中的附带产品之一，而不应该成为年轻人创业的主要动力。

4.3.2 低估团队成员能力短板的负面作用

【情景案例】

尔呷在大学毕业后和几位同学打造了一个西部民族地区特色产品的电商平台，计划将民族文化创意和电子商务结合在一起，向消费者出售来自西部民族地区的特色农产品和手工艺品。

尔呷的团队成员都很优秀，主要来自软件工程和平面设计专业，但是电商平台项目的生存高度依赖流量和获客率，而尔呷的创业团队里都是技术和设计人员，没人具备营销实战经验。在销售业绩惨淡的压力之下，尔呷尝试通过招聘网站和猎头公司招募一位了解市场的营销人才，但是那样的人才招募渠道是为成熟企业服务的，初创公司没有足够的财力满足优秀人才的薪酬要求，所以也就无法在人才市场上和大企业竞争。招聘计划受挫之后，尔呷又试图在团队内部“培养”几位营销人才，于是一位有过地推兼职经验的团队成员被推选出来负责项目的营销业务。但是营销是一门实践性很强的学问，这位技术出身的同学完全摸不到网络营销的诀窍，在耗费了大量的时间与资金之后，尔呷的电商平台依然无法提高销售业绩。最后在投资人的帮助下，尔呷用分配股权的方式邀请到一位有着5年大型超市采购部工作经验的校友加入创业团队，新的合伙人带领两位之前分担营销业务的团队成员，外加几位来自学校营销专业的实习生，很快就打开了创业项目的市场局面，尔呷的创业公司也终于逐渐走向正轨。

大学生创业团队存在社会关系贫乏的问题，此类问题导致以大学生为主的创业团队存在较为致命的能力短板。由于大学生在校期间最主要的社会关系便是同学关系，所以大学生创业团队最常见的组合方式就是同学之间的组合。同学组成的创业团队成员间相似性极强，在教育背景、思维方式、专业能力及实践经验等方面都有很高的重合度，无法满足初创企业面对风险与竞争时的人力资源丰富性要求。

所以，大学生创业团队建设时应该遵照成员之间能力、经验甚至性格方面的互补性原则，充分重视团队成员能力短板对创业过程的危害性，尽量用合理的方式招募到合适的人选。

4.3.3 股权分配规则的条款过于粗放

【情景案例】

白玛大学期间就在制作手机游戏，一毕业便和几位志同道合的同学成立了自己的手机游戏公司。近年手机游戏市场火爆，白玛公司的几款手游也很受市场认可，于是有上市互联网企业想对其展开收购，眼看创业5年的付出可以变现，白玛和团队成员非常开心。

但是收购消息传出后不久，就有两位前团队成员要求兑现股权分享收益。这两位以前都是公司初创团队的成员，也都参与过产品研发和公司运营，所以按照当时团队建立时的合伙协议成为初创公司的股东。但是这两位股东在公司成立不到一年的时间内因不能忍受工作压力和精神压力双双退出创业团队，所以在公司发展壮大的过程中没有任何贡献。然而，在当初组建团队的时候白玛没有考虑到会有团队成员中途退出的问题，因此在公司注册以及制订股权分配方案时忽略了退出机制设计。此疏忽带来的结果是，白玛被迫依据《中华人民共和国公司法》向两位没有贡献但却持有公司股权的前创业团队成员支付一大笔钱。

大学生创业团队成员大多是同学关系，具有同学情谊这种天然纽带，并且很多大学生还没成家，经济负担较轻，这些因素使大学生创业团队成员较为稳定。但是初创企业在发展过程中依然会面对团队成员迭代的问题，特别是在公司业务拓展阶段，会出现团队“老人”与公司新业务方向不契合、需要“新鲜血液”注入的情况。因此团队的股权分配方案要做好有股东退出的预案，最好在最初的团队合伙协议及公司章程里对此类情况做出详细约定，这样既能确保企业对股东的契约精神，又能让成员的付出与股权回报公平合理。

目前常用的创业团队股东退出机制有以下几种：

第一，约定回购机制。在组建创业团队的时候合伙人可以约定，一旦出现合伙人离开的情况，公司按照约定的价格向计划离开的股东回购股权。

第二，股权分期兑现。可以事先约定一个合伙人获得股权的任职年限，按照年限分期支付股权。比如，初创公司规定合伙人在公司至少需要任职满 4 年，则可以在合伙协议中约定，任职满两年可以兑现 50%的股权，第三年可以兑现 75%的股权，第四年可以兑现 100%的股权。

第三，创始人向团队成员分配限制性股权。限制性股权是一种有权利限制的股权，持有限制性股权的合伙人可以在为公司服务时间达到约定的年限后兑现股权，但是一旦出现未达年限就离职的情况，公司就可以按照一个事先约定的合理价格进行回购。

创业者要充分认识到创业团队建设是一个动态的过程，在制定股权分配方案时，不但要设计进入机制，还要设计调整机制和退出机制。

【本章要点】

●创业行为的产生受到创业者面临的外部因素与内部因素的影响，并且创业者具有某些特定的天赋特征。在学习创业基础、培养创业能力与精神的时候，要时刻注意提升能力的同时不要让自己的天赋与思维被过多的流程化、模式化的学习内容束缚。

●创业者拥有特定的心理素质与性格特征，这些都存在于创业者的潜意识中，可以通过合适的创业教育手段和引导逐渐发掘出来。

●创业能力用于解决创业过程中出现的问题，可以分为与心理素质相关的内在能力以及与创业工作相关的实践能力。创业能力大都可以通过后天学习形成。

●创业团队可以根据团队领导对创业过程的控制权限大小与合作紧密度的差别分为不同类别，但是不管什么类别，优秀的创业团队总是在知识和技能、团队成员所有的社会网络关系和资源、团队成员价值观以及权限与角色定位的清晰程度上都能保持很好的平衡。

●创业团队的领导人要注重培养团队成员的协作精神和团队凝聚力。

●创业团队的股权分配要与精神激励结合使用，要做到贡献度与决策权的统一，同时还要有契约精神。

●大学生在创业过程中容易出现沉溺虚荣、低估团队成员能力短板的负面作用、股权分配不够细致等问题。

【重点概念】

创业者　创业者的性格　创业者的能力　创业者思维方式　创业团队

【复习思考题】

1. 创业者的行为特征、性格特征分别是什么？
2. 创业者具有哪些能力？
3. 创业团队可以分为几类？分别有什么特点？
4. 组建创业团队时应该考虑哪些因素？
5. 创业团队的领导工作和管理工作有哪些区别？
6. 创业团队的股权分配应该坚持哪些原则？
7. 当代大学生在创业过程中容易出现什么问题？应当从哪些方面解决问题？

【实践练习】

活动一：

1. 活动名称：造雨
2. 活动目的：了解团队合作
3. 活动人数：30~120 人
4. 活动时间：15 分钟
5. 活动规则：

步骤一，教师让全体同学起立，在教室围圈，或者自然站立，保持手脚放松利于活动；

步骤二，由一个人（可以是教师，或者教师示范后指派一名学生）引导，按先后顺序集体完成以下动作：手心相向搓手掌（毛毛雨）—两手打响指（雨滴落）—由慢到快拍大腿（暴雨来临）—边拍大腿边跳起落下（打雷闪电）—拍大腿由快到慢（暴雨变小）—两手打响指—手心相向搓手掌。

6. 活动反思：团队是如何快速实现协作的？

活动二：

1. 活动名称：探索古典名著中的创业团队
2. 活动目的：通过分析《三国演义》《西游记》《水浒传》等古典名著中的团队，学习团队建设的基本原则。
3. 活动人数：30~120 人
4. 活动时间：120 分钟
5. 活动规则：

步骤一，教师简单介绍团队建设的基本概念。

步骤二，分配任务，每个小组选择一个古典名著中的团队进行研究。

步骤三，小组讨论，分析所选团队的组建、角色和冲突处理。

步骤四，小组绘制团队结构图，展示团队成员和他们之间的关系。

步骤五，小组向其他成员展示团队分析，并收集反馈。

步骤六，小组根据反馈进行反思，总结团队建设的关键要素。

6. 教学用具：A4 纸、笔

7. 活动反思：讨论团队分析过程中的收获，以及这些古典团队对现代团队建设的启示。

8. 备注：可以选择其他古典名著中的团队进行分析，以增加活动的多样性。

活动三：

1. 活动名称：创业者心理素质测试

2. 活动目的：帮助学生了解自己是否准备好创业

3. 活动人数：30~120 人

4. 活动时间：30 分钟

5. 活动规则：

步骤一，教师介绍创业者心理素质的重要性；

步骤二，分发测试题，共 24 题，每题 1 分；

步骤三，参与者独立完成测试题；

步骤四，参与者根据参考答案自行评分；

步骤五，根据得分，参与者对照参考分析了解自己的创业准备情况。

6. 教学用具：A4 纸、笔

7. 活动反思：讨论测试结果，思考自己在创业准备中的优势和不足。

8. 备注：测试题可以根据实际情况调整，以适应不同背景的参与者。

【检验创业者心理素质的测试题】

下面有 24 道题，每题 1 分，回答后对照答案，看你是否做好了创业的准备。

1. 你在哪一种条件下，会决定创业？

a. 等有了一定工作经验以后　b. 等有了一定经济实力以后　c. 等找到天使或 VC 投资以后　d. 现在就创业，尽管自己口袋里没有几个钱　e. 一边工作一边琢磨，等想法成熟了就创业

2. 你认为创业成功的关键是什么？

a. 资金实力　b. 好的创意　c. 优秀团队　d. 政府资源和社会关系　e. 专利技术

3. 以下哪项是创业公司生存的必要因素？

a. 高度的灵活性　b. 严格的成本控制　c. 可复制性　d. 可扩展性　e. 健康的现金流

4. 开始创业后你立刻做的第一件事情是什么？

a. 找钱、找 VC　b. 撰写商业计划书　c. 物色创业伙伴

d. 着手研发产品　e. 选择办公地点

5. 创业公司应该：

a. 低调埋头苦干　b. 努力到处自我宣传

c. 看情况顺其自然　d. 借别人的势进行联合推广

6. 招聘员工时最重要的是：

a. 学历高低　b. 朋友推荐　c. 成本高低　d. 工作经验

7. 产品进入市场的最佳策略是：

a. 价格低廉　b. 广告投入　c. 口碑营销　d. 品质过硬

8. 和投资者交流最有效的方式是：

a. 出色的现场 PPT 演示　b. 详细的商业计划书和财务预测

c. 样品当场测试　d. 有朋友的介绍和引荐　e. 通过财务顾问的代理

9. 选择投资者的关键因素是：

a. 对方是一个知名投资机构　b. 投资方和团队不设对赌条款

c. 谁估值高就拿谁的钱　d. 谁出钱快就拿谁的钱　e. 只要能融到资，谁都一样

10. 你认为以下哪一项是 VC 投资决策中最重要的因素？

a. 商业模式　b. 定位　c. 团 队　d. 现金流　e. 销售合约

11. 从哪句话里可以知道 VC 其实对你的公司并没有实际兴趣？

a. "我们有兴趣，但是最近太忙，做不了此项目。"

b. "你们的项目还偏早一些，我们还要观察一段时间。"

c. "你们如果找到领投的 VC，我们可以考虑跟投一些。"

d. "我们对这个行业不熟悉，不敢投。"　e. 上面任何一句话

12. 创业团队拥有 51%的股份就绝对控制了公司吗？

a. 正确　b. 错误

13. 创业公司的 CEO，首要的工作责任是：

a. 制定公司的远景规划　b. 销售、销售、销售　c. 人性化的管理　d. 领导研发团队　e. 让投资者投资

14. 凝聚创业团队的最好办法是：

a. 期权　b. 企业文化　c. CEO 的魅力　d. 工资和福利　e. 团队的激情

15. 在创业公司的财务预测中最重要的是：

a. 销售增长　b. 毛利率

c. 成本分析　d. 资产负债表

16. 在创业公司的日常运营中，以下工作最重要的是：

a. 会议记录的及时存档　b. 业绩指标的合理安排和及时跟踪

c. 团队的经常性培训　d. 奖惩制度　e. 管理流程的 ISO 9000 认证

17. 创业公司的日常运营中，最棘手的问题是：

a. 人的管理　b. 销售增长

c. 研发的速度　d. 资金到位情况

e. 扩张力度

18. 创业公司产品市场推广效果的衡量标准是：

a. 广告投入量和覆盖面　b. 营销推广的精准程度　c. 产品出色的品质保证

d. 广告投入和产出比例　e. 产品价格的打折力度　f. 品牌的市场渗透率

19. 防止竞争的最有效手段是：

a. 专利　b. 产品包装　c. 质量检查　d. 不断研发新产品　e. 比竞争对手更快地占领市场

20. 创业公司的第一个大客户竟然是个土财主，你会：

a. 一视同仁地对他提供你公司的标准服务　b. 指导他如何积极配合你的工作

c. 修理他，给他些颜色看看是为了他的提高　d. 提供全面服务+免费成长辅导

21. 你认为创业公司中的最大风险是：

a. 市场的变化 b. 融资的成败 c. 产品研发的速度 d. CEO 的个人能力和素质 e. 决策机制的合理性

22. 当创业公司账上的现金低于三个月的开支的时候，应该采取哪项措施？

a. 立刻启动股权融资 b. 通知现有公司股东追加投资

c. 立刻大幅削减运营成本，包括裁员 d. 打电话给银行请求贷款

e. 把自己的存折和密码交给公司会计

23. 创始人之间发生矛盾时，你会：

a. 坚持原则，据理力争 b. 决定离开，另起炉灶 c. 委曲求全，弃异求同 d. 引入新人，控制局势

24. 投资创业公司的理想退出方式是：

a. 上市 b. 被收购 c. 团队回购 d. 高额分红 e. 以上都是

参考答案：

1. d 2. c 3. e 4. d 5. b 6. d 7. d 8. c 9. e 10. c 11. e 12. b 13. b 14. b 15. a 16. b 17. a 18. d 19. e 20. d 21. d 22. c 23. c 24. e

参考分析：

如果你的得分是 1~8 分：你还不具备创业的基本知识，不要贸然创业。

（来源：张玉利，薛红志，陈寒松，等，2020. 创业管理［M］. 5 版，北京：机械工业出版社.）

【课程思政】

任正非与华为：创新驱动，引领科技变革

在华为官方网站上，有着一段关于华为创始人任正非的简介，短短数行字，勾勒出他波澜壮阔的人生轮廓。1944 年 10 月 25 日，任正非出生于一个教育世家，父母身为乡村中学教师，在那物资匮乏的年代，用知识的火种照亮了任正非的成长之路。少年的他，在贵州边远山区的少数民族县城完成了中、小学学业，艰苦的环境锤炼了他坚毅的品格，也让他对知识的渴望愈发炽热。1963 年，任正非凭借优异的成绩考入重庆建筑工程学院，开启了学术深造的旅程。毕业后，他投身建筑事业，在实践中不断积累经验，磨砺专业技能。1974 年，国家建设的号角吹响，为参与从法国引进的辽阳化纤总厂建设，任正非应征入伍，成为基建工程兵的一员。在部队中，他凭借扎实的专业素养和勇于钻研的精神，历任技术员、工程师、副所长（技术副团级）等职务。尽管没有军衔的光环加持，但他的贡献有目共睹。1978 年，因在技术革新方面做出突出贡献，他有幸出席全国科学大会；1982 年，他又光荣地登上中共第十二次全国代表大会的舞台，这些经历成为他人生中熠熠生辉的勋章。1983 年，随着国家战略调整，基建工程兵整建制撤销，任正非复员转业至深圳南海石油后勤服务基地。初到深圳，工作的不顺并未消磨他的斗志，反而点燃了他创业的决心。1987 年，他集资 21 000 元人民币，创立了华为公司。次年，任正非出任华为公司总裁，从此踏上了带领华为走

向世界的传奇征程。

历经30余载的拼搏，华为已蜕变为全球领先的ICT（信息与通信）基础设施和智能终端提供商。公司旗下20.7万员工遍布170多个国家和地区，他们如同一颗颗闪耀的星星，为全球30多亿人口提供优质的产品与服务，让华为的影响力在世界的每一个角落生根发芽。

深耕基础研究，筑牢发展根基

华为始终将基础研究视为创新的原动力，全力推动数学与现代信息通信技术的深度融合。在信息论编码领域，科研团队大胆创新，将经典FFT拓展至Goppa等代数几何码，成功将编码复杂度大幅降低，为行业发展开辟了新的道路。在机器学习领域，华为提出的基于分位数回归的联邦共形预测方法，巧妙解决了客户端标签偏移问题，首创的内存节约优化器CAME更是将内存使用量减少50%以上，在国际学术舞台上斩获殊荣。华为还注重将基础研究成果进行应用。在无线通信领域，针对功率放大器预失真补偿问题，提出的创新架构使校正性能显著提升；在光通信领域，极简光纤非线性补偿算法让800G光纤长距传输距离提升约20%，同时解决光交叉引擎偏振选择特性问题，简化光学模块，提升了光通信的效率与稳定性。在人工智能和信息检索领域，创新的积分神经网络和新检索方法，分别实现了推理效率数倍提升和检索速度数量级的飞跃。

开放创新，多维度探索前行

（1）多领域技术突破。在无线领域，华为面向多个场景开展外场测试，率先验证6G零开销通信感知一体化能力，在太赫兹频段和卫星通信方面也取得了重大进展。在光通信领域，持续突破技术瓶颈，提升单波速率与信道容量，超高速光电调制器技术的突破和超宽增益谱EDFA放大器的商用，为光通信的高速发展注入了强劲动力。

（2）网络与AI算法创新。在网络领域，通过创新架构与算法，缩短节点互联距离，提升网络可靠性与吞吐率。在AI算法领域，利用盘古基础模型成功解决多项技术难题，新型极简网络架构的提出，大幅提升了运算效率。

（3）计算与消费者领域变革。在计算领域，创新超节点架构与液冷架构，发布CANN 7.0并升级编程语言，提升开发效率。在消费者领域，首创多项影像技术，推出云增强功能，创新铰链与材料工艺，鸿蒙生态设备数量超8亿台，助力汽车产品销量大增，为消费者带来了极致的使用体验。

（4）基础软件与软件工程创新。在基础软件领域，GaussDB成为国内首个全栈自主数据库，欧拉操作系统解决行业核心挑战。在软件工程领域，建设开源漏洞知识库，提前发现漏洞。在系统工程领域，提升自动驾驶测试效率与安全选道准确率，为软件安全和自动驾驶技术的发展保驾护航。

任正非带领下的华为，凭借在基础研究与开放创新方面的不懈努力，不仅实现了自身的技术飞跃，更为全球千行百业的数字化转型提供了强大助力，在全球科技发展的进程中留下了浓墨重彩的一笔。

（案例来源：华为是谁[EB/OL].[2025-02-18].https://www.huawei.com/cn/corporate-information.）

【案例讨论】

请阅读下面案例，讨论回答问题。

俞敏洪：破解组建核心创业团队之道

新东方教育科技集团创始人兼董事长俞敏洪在“改变企业命运的商业模式公开课”上，对创业初期如何组建核心团队谈了自己的看法，从新东方最早的核心成员加盟过程，他分析表示，利益吸引人是很难的，而价值观和创业愿景，以及对彼此的尊重才是最大的吸引力。

以下是俞敏洪的精彩叙述：

从包产到户到雄心壮志

我喜欢跟一批人干活，不喜欢一个人干。创业初期，环顾周围的老师和工作人员，能够成为我的合作者的几乎没有，看来合作者只能是我大学的同学。我就到美国去了，跟他们聊天，刚开始他们都不愿意回来。当时王强在贝尔实验室工作，年薪 8 万美元，他一个问题就把我问住了：“老俞，我现在的工资相当于 60 万元人民币，回去了你能给我开 60 万元人民币的工资吗？另外你给我 60 万元，跟我在美国赚的钱一样，我值得回去吗？”当时新东方一年的利润也就是 100 多万元，全给他是不太可能的。

两个因素导致他们都回来了

我在北大的时候，是北大最没出息的男生之一。我在北大四年什么“风头”都没有出过，普通话不会说，考试也不好，还得了肺结核，有很多女生直到毕业还不知道我的名字。我去美国时中国还没有信用卡，带的是大把的美元现钞。大家觉得俞敏洪在我们班这么没出息，在美国能花大把大把的钱，要我们回去还了得吗？因为他们都觉得比我厉害。我告诉他们：“如果回去，我绝对不雇用大家，我也没有资格，因为你们在大学是我的班长，是我的团支部书记，实在不济的还睡在我上铺，也是我的领导。中国的教育市场很大，我们一人做一块，依托新东方，凡是你们那一块做出来的我一分钱不要，你们全拿走。你们不需要办学执照，启动资金我提供，房子我来帮你们租，只要付完教师工资、房租以后，剩下的钱全拿走，我一分钱不要。”他们问：“你自己一年有多少总收入?”“500 万元。”他们说：“如果你能做到 500 万元，我们回去 1 000 万元。”我说：“你们肯定不止 1 000 万元，你们的才能是我的 10 倍以上。”我心里想：到底谁能赚 1 000 万元还不知道呢！就这样，我把他们“忽悠”回来了。第一年回来只拿到 5 万元、10 万元，到 2000 年每个人都有上百万的收入。所以大家回来干得很好、很开心。因为是朋友，大家一起干，不然怎么会一上来就确定非常好的现代化结构，但是在当时我根本不懂。我这个人最不愿意发生利益冲突，所以就有了“包产到户”的模式，朋友合伙，成本分摊，剩下的全是你的。

公司发展时期的三大内涵包括：第一是治理结构，公司发展的时候一定要有良好的治理结构；第二要进行品牌建设，品牌建设不到位的话，公司是不可能持续发展的；第三是利益分配机制一定要弄清楚，到第三步不进行利益分配是不可能的，人才越聚越多，怎么可能不进行利益分配呢？

改革改的不是结构而是心态

实行股份制前，新东方每人都是骑自行车上班，股份分完第二天一人配一辆车，一下子配了11辆车，特别有意思。心态不调整过来，结构再好也没有用，这就是美国的民主制度不能完全搬到中国来的原因。制度可以搬，但人的心态不调整，文化组织结构不优化，是没有用的。新东方股权改革后，两个问题出现了。其一，原来的利润是全部拿回家的，新东方年底算账，账上一分钱都不留。现在公司化，未来要上市，就得把利润留下，大家心理马上就失衡：原来一年能拿回100万元，现在只有20万元，80万元要留在公司，而且公司能否生存下来都不知道，未来能不能上市也不知道。眼前的收入减少80%。怎么办？不愿意。其二，一起合干之后，本来我这边100%归我，现在80%不是我的，动力就没有了。又要成立公司，又要分股份，又不愿意把股份留下。新东方人荒谬到什么地步！大家觉得股权不值钱，拿10%的股份，不知道年底能分多少红，开始闹。我就给股份定价："如果大家实在觉得不值钱，我把股份收回来，分股份的时候，这个股份都是免费的，现在每一股一块钱收回来，一亿股就值一亿人民币，我把你们45%的股份收回来。"我说收，他们不回我，我又提议："我跑到家乡开一个小学校总可以吧？"我不干了，他们也不敢接。最后我说："我把股票送给你们，我持有的55%股份不要，我离开新东方，你们接。"结果他们也不讨论，他们想：我们现在是在联合起来跟你打，但你走了，我们是互相打。我向他们收股票，他们虽不愿意卖，但这带来两个好处：一是表明我是真诚的，更重要的是股票定了一个真正的价格，他们原来觉得定一块钱是虚的，"你定一块钱，这个股票值不值钱不知道"，现在我真提出一块钱一股买回来的时候，他们发现这个股票值钱了，因为最多分到10%，10%等于1 000万股。如果10%买回来，相当于1 000万元现金，他们觉得值钱了。

股份比领导地位更具有话语权

大家不愿意把股份卖给我，于是得出一个结论：新东方之所以这么乱，俞敏洪缺乏领导能力，最好的办法是俞敏洪不当领导，我们自己选领导。我说"行"，就从董事长、总裁的位置上退下来。他们开始选，每个人都想当，他们想得很简单，只要俞敏洪离开，上去就能整理得井井有条。他们开始做领导，我退出来。我拥有新东方创始人的头衔，而且拥有55%的股份，结果董事会都不让我参加。说你往我们这一坐，我们不知道怎么开会了，不知道怎么批判你了。总裁办公会不让我参加，新东方校长联席会也不让我参加，我成了新东方的普通教师，拎着书包上课去。从2001年底开始一直到2004年10月份，他们每个人都当过董事长和总裁了，结果谁上去都管理不好，最后把我叫回去："董事长、总裁这个位置不是任何人都能坐的，还是你来坐。"我2004年9月份才回到总裁的位置上。这有一点儿像小孩子过家家，其实主要错还在于我，如果我当时能以我现在的本领去管新东方，那将是另一番景象。我当时连有限公司跟无限公司都搞不清楚，还请好几个咨询公司。我们先请中国咨询公司，它给我们咨询半天，说："新东方这一帮人没法弄，你们一开会就说感情多么深厚，也不谈管理，算了我们不咨询了！"咨询费都不要了。我们想国内咨询公司不行，又请了国际咨询公司，请普华永道，给他们300万元。他们说"太简单了"，弄了无数的报表，但是没有一个人照着做。新东方11个人全是董事会成员？那也没事，按照规矩，11个董事会成员就某一个问题决议，只要6个人同意就算通过，5个人反对也没有用。实际操作时却采取一票否决制，因为都是哥们儿，只要某个人说这件事不能干，其他10个人同意也没有用。没有一件事情能够做下去。董事会从上午开到凌晨两点，没有解决一个问题。普华永道调研了3个月后说："我们不要钱了，我们走。你们新东方是不可能干企业的，你们都是北大的书呆子，个人感情非常容易影响情绪，感情怕受到伤害，不可能干成事情。我们不管了，钱也不要了。"其实后来我拥有新东方45%的股份，并没有到55%，因为我把这10%留下来作为发展人才的股份基金，之后用3年的时间把那个股份稀释掉了，资本又来稀释，新东方上市的时候我拥有的股份只有20%。新东方到2005年融到国际资本之后，就开始做上市的准备。实行股份制后，原来的人员从出纳、会计到财务经理一个不留。这不是表达对我的不信任吗？他们认为我跟这些财务人员的根基太深，创业开始就跟着我，俞敏洪下个命令想贪污一两百万元，他们还不就拿出来。所以绝对不能让俞敏洪的财务人员控制新东方，从2001年开始新东方财务人员就变成外勤的财务人员。并且从那时开始我就不当董事长了，这带来的好处是新东方的财务结构必然正规化。我不当董事长，我也要看账，他们也想看账，账目必须永远公开，永远只能做一套账，不能做两套账。新东方进行上市筹划的时候，财务结构相当完整。不过当时我生气得想自杀：我做了这么长时间，把你们这些哥们儿请回来，最后迎来的是对我的强烈不信任，恨不得把我弄死，还是人吗？他们倒过来也觉得我不是人，等看到后来的新东方才知道，这一帮人真的给新东方带来很大的发展。过去自己一个人演独角戏时各种成功与荣耀都集中在自己身上，自己也可以一言九鼎。但是当组织结构不断扩大，仅靠个人的力量无法完成整个机构的运转时，吸取他人的意见和建议成为管理成功的关键。

在现代化管理组织机构建立的过程中，管理者的决策能力必然会被越来越多的智囊淡化，同事的直言甚至可能伤害自己的尊严。那么，一个管理者，应该加强与团队所有人员的相互了解。只有对每个人的个性、道德品格、缺点完全了解后，大家才可能一起进行批评和自我批评，而且是不留情面。了解方式可以是工作中的互相切磋，可以是哥们儿似的促膝谈心，根据不同同事的性格制造增进了解的机会非常必要。当你知道对方的缺点，也同时知道对方优点的时候，要学会做的第一件事情就是尽可能利用对方的优点，避开对方的缺点。对任何一个人的优点的发扬，可以使自己团队的每一个人都是在用自己的长处做事。同时作为一个管理者只有看到大家的长处，并认可长处，才有可能心服口服地把曾经属于自己的权力、荣誉逐渐让渡。每个管理者都希望成功，任何一个优秀的同事也渴望成功，让优秀同事享受你让渡的荣耀是团队凝聚力形成的重要原因之一。

（案例来源：俞敏洪：破解组建核心创业团队之道[EB/OL].(2024-10-13)[2025-02-18].https://www.yjbys.com/chuangye/gushi/anli/568827.html.）

讨论题：

1. 从新东方创业过程看，你认为一个成功的创业团队应该包含哪些特征？

2. 新东方创业团队是如何组建的？

3. 如何处理创始团队的股权问题？

5 创业机会

【核心问题】

1. 什么是创业机会？创业机会有哪些特征？
2. 如何评估创业机会？
3. 如何寻找创业机会？

【学习目的】

1. 了解创业机会的含义。
2. 掌握创业机会的识别方法。
3. 掌握创业评估的流程和方法。

【引例】

影石 Insta360：抓住时代的风口顺势而为

全景相机在我们现实生活中比较常见——去滑雪的人会带一个，甚至有些人出门的时候会在胸前别一个，用来分享自己的生活。这样一个完全创新的产品，到底是谁、怎么想出来做这个产品的？放眼全球，最火的是影石 Insta360 这样一家位于深圳的中国企业。

2017 年，影石 Insta360 凭借其创新的“老鹰视角”全景俯瞰视频快速“出圈”，他们将相机巧妙地绑在一只老鹰身上，让观众可以清晰地看到老鹰的头部以及周围 360 度全景景色。这种前所未有的视角极大地满足了人们猎奇的需求，真正意义上将全景相机带入了大众视野。

绑在老鹰身上的是影石 Insta360 的第一个爆品——Nano，也是全世界最小的 360 度全景相机。在产品上市后的短短两周内，Nano 全景相机就已获得海内外千万级的曝光及关注，一夜之间成为无数冒险家、运动达人、旅行博主青睐之物，其更成为 Facebook 首次推荐的中国智造硬件产品。2016 年双创周期间，时任总理李克强用 Nano 拍下的第一张全景合影更是广为流传。

凭借全景相机这一敲门“金砖”，影石 Insta360 迅速跻身全景运动影像领域第一梯队，连续 5 年稳居全球全景相机市场的龙头地位，市场占有率超过 50%，产品遍布 200 多个国家和地区，影石 Insta360 的标志性品牌口号“Think Bold”更是深入人心，为广大消费者所熟知和认可。

影石 Insta360 全景运动相机的出现，成为中国科技品牌又一个划时代的成果，随后其还陆续推出 VR 摄影机、拇指相机、云台等多元产品，并持续撬动全球市场，成为中国目前最可期的全球化品牌之一。

抓住时代的风口顺势而为

2015 年，彼时正是民用 VR 设备进入消费级市场的高峰时期。Facebook、三星、谷歌、索尼、HTC 等头部企业均推出 VR 设备计划，相关话题的热度也大涨，迎来井喷式增长，产品逐步推广，渗入各个垂直行业。

年轻且富有创新力的影石 Insta360 便在此时瞄准市场，利用 VR 浪潮实现成功入局。

2016 年 7 月，影石 Insta360 发布了首款产品“Insta360 Nano”。作为入门级 VR 相机，Insta360 Nano 通过与手机直连，实现即拍即传，更是降低了普通消费者的使用门槛，让所有用户都能轻松实现以 360 度无死角的方式去拍摄和分享。2017 年 1 月和 8 月，影石 Insta360 相继发布了专业级 VR 摄影机“Insta360 Pro”和全景运动相机“Insta360 One”。Insta360 Pro 作为首款专业级产品，极大地简化了专业 VR 视频制作过程；而 Insta360 One 则标志着影石 Insta360 正式进入全景运动相机细分赛道。

2018 年前后，随着 TikTok 在海外的迅速爆火，全民短视频创作的热潮来袭。而借着短视频的东风，影石 Insta360 另辟蹊径，改变了传统科技类产品只打技术战的行业习惯，选择从“内容营销”入手，帮助相机用户“实现创意、展现自我”，一举在美国、欧洲、日韩等海外市场俘获大批忠实的内容创作型博主用户。同时，影石 Insta360 借力社交网络平台，先后与 Google、Adobe、Facebook、Twitter 等品牌达成战略合作，成为 Facebook 官方推荐品牌。

再到疫情过后的第三波户外经济热潮，露营、徒步、飞盘、攀岩、骑行……每一个词背后都是一个巨大的消费市场，而这也为影石 Insta360 提供了更多丰富的使用场景，公司保持以半年上新的频率推出多样的全景运动相机产品。比如影石 Insta360 首创“隐形自拍杆”，通过鱼眼镜头和软件拼接算法的软硬件组合，让连接相机的自拍杆在画面中完全消失，引发一波关注热潮，深受运动达人、旅行博主的青睐。同时，搭配全景运动相机 ONE 系列，影石 Insta360 更是撬动了百亿级新市场。

根据公开数据，ONE 系列在上市次年销售收入突破 7 000 万元，占公司整体营收的 29.03%。很快，影石 Insta360 又将 ONE 系列升级为 X 系列，自此确立为品牌最畅销的旗舰款，这个系列一度带动公司年度销售业绩增长 2 亿~3 亿元。

可以说，影石 Insta360 几乎把握住了每一次新的风口、新的机会，做到这一点相当难能可贵。

技术创新是立身之本

影石 Insta360 的创始人刘靖康出生于 1991 年，是南京大学软件学院 2010 级学生，具备一系列年轻创始人常见的标签：创新、冒险、热情。媒体报道称，在校期间，刘靖康曾利用南京大学数据库内的学生照合成南京大学各院系“标准脸”；更是在大三时根据电话按键音破解 360 董事长周鸿祎的手机号，在微博上收到创新工场董事长李开复和周鸿祎的 offer。

然而，刘靖康的创业成功不仅依赖于灵感，还得益于其对研发创新的高度重视。在他的亲自带队下，影石 Insta360 的研发人员占比接近 50%，且研发费用稳步增长，突破亿级大关。根据影石 Insta360 招股书，2018—2020 年，影石 Insta360 的研发费用分别为 4 025. 94 万元、9 092. 45 万元、10 270 万元，占营业收入的比例分别为 15. 59%、15. 47%和 12. 08%。

截至 2021 年 6 月末，公司拥有境内外授权专利 238 项，自主研发的核心技术主要包括全景图像采集拼接技术、防抖技术、AI 影像处理技术、计算摄影技术、软件开发技术框架、模块化防水相机设计技术等。目前，公司不仅成为国家级专精特新“小巨人”企业，技术储备也在全景领域实现了全球领先。

“创新是影石的生命力”，影石 Insta360 CSO 袁跃曾对媒体表示。在他看来，创新有两个非常关键的因素：一是洞察，离开洞察创新就是无源之水；二是效率，做得比别人快，才叫创新。“以科技创新去推动品牌全球化，是中国企业深度全球化的关键，也是未来中国品牌出海的关键词。”

让消费者自发“种草”为品牌发声

“种草”，字面意义即将种子培育成茂盛的草丛，意指消费者在使用/购买某一产品的过程中，发现了产品/服务的亮点，而将使用/购买的体验分享在社交平台上，而让更多消费者产生想要体验/拥有欲望的过程。

随着“种草”内容在社交平台上的增多，品牌发现用户多角度、多场景、多形式的内容创作可以为品牌制造更多红利，越来越多的品牌纷纷发力“种草营销”，开始在各个社交平台上进行布局。这样一来，原本纯属用户分享的“种草”变成了品牌行为，不少品牌更是凭借高阶的用户“种草”完成了品牌新品的推广，获得了不俗的成绩。

影石 Insta360 便是共享经济时代下这一策略的受益者之一。2021 年，一位日本的 KOL 把影石 Insta360 的全景相机叼在嘴里，拍摄自己奔跑的画面，意想不到地得到了“进击的巨人”效果，随后这个创意在全球各个社交媒体上迅速掀起了模仿热潮。影石 Insta360 洞察到这一市场热点，官方立马发起“口咬全景相机”（Nose Mode）的活动，吸引更多用户加入创作。至今为止，这一系列活动在全球已有数十个突破百万播放量的视频，更为影石 Insta360 带来了巨大的品牌资产。

“我们的品牌基因是比较大胆、比较突破常规的，我们希望通过好的产品和技术，激励大家勇于提出好的想法和创意，一起去探索影像的无限可能。为了形成这种良好的共创氛围，我们发起了‘Think Bold’挑战基金，面向全球的用户征集创意，由影石 Insta360 赞助用户去创造优质内容，帮助大家实现最大胆的创意和想法。”影石 Insta360 CSO 袁跃在 2023 年 11 月 EqualOcean 主办的“2023 出海全球化百人论坛”（GGF2023）

上分享道。

进一步，依托品牌“Think Bold”的理念，影石 Insta360 在内容创作上不断“打开思路”，大力鼓励和引导用户去创作原创内容（user-generated content，UGC）并在社交平台上分享。尤其是其 Instagram 品牌官方账号，几乎达到日更的状态。截至 2024 年 3 月 5 日，该账户拥有 187 万粉丝，热度在中国消费电子出海品牌中位列第一梯队。这一方面巩固了现有用户的品牌黏性，另一方面不断借广大用户的创意和想法增加品牌曝光度，“俘获”更多潜在消费者，推动了影石 Insta360 在海外市场的增长飞轮，源源不断有来自用户的创意灵感和内容为影石 Insta360 带来流量。

（资料来源：Equal Ocean. 全球化标杆案例研究——影石 Insta360：下一个“大疆式”全球化品牌（2024-03-06）[2025-02-18]. https://cn.equalocean.com/analysis/202403061041202；影石 Insta360 的商业故事：找到夹缝中的需求，从巨头围攻中崛起（2024-09-02）[2025-02-18]. https://marksun.co.uk/blog/insta360-business-story.）

5.1 创业机会

大多数情况下，常见的创业活动都始于创业机会的寻找，没有合适创业机会的创业活动是无法开展的。那什么样的机会适合创业者投入，并将其发展为成功的商业活动呢？本节将从创业机会的定义、特点及来源出发，介绍创业机会的显著特征。

5.1.1 创业机会的定义

我们可以将创业机会理解为一种对新技术或新的服务模式的需求，创业者在持续满足客户新需求的过程中将初创企业发展壮大，最终实现自己的创业目标。富有吸引力的创业机会是开拓新事业的种子，可以在资源约束的环境中吸引足够的创业资源来支持和配合创业者的创业活动，是开创新企业、成就新事业的重要前提。本书所述的创业机会包含两个核心要素：一为真实的市场需求，二为满足市场需求的产品或者服务。

现实中创业机会的发现与确认有不同的形式，但是在寻找创业机会的过程中通常存在如下两种规律：一是创业者先看到了真实存在的市场需求，再研发、设计出了满足需求的产品、服务或商业模式；二是创业者先研发了新产品或新服务，再为自己的创新有针对性地拓展出新的消费者需求、新的产品市场。学者们通过对大量创业案例的比较分析发现，虽然创业者们寻找到创业机会的过程各不相同，但是大多数创业机会的寻找都含有对消费者需求的深入了解以及对创新产品或服务的研发。

5.1.2 创业机会的特点

创业机会是一种特殊的商业机会，它的产生及演变都明显地受到创业团队内部因素和创业环境等外部因素的影响，这就需要创业者在复杂的创业环境中对创业机会进行准确的识别和把握。那么什么样的商业机会能孕育出一家可以持续盈利并发展壮大的初创企业呢？在回答这个问题之前，需要先了解创业机会的主要特征。

第一，能带来持续的盈利，创业活动初期大多面临着创业资源匮乏的困难，能否快速筹集到足够的创业资源是初创企业生存和发展的关键。一个能带来可观经济回报的创业机会，往往能吸引到更多资源的支持，从而帮助创业者提高创业成功的概率。

第二，存在一个合理的创业时间窗口。大多数创业机会存在一个持续有效的时间窗口，也就是创业时间窗口。创业时间窗口意味着创业机会是稍纵即逝的，一旦错过这个时间段，在同一领域的创业成功率将大幅降低。

第三，创业机会因人而异。不同创业者或创业团队的专业水平、行业经验以及创业资源都各不相同，因而同样的商业机会对不同的创业者或创业团队而言，创业成功的概率都不一样。一个极富商业前景但门槛较高的创业机会对缺乏技术或资源的创业者而言毫无用处，甚至是一个陷阱。

创业机会的特点显然不止上述三个，但这三个特点是最主要的。只有能带来持续盈利的创业机会才具有足够的吸引力，具有足够吸引力的机会才会让创业资源相对贫乏的创业项目吸引资金与人才等重要资源的投入。而产品和市场的发展大致会依次经过萌芽期、成长期、高速发展期和成熟稳定期四个阶段，通常的创业机会窗口被认为在产品和市场的萌芽期到成长期的过渡阶段，部分研究者将此过渡阶段命名为市场起飞点。早于市场起飞点创业会为开拓市场、培养用户习惯投入太多宝贵资源，而晚于市场发展起飞点创业会面临相对恶劣的竞争环境，所以创业的时机非常重要。此外，创业者或创业团队的能力和资源各不相同，面对不同的创业机会，应该深刻认识到创业机会因人而异的道理，要根据自身优势与短板，选择合适的创业机会开展创业活动。

需要注意的是，创意与创业机会是有区别的，主要体现在：

（1）产生来源

创意可以来自个人的突发奇想、头脑风暴、生活中观察到的问题或从其他领域的创新中获得的灵感。创意的产生是无拘无束的，通常没有经过市场验证。

创业机会则需要通过系统的市场调研和分析来识别。它基于对市场需求、行业趋势、竞争环境等因素的深入了解，并且经过了可行性验证。

（2）价值体现

创意本身并不一定具有经济价值。它可能只是一个潜在的想法，需要进一步开发和验证。

创业机会则明确具有经济价值。它不仅是一个想法，更是一个可以实施的商业项目，具有明确的市场定位和盈利模式。

（3）可行性

创意在初期阶段并不要求具备可行性，可以是天马行空的设想。

创业机会必须具备可行性，意味着它可以在技术、资源和市场条件允许的情况下实际操作和实施。

创意和创业机会既有明显的区别，它们之间也有密切的联系。创意是创业机会的起点和源泉，一个成功的创业机会往往是从一个或多个创意发展而来的。它们的联系主要体现在：

（1）创意转化为创业机会

一个好的创意经过市场验证和可行性分析，能够转化为创业机会。例如，一个关于环保产品的创意，通过市场调研发现消费者对环保产品有强烈需求，并且技术上可行，这时创意就转化为一个具有市场潜力的创业机会。

（2）创意驱动创业创新

在创业过程中，创意是驱动创新的重要力量。创业者需要不断产生和引入新创意，以应对市场变化和竞争压力。创意能够帮助企业优化产品和服务，提升市场竞争力。

（3）持续的创意和创新

创业不是一次性的机会识别过程，而是一个持续创新的过程。企业在成长和扩展的过程中，需要不断产生新的创意，识别新的创业机会，以保持竞争优势和市场活力。

所以，创意和创业机会是创业管理中两个关键但不同的概念。创意是新颖的、独特的想法，是创业的起点和源泉；创业机会则是经过市场验证、具备可行性和经济价值的商业项目。尽管它们在产生来源、价值体现和可行性方面有所区别，但创意是创业机会的基础和驱动力，成功的创业离不开持续的创意和创新。创业者应当重视创意的产生和管理，通过系统的评估和验证，将创意转化为实际的创业机会，实现商业成功。

5.1.3 创业机会的来源

创业机会通常源于外部因素和内部因素的结合。所谓外部因素是指创业的外部环境演变带来的机会窗口，通常来自社会发展带来的市场空白。

社会发展是一个不停打破原有秩序、建构新均衡的螺旋式演进过程，社会和市场环境的变化都会催生大量新的商业机会。社会发展主要包含以下四种情况。

第一，整体经济结构调整。以国民消费结构变化为例，自改革开放以来，随着国家经济实力的明显提升，居民可支配收入持续增长，国民消费结构也随之发生了变化。当消费者有更多的钱用于消费时，就会产生大量的需求。为适应消费结构变化而新增的需求，就会带来大量的创业机会，包括服饰、餐饮、娱乐、旅游等，涵盖了社会生活的每一个方面。这些创业机会都源于整体经济结构调整。

第二，个别行业的结构调整。国民经济体系中的每一个具体行业都有自己的迭代周期，个别行业会随着内外部环境变化自发调整。以服务业为例，随着我国新型城镇化进程稳步推进，以服务业为代表的第三产业产值在 GDP 中的占比越来越大，因此以金融零售、文娱为代表的服务业产生了大量的创业机会。

第三，政策法规的调整。法律法规与产业政策是社会经济健康运行的重要保障，当法律法规或产业政策做出与时俱进的调整时，就会产生大量的创业机会。比如，“二孩”政策的调整，意味着在婴儿用品、保姆、教育等领域将出现新增需求，也会出现大量的创业机会。

第四，颠覆性新技术的突破。新技术的开发和普及会对传统行业产生明显影响，颠覆传统市场模式并带来新的创业机会。以现代信息技术的普及为例，移动互联技术让大部分消费者可以方便地获取和分享信息，催生大量与移动社交、生活服务相关的创业机会。而且随着移动互联技术近年来的迭代和普及，还会在医疗保健、交通运输等领域出现大量的创业机会。

创业机会产生的内部因素是指创业者或创业团队的创业实践经验和创业资源。很多文学作品将发现创业机会的过程描述为“灵光一闪”或“妙手偶得”，但现实却没有那么简单。创业机会的确定需要经过反复论证，这个过程往往漫长而痛苦，需要创业者或创业团队基于自己的实践经验同时投入大量的时间和精力，运用一切可以动用的资源反复推敲才能确定。严重缺乏实践经验或资源的创业者发现合适创业机会的概率几乎为零。

【情景案例】

户外充电

现在智能手机市场规模很大，随之而来的就是手机充电问题，这背后是一个很大的市场。因此创业者研发了一种新材料来解决户外充电的问题：一方面是自己生产充电产品——充电宝、充电器等；另一方面是开发户外充电装备，这种材料用在屋顶，可以吸收太阳能，热电联动，产生电能，这种太阳能折叠充电器在阳光下只需要两个小时就能完成智能手机充电。

这种新材料、新能源的创业项目很不错，从未来看，市场前景很好，规模也很大，而且只有这种真正的科技创新才能从本质上改变生活。

从项目来看，有两个疑问：

第一，假如未来手机电池的待机时间变长，手机充电产品还有价值吗？是不是还会有这么多用户？

第二，现在户外用户使用这个产品频次很高吗？这个产品真的是目标群体的刚需吗？

（案例来源：三个创业案例告诉你：什么才是用户“痛点”？[EB/OL].(2016-09-29)[2025-02-18].http://www.sohu.com/a/115289927_459657.）

从这个案例来看，户外充电是一个新兴的创业机会，但是我们也看到户外充电这个创业机会伴随着一系列的问题，我们需要客观地面对出现的这些创业问题，对创业机会进行全面评估，以提高创业成功的概率。

5.2　寻找创业机会的方法

很多了解创业活动的人都会将丰富的实践经验当作发现创业机会的基本前提。大量成功案例证明，很多创业者的成功都是基于对自己从业多年的行业或领域的了解和心得，但实践经验并不是创业者在创业初期，特别是创业机会识别环节的必要因素。有很多大学生创业者都缺乏足够多的实践经验或行业资源，但依然可以凭借自己的专业知识和细致观察，从日常生活、学习以及兼职活动中发现痛点，寻找出合适的创业机会。

所谓痛点，是指用户尚未被满足的而又被广泛渴望的需求。通常情况下，发现消费者面临痛点，意味着市场中有需求尚未得到满足，而向他们提供满足需求的产品或服务将成为一个很好的创业机会。对于大学生创业者而言，像行业老手那样直接发现创业机会的可能性不大，但是从发现痛点入手寻找创业机会要相对容易得多，大多数接受过系统的创业基础培训的大学生都知道如何从生活中发现痛点、寻找合适的创业机会。

5.2.1 如何发现痛点

虽然痛点意味着存在需求，但是创业者关注的痛点却不能仅仅解释为需求。因为需求的经济学含义是指有消费意愿并且有能力支付，而痛点关注的不仅是消费意愿和支付能力，还关注消费需求的紧迫性。需求的紧迫性是辨别痛点的重要参考，需求越紧迫，痛点就越“痛”。

当然也不能完全抛开需求特别是消费者需求的成长性和弹性而一味地追求紧迫性。需求的成长性是指创业者提供的产品或服务不能仅仅满足消费者当下的迫切需求，还要考虑到产品或服务的成长空间与未来的可能性，只关注当下需求的创业机会是无法持续存在的。消费者需求的弹性是指消费者对创业者提供的产品或服务的依赖程度，缺乏弹性的产品或服务是消费者刚需，而富有弹性的产品或服务叫作“伪需求”。例如，在国内O2O模式成为创业主流的时期，涌现出大量的O2O项目，如O2O洗车、O2O美甲等，事后证明大多数类似的O2O项目试图满足的都是“伪需求”，这些项目的创业者都只关注到痛点的紧迫性，却忽略了消费者需求的弹性，所以很快就销声匿迹了。

创业者应该尽量将既具有紧迫性，又属于目标市场刚需的痛点作为寻找创业机会的主要方向。

创业基础课一直将训练大学生发现痛点的能力作为重要的教学内容，如此重视这一环节的原因是：传统教育模式为教师先提问、学生再回答的流程，很多学生都已经习惯于解答已有的问题而不关注问题的提出。创业活动要求大学生创业者必须独立提出疑问和发现痛点，这就要求大学生创业者首先要学会观察和提问，进而寻找解决方案。

观察和提问是发现消费者痛点的基础方法，尤其适合于没有丰富实践经验或缺乏全面行业资讯的青年创业者，因为可以通过反复训练来提升观察和提问的技巧，克服经验不足带来的困难。而且即便是经验丰富的创业者也会在创业活动初期通过反复的观察和提问来发现市场痛点、选择创业机会。

很多大学生创业者常常会问：面对同样的场景，为什么有的人可以识别出创业机会，而我却什么都看不到？那是因为观察不是走马观花式的“参观”，而是带着疑问去看，一边看一边问，直到完全明白为止。

需要特别指出的是，通过观察和提问主动去寻找创业机会与偶然遇到创业机会是截然不同的创业态度。被动地等待创业机会出现在面前是一种消极的创业态度，而且偶然出现的创业机会意味着无法在短时间内获取全面的情况，往往存在许多“盲区”，而通过观察和提问的方法主动寻找到的创业机会意味着更为全面地认识了问题所在，因而能做出更合适的决策。

在找到痛点后，很多草率的创业者或创业团队往往会马上行动，开始寻找解决方案，设计产品或服务，但训练有素且经验丰富的创业者往往会先对发现的痛点进行详细描述。发现消费者存在急需解决的痛点只是发现创业机会的开始，孙洪义（2016）认为，对当前状态的不满意只是问题的一个要素，还需要结合实际对问题进行准确的分析和总结。

之所以强调描述痛点的重要性，是因为并不是所有的痛点都是合适的创业机会，理想的创业机会具备需求紧迫性和持续性等特点，需要通过描述痛点的方式加以鉴别。

【情景案例】

在行业痛点中寻找创业机会

当互联网遇到传统产业，无论是寻找新的需求点，还是改变原有的痛点，都能迸发出创业的火花，难点是如何把握住创新的窗口。在Co-Way@万科·虹桥云举行的2017年中国创新创业大赛上海互联网与移动互联网行业选拔赛上，参赛的创业者大多不是来自计算机相关的领域，而是来自传统行业。他们能够洞悉自身行业的痛点，从而找到创业的机会。

上海百夫长信息科技有限公司吕晓峰说："我原来是在与煤炭运输相关的公司工作，知道运煤卡车司机面临的问题是，究竟去哪个煤场拉煤能够赚钱。"百夫长信息专注于智能物流领域，将煤炭运输与互联网结合，推出了"煤贩子"项目。"煤贩子"能够为长途运输煤炭的司机提供多家煤炭堆场的运输需求、价格、位置，以及相应的路费、油耗，甚至是途中的食宿信息，从而帮助司机寻找到合适的运输业务。目前，国内已经有1万多名煤炭运输司机使用了这款软件，每天通过该软件完成的运输交易达到20~30车。吕晓峰表示，今后要把"煤贩子"打造成一个物流平台，不仅煤炭堆场能够发布信息，司机也会向平台发送沿途信息。

（案例来源：上海科协. 在行业痛点中寻找创业机会[EB/OL].(2017-07-27)[2025-02-18].http://m.sohu.com/a/160388453_461973.）

5.2.2 通过市场分析和研究寻找创业机会

在创业的初始阶段，发现和识别市场机会是一个至关重要的步骤。市场分析和研究是这一过程的核心方法，通过深入了解市场环境、消费者需求、竞争态势等因素，创业者可以找到未被满足的需求或潜在的市场缺口，从而为创业提供坚实的基础。以下将详细讨论如何通过市场分析和研究寻找创业机会。

5.2.2.1 市场分析的定义和重要性

市场分析是指通过系统的方法搜集、整理和分析市场信息，以了解市场的规模、结构、趋势和竞争态势。它的主要目的是帮助企业了解市场环境和消费者需求，从而制定有效的市场策略。对于创业者来说，市场分析的重要性在于：

（1）识别市场需求：通过市场分析，创业者可以了解目标市场的需求和痛点，从而发现新的商业机会。

（2）降低风险：全面的市场分析可以帮助创业者预见潜在的风险和挑战，并制定相应的对策。

（3）制定策略：市场分析提供的数据和信息是制定市场进入策略、定价策略和营销策略的重要依据。

5.2.2.2 市场分析的主要方法

市场分析包括多种方法，常见的有行业分析、竞争分析、消费者行为分析等。以下是几种主要的市场分析方法及其应用：

1. 行业分析

行业分析是指对一个特定行业的市场环境、竞争态势、发展趋势等进行系统的研究和分析。通过行业分析，创业者可以了解行业的现状和未来发展方向，从而识别创业机会。

市场规模和增长率：了解行业的市场规模和增长率可以帮助创业者判断市场的潜力和吸引力。一个快速增长的市场通常意味着更多的机会。

市场结构：分析市场结构，包括市场的集中度、主要竞争者、进入壁垒等，可以帮助创业者评估市场的竞争态势和进入难度。

行业趋势：关注行业的最新发展趋势，如技术创新、政策变化、消费者偏好等，可以帮助创业者发现未来的创业机会。

2. 竞争分析

竞争分析是指对市场中现有和潜在的竞争者进行分析，以了解他们的优势、劣势、市场份额、产品策略等。通过竞争分析，创业者可以找到市场中的机会点和差异化策略。

竞争对手识别：确定主要竞争对手及其市场定位、产品特点、营销策略等。

竞争对手的优势和劣势：分析竞争对手的核心竞争力和不足之处，从而找到可以超越或避开的机会。

市场定位和差异化：通过竞争分析，创业者可以找到独特的市场定位和差异化策略，避免直接竞争。

3. 消费者行为分析

消费者行为分析是指研究消费者的购买动机、行为习惯、需求偏好等，以了解市场需求和消费趋势。通过消费者行为分析，创业者可以发现未被满足的需求和潜在的市场机会。

消费者需求：了解消费者的实际需求和期望，可以帮助创业者开发出更符合市场需求的产品或服务。

购买行为：研究消费者的购买决策过程、购买渠道和购买频率等，可以帮助创业者优化营销策略和销售渠道。

市场细分：根据消费者的不同需求和行为特征，将市场划分为不同的细分市场，以便更精准地定位和满足目标客户。

5.2.2.3 市场研究的方法和工具

市场研究是市场分析的重要组成部分，涉及数据的搜集、整理和分析。常用的市场研究方法和工具包括：

1. 定性研究

定性研究通过深入了解和探索消费者的心理和行为，获取非结构化的数据。常见的定性研究方法有：

深度访谈：与目标消费者进行一对一的深入访谈，了解他们的需求、动机、偏好等。

焦点小组讨论：邀请一组消费者进行小组讨论，收集他们对某个主题的看法和意见。

观察法：通过观察消费者的行为和互动，获取第一手的行为数据。

2. 定量研究

定量研究通过搜集和分析结构化的数据，获取具有统计意义的结果。常见的定量研究方法有：

问卷调查：设计结构化的问卷，向目标消费者发放，并收集和分析问卷数据。

实验研究：通过控制变量的实验方法，研究特定因素对消费者行为的影响。

数据分析：利用大数据和数据挖掘技术，分析大量的市场数据，发现隐藏的模式和趋势。

3. 二手数据分析

除了直接搜集一手数据外，创业者还可以利用已有的二手数据进行市场分析。常见的二手数据来源有：

行业报告和研究：利用行业协会、市场研究公司发布的行业报告和市场研究。

政府统计数据：利用政府发布的统计数据，如人口普查数据、经济指标等。

企业年报和财务报告：利用上市公司发布的年报和财务报告，了解行业和竞争对手的情况。

5.2.2.4 利用市场分析和研究寻找创业机会

通过系统的市场分析和研究，创业者可以发现多种类型的创业机会。以下是几种常见的创业机会类型：

1. 未被满足的市场需求

通过市场分析，创业者可以发现市场中未被满足的需求或痛点。这些未被满足的需求往往是新的创业机会。例如，随着健康意识的增强，人们对有机食品的需求不断增加，但市场上可供选择的有机食品种类有限，这就为有机食品创业者提供了机会。

2. 技术创新带来的机会

技术创新是创业机会的重要来源。通过行业分析和技术趋势研究，创业者可以发现技术创新带来的新市场。例如，人工智能和物联网技术的发展，催生了智能家居市场，创业者可以在这一领域寻找机会。

3. 社会和经济趋势带来的机会

社会和经济环境的变化也会带来新的创业机会。通过社会经济趋势分析，创业者可以预测和把握这些变化带来的机会。例如，随着老龄化社会的到来，老年人护理和健康管理市场将会有巨大的发展空间。

4. 竞争对手的不足和市场空白

通过竞争分析，创业者可以发现竞争对手的不足和市场中的空白点，从而找到差异化的创业机会。例如，市场上虽然有很多在线教育平台，但如果创业者发现现有平台在某些细分领域（如职业培训、技能提升）存在不足，就可以在这些细分市场中寻找机会。

5. 市场细分和精准定位

市场细分是根据消费者的不同需求和特征，将市场划分为若干细分市场，从而提供更有针对性的产品和服务。通过消费者行为分析，创业者可以发现特定细分市场的需求，并进行精准定位。例如，母婴市场中的高端婴儿用品，针对高收入家庭的需求，是一个典型的细分市场机会。

综上所述，市场分析和研究是寻找创业机会的关键工具。通过系统的行业分析、竞争分析和消费者行为分析，创业者可以全面了解市场环境，识别未被满足的需求和潜在的市场机会。同时，利用多种市场研究方法和工具，创业者可以获取丰富的数据和信息，降低创业风险，制定科学的市场策略。只有在充分的市场分析和研究基础上，创业者才能更好地把握创业机会，实现创业成功。

5.2.3 通过社会经济趋势和技术变化寻找创业机会

在快速变化的现代世界，社会经济趋势和技术变革为创业者提供了丰富的机会。理解这些变化并加以利用，能够帮助创业者在竞争激烈的市场中找到独特的切入点，并实现商业成功。下文将探讨如何通过社会经济趋势和技术变化寻找创业机会，包括识别关键趋势、分析其潜在影响，以及实施创新策略以抓住这些机会。

5.2.3.1 理解社会经济趋势带来的机会举例

1. 人口结构变化

人口老龄化：随着全球许多国家和地区人口老龄化问题的加剧，老年人护理和健康服务成为一个重要的市场机会。创业者可以开发与老年人相关的健康科技产品、家庭护理服务或养老社区。

千禧一代和 Z 世代：这些年轻一代有着不同的消费习惯和价值观，如注重可持续发展和个性化体验。创业者可以根据这些特点，开发环保产品、个性化服务或社交平台。

2. 城市化进程

城市化带来了对基础设施、住房和公共服务的巨大需求。创业者可以在智慧城市建设、绿色建筑、公共交通改善等方面寻找机会。此外，城市化也推动了共享经济的发展，共享办公、共享交通等新型商业模式应运而生。

3. 全球化和国际贸易

全球化促进了跨国贸易和文化交流，催生了跨境电商、国际物流和语言服务等新兴市场。创业者可以利用全球供应链和市场资源，开发跨国商品和服务，满足不同国家消费者的需求。

4. 经济发展不均衡

不同国家、区域的经济发展不均衡现象日益加剧，这为消除贫困和推动社会包容性发展提供了机会。社会企业和影响力投资领域正在兴起，创业者可以开发针对低收入人群的金融服务、教育培训和基础设施建设项目。

5. 环境保护与可持续发展

环境问题如气候变化、资源短缺和污染日益严重，推动了可持续发展理念的普及。创业者可以在清洁能源、循环经济、环保技术等领域寻找机会，开发绿色产品和服务，满足消费者和企业对可持续发展的需求。

5.2.3.2 技术变革带来的创业机会举例

1. 信息技术革命

人工智能（AI）和机器学习：AI 技术在各个行业的应用正在迅速扩展，比如从自动化生产到智能客服，从医疗诊断到金融分析。创业者可以开发 AI 驱动的解决方案，提升企业效率和用户体验。

区块链技术：区块链技术以其去中心化和高度安全的特点，正在改变金融、供应链、法律等多个领域。创业者可以探索区块链在数字货币、智能合约、供应链管理等方面的应用，创建新的商业模式。

2. 物联网（IoT）

物联网技术通过将物理设备连接到互联网，实现数据的实时传输和智能控制。创业者可以在智能家居、智能城市、工业物联网等领域开发创新产品，如智能家电、环境监测系统和智能制造设备。

3. 生物技术

生物技术在医疗、农业和环保领域有着广泛的应用，特别是在新冠疫情期间，发挥了重要的作用。基因编辑、再生医学、合成生物学等前沿技术为创业者提供了巨大的发展空间。例如，创业者可以开发基因治疗、个性化医疗、转基因作物等高科技产品。

4. 虚拟现实（VR）和增强现实（AR）

VR 和 AR 技术在游戏、教育、医疗、房地产等领域的应用前景广阔。创业者可以开发沉浸式游戏、虚拟教学工具、医疗培训模拟器和虚拟房地产展示平台，为用户提供全新的体验。

5. 新能源技术

新能源技术，如太阳能、风能和储能技术的发展，为可再生能源市场带来了新的机遇。创业者可以在清洁能源生产、储能设备和智能电网等领域寻找机会，推动能源转型和环境保护。

综上所述，通过分析社会经济趋势和技术变化，创业者可以识别出大量潜在的创业机会。然而，成功的创业不仅依赖于识别机会，还需要系统的市场调研、创新的商业模式、敏捷的开发流程和有效的风险管理。通过不断学习和适应市场变化，创业者可以在激烈的市场竞争中脱颖而出，实现商业成功。

5.2.4 通过个人工作实践资源和社交网络寻找创业机会

在现代创业环境中，个人工作实践资源和社交网络的作用越来越重要。通过这些资源和网络，创业者不仅能够获取宝贵的信息和灵感，还能找到合作伙伴、获取资金和其他支持。下面以举例的形式介绍如何通过个人工作实践资源和社交网络寻找创业机会。

5.2.4.1 **个人工作实践资源**

1. 行业知识和专业技能

在特定行业或领域内的工作实践积累了丰富的行业知识和专业技能。这些知识和技能不仅是发现创业机会的基础，也是创业过程中应对各种挑战的关键。

行业洞察：长期在某一行业工作的人往往对行业的痛点和未满足的需求有深刻的理解。这些痛点和需求可以转化为潜在的创业机会。

专业技能：通过工作实践积累的专业技能可以帮助创业者更有效地开发产品或服务。例如，一个在软件开发行业有多年经验的程序员，可以基于他所了解的技术趋势和市场需求，开发创新的软件产品。

2. 客户和市场反馈

直接接触客户并了解他们的需求和反馈是工作实践的重要组成部分。通过与客户的互动，创业者可以发现市场中的机会。

客户需求：与客户的交流能够揭示他们当前的需求和未来的期望。例如，一名销售人员可以通过与客户的对话，发现市场上缺乏某种特定功能的产品，从而萌生创业想法。

市场趋势：通过日常工作中的观察和数据分析，创业者可以识别市场趋势。例如，一名市场分析师可以通过分析销售数据和市场报告，发现某类产品的需求正在迅速增长，从而确定创业方向。

3. 公司内部资源

当前工作所在的公司本身也是一个重要的资源库。利用公司内部资源进行创业，可以降低创业初期的成本和风险。

技术和设备：如果公司的技术和设备允许，可以在业余时间进行小规模的实验和开发。例如，一名工程师可以利用公司实验室的设备开发新产品原型。

人脉和经验：在公司内部结识的同事和上司可能成为未来的创业合伙人或顾问。他们的经验和专业知识将为创业提供宝贵的支持。

5.2.4.2 **社交网络**

1. 建立和扩展人脉

社交网络在现代创业过程中起着至关重要的作用。通过建立和扩展人脉，创业者可以获取多方面的信息和资源。

参加行业活动：参加行业会议、展览和研讨会是扩展人脉的重要途径。这些活动不仅可以帮助创业者了解最新的行业动态，还可以结识潜在的合伙人、投资人和客户。

利用在线平台：LinkedIn、Twitter 和专业论坛等在线平台是建立和维持专业人脉的有效工具。通过这些平台，创业者可以分享自己的想法和成果，吸引志同道合的人才和投资者。

2. 获取反馈和建议

社交网络也是获取反馈和建议的重要渠道。通过与同行和专家的交流，创业者可以验证自己的想法，并获得改进建议。

咨询专家：在社交网络中结识的行业专家可以提供宝贵的意见和建议。例如，一名创业者可以通过 LinkedIn 联系某个领域的专家，询问关于产品开发和市场推广的建议。

用户群体：通过社交媒体与潜在用户群体进行互动，创业者可以收集用户的反馈和需求信息。这些信息有助于优化产品或服务，提高市场竞争力。

3. 寻找合作伙伴和资源

社交网络不仅是获取信息和建议的渠道，也是寻找合作伙伴和资源的重要途径。

寻找合伙人：通过社交网络，创业者可以找到志同道合的合伙人，共同创业。例如，通过行业论坛或创业社群，创业者可以找到具有互补技能和资源的合伙人。

获取资金支持：社交网络也是寻找投资人的重要渠道。创业者可以通过参加创业比赛、投资者见面会等活动，展示自己的创业项目，吸引天使投资人或风险投资公司的关注。

5.2.4.3 综合利用工作实践资源和社交网络

将个人工作实践资源与社交网络相结合，可以最大限度地发掘和利用创业机会。

1. 整合资源

跨领域合作：利用工作实践中的专业知识和技能，结合社交网络中的多样化资源，创业者可以进行跨领域合作，开发出具有竞争力的创新产品或服务。

资源共享：通过社交网络，创业者可以与其他创业者或公司共享资源，如办公空间、设备、技术等，从而降低创业成本，提高资源利用效率。

2. 持续学习和创新

终身学习：在工作实践中不断学习和提升自己的专业技能，同时通过社交网络获取最新的行业动态和技术趋势，保持创新的动力。

持续创新：将工作实践中的经验与社交网络中的新知识和创意相结合，不断创新和优化产品或服务，保持市场竞争力。

3. 构建支持网络

专业顾问团队：利用社交网络，构建由行业专家、投资人和成功创业者组成的顾问团队，为创业项目提供战略指导和资源支持。

创业社区：加入或创建创业社区，与其他创业者分享经验和资源，互相支持和鼓励，共同成长。

综上所述，通过个人工作实践资源和社交网络寻找创业机会，是现代创业者的重要策略。工作实践资源提供了宝贵的行业知识、专业技能和客户反馈，而社交网络则为创业者提供了广泛的人脉、反馈、合作伙伴和学习机会。综合利用这两方面的资源，创业者可以更有效地识别和把握创业机会，提高创业的成功率。通过不断学习和创新，构建支持网络，创业者将能够在竞争激烈的市场中脱颖而出，实现创业梦想。

5.3 创业机会的评估

经过前面的介绍，也许大家都能通过观察和提问并结合自己的实践经验寻找到一些创业机会。但是面对大量的创业机会，如何选择合适的机会开展创业活动，同样也困扰着不少创业者。本节将向大家介绍创业机会评估的重要性和方法。

很多创业成功者都曾经品尝过创业失败的苦涩，所以不少年轻创业者觉得失败是创业成功的必要经历，盲目地投身于各种创业活动，白白浪费了时间和金钱。

科学的创业机会评估可以避免盲目创业，提高创业的成功率。因此对创业机会进行评估是极为重要的工作。

创业机会评估的重要性主要体现在两点：一是可以帮助创业者评价创业机会的商业潜力，淘汰不易实现盈利的项目，避免时间与资源的浪费；二是对创业机会进行评估的过程也是对商业计划进行梳理和调整的过程，创业者可以借助创业机会评估再次回顾自己的计划流程，避免低级错误的发生。

如果创业者有多个创业机会备选，则可以通过如下四个阶段的评估筛选出最具潜力的创业机会。

第一阶段：痛点评估。痛点是指用户尚未被满足的而又被广泛渴望的需求。这一阶段需要对所有备选机会针对的痛点进行分析比较，淘汰“伪需求”。

第二阶段：解决方案评估。满足市场痛点的方案不是唯一的，在本阶段需要对所有可能的解决方案进行评价，从匹配度、可行性以及盈利可能性等方面进行科学评估。

第三阶段：产品评估阶段。通过以上两个阶段筛选的创业机会，都具备一定的发展潜力。本阶段主要依据解决方案对产品或服务进行验证，包括市场测试和功能测试。

第四阶段：商业机会评估。展开对产品或服务在营销、运营、盈利模式方面的评估，深层次考察产品或服务与痛点的匹配度以及盈利前景。

如果仅寻找到一个创业机会，那也应该从产品或服务、市场、团队和盈利模式的角度展开详细评估，以减少低级失误，避免将宝贵的创业资源投入毫无商业前景的创业机会里。

评估创业机会的第一个角度是产品或服务。需要仔细分析产品或服务的功能是否达到了预期，为顾客创造了何种价值，是否存在成长空间。最重要的是要看看产品或服务满足了消费者的哪些需求。

消费者需求可以分为基本需求、期待需求、兴奋需求和多余需求。

基本需求是指消费者对产品功能或服务内容的基本要求，是消费者做出消费决策的最低条件。满足消费者的基本需求意味着消费者不会产生“上当”的感觉，当然也不会因此对产品或服务“另眼相看”。无法达到基本需求意味着消费者会产生极度不满。

期待需求是指消费者满意度与需求的满足程度成正比的需求要素。期待需求不是消费者必需的需求，但会对消费者满足度产生明显影响，是获取口碑的关键。

兴奋需求是指消费者期待以外的需求，但是消费者的兴奋需求一旦得到满足，其满意度就会达到极高的水平，有利于提高消费者的忠诚度。如果没有满足消费者的兴奋需求，消费者也不会有负面评价或不满意。

多余需求是指对消费者满意度毫无影响的需求。在对创业机会进行评估时，要仔细分析发现的痛点所对应的需求属于哪一类，如果大部分属于多余需求，创业失败的概率相当大。

评估创业机会的第二个角度是市场。要重点分析市场中的竞争对手以及目标客户群体。如果选择的市场过于宽泛，容易出现产品或服务的功能缺乏针对性，招致潜在竞争对手的差异化竞争；如果选择的市场过于细分，创业者又容易陷入客户数量过少的困境，无法形成规模效应。

假如进入的是一个全新的市场，这就会减少竞争对手带来的顾虑，但是新产品的投放也意味着更多的不确定性，有失败的风险。

评估创业机会的第三个角度是创业团队能力。再好的创业机会也需要和团队能力相匹配，这样才能获得成功。是否匹配主要看两个方面：一是是否具备足够的激情与毅力，二是是否具有足够的能力和资源。两者缺一不可，需要结合自身情况对创业机会进行评估和选择。

评估创业机会的第四个角度是盈利模式。创业项目能生存下来的一个重要基础是能持续盈利；如果不具备持续盈利能力，那么创业项目在财务上不具备可行性，不是一个合适的创业机会。

在经过这些方法的评估后，如果依然对自己发现的创业机会充满信心，那说明这个创业机会具有很好的可行性；如果发现了很多无法回答的问题，最好重新描述痛点，或者寻找新的创业机会。

【情景案例】

生成式 AI 的应用创业大有可为

ChatGPT 的月活用户数近日达到 10 亿，它是大模型时代具有代表性的杀手级 App。OpenAI 的 GPT-3.5 和 GPT-4 两个模型以 API 的方式，为一批做应用的创业公司提供价值，这些公司分布在法律、营销、医疗等各个关键领域。

与 ChatGPT 相对，在 AI 视觉生成领域虽然也有 Stable Diffusion、Runway、Midjourney 等代表性的公司和应用，他们在用户群里中也受到欢迎，但是在应用领域还没有产生明显价值，也没有很明确的商业模式。

现在，有一家仅获得种子轮融资的早期创业公司，也许在视觉生成的应用方向上给出了一个有启发性的尝试。它是 Tavus，这家公司利用生成式 AI 技术，能让用户以很低的操作门槛“数字化克隆”一个自己，并能批量地生成以自己为形象的个性化视频，这些与受众高度相关的个性化视频能更好地吸引他们的注意力，将点击率、转化率等数据成倍提升，在销售、招聘等场景中广泛应用。Tavus 近日获得红杉领投的 650 万美元种子轮融资，参与本轮融资的还包括 Accel Partners、Index Ventures、Lightspeed Ventures 和 YC Continuity 等一大批硅谷主流投资机构。

Tavus 的两位创始人 Hassaan Raza（CEO）和 Quinn Favret 都是连续创业者和名校出身，其中 Hassaan Raza 毕业于得克萨斯大学奥斯汀分校，第一次在 SaaS 领域创业后，又在 Google 和苹果有过职业经历，并在一家产品实验室（类似于产品孵化器）参与创业和担任高管，拥有丰富的产业和管理经验；Quinn Favret 则毕业于斯坦福大学商学院，在联合创立 Tavus 之前是 Chime Menu 的联合创始人。

现在大多数营销内容都是通用的，传统营销的效果大不如前。与此同时，观众参与度变得稀缺且有价值，引起人们的注意越来越具有挑战性。Hassaan Raza 在帮助他上一家公司 Simublade 做营销时，尝试了冷邮件、LinkedIn 消息等方式，但都无法吸引核心受众。有一天，他们决定尝试个性化视频，在一天内录制了 200 段个性化视频：亲切称呼对方姓名，浏览他们的 LinkedIn 页面，并谈论他们的个人经历。结果惊人：点击率提高了 5 倍，回复率增加了 4.5 倍，演示预约增加了 3 倍，转化率提高了 8 倍。但“人肉”录制这类视频对人是一种折磨，会让人筋疲力尽，并且不能扩展。

Hassaan 产生了一个想法：为什么我们不使用 AI 来大规模生成这类视频呢？于是 Tavus 诞生了。Tavus 是土耳其语“孔雀”的意思，Hassaan 希望 Tavus 能帮用户脱颖而出，像孔雀开屏一样夺目。简单来说，Tavus 允许用户在几分钟内创建自己的 AI 视频模板，然后从原始来源生成无限数量的视频版本。

初始的入门流程要求用户（例如招聘人员或销售主管）根据 Tavus 提供的脚本模板录制一段 15 分钟的视频，用于训练 AI。然后，用户需要为他们想要创建的每个活动录制一个模板。使用基于 Web 的编辑器，用户可以选择要个性化的视频元素，指定每个变量（例如公司、高管姓名或地点），添加视频的主题等。Tavus 还通过 ChatGPT 生成的片段支持更长的变量，以帮助获得更个性化的介绍，Favret（Tavus 联合创始人）表示这是用户强烈要求的功能。例如，用于创建视频的基本脚本可以配置为包含从特定个人的 LinkedIn 个人资料生成的一句话介绍。

在技术上，Tavus 使用机器学习来制作模型，表现面部表情和嘴唇运动，创建一个能够与合成音频同步、逼真模仿这些运动的系统。用 Tavus 生成的视频能够实现高清唇同步和语音克隆，逼真度高，它还能提供突出显示受众公司网站或 LinkedIn 页面的可变视频背景。

针对最大的痛点，批量生成视频，从 300 个到 15 000 个，Tavus 使用 CSV 流程，用户将所有变量数据放入一个 CSV 文件中，上传到后台，只需点击几下，Tavus 在很短的时间内就能自动生成和发送数千个视频。它还有程序化生成视频的功能，将生成视频的功能集成到 CRM 或电子邮件软件中，然后这些软件会按需将生成的个性化视频自动发送给潜在客户。Tavus 的一家客户此前每月能够生产 300 个视频用于营销，使用 Tavus 后，他们的产量提高到 15 000 个视频，营销的线索转化率也成倍提高。

Tavus 的联合创始人 Favret 表示：“人们普遍误解 Tavus 只与销售和营销团队合作。虽然这是我们的一个重点，但我们的用户以创新和强大的方式将 Tavus 应用于整个客户旅程。我们的许多重度用户将 Tavus 广泛应用于他们的组织，包括客户成功、产品、招聘和其他与市场推广相关的职能。”

那么，究竟是谁在自愿克隆自己呢？Favret 介绍：“通常，用户会克隆自己，但企业也常常有一个核心人物，比如高管或发言人，录制视频，以确保公司有一个一致的形象。Tavus 的设计初衷是让各类用户可以轻松地在几分钟内克隆自己。”

当然，生成式视频效果显著，但是也需要考虑这项技术的潜在滥用问题。在视频和语音领域，我们已经看到了大量关于 deepfake 的欺诈例子。

随着这类技术在社会中变得越来越深入和规范化，人们将对所有这些伦理问题提出更多的问题——即使潜在的初衷是善意的。根据 Favret 的说法，Tavus 内置了一个功能，使其更难以欺骗系统，因为它要求用户进行语音验证并在平台上进行实时录制。

在部署方式上，客户可以通过两种主要方式访问 Tavus：Web 仪表板、API 或本地集成。目前，Tavus 仅支持英语内容，未来会支持更多语言。在定价方面，Tavus 提供了一种针对中小企业的基本套餐，每月费用为 275 美元，但会限制生成视频的数量和种类。他们还有针对大企业客户的计划，这个计划是订制的，对于视频数量和模型能力完全开放，还提供支持服务，费用计算是按需收费。

目前，Tavus 已经获得了一些大客户，例如房地产数据公司 CoStar 和法国科技初创公司 AB Tasty。

（资料来源：两位连续创业者用 AI 生成视频颠覆营销，获顶级 VC 领投的种子轮融资（2023 - 06 - 08）[2025 - 02 - 18]. https://baijiahao. baidu. com/s? id = 1768101949333540738&wfr=spider&for=pc；生成式 AI 视频初创公司 Tavus 融资 1 800 万美元，客户可制作个性化演示视频（2024-03-13）[2025-02-18]. https://news. sohu. com/a/763768380_112831.）

【本章要点】

●创业机会也是一种特殊的商业机会，需要创业者在复杂的创业环境中准确地识别和把握。

●创业机会通常源于外部因素和内部因素的结合。外部因素是指创业的外部环境演变带来的机会窗口，通常来自社会发展带来的市场空白。创业机会产生的内部因素是指创业者或创业团队的创业实践经验和创业资源。

●痛点是指用户尚未被满足的而又被广泛渴望的需求。通常情况下，发现消费者面临痛点，意味着市场中有需求尚未得到满足，而向他们提供满足需求的产品或服务将成为一个很好的创业机会。

●寻找创业机会，我们应该从产品或服务、市场、团队和盈利模式的角度展开详细的评估，减少低级失误，避免将宝贵的创业资源投入毫无商业前景的创业机会里。

【重要概念】

创业机会　痛点　机会识别　机会评价　寻找创业机会

【复习思考题】

1. 创业机会是什么？
2. 创业机会有什么样的特征？
3. 多数创业者都会关注痛点，这是为什么？
4. 机会识别需要经历怎样的过程？
5. 怎样全面评估一个创业机会？
6. 结合自身经历，你认为当前社会中哪些行业有较多的创业机会？

【实践练习】

活动一：

1. 活动名称：发现用户及用户特征
2. 活动目的：发现用户并贴标签
3. 活动人数：30~60 人
4. 活动时间：20 分钟
5. 活动规则：

步骤一，发布任务，设计儿童喜欢喝水的水杯；
步骤二，明确为哪个群体的儿童设计水杯（性别、年龄、地理区域等）；
步骤三，访问特定群体儿童及其家长，了解其特征；
步骤四，为特定群体儿童贴标签，明确特征。

活动二：

1. 活动名称：发现用户问题
2. 活动目的：发现问题
3. 活动人数：30~60 人
4. 活动时间：10 分钟
5. 活动规则：

步骤一，采用用户—场景—问题的逻辑，询问用户在什么场景下遇到了什么问题；
步骤二，采用用户地图描述用户的行为；
步骤三，分析用户行为，发现用户问题。

6. 教学用具：A4 纸、水彩笔

活动三：

1. 活动名称：5Why 分析法
2. 活动目的：洞察问题
3. 活动人数：30~120 人
4. 活动时间：20 分钟
5. 活动规则：

步骤一，拿出 A1 大白纸，写上发现的问题；
步骤二，开始提问为什么，比如学生为什么不参与课堂学习实践；
步骤三，小组自问自答，直到找到问题的本质和用户的真正需求。

6. 教学用具：A1 大白纸、水彩笔

活动四：

1. 活动名称：问题重构
2. 活动目的：问题重构
3. 活动人数：30~120 人
4. 活动时间：20 分钟
5. 活动规则：

步骤一，针对找出的顾客真正的需求，小组讨论重构问题；

步骤二，重构问题“How might we...?”（我们怎样才有可能……?）。然后写在A1大白纸上。

6. 教学用具：A1大白纸、水彩笔

7. 活动反思：找到问题本质的过程是什么？怎样重构问题？

活动五：

1. 活动名称：创意水杯设计与测试

2. 活动目的：设计与连接

3. 活动人数：30~60人

4. 活动时间：15分钟

5. 活动规则：

步骤一，按照设计思维进行儿童水杯设计；

步骤二，设计完成后与用户（小朋友）沟通，测试是否满足用户需求；

步骤三，根据用户测试修改设计方案。

6. 教学用具：A4纸

【课程思政】

新时代背景下的创业机会来源

当今世界正处于百年未有之大变局之中，环境的不断变化孕育了众多创业机会。通常情况下，创业机会主要源于变化，具体来说主要包含四种：第一是技术变革；第二是政治和制度变革；第三是社会和人口结构变革；第四是产业结构变革。党的十九大报告明确判断，我国经济已由高速增长阶段转向高质量发展阶段。我国当前的社会主要矛盾已经从“人民日益增长的物质文化需要同落后的社会生产之间的矛盾”转化为“人民日益增长的美好生活需要和不平衡不充分的发展之间的矛盾”。在此背景下，习近平总书记在党的二十大报告中强调：“高质量发展是全面建设社会主义现代化国家的首要任务。发展是党执政兴国的第一要务。没有坚实的物质技术基础，就不可能全面建成社会主义现代化强国。”

在此背景下，国家经济的增长动能将由过去依赖的高污染、高能耗的劳动密集型产业转变为高质量的现代服务业产业。教育与培训、咨询与顾问、健康与管理、人工智能、新能源、新媒体、新金融、生物制药、文化与旅游、养老、现代农业、高端制造业，这些新的行业将成为国家经济下一个新增长极。

新的行业模式将会把以往集中雇员的这种模式，变成由2~3人组成的小公司，甚至有些公司就由1人组成。办公方式借助信息技术也将由过去的集中办公改为分散办公，实现在家办公，或在地铁上、咖啡厅也能借助公共无线网络联网办公。随着5G时代的到来，城市将更智能，各种应用场景将实现。未来雇用关系也将发生改变，将由合伙人制代替传统的雇用关系。

未来的分工协作模式将更加细分。由以往的一个企业或某个人大包大揽细分为由各个领域的专业人士分工协作完成。未来无论对企业还是个人，主要强调的是专业而不是全面，未来将催生更多的创业公司和专业工作室，“双创”将达到一个顶峰。所以说未来将会出现很多的创业公司或者团体。

未来经济的驱动将由数据驱动。未来的现代服务业主要依靠互联网积累的大数据，通过云计算和数据挖掘建立数据模型来开展市场调研、产品研发、市场营销、销售与售后、风险评估等，将由传统的经验决策转变为数据量化决策。以后做市场调研都不用员工外出，直接用大数据就可以做出一份精确的市场调研报告。

在此背景下，青年应该积极学好专业知识，学好创新创业技能，用责任担当诠释当代青年的行为风范，既心怀远大理想、至诚报国之心，又脚踏实地、埋头苦干，从自身做起，从点滴做起，用勤劳的双手、优异的业绩把握住新时代的创业机会，谱写个人精彩新篇章。

【案例讨论】

请阅读下面案例，讨论回答问题。

案例一：滴滴巴士

滴滴巴士 2015 年 7 月 15 日上线，从最初铺天盖地地推广运营，到 2017 年无法盈利惨淡收场，经历了公共出行的起起落落。北京的滴滴巴士是在快车、专车、顺风车火爆的时候顺势推出的，当时这种公共班车已经有几家公司在运营，但滴滴的强势介入，使这种服务形式迅速为广大上班族所知。

滴滴巴士从上线开始，就一直是非营利运营，不计成本地推广，有些线路的上座率很低，个别线路有时候晚上只有四五个人，早上也就十几二十个人，后来慢慢地滴滴又通过优化线路做了多次调整，但依然很难保证每条线路的上座率，而且本身定价又不能太高，这就造成运营成本较高，一辆喷涂了滴滴标识的巴士每天除了上下班通勤又基本上不能挪作他用。

互联网服务的推出历来都不是以盈利为第一目标的，流量才是第一位的，初期的人流量大量增长的确使这个公共出行领域存在巨大商机，但总容量又是固定的，缓慢增长的速度不能达到资本的预期，而提高票价也会造成流量的损失。

案例二：护士上门项目

一个护士上门做护理的医疗健康创业项目，主要是帮助妈妈科学生产、科学育儿，让孩子健康成长。整个项目的定位是希望每个有新生儿的家庭都有一名家庭医生，让孩子和妈妈都健康成长。项目主要通过护士上门做健康护理，普及育儿知识，提供家庭环境监测、孩子智力检测、母亲产后抑郁防范等服务。简单地说，这个项目主要是解决四个方面的问题：一是做好预防护理工作，解决孩子、家长的心理问题；二是对常见问题给出解决意见；三是对突发事件进行处理；四是从心理和生理方面对孩子和家长普及成长教育知识。

现在的到家服务、O2O 服务群雄混战，打车、外卖、生鲜、按摩推拿等与生活相关的服务都加入了互联网元素，这种与医疗健康相关的行业也已经结合互联网和大数据，所以现在做这样一个项目与同类的到家服务和月子中心相比，有什么优势呢？

一个好的创业机会首先是要抓住用户的痛点，把握用户需求，更重要的是要把用户的痛点转化成服务，给用户提供优质的服务。

（资料来源：滴滴巴士近日开通引关注 易到大巴曾上线仨月退出[EB/OL].(2015-07-19)[2025-02-18].https://news.sohu.com/20150719/n417058013.shtml；滴滴巴士停运了，你坐过么[EB/OL].(2017-01-17)[2025-02-18].https://www.jianshu.com/p/eea5be09b1ac；护士上门，难在哪儿 居家护理，质量不能"缩水"[EB/OL].(2018-08-24)[2025-02-18].https://jiankang.cctv.com/2018/08/24/ARTIdArP9jLiCl8odArUnSDD180824.shtml；护士上门服务，你会约吗？[EB/OL].(2019-07-18)[2025-02-18].https://www.thepaper.cn/newsDetail_forward_3946318.）

讨论题：

1. 在案例一的情形之下，请结合本章所学内容，分析滴滴巴士能否成功抓住创业机会。

2. 通过本章所学的知识，护士上门项目算一个好的创业机会吗？

3. 结合本章所学的知识，你认为护士上门项目值得投资吗？

6 商业模式

【核心问题】

1. 什么是商业模式？其主要构成要素有哪些？
2. 商业模式的设计框架包含什么？
3. 你了解哪些经典的商业模式？它们有何特点？

【学习目的】

1. 了解商业模式的定义以及主要构成要素。
2. 掌握商业模式的设计框架和精益画布相关内容。
3. 结合生活加深对本章商业模式的学习和理解。
4. 通过学习可以独立辨别不同的商业模式。
5. 进行商业模式的设计和检验。

【引例】

吉列剃须刀的商业模式：创新与双赢的典范

在19世纪末的美国，剃须刀市场正经历着一场革命性的转变。尽管当时已有数十项关于安全剃须刀的专利问世，但其中绝大多数都未能成功打入市场。究其原因，高昂的价格成为阻碍这些创新产品普及的主要绊脚石。在那个时代，去理发店接受一次简单的剃须服务仅需花费10美分，而一把最便宜的安全剃须刀售价却高达5美元，这一价格对于大多数普通民众而言，几乎等同于一名高级技工一周的薪水，消费者显然难以承受。然而，正是在这片看似荆棘密布的市场中，吉列（Camp Gillette）凭借其敏锐的商业洞察力和不懈的创新精神，创造出了吉列剃须刀这一商业奇迹。

吉列1855年1月5日出生于美国芝加哥的一个普通家庭，家境并不宽裕。16岁那年，家庭的经济支柱——父亲的小生意宣告破产，迫使年轻的吉列不得不中断学业，踏入社会寻找生计。没有显赫的学历，也没有丰富的工作经验，吉列只能从最基础的推销员做起，他从事这一职业长达24年。在这漫长的推销岁月中，吉列推销过食品、日用百货、服饰、化妆品等各类商品，这段经历不仅让他学到了销售技巧，更重要的是，让他有机会深入市场，了解消费者的真实需求和消费心理，积累了宝贵的社会经验和广泛的人脉资源。

正是在这段推销生涯中，吉列敏锐地捕捉到了市场的潜在机遇。他注意到，一种名为一次性瓶塞的产品在市场上大受欢迎，其价格低廉且消耗迅速，赢得了消费者的青睐。这一现象启发了吉列，他开始思考是否也能发明一种"用完即扔"的产品，以满足消费者对便捷性和经济性的双重需求。同时，吉列在日常生活中也频繁遭遇剃须刀使用不便和刮伤皮肤的问题，这更加坚定了他研发更安全、更便捷的剃须刀的决心。

当时，市场上虽然已有安全剃须刀的存在，但其高昂的价格让大多数消费者望而却步。吉列深知，要打破这一僵局，就必须在降低成本和提高产品普及度上寻求突破。经过长时间的研究和反复试验，吉列终于设计出了一种革命性的剃须刀——刀片和刀柄可分离的剃须刀。这种设计不仅提高了剃须的安全性，还大大降低了刀片的更换成本。吉列采用超薄型钢片制作刀片，并将其夹在两块薄金属片之间，以确保刀片的锋利度和耐用性。同时，他还精心设计了圆形刀柄和凹槽，方便用螺丝钉将刀片牢固地固定在刀柄上。

然而，吉列剃须刀的创新之处并不仅限于产品设计本身。更关键的是，吉列采用了一种前所未有的商业模式——通过低价销售剃须刀架，吸引消费者购买，并通过高利润率的刀片销售实现盈利。吉列将剃须刀的零售价定为55美分，批发价更是低至25美分，这一价格远低于其生产成本，看似亏本的买卖实际上却隐藏着巨大的商业智慧。吉列以每块刀片5美分的价格出售，而每块刀片的制造成本仅为1美分左右，这种定价策略实际上是以刀片的盈利来补贴剃须刀架的亏损。由于吉列剃须刀只能使用其专利刀片，这进一步巩固了吉列在市场上的垄断地位。

吉列的商业模式之所以成功，原因在于它精准地把握了消费者的心理。对于大多数消费者而言，每次剃须的成本从10美分降低到1美分，无疑是一个巨大的诱惑。而吉列则通过巧妙的定价策略，让消费者在初次购买时享受到低价优惠，并在后续的刀片更换中持续贡献利润。这种"薄利多销"的策略不仅迅速打开了市场，还培养了一大批忠诚的消费者。

随着时间的推移，吉列剃须刀凭借其便捷、安全的产品特性和创新的商业模式，逐渐成为剃须刀市场的领导者。吉列的成功不仅在于他发明了一种更好的剃须刀，更在于他创造了一种全新的商业模式，这种模式通过降低消费者的初次购买成本，提高产品的普及度，然后通过持续的后续消费实现盈利，实现了商家和消费者的双赢。

吉列剃须刀的商业模式为后来的企业提供了宝贵的启示。它告诉我们：创新不仅仅局限于产品本身，更包括商业模式、营销策略等各个方面的全面创新。惠普打印机通过销售高利润的墨盒而非打印机本身实现盈利，汽车4S店则通过提供售后服务等延伸服务赚取更多利润，这些都是吉列商业模式的成功延续和拓展。吉列剃须刀的故事，不仅是一个关于个人奋斗和创新的故事，更是一个关于如何通过创新实现商业成功和社会价值的故事。

6.1　商业模式的内涵

近年来商业模式越来越受到企业家、创业者的关注，对于大多数创业者而言，在创业之初确定创业项目的商业模式是非常重要的，商业模式的确定为创业活动的开展提供指导，因此商业模式不仅是创业者创业活动的创业蓝图和工具，还是企业发展的重要指导工具。

从案例可以看到，吉列的创新既是产品的创新，也是商业模式的创新。许多成功的企业并不是产品的创新有多强，而是因为它们开发了一套切实可行的商业模式，商业模式创新正成为创新创业的主流。商业模式是企业战略制定的基础，企业在制定战略时一定是根据商业模式来确定企业未来的发展方向及发展规划，企业的组织结构也应该是依据商业模式特点来确定，此外企业还应该根据商业模式来选择采用什么样的技术（图6-1）。

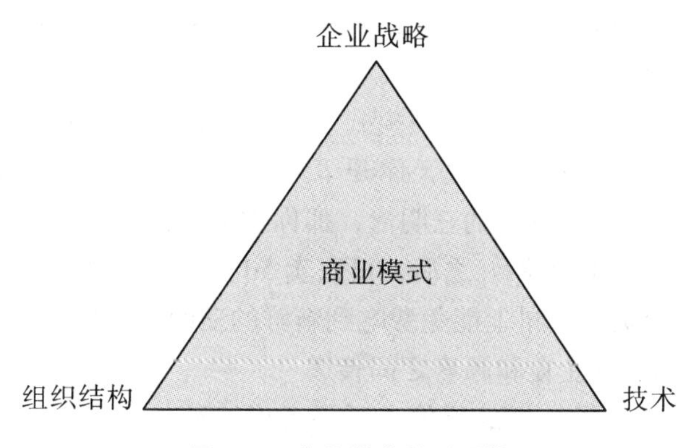

图6-1　商业模式的重要性

6.1.1　商业模式的定义

本书对商业模式的定义是：商业模式是企业为了给特定的客户群体提供以产品或者服务为载体的价值所采取的一整套解决方案，并通过该解决方案获得盈利的可持续运营模式。

6.1.2　商业模式涉及的基本问题

商业模式的定义涉及三个基本问题：如何为顾客创造价值？如何为企业创造价值？这种价值如何在企业与顾客之间传递？

6.1.2.1　如何为顾客创造价值

首先，商业模式强调给特定的客户群体提供产品或者服务，强调每一个产品或服务应该是针对一个特定的客户群体，比如说剃须刀的客户群体是成年男性。其次，商业模式强调企业提供的产品或者服务是有价值的。如吉列剃须刀为顾客提供了一个安全、方便、便宜的剃须体验。这种价值成就了吉列剃须刀，成就了吉列。

我们经常看到这样的情况：有的餐厅门可罗雀，而有的餐厅却门庭若市，经常排着长长的队伍。为什么会出现这种情况？其实答案并不复杂，优秀的企业肯定为顾客提供了价值。比如，我们熟知的“海底捞”这家餐饮企业，在创业之初就为顾客提供超值的服务。

英国维珍大西洋航空公司在成立之初，通过对竞争对手与不同客户群的有效分析，敏锐地发现在高收入的商务旅客和对价格较敏感的普通休闲旅客之间存在着一个空白市场，该空白市场的需求恰恰可以通过服务与价位的错位营销得到满足。维珍大西洋航空公司瞄准国际远程航空业务，提供高品质的个性化服务，使所有舱位的旅客都得到物超所值的享受。维珍航空公司在机舱内设置立式酒吧，以方便起飞后乘客的自由交流；取消飞机上的头等舱，集中投资用于打造超标准的商务舱；在飞机上安装椅背电视，让乘客随意选择想看的节目；有专门的治疗师提供美甲、按摩服务；等等。这一系列创新举措让乘客获得了更多的体验价值，成功地吸引来更多的客源。

6.1.2.2 **如何为企业创造价值**

在给顾客创造价值的同时也要考虑如何给企业创造价值。企业要从创造的价值中获得价值，即企业能够在为顾客创造价值的过程中为自己创造价值。具体而言，企业需要在解决客户问题的同时实现盈利，而且是持续盈利。在吉列的案例中，吉列实现了盈利，而且是一个持续的盈利。

需要指出的是商业模式不同于盈利模式。商业模式包含盈利模式，但盈利模式却只是商业模式的一小部分。举例来说，你开了一家早餐店，把原来价值 10 元的面包、火腿、鸡蛋做成一个可以卖 50 元的三明治，那你创造价值的主要方式就是“把食材变成食品”的这个过程。三明治做好之后，可以卖 50 元一个，也可以实行会员制，每个月收 1 000 元，然后会员每天早上能免费吃到新鲜的三明治，这就属于盈利模式。

6.1.2.3 **价值如何在企业和顾客之间传递**

为顾客和企业都设计了良好的价值，还要考虑这种价值如何在企业与顾客之间传递。在吉列的案例中，吉列将刀片和刀架分离，通过低于成本价销售刀架，高于成本价销售刀片实现了价值在企业与顾客之间传递。顾客能够获得更便宜、方便、安全的剃须体验，而企业能够通过销售溢价的刀片获得持续的利润。

【作业与思考】

请大家思考一下哪些企业的商业模式跟吉列剃须刀的商业模式类似，商业模式对企业意味着什么。

【情景案例】

阿里巴巴集团 CEO 张勇：商业模式创新是创造生产力

2019 年上半年，阿里巴巴集团 CEO 张勇（逍遥子）在盒马鲜生的管理会上发表讲话，阐述了他对阿里巴巴文化、价值观和组织的一系列思考，可以视为是在阿里巴巴成立 20 周年之际对阿里巴巴文化的一次新的梳理和定义。

盒马从诞生至今，经历了从模式顶层设计，到开始尝试求证，过程中不断迭代，最后初步验证盒马模式在中心城市的有效性，然后迅速拓展到19个城市的过程。

组织能力建设和文化建设是盒马的重心

在阿里，在盒马，我们做业务一方面考虑如何创造新的商业模式，定义用户价值，创造用户价值，满足用户期望；另一方面，我们不仅着眼于现在，而且考虑企业壮大后怎么走得更好、更远、更稳。从这个维度看，组织能力建设和文化建设是商业模式创新基础上非常重要的两点。

商业模式创新是创造生产力，组织能力创新是创造新的生产关系，最终交汇在人上点燃。业务上我们蓝图很清楚，抓手也很清楚：向商品要流量，向供应链要效率。目标也很清楚，业务设计、用户价值以及如何实现用户价值也都很清楚。

如何理解阿里文化？

"此时此刻非我莫属""客户第一，员工第二，股东第三""因为信任，所以简单""今天的表现是明天的最低要求"，这些都是阿里过去多年沉淀下来的土话，但这些土话最好地反映了阿里的价值观。

"客户第一"必须进入潜意识

盒马在成长中，从1到2到3是非常不容易的。在这一过程中，我们要看哪些东西会像蛀虫一样影响我们的根基。我认为对客户的态度，必须是潜意识里的第一反应。盒马的管理层必须有正确的态度，门店直接接触客户的员工才能保持这种态度。希望以此为契机，能够使"客户第一"作为文化的出发点。

视人为人

今天盒马的创新对人的挑战是巨大的。盒马把线上线下、商品、营运、物流、供应链、服务等所有纬度合在一起，变成我们的核心竞争力。它是个立体的东西，融在一起的东西，因为融会在一起，我们才做得跟其他人不一样。因为融会在一起，我们才形成盒马的核心竞争力。

从管理层开始，首先要加强自身的学习。不学习不可能触类旁通，不可能从原来的零售世界走到新的零售世界，不可能从一半看到全身。盒马如何建立培训体系和轮岗机制？我认为，颠覆性创新都来自外部。那么如何跨界？尽管我们岗位有分工，但不同的岗位却相互连接有影响，因此，我希望我们能学习全视角思考问题。盒马是怎么起来的？盒马的创新想法和阿里的产品技术结合起来，并且吸纳了多方面的资源，才形成了现在的盒马。没有一个人是全才，我们至少可以一专多能。

精细化管理和运营

新的财年马上开始，精细化管理、精细化运营是核心。关于新模式，要大胆假设、小心求证，模式验证有效以后再进行快速复制。在证明模式有效、大量复制之前我们需要小心求证。我们要相信自己的判断。我们之前把所有的模式都想过了，不能因为外面风起云涌搞完了，再倒回去搞那个。问题如何解决，需要有明确的答案，才能继续往前走。

（案例来源：阿里巴巴CEO张勇内部讲话：商业模式创新是创造生产力，组织能力创新是创造新的生产关系. [EB/OL].(2019-03-27)[2025-02-18].http://m.sohu.com/a/304459963_464025.）

6.1.3 商业模式的主要构成要素

商业模式的主要构成要素有哪些？根据商业模式的定义，一个合理的商业模式需要有五个主要构成要素——客户价值、解决方案、核心资源、盈利模式和持续盈利。

第一，客户价值。客户价值需要说明两个问题：企业的客户是谁？企业给客户提供什么价值？在吉列的案例中，吉列的客户是成年男性，吉列给客户提供了安全、方便、便宜的剃须体验，这种剃须体验相对于传统剃须体验来讲，对客户是有价值的。

第二，解决方案。解决方案是指用什么方式解决客户的问题。在吉列的案例中，吉列的解决方案包括两个：其一，提供了刀架和刀片分离的安全剃须刀；其二，低于成本价销售刀架、高于成本价销售刀片。通过这个解决方案，吉利最终让顾客接受了吉列的产品，吉列自身也实现了盈利。

第三，核心资源。核心资源指的是保证商业模式能够有效运转的最重要的资源。在吉列的商业模式中，吉列的核心资源就是吉列安全剃须刀的专利，这项专利是其他企业短期内无法复制的资源。

第四，盈利模式。任何一个商业模式都要考虑到盈利，不盈利的企业是不可能长久存在的。盈利模式主要指企业获取利润的方式。利润实际上就是收入减成本。在吉列的案例中，吉列的盈利模式就是高于成本价销售刀片。

第五，持续盈利。在分析商业模式时，一定要考虑到商业模式是否具有可持续性。在吉列的案例中，吉列的持续盈利能力怎么样？通过案例发现，吉列的刀片使用六七次后就需要更换新的刀片，消费者就会重复购买刀片，吉列就能从中获得持续盈利。

6.2 商业模式的设计框架

由于对商业模式的定义不同，商业模式的构成要素也有所差异，不同的学者提出了不同的商业模式构成要素。在《商业模式新生代》中奥斯特瓦尔德在综合了各种研究的共同点的基础上，提出了自己的商业模式构成要素。此后莫瑞亚（2013）在《精益创业实战》中也提出了初创企业商业模式的构成要素。

6.2.1 商业模式画布及主要构成

图 6-2 是奥斯特瓦尔德提出的商业模式画布。该商业模式画布有四个视角九个模块。四个视角包括如何提供、提供什么、为谁提供、成本及收益是多少；九个模块包括重要伙伴、关键业务、核心资源、价值主张、客户关系、渠道通路、客户群体、成本结构和收入来源。

6.2.1.1 重要伙伴

重要伙伴指让商业模式有效运作所需的供应商与合作伙伴。通过这个概念，我们需要明确：

（1）关键合作伙伴是谁？

（2）核心供应商是谁？

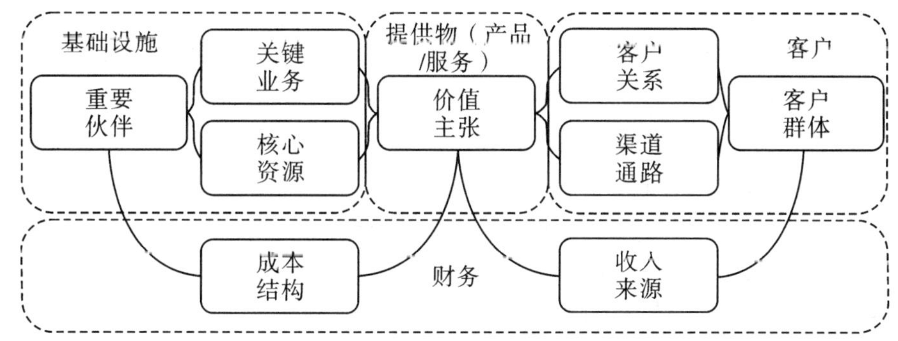

图 6-2　商业模式画布的九大基础模块

（3）从合作伙伴那里获得什么核心资源？

（4）合作伙伴从事什么关键活动？

企业建立合作关系的动机主要包括：优化经济效益；降低风险和不确定性；获得特定的资源和业务。一般来讲，重要伙伴关系可以分为 4 种类型：与非竞争者之间的战略联盟关系；在竞争者之间的战略合作关系；为开发新业务而构建的合资关系；为确保可靠供应的购买方-供应商关系。

6.2.1.2　关键业务

关键业务用来描绘为了确保其商业模式可行而必须做的最重要的事情。通过这个概念，我们需要明确：

（1）为了实现价值主张，需要开展什么关键活动？

（2）分销渠道需要哪些关键业务？

（3）客户关系需要哪些关键业务？

（4）收入来源需要哪些关键业务？

一般来讲，关键活动可以分为 3 种类型。①生产型：与设计、生产、发送产品有关，是企业商业模式的核心。②问题解决型：为顾客提供新的解决方案，需要知识管理和持续培训等业务。③平台型/网络型：网络服务、交易平台、软件甚至品牌都可看成平台，与平台管理、服务提供和平台推广有关。

6.2.1.3　核心资源

核心资源用来描绘让商业模式有效运转所需的最重要的因素。通过这个概念，需要明确以下几个问题：

（1）为了实现价值主张，需要什么核心资源？

（2）分销渠道需要什么关键资源？

（3）客户关系需要什么关键资源？

（4）收入来源需要什么关键资源？

通常来讲，关键资源可以分为 4 种类型。①物理的资源（厂房、设备等）：包括生产设施、不动产、系统、销售网点和分销网络等。②无形的资源（品牌、专利、数据等）：包括品牌、专有知识、专利和版权、合作关系和顾客数据库等。③人力资源：在知识密集型产业和创意产业中，人力资源至关重要。④财务资源：金融资源或财务担保，如现金、信贷额度或股票期权池。

6.2.1.4 **价值主张**

价值主张用来描绘为特定顾客群体创造价值的系列产品或服务。通过这个概念，需要明确以下几个问题：

（1）为客户创造什么价值？

（2）为客户解决什么问题？

（3）向每一个细分客户群体提供什么产品或服务？

（4）满足了客户的什么需求？

价值主张主要要素包括以下特征：

（1）新颖性：产品或服务在满足客户需求的同时，使客户得到从未感受过的体验。

（2）绩效提升：改善产品和服务性能是传统意义上创造价值的普遍方法。

（3）定制化：以满足个别顾客或顾客细分群体的特定需求来创造价值。

（4）把事情做好：通过帮客户把某些事情做好而简单地创造价值。

（5）设计：产品因为优秀的设计脱颖而出。

（6）品牌/档次：顾客可以通过使用和显示某一特定品牌而发现价值。

（7）价格：以更低的价格提供同质化的价值服务价格敏感顾客细分群体。

（8）降低成本：帮助顾客削减成本是创造价值的重要方法。

（9）降低风险：帮助顾客抑制风险也可以创造顾客价值。

（10）便利性/可用性/易用性：使事情更方便或易于使用可以创造可观的价值。

（11）可达性：把产品和服务提供给以前接触不到的顾客。

6.2.1.5 **客户关系**

客户关系用来描绘与特定顾客细分群体建立的关系类型。通过这个概念，需要明确以下几个问题：

（1）希望与每一个客户细分群体建立和维持哪种类型的关系？

（2）已经与客户建立了哪些关系？

（3）这些关系是如何与商业模式整合在一起的？

（4）建立和维持这些关系的成本如何？

通常来讲，与客户的关系主要有以下几种。

（1）私人助理：基于人与人之间的互动，可以通过呼叫中心、电子邮件或其他销售方式等个人助理手段进行。

（2）专门的私人助理：为单一客户安排专门的顾客代表，通常是向高净值个人客户提供服务。

（3）自助式服务：为客户提供自助服务所需的全部条件。

（4）自动化服务：整合了更加精细的自动化过程、可以通过客户订单或交易识别不同客户及其特点的相关服务。

（5）社区：借助用户社区与顾客或潜在客户建立更为深入的联系，如建立在线社区。

（6）联合创造：与客户共同创造价值，鼓励顾客参与全新和创新产品的设计和创作。

6.2.1.6 渠道通路

渠道通路用来描绘如何接触细分顾客群体，并传递价值主张。通过这个概念，需要明确以下几个问题：

（1）通过什么渠道去接近我们的各个细分客户群体？

（2）现在是如何接近他们的？

（3）销售渠道是如何整合的？

（4）哪个销售渠道最高效？

（5）如何把销售渠道和消费者的日常生活整合在一起？

销售包括知觉、评估、购买、交付、售后五个阶段。

6.2.1.7 客户群体

客户群体是描述想要接触和服务的不同人群或组织。通过这个概念，需要明确以下几个问题：

（1）为谁创造价值？

（2）最重要的顾客是谁？

通常来讲，客户群体类型主要有以下几类。

（1）大众市场：价值主张、渠道通路和客户关系全都聚集于一个大范围的客户群体，客户具有大致相同的需求和问题。

（2）利基市场：价值主张、渠道通路和客户关系都针对某一利基市场的特定需求定制，常可在供应商-采购商的关系中找到。

（3）细分市场：顾客需求略有不同，细分群体之间的市场区隔有所不同，所提供的价值主张也略有不同。

（4）多元市场：经营业务多样化，完全不同的价值主张迎合完全不同需求的客户细分群体。

（5）多边平台：服务于两个或更多的相互依存的客户细分群体。

6.2.1.8 成本结构

成本结构是指商业模式正常运转所需的所有成本。通过这个概念，需要明确以下几个问题：

（1）商业模式中固有的最重要的成本是哪些？

（2）哪些关键资源是最昂贵的？

（3）哪些关键活动是成本最高的？

一般来讲，成本结构可以分为以下两种类型。

（1）成本导向型：精益的成本结构、低价的价值主张、最大限度的自动化、大量的外包。

（2）价值导向型：专注于价值创造、溢价服务。

成本分为固定成本和变动成本。

降低成本的方式主要有规模经济和范围经济。

6.2.1.9 收入来源

收入来源是用来描绘从每个顾客群体中获得的现金收入（需要从创收中扣除成本）。通过这个概念，需要明确以下几个问题：

（1）客户愿意为什么价值付费？

（2）客户当前在为什么价值付费？

（3）客户当前是如何付费的？

（4）客户更喜欢如何去付费？

（5）每一种收入来源方式为总收入贡献了多少？

收入来源的主要类型包括以下几种。

（1）资产销售/所有权转移的销售：销售实体产品的所有权。

（2）使用费：通过特定的服务收费。

（3）订阅费：销售重复使用的服务。

（4）租借费：暂时性排他。

（5）特许经营费/授权费。

（6）经纪业务费。

（7）广告费。

【情景案例】

Airbnb 的商业模式创新

Airbnb（爱彼迎），乃全球住宿共享领域的领航者，其商业模式颠覆了传统的旅游住宿业态，成为共享经济的一颗明珠，引领该领域的发展。自 2008 年诞生之初，Airbnb 从一个简单的在线平台起步，如今已蜕变为一个横跨数百个国家和地区、汇聚数百万独特房源的综合性服务巨擘。

价值主张

Airbnb 的核心价值在于提供非凡、地道且经济实惠的住宿体验。相较于千篇一律的传统酒店，Airbnb 的房源种类繁多，从现代公寓、奢华别墅到别具一格的树屋、历史古堡，应有尽有，满足了旅行者对住宿的个性化需求。通过与房东的直接交流，旅客可以深入探索当地文化，享受沉浸式的旅行乐趣，收获难忘的生活体验。

客户群体

作为平台型企业，Airbnb 精准定位了两大核心客户群体：一是追求个性化住宿体验的旅行者，包括休闲度假者、背包探险家、家庭出游者等；二是乐于分享空闲房产并寻求额外收入的房东，他们享受与人分享空间带来的乐趣与收益。

渠道通路

Airbnb 主要依托其官方网站与移动应用进行市场推广与服务交付。这些平台集成了房源搜索、预订、支付等便捷功能，并融入详尽的用户评价体系，帮助旅客做出理想选择。此外，通过社交媒体、内容营销策略以及与旅游行业的广泛合作，Airbnb 进一步拓宽了市场边界，提升了品牌影响力。

客户关系

Airbnb 致力于营造活跃的社区氛围，鼓励房东与旅客建立真诚、积极的互动。平台制定了严格的社区规范与信任保障体系，确保双方权益，同时通过超级房东计划、旅客积分奖励等机制，提升用户忠诚度与参与度。

收入来源

Airbnb 的主要盈利来源是向房东收取的服务费用，包括预订时的一次性服务费及房费的一定比例的佣金。对于旅客，则根据预订金额的一定比例收取服务费。此外，Airbnb 还通过推出“Airbnb Plus”高品质房源、“Experiences”体验活动等增值服务，不断拓宽收入来源，提升盈利能力。

核心资源

Airbnb 的成功根基在于其先进的技术平台。Airbnb 运用数据分析、机器学习等前沿技术，持续优化用户体验，提升房源匹配效率。同时，其强大的品牌声誉、庞大的用户基础以及全球化的运营团队，共同构成了 Airbnb 不可或缺的核心资源。

关键业务

Airbnb 的关键业务涵盖房源审核与管理、用户体验优化、技术创新、市场推广、客户服务及社区维护等多个方面，这些业务相互协同，共同塑造了 Airbnb 的核心竞争力。

重要伙伴

Airbnb 与地方政府、旅游机构、保险公司、支付服务商等建立了紧密合作关系，共同推动共享经济的健康发展，为用户提供更加全面、安全的服务保障。

成本结构

Airbnb 的成本结构主要由技术研发与维护、市场营销、客户服务、行政管理及向房东支付的佣金等构成。随着业务规模的扩大，Airbnb 的边际成本逐渐降低，规模效应日益显著，为其可持续发展奠定了坚实基础。

（案例来源：综合相关报道撰写）

6.2.2 精益画布及主要构成

《精益创业实战》的作者基于商业模式画布提出了“精益画布”概念。该画布是基于精益创业理论以及奥斯特瓦德的“商业模式画布”，专门针对初创企业改良而得到的。精益画布被认为更适合于初创企业设计或描述自己的商业模式。

精益画布也由九个模块构成：客户问题、客户群体分类、独特卖点、解决方案、客户渠道、收入分析、成本分析、关键指标、门槛优势（见图 6-3）。

<table>
<tr><th colspan="5">精益创业画布-简版 Business Plan</th></tr>
<tr><td rowspan="2">1. 客户问题
列出最需要解决的三个市场问题

现存的备选解决方案（现有产品哪些可以部分满足需求）</td><td>4. 解决方案
产品最重要的三个功能</td><td rowspan="2">3. 独特卖点
用一句简明扼要但引人注目的话阐述为什么你的产品与众不同、值得购买

简短宣言（一句口号）</td><td>9. 门槛优势
无法被对手轻易复制或者买去的竞争优势</td><td rowspan="2">2. 客户群体分类
列出你的目标客户和用户

早期的使用者/种子用户（列出你的理想客户特征）</td></tr>
<tr><td>8. 关键指标
应该考核哪些</td><td>5. 客户渠道
如何找到客户</td></tr>
</table>

表(续)

7. 成本分析 争取客户所需花费 销售产品所需花费 网站建设所需花费 人力资源所需花费	6. 收入分析 列出你的收入模式 盈利模式/商业模式 客户终身价值 收入 毛利

产品　　　　　　　　市场

图 6-3　精益画布模型

6.2.2.1　客户问题与客户群体分类

客户问题和客户群体的匹配通常是整个画布的核心，所以一般会把这两个问题放在一起解决。因此，在思考商业模式时首先要考虑我们的产品需要解决哪类人的什么问题。

1. 列出 1~3 个最重要的问题

针对每个目标客户群体，阐述他们最需要解决的 1~3 个问题，也可以换个角度来思考。所谓问题，就是客户需要完成的任务。在考虑该问题时，通常采用头脑风暴、客户观察、试错等方法来发现用户的问题。在发现用户问题时，需要遵循这样的基本原则，即“场景—用户—问题”，比如什么用户在什么场景当中遇到什么样的问题。例如，在吉列剃须刀案例中，它解决了成年男性在剃须时面临的不方便、价格贵、不安全的问题。

2. 列出现存备选解决方案

可以思考一下早期用户在我们的产品没出现之前是如何解决这些问题的。除非想解决的问题是从来没有人涉及过的（这其实不太可能），否则大部分问题都有现成的解决方案，而且这些解决方案很可能并不是出自同一个直接竞争对手。在吉列剃须刀案例中消费者备选解决方案有：去理发店剃胡须，只是比较贵也很麻烦；使用比较昂贵的安全剃刀；尽量少剃胡须，但是个人的形象会受到影响。当然，如果客户觉得这个问题的影响并不严重，也可以把“什么也不做”作为备选解决方案。

3. 找出其他的用户角色

找出其他可能会和目标客户进行互动的用户角色。比如在博客平台上，客户是博客作者，而用户是读者；在搜索引擎上，客户是广告商，而用户是搜索者。

4. 锁定潜在的早期接纳者

在思考前面几个问题的同时，应该尽量细分目标客户群体，并进一步细化典型用户的各种特征。目标是定义潜在的早期接纳者，而不是主流客户。早期用户通常也叫天使用户，是创业项目早期最重要的客户。

6.2.2.2　独特卖点

在明确了客户问题和客户群体后，要思考一下在精益画布正中间的独特卖点，这是画布中最重要的部分，也是最难描述好的一部分。

独特卖点要求用一句话简明扼要地说明你的产品和别的产品有什么不同，为什么值得消费者去购买。独特卖点通常都很难描述，因为必须把产品的核心价值提炼成一句话，必须精练到可以放到广告或主页的标题中。此外，独特卖点还必须与众不同，要有打动人的新意。独特卖点和画布上的其他内容一样，可以先猜测一下，然后以此为基础来逐步完善。

通常可以这样描述独特卖点：我们的产品或者服务，用什么解决方案，解决了什么用户的什么问题。比如吉列安全剃须刀，它就是提供了一种刀片和刀架分离的安全剃刀，解决了成年男性剃胡须不安全、不方便、昂贵的问题。

【延展阅读】

怎样才能设计出新颖、有吸引力的独特卖点，《精益创业实战》的作者莫瑞亚（2013）建议创业者阅读里斯（Al Ries）和特劳特（Jack Trout）的《定位》一书，此外他也提出了一些设计独特卖点的小技巧。

1. 要与众不同，还要有独到之处

要想找出你的产品的不同之处，最好的办法就是直接从你要解决的头号问题出发推导独特卖点。如果这个问题确实值得解决，那你就已经成功一大半了。

2. 针对早期接纳者做设计

很多营销人员都喜欢针对“普通人”做设计，希望能得到主流受众的青睐。为了做到这一点，他们会把整个设计做得平庸不堪。在项目早期，产品还不适合主流人群，因此该阶段的主要工作是找出那些可能成为早期接纳者的人群，然后针对他们做设计，设计传达的信息一定要有力、清晰且必须有针对性。

3. 专注最终成效

我们可能听过这样的说法，产品宣传的重点应该是该产品能为客户带来什么好处，而不是产品有什么功能。但是在实际销售过程中，产品宣传方案中罗列了一系列好处，客户仍然会用自己的世界观来理解这些内容。好的独特卖点能打动客户，它着重表达的是客户在使用产品之后能得到的好处，即最终成效。

例如：你在做一个写简历的服务。“经过专业设计的模板”就是一个功能；“做出让人眼前一亮的简历”就是一个好处；但真正的最终成效则是“得到梦想的工作”。

戴恩·马克斯韦尔提出过一个优秀的独特卖点的设计公式：

直白清晰的头条=客户想要的结果+限定的时间期限+做不到怎么办

对于该公式中的第二项和第三项如果你能有当然最好，但是没有也没关系。符合该公式的一个典型的例子是达美乐比萨的宣传语：新鲜出炉的比萨30分钟之内送货上门，否则分文不收。

4. 认真选择词汇，并经常使用

营销宣传攻势选择词汇至关重要。如宝马选择“性能”、奥迪选择“设计”、奔驰选择“威望”作为品牌之魄。经常使用关键词除了能够强化品牌和宣传之外，还可以提升搜索引擎排名。

5. 回答：什么、谁和为什么

好的独特卖点必须明确地回答头两个问题，即你的产品是什么，客户是谁。“为什么”这个问题的答案有时候不方便放在同一个句子里，可以使用副标题的方式来回答这个问题。

莫瑞亚对精益画布的独特卖点的概括是：把时间用来创业，而不是写商业计划——一种让你可以更快、更有效地阐述你的商业模式的工具！

6. 研究其他优秀的独特卖点

要想突出独特卖点，最好的方法是研究你喜欢的品牌的独特卖点。访问他们的网站，看看他们的独特卖点为何很吸引人，以及哪些方面做得好。我们可以看看苹果公司、微信、淘宝、百度等的独特卖点是怎么描述的。

7. 写一个简短有力的口号

还有一种比较好的练手方法，那就是写一个简短有力的口号。这是好莱坞的电影制作人常用的招数，即把一部电影的内容提炼成让人印象深刻的短短几个词。

例如，YouTube——视频界的 Flickr；《异形》电影——太空版《大白鲨》；Dogster——狗狗的 Friendster 社交网站。

但不要把口号和独特卖点混为一谈。口号不是放在网页上的，还有一定的风险——你的目标受众有可能并不了解口号中所说的东西。所以说，口号更适合于把你的想法传递出去，让它朗朗上口，比如在和客户访谈之后告诉客户我们的口号是什么。

6.2.2.3 解决方案

解决方案就是指产品怎么帮助客户解决他们的问题，解决方案应该跟问题对应。比如，吉列剃须刀的解决方案可以这样描述：针对传统剃刀剃胡须不安全的问题，吉列剃刀能够提供的解决方案是安全的；针对其他安全剃须刀昂贵的问题，吉列将刀片和刀架分离，然后低价销售刀架，高价销售刀片，解决了剃胡须昂贵的问题；针对传统剃须需要到理发店、很不方便的问题，吉列剃须刀让客户在家里就可以完成，变得非常方便。

6.2.2.4 客户渠道

客户渠道就是我们通过什么渠道能接触到我们的客户。无法建立起有效的客户渠道是创业公司失败的主要原因之一。创业公司的第一任务是学习，而不是扩张，所以，刚刚开始的时候任何能把产品推给潜在客户的渠道都是可以利用的。虽说渠道有无数种，但是有些渠道可能根本就不适合我们的项目，而有的则可能在后期才能发挥作用。

假设我们是做中小学生培训的创业项目，在项目早期我们怎么接触我们的顾客群体？我们可以在中小学放学时接触到我们的客户，还可以到住宅小区门口去找我们的客户，同时我们还可以通过一些网上渠道接触客户，比如相关的教育论坛、家长群等。这些都是我们接触客户的渠道。

【延展阅读】

《精益创业实战》的作者莫瑞亚（2013）认为在项目早期进行渠道选择的时候，一般可以考虑下面这些问题。

1. 免费与付费

首先我们需要意识到没有什么渠道是真正免费的。我们感觉有些渠道是免费的，比如搜索引擎优化（search engine optimization，SEO）、社交媒体、自媒体（博客、微信公众号、头条号、抖音）等，但是这些渠道是需要花费人力资本的。这些渠道的投资回报率不好计算，因为和那些需要付费的渠道不同，这些渠道会一直存在，一直起作用。

搜索引擎营销（search engine marketing，SEM）是一种常见的将营销信息传递给用户的渠道，用户需要支付相应费用。莱斯（2012）在他的书中提到，他曾为自己的早期产品在Google AdWords广告服务上每天花费5美元，差不多每天可以带来100次点击，每次点击的花费是0.5美分。如果觉得这个渠道可行，也可以这么做，不过对大部分产品来说这条路已经走不通了。

现在，关键词广告的竞争已经达到了白热化阶段，要想胜过竞争者，要么多花钱，要么出奇制胜。但是，这些招数并不适合早期使用，最好等到产品和市场达到契合之后再用，因为那时候你的重心不再是学习，而是改良。

2. 内联与外联

内联式渠道（inbound channel）是使用“拉式策略”让客户自然而然地找到产品。而外联式渠道（outbound channel）则主要是使用“推式策略”让产品“接触”客户。

内联式渠道包括博客、SEO、电子书、白皮书、网络讲堂。

外联式渠道包括SEM、传统媒体或者电视广告、展销会、直接打电话。

如果项目的独特卖点还没有经过市场检验的话，就没必要在外联式渠道上花钱进行宣传，让知名自媒体给你发一篇报道文章，或者寻求其他公关手段，都是在浪费金钱和时间。这个时候应该尽量用内联式渠道来吸引那些早期接纳者，现在还不是进行“登报宣传”的最佳时机。

3. 亲力亲为与自动化

可以把直销看成是扩张渠道。不过，只有在客户生命周期总价值超过直销人员总薪酬时，这种渠道才有用，如某些B2B或者企业级产品。此外，还可以把直销看成是学习渠道。直销是有效的学习手段之一，因为营销人员可以面对面地与客户进行交流。最好的方法是：先亲力亲为地进行推销，然后再自动化。

4. 亲力亲为与他人代为

创业公司经常浪费精力去过早地寻求建立战略合作伙伴关系。其初衷是和大公司合作，借用对方的渠道和信誉上位。问题是，如果没有切实可行的产品，又怎么能得到大公司销售代表的青睐？换位思考一下：假设你是大公司的销售代表，而且有销售任务，你是愿意销售自己了解的产品，还是愿意销售未经市场验证的产品？

外聘销售人员也是同样的道理。销售人员执行销售计划的能力虽然很强，但是他们无法替公司制订销售计划。

5. 打造口碑之前先做好产品

有很多创业公司从一开始就热衷于口碑营销或者发展推介人。虽然口碑营销是有效的产品宣传手段，但必须先做一个值得让人宣传的产品。

6.2.2.5 收入分析和成本分析

精益画布中的“收入分析”和“成本分析”两项，确定的是商业模式的发展性。在分析收入和成本时应该着重分析眼前的收入和成本，不要去为未来3年或者5年做预测。

收入分析主要考虑的是公司的产品或服务怎么赚钱，也就是公司的收入来源有哪些。需要思考“顾客的终身价值是多少、未来的收入是多少、毛利是多少”。比如在吉列剃须刀案例中，刀片的销售价格是成本的 5 倍，因此毛利率考虑是 80%；顾客每使用 6 到 7 次就需要换一块刀片，根据一年一个消费者大致要购买的刀片数，可以大致计算出一年的总收入；还可以分析一下吉列客户的终身价值是多少，吉列未来的总收入又是多少。

成本分析主要考虑整个项目中，争取客户花费了多少，生产产品花费多少，销售产品花费了多少，网站架设花费多少，人力资源花费多少。把能够想得到的费用，尽可能汇总。然后用收入减去成本，就能算出项目能否盈利。当然，有些项目有可能短期亏损，如果短期亏损就需要考虑，未来的盈利是否满意，还要考虑能否承受短期亏损。

6. 2. 2. 6　关键指标

关键指标是指在创业过程中或者经营过程中必须关注的核心指标。不管是什么样的公司，都能够找到几个关键指标，用以评估公司的经营状况。这些指标不仅能够帮助衡量公司的发展，也可以帮公司找出客户生命周期中的重点时段。

【延展阅读】

麦克卢尔为软件公司设计的“海盗指标组”可以作为创业项目的关键指标。虽然“海盗指标组”是为软件公司设计的，但是这个框架也适合于其他行业。

1. 获取

获取指的是把普通访客转换为对产品感兴趣的潜在用户的过程。如鲜花店，能把走过你橱窗的人吸引到店铺内就是一次获取。又比如产品网站，不管访客在你的网站上做什么，只要他们不离开网站（即弃用），就算是获取了。

2. 激活

激活指的是感兴趣的潜在客户对产品的第一印象感到满意。如鲜花店，如果潜在客户走进店里之后发现乱糟糟的，跟在店门口的感觉完全不同，那这样的第一印象肯定无法让人满意。又如产品网站，一旦用户注册，你就必须确保能够兑现网页上对产品做出的承诺（即独特卖点）。

3. 留客

留客评估的是产品的“回头率”或者说是客户的投入程度。如鲜花店，留客就是客人再次来到商店。又如产品网站，留客就是以前的访客重新登录网站，并使用产品。这个指标是我们用来评估产品和市场匹配程度的关键指标。

4. 收入

收入评估的是用户付费的情况。买鲜花、购买或订阅产品等都属于收入，会不会在第一次访问时就付费则不一定。

5. 口碑

口碑是比较高级的用户获取渠道。满意的用户会再推荐或者促成其他潜在用户来使用你的产品。如鲜花店，客人只需要跟自己的朋友说起你的鲜花店就算是树口碑了。又如产品网站，树口碑可以是隐性的，如使用病毒式传播或者社交分享功能（如使用分享按钮分享给朋友），也可以是显性的，比如使用推荐人奖励计划或者推荐送积分等。

6.2.2.7　**门槛优势**

门槛优势是创业项目中，竞争对手在短期内很难复制的一个优势。在前面介绍的吉列案例中，吉列的门槛优势是它拥有的专利，但是对于很多创业项目而言它是没有专利的，那么它的门槛优势是什么呢？

有很多创业者喜欢把激情、代码行数或者产品的功能等描述为竞争优势，其实这些都不是优势。在商业模式中，很多人还通常把“首创”称为优势。然而，首创很可能是劣势，因为开拓新市场（风险控制）的艰难重任落在了你的肩膀上，你极有可能最终为后来者做了嫁衣，而紧紧跟随的后来者随时都有可能将你的全套招数收入囊中，除非你能不断超越自我和跟风者。而这就需要真正的“门槛优势”。很多成功的企业如福特、丰田、谷歌、微软、苹果等，它们都不是首创者。

杰森·科恩（Jason Cohen）提出过一个有趣的观点，那就是任何可能被模仿的东西都会被模仿，特别是当别人看到你的商业模式确实可行的时候。你可以想象你的黄金创意有可能被合伙人“偷了”，也有可能已经被国内的大型企业使用了，那你的公司还有发展前景吗？

针对上述情况，杰森·科恩提出真正的门槛优势必须是无法轻易被复制或者购买的。

符合这个定义的门槛优势有：内部消息，“专家级用户”的支持和好评，超级团队，个人权威，大型网络效应，社区，现有顾客，SEO 排名。

有些门槛优势开始只是提供给客户的价值，但是随着时间的推移逐渐发展成了独有的优势。

比如，国内著名的餐饮企业“海底捞”就非常注重让员工和客户满意。这一点体现在了这家公司各种不符合商业常理的政策上，比如：对门店经理的绩效考核指标，不是单店的营业额、利润率，而是顾客和员工的满意度；企业花大量费用提供花式候餐服务；等等。这些政策让“海底捞”脱颖而出，还为其吸引了大批愿意帮忙宣传的忠实顾客。

【情景案例】

言几又的商业模式创新

在言几又创始人但捷看来，中国的消费趋势已从注重便利性走向了注重设计感，复合化、体验与互动，以及互联网应用更成为商业地产行业的主流导向。就言几又而言，目标仍是：精选+高端，提供最好的空间。因此，他最关注的创新也是空间、场景化与设计三个方面。可以想象，言几又这个“城市文化空间”的未来，充满期待。

2015 年 5 月 27 日，言几又在成都凯德广场开了全国首家标准店；2016 年 9 月 26 日“又见”言几又，其全新子品牌“言几又·见”全国首家亮相成都来福士广场；2016 年 12 月 23 日，言几又 IFS 旗舰店开业……两年时间，在舆论所谓实体店崩塌的当下，言几又却迎来开店潮。

“理想生活=阅读+美食”的复合式空间，让阅读和生活相融合，在浓厚的文化氛围中，店内充满时尚的点缀，都在设计语言上尝试传达对未来的不同理解。事实上，这也是言几又的新商业——既是书店，也是城市文化Mall，更是城市的文化地标。这里有书，但它不只是书店；这里有文创产品，但它不只是创意市集；这里有画，但它不只是画廊；这里有飘香四溢的咖啡和小清新饮品，坐下来自拍成为不少潮人的选择……看上去复杂而又多元，带给人的是新奇体验。

从今日阅读到今天的言几又，其所演绎出的书店故事，是近十年来中国书店的缩影。今日阅读第一家店2006年开在成都紫荆小区，最初的今日阅读书店都是40~100平方米的小店，且书店的业务以租书、贩卖杂志和流行读物为主。言几又创始人但捷与朋友们创设书店，是因为对书的热爱。出乎意料的是，第一家店生意出奇地好，随后陆续在成都开设了近30家小书店，同时进军重庆、西安和昆明图书市场。“那是书店的黄金时代。”但捷说。

随着互联网的普及，网购图书在读书人生活当中所占的比重大幅增加，于是，2010年前后，许多独立书店不堪重负，纷纷歇业。在成都，就有弘文书局、时间简史大书坊、印象大书坊等曾被成都市评为“十大书店”的书店相继关门。如何应对书店市场的变局，无疑考验着这些书店。在这种背景下，今日阅读书店相继关闭了一些小书店，重庆、昆明的书店也不得不歇业。

但捷开始集中精力经营成都、西安的书店。2010年开业的凯丹广场店是今日阅读当时最大的书店。为了减轻租金压力，书店只留了30%的面积给书架，10%的面积用于创意生活用品的销售，60%的面积留给了咖啡馆。这家店不到两年便收回了成本。也正是这样一次经历，让但捷和朋友们对书店的定位有了本质的改变——书店不一定只销售书。但捷说：“我的梦想，是让创意书店变得更时尚、更好玩、更酷。让卖奢侈品的商场也有心灵的鸡汤，也能享精神上的奢侈品。”如果放在10年前，可能没人会到书店聚会喝咖啡。事实上，走进书店喝咖啡、聚会、看书正成为越来越多的成都人的选择。在IFS负二楼的言几又旗舰店，面积4 000平方米的书店除去传统层面的创意书店外，还有咖啡厅、创意市集、艺术画廊，还有茶餐厅、DIY手工，甚至有进口超市、美发店，以及照相馆。在言几又方面看来，这些元素表面上似乎毫无关联，实际上却有着清晰的逻辑线索：一种言几又倡导、过滤与提供的美学生活方式。

（案例来源：言几又：市场变局中如何定义书店？[EB/OL].(2017-08-24)[2025-02-18].https://www.sohu.com/a/167018882_466937.）

【作业与思考】

用精益画布的九个模块，分析言几又的商业模式。

6.3 几种典型的商业模式

随着互联网特别是移动互联网时代的到来，在创业活动中，涌现出了很多新颖的商业模式。

6.3.1 围绕客户提供服务的商业模式

围绕客户提供服务的商业模式有以下几种。

第一，刀片加刀头商业模式。这种模式我们在前面的吉列剃须刀案例中已经介绍过，吉列剃须刀采用的就是这种商业模式。刀片加刀头商业模式的基本原理是刀头免费或者低价，刀片高价销售，企业以低价商品获取顾客，再通过后续商品的溢价收入获取收益。现在有很多企业采用这种模式：除了吉列剃须刀外，还有打印机——打印机很便宜，但是墨盒很贵；然后还有拍立得相机——相机很便宜，但是胶片很贵。

第二，反向刀片刀头模式。反向刀片刀头模式，就是刀片可能很便宜，但刀头可能比较贵。2001 年，苹果公司推出一款独立产品 iPod。用户可以将 CD 中的音乐和互联网上下载的音乐拷贝到 iPod 中。2003 年，苹果推出了 iTunes 音乐商店，并与 iPod 紧密集成到一起。该音乐商店允许用户以一种非常便宜的价格购买和下载数字音乐。而 iTunes 本质上是将音乐版权商和听众直接连接在一起，为前者提供正版音乐的创新销售渠道，为后者提供物美价廉的正版音乐视听体验。使用 iPod 产品，在苹果公司的 iTunes 音乐商店下载音乐只需要 0.99 美元，比单独购买歌曲便宜很多。苹果的 iPod 产品很贵，但是购买 iPod 后下载音乐却很便宜。

第三，版本模式。版本模式是大多数软件企业采用的模式，消费者只需要购买一年会员服务，就可以一直在这个平台免费使用任何服务。比如，腾讯的视频会员服务规定，购买腾讯的视频会员服务后就可以免费观看腾讯视频上的资源。此外，还有其他一些平台的会员服务都属于这种版本模式。

6.3.2 整合上下游资源的商业模式

针对企业上下游资源整合的商业模式主要有以下几种。

第一，跨越型商业模式。企业在经营过程当中，可以进行产业链的整合，向产业链的上游或者下游发展。例如，以前仅从事农业种植，现在还销售大米，这就是跨越型商业模式。

第二，贯通型商业模式。这是指把产业链的上下游都打通，产品从设计、生产到销售都由自己来做。比如华为，它的主要产品是自主研发的，主要的零配件也是自己设计、生产的，并通过自建销售渠道进行销售，这种商业模式就是贯通型商业模式。

第三，错位型商业模式。这是指企业与企业之间合作，优势互补，形成有竞争力的新企业。例如，小米生态链上的企业与小米都是合作关系，这就是错位型商业模式。小米的优势在于互联网营销及企业品牌，而小米生态链中很多企业拥有专业技术，但是品牌不知名、营销能力不强，小米通过与这些企业合作形成有竞争力的错位型商业模式。比如小米手环，它是小米生态链企业华米生产的，华米有技术，但是缺乏知名度和营销能力，跟小米合作以后，就产生了非常好的效果，现在华米已经在美国上市。

6.3.3 平台型商业模式

平台型的商业模式可分为双头模式和多头模式两种。

第一，双头模式就是一个平台有两种企业。比如，电子邮件，它连接发件人和收件人；还有淘宝，它连接买家和卖家。这就叫双头模式。

第二，多头模式主要指除了买卖双方之外，平台中还有第三方企业参与。比如饿了么，就属于多头模式，有买家、卖家，还有配送方。

【拓展阅读】

除了上面提到的商业模式之外，随着社会环境的变化，涌现出了一些新的模式。

案例一："共享"模式

利捷航空是一家为全球高端客户提供一系列公务及私人航空服务的公司。利捷航空提供的共享服务，让个人或企业只需付飞机的部分价款，就可享受拥有整架飞机的种种好处。用户如果要从某地飞到另一地方，只要提前三四个小时向利捷航空预订即可。现在利捷航空已经拥有几百架飞机。共享模式实际上就是一种众包模式。众包模式就是企业通过互联网以自愿的形式转交给大众群体来完成的一种商业模式。如各类众筹网站、苹果的应用商店、猪八戒网。

案例二："长尾"模式

"长尾"模式是基于长尾理论形成的商业模式（见图6-4），该商业模式关注非流行（非主流）市场的需求。如百度、淘宝、亚马逊。百度主要的收入来源是广告，而百度的广告主大多都是小微企业，这在以前是不可能的，因为以前广告媒体的价格很昂贵，小微企业无法支付高昂的费用，而百度的出现让众多小微企业都能够做广告。

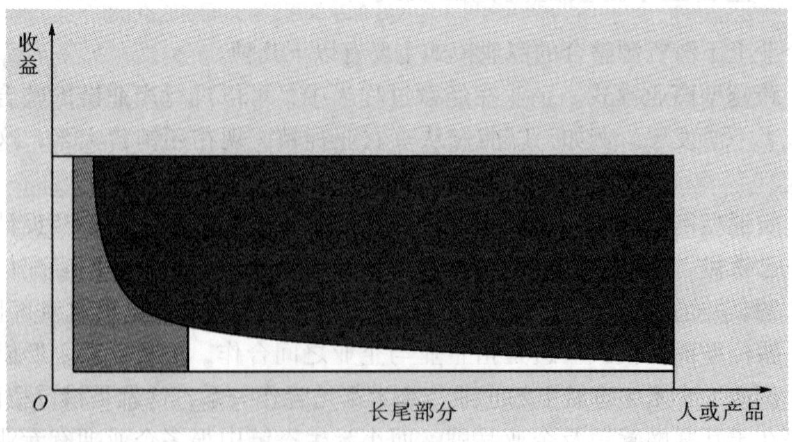

图6-4 "长尾"模式

案例三：“快时尚”模式

ZARA是西班牙的一家服装公司，它的口号是“快时尚”。有多快呢？中国的服装从设计到打版再到上市需要3~6个月，但ZARA最快可以7天完成，平均12天完成。它是怎么做到的呢？它自己不做设计，而是派员工到世界各地去观看时装表演，然后用相机把时装拍下来，再将相片发回公司的设计中心，便可以开始生产，最后上市。此外，ZARA的服装会在西班牙本地厂做，虽然在西班牙生产服装的人工费很高，但是生产效率高，可以实现企业的高速运转。ZARA的模式就是“快时尚”。

案例四：“标准化”模式

很多餐饮连锁企业都会遇到这样的问题：因为厨师不同，每个分店的菜式和味道不一样，而且对厨师依赖性强。而真功夫全球华人餐饮连锁（以下简称“真功夫”）就很好地解决了这个问题，它将菜式标准化、规范化。“真功夫”在一开始扩张时就开发了蒸炉，将餐具标准化，随后蒸出若干道味道不错的菜再用以标准化、规范化，它有个中央厨房，专门研究新的菜谱。这样“真功夫”就能摆脱对厨师的依赖，就能扩张。但厨师还是有存在的价值的，他可以研究推出受大众欢迎的有特色且不容易被模仿的菜式。

案例五：“大规模定制”模式

青岛红领集团是一家做西服的企业，是国内实行“大规模定制”模式的典范。其基本运作模式是与海外西服定做店合作。客户到西服店后，店员量22个重要尺寸，定义身体轮廓，然后与客户一起设计西服，比说扣子、开衩、面料，衣服的面料被裁剪下来后会挂无线视频的识别卡，可以查询衣服加工过程中的相关信息。挂有无线识别卡的面料，随着制造流水线流转，客户可以知道流转的内容，最后在一个工位上进行组装和熨烫，完成后打印客户的地址，并快递派送给客户。整个过程只需要6~7天。在信息化的今天这一切都成为可能。

【作业与思考】

思考一下在设计商业模式时，你会采用哪一类商业模式。

【情景案例】

天猫超市3年1 000亿元的商业模式

天猫超市，在经历了两任CEO的带领后，如今越发显得有狼性。在阿里CEO张勇的定义中，天猫超市是与淘宝、天猫和聚划算并列的第四个消费者平台。这意味着天猫超市和天猫是并列平级的。

2016年4月8日联商网大会暨全球零售创新峰会上，天猫超市总经理阿坚提出天猫超市在2018年要做中国最大的超市，业绩目标超1 000亿元。2016年7月14日，天猫超市新帅江畔上任，公布“双20亿”计划，高调宣称2018年成为线上线下最大超市，计划3年取得10倍增长，业绩超1 000亿元，而且争取实现盈利是天猫超市两任总经理的共同目标，那么这里的商业模式是否合理呢？

1. 代运营模式

天猫超市前任总经理阿坚说：“最开始的商业模式是，前端有蓝火翼作为零售商，中间有淘宝平台方提供流量，后端有供应商。但当时没有把零售商和平台商的概念想清楚。”

这是代运营模式，蓝火翼是代运营公司，专营天猫超市；淘宝是平台商，负责提供流量，并为蓝火翼背书；供应商供货给蓝火翼，双方为贸易关系。

这和京东自营模式的经营本质差不多，都是B2C的贸易关系。只是阿里人为把天猫超市整体外包给第三方来代运营，所以财务关系发生了变化：自营模式是京东开票给消费者，代运营模式是蓝火翼开票给消费者。

蓝火翼和阿里的角色不同，双方看问题的视角也有所不同。作为平台商，阿里希望天猫超市能够创新走新路，而蓝火翼作为代运营商，希望从中获利，太长远的事情难以企及。这种代运营模式，本来就不可能长久。

天猫超市在2011年“双十一”爆仓之后关闭，暴露出大量问题，暂时关店休整。再次上线以后天猫超市改变商业模式，坚持以纯粹平台式的方式经营，蓝火翼逐渐淡出。

2. 学百货的联营模式

2016年联商网大会暨全球零售创新峰会上，天猫超市总经理阿坚着重描述了天猫超市的商业模式：“我们面向消费者提供了一站式B2C的体验服务，这方面跟京东、一号店，以及线下商超没有太大差别，因为我们提供了统一的仓配服务、统一的收银台、统一的发票。但对于商家来说，我们还是做平台式的模式。这是什么概念呢？就是说商家首先入驻天猫超市，比如宝洁入驻天猫超市，同时把宝洁的货放到我们仓库里面来，它参与我们的营销与促销，负责这个商品的价格，同时对库存负责。我们不存在产销环节，对于商业模式，我们采取佣金的方式。比如宝洁在我这里卖了一笔，我收取它的佣金，剩下的部分结算给它。”

按照江畔的说法：“天猫超市现在是‘平台式自营’，既不同于一般的自营又不同于代销。”

传统实体超市以代销和自营模式为主，而天猫超市在学习传统百货的联营模式：平台商与供应商联营。供应商有定价权（与实体超市相反）、促销权、商品权（商品编辑与库存安排）；平台商负责开票、商品仓储配送和售后服务。

在百货业态备受诟病的联营模式，被天猫用在超市业态，实在是一件有趣的事。

3. 供应商变为深度合作商

对于传统超市，供应商大多只负责供货，大卖场负责定价与促销；而天猫超市，供应商不仅仅供货，还有定价权和促销权。

把定价权和促销权交给供应商，供应商变为深度合作商，具有零售职能。这是一种商业模式的变革，天猫超市没有前后台毛利，只有平台销售扣点（2017财年天猫超市销售扣点已经出台）；天猫超市的结算周期只有10天，实体大卖场的账期一般为45~60天，实际90天账期也是存在的。账期的变化，可能会直接反映到商品零售价上，账期越短，价格越优惠。

天猫超市的商业模式是联营模式，有利于海外超市入驻经营，真正实现货源全球化。在未来的消费者传播层面，容易形成一个认知：天猫超市，货源全球化，应有尽有。认知产生行为，未来消费者很可能把天猫超市作为超市购物第一选择。这不是构想，天猫超市已经在实现的路上。

（案例来源：张陈勇．天猫超市3年1 000亿元的目标凭什么？[EB/OL].(2016-08-08)[2025-02-18].http://www.iyiou.com/p/30073.html.）

6.4 商业模式的设计与检验

6.4.1 商业模式设计基本流程

6.4.1.1 商业模式设计基础工作

1. 分析和确定目标顾客

分析和确定目标顾客是设计商业模式中最重要的一环。分析和确定目标顾客就是要明确企业的顾客是谁，并且能够描述顾客的轮廓，现在的流行说法叫消费者画像。

2. 列举目标顾客的问题

列举目标顾客的问题就是列举顾客在生活、工作中遇到的问题，也可以理解为列举给顾客在生活或工作中造成困扰的事情。

3. 确认和理清问题的轻重缓急

在众多问题当中哪些问题对客户来讲是困扰最大的，也就是用户感觉是最重要的、亟须解决的。在明确客户问题之后，需要进行市场调查来验证问题。如采用访谈法，与目标顾客进行深度访谈，来确认这个问题是否是困扰他的问题，是不是迫切需要解决的问题。

6.4.1.2 定义和检验价值主张

定义和检验价值主张就是企业能够给顾客提供什么样的价值，在提供价值的过程中，企业又能获得什么样的收益，因此定义和检验价值主张就是企业采用什么样的解决方案来解决顾客的问题。

在形成解决方案的过程中需要注意以下几点：第一要真实；第二要可行，有的方案确实非常好，但是受制于技术、资金等因素可能现阶段还不能实现，这种商业模式也是不可行的；第三要考虑与顾客的关联性，就是要看解决方案是不是顾客所需的。

在本环节不仅要明确解决方案，还需要去验证它，就是把解决方案拿给顾客看，与顾客沟通、讨论，验证解决方案是否能解决顾客的问题。

【情景案例】

“租立耶”的商业模式

“租立耶”是西南民族大学一个学生物品分享租赁服务项目。该项目通过征集大学生闲置的物品，利用微信公众号平台将闲置物品租赁给有短期应急需求的大学生。

“租立耶”的客户包括有短期应急需求的大学生、拥有闲置物品的大学生、其他个体或者商户。对于这种有短期应急需求的大学生来讲，它满足了用户对短期应急物品的租赁需求，同时也让有闲置物品的人获得了收益。

跟传统的线下租赁模式相比，首先该项目是一个轻资产的项目，鼓励大学生和商家分享商品；其次他们是通过线上租赁平台来实现物品的分享的，出租方和租赁方都在线上操作完成主要步骤。

项目技术并不复杂，但有竞争力且对手难以模仿的资源很难找到。关于项目的核心资源，团队成员将其归纳为：接触项目时间较久、对大学生物品分享租赁业务比较熟悉、能够给顾客提供比较好的用户体验，在长时间的项目运营过程中拥有比较丰富的大学生租赁的数据，能够利用大数据不断地巩固、强化客户服务和维系顾客关系，保持行业领先。

项目的收入来自物品的租赁费用分成。租赁费用一部分支付给了有闲置物品的人，一部分由平台收取，然后是配送费用（配送是由平台来完成的）。由于该项目采用轻资产运营，成本构成中最主要的是人工成本，以及前期的一些技术开发费用。

关于项目发展空间及后期盈利能力，团队成员认为：第一，能够快速复制现有的商业模式，快速拓展到更多的高校；第二，能够利用互联网工具及大数据来提高用户的复租率。通过后台数据可以分析用户对商品的需求，然后增加商品的种类，维系客户关系，从而提高复租率；第三，后期的盈利空间较大，比如广告收入、第三方的一些物品销售收入等。

通过对该项目的商业模式和运营数据的分析，团队证实了大学生物品分享租赁市场的存在，以及该项目的可行性。项目在实际的运营过程中也出现了一些问题，由于创始团队成员都是在校大学生，本身具有时间和能力的局限性，如知识储备不足、缺乏经验和能力、与学习时间难以协调、团队核心成员流失严重、线上运营能力有限、客户管理问题凸显、服务品质出现问题等。

6.4.1.3 设计营收模式

在明确解决方案以后，下一步就要设计营收模式。营收模式就是我们的收入来源。比如说，你开了个煎饼摊卖煎饼，设想一下，你的收入来源会有哪些呢？大家马上想到的就是卖煎饼的收入，但是除了这项收入以外，还有哪些收入呢？可以利用抖音、微视频，通过直播及流量获得收入；还可以通过教学培训获得收入——由此可设计出煎饼摊的营收模式。

6.4.1.4 设计关键流程和资源

设计关键流程和资源就是要把我们这个项目的关键活动详细描述出来，同时明确在项目实施过程中还需要哪些关键资源、这些资源是否能够获得、如何获得。

6.4.1.5 明确合作伙伴

在设计商业模式时，还要明确企业重要的合作伙伴是哪些，这些合作伙伴能够给企业什么样的帮助。

6.4.2 商业模式设计方法

设计商业模式主要有以下几种方法。

第一，模仿他人的商业模式。由于商业模式不是专利，因此它是可以模仿的。有的企业全盘复制优秀企业的商业模式，有的企业则根据自身情况略加修正。

第二，借鉴提升。分三种：其一，引用创新点，就是通过学习和研究优秀的商业模式，借鉴他人商业模式中的创新点来改进自身的项目、产品；其二，延伸拓展，就是在别人的商业模式中，还能不能做一些补充和完善；其三，逆向思维，看能否与别人的商业模式反其道而行之，以便有更好的解决方案。

第三，在竞争中设计商业模式。在跟竞争对手进行竞争的过程当中，要不断去完善自身的商业模式。其一，强化自身的良性循环，就是不断完善自己、提高自己，让自己有竞争能力；其二，削弱竞争对手的良性循环；其三，变竞争为互补，可以考虑在竞争当中把拥有不同商业模式的竞争对手变为创造价值的合作伙伴。

第四，在试错中调整商业模式。设计出的商业模式不可能一开始就是完全正确的、完全科学的，需要在实施过程中不断检验，通过试错，不断修改，最终找到成功的商业模式。

6.4.3 商业模式设计中的常见问题

第一，需要关注用户的强需求，也就是刚需。

第二，规模是关键，销量或者客户数量非常重要，特别是互联网企业；即使不是互联网企业也要考虑规模，因为企业顾客只有达到一定规模后，才能实现盈亏平衡。

第三，快速迭代，需要在不断的试错过程中、在竞争中去调整商业模式。如百度，早期通过为其他互联网企业提供搜索引擎技术来盈利，但是后期通过不断迭代把竞价排名作为盈利的重要方式。

6.4.4 商业模式的检验

在商业模式设计完成后，还需要对其进行必要的检验，商业模式的检验方法一般有以下三种。

第一，故事性检验。比如“把梳子卖给和尚”的故事——一个推销员建议寺院方丈把梳子作为进香者的礼品馈赠，从而获得了一笔大订单。虽然从营销学上有可采纳之处，但是把产品销售给不需要的客户，从商业模式的检验角度是行不通的。商业模式强调要给客户带来价值，要解决客户的问题，在本案例中却没有。

第二，逻辑性检验。比如有人琢磨中国国内市场很大，约有 13 亿人，如果每个人购买一个我的产品，那么我的产品就有 13 亿客户，但问题是这 13 亿客户当中，他们的收入水平、个人喜好等差异非常大，是不可能都购买你的产品的。

第三，数字性检验。1990年，摩托罗拉推出铱星计划，当时这个计划总共耗资50亿美元，但是最终他们覆盖的用户只有65万，用户收入和成本之间差距非常大，这其实就是一个盈亏平衡分析。如果企业无法达到盈亏平衡，这也是无法通过检验的。

【作业与思考】

运用商业模式的设计及检验方法，设计并检验自己创业项目的商业模式。

【情景案例】

在不同的创业阶段中不断成长

“欧宝聚合物”筹划于2010年，成立于2012年，位于江苏省镇江市经济技术开发区，是以国内三星科技有限公司和国外芬兰PREMIX公司共同投资设立的扬中欧宝公司为基础而组建的一家新创企业。7年来，在全体员工的不懈努力和奋斗下，公司已经从一家低端、零散的通用型化工材料生产企业，转变为集中、高端产品与服务于一体的专业化工复合材料公司。主营业务包括工程复合材料的研发、生产和销售，产品覆盖EPC6、EPC9、TPE5和LFR9共4大类70多个品种。同时，公司还可以根据客户的个性化要求，专门研发和生产符合客户需求的定制产品。公司产品销售规模和销售额持续上升，2015年公司销售额首次突破1亿元，创造利税2 000多万元。2016—2017年，公司着手内部挖潜和管理变革，在管理效率和水平上狠下功夫，先后完成了公司部门结构和人员重组、内部管理规范和管理流程优化，并对原有的ERP系统进行了全面升级，进入一个新的历史发展时期。

“欧宝聚合物”的创业历经三个阶段：①创业筹划期（2010—2012年）。在这一时期，“欧宝聚合物”主要完成了扬中欧宝公司的资产清理和划转，将扬中欧宝公司的大部分资产划转到“欧宝聚合物”名下，由“欧宝聚合物”执行资产运营并承担资产保值增值的职责。同时，以扬中欧宝公司原有的组织结构为基础，搭建了“欧宝聚合物”的管理层，任命三星科技有限公司董事长之子为总经理，保留了扬中欧宝公司原有的管理人员和员工队伍。在硬件建设上，将“欧宝聚合物”的厂址从扬中市区迁移到镇江市大港经济开发新区，建造了新的厂区、厂房；在软件管理方面，主要利用扬中欧宝公司原有的班底，承接了扬中欧宝公司的产品、客户和供应商。②创业探索期（2013—2015年）。在这一时期，公司经历了产品结构调整、企业形象塑造、销售模式转变等一系列根本性的变革，同时加强了对新产品客户、供应商和合作者的管理，特别是完善了对大客户、关键供应商和国外合作伙伴的关系管理。③创业成长期（2016年至今）。经过探索期的运营和实践，公司发现，人工成本、库存成本、物料损耗、不合格产品损失在总成本中占据了很大的比例，是公司产品成本居高不下的主要原因，因而公司从内部挖潜和活动改造入手，在管理活动效率、部门职能重组方面进行了一系列变革，以提升公司的盈利能力和绩效水平。在这一时期，公司主要完成了生产计划活动的调整、采购和仓储活动的强化、质量控制活动的升级，以及部门管理流程的优化、部门绩效考核的规范化等。

（案例来源：刘刚. 创业企业商业模式的多层次结构创新：基于战略创业的欧宝聚合物案例分析［J］. 中国工业经济，2018（11）：174-192.）

【本章要点】

●商业模式是企业为了给特定的客户群体提供以产品或者服务为载体的价值所采取的一整套解决方案，并通过该解决方案获得盈利的可持续运营模式。

●商业模式包括五个主要构成要素：客户价值、解决方案、核心资源、盈利模式和持续盈利。

●精益画布被认为更适合于创业企业或者初创企业用来设计或描述自己的商业模式。精益画布由九个模块构成：客户问题、客户群体分类、独特卖点、解决方案、客户渠道、收入分析、成本分析、关键指标和门槛优势。

●围绕客户提供服务、整合上下游资源、平台型、共享模式、长尾模式等是互联网时代的典型商业模式。

●商业模式设计的一般过程包括：分析和确定目标顾客、定义和检验价值主张、设计营收模式、设计关键流程和资源等。

●商业模式的检验有故事性检验、逻辑性检验和数字性检验三种。

【重要概念】

商业模式　精益画布　客户群体细分　独特卖点　竞争门槛

【复习思考题】

1. 什么是商业模式？
2. 商业模式的主要构成要素有哪些？
3. 商业模式的设计框架包含什么？
4. 典型的商业模式有哪些？它们各自有哪些特点？如何区别？
5. 掌握商业模式的设计框架，并尝试完成对商业模式的设计。
6. 结合自身经历，对生活中的一些商业模式进行学习和分析。

【实践练习】

活动一

（1）活动名称：绘制租立耶的精益画布（案例内容可见 6.4.1 节）

（2）活动目的：理解精益画布的构成要素

（3）活动人数：30~120 人

（4）活动时间：30 分钟

（5）活动规则：

步骤一，4~6人一组，拿出A4纸，小组内讨论，并在纸上写出租立耶的客户问题、客户群体、独特卖点、解决方案、客户渠道、收入和成本状况、关键指标、门槛优势等；

步骤二，将绘制好的精益画布上传到学员微信群，进行不记名投票；

步骤三，选1~2个小组分享他们绘制的精益画布。

（6）教学用具：A4纸、签字笔、水彩笔

（7）活动反思：租立耶的精益画布还有哪些地方可以再进一步完善?

活动二

（1）活动名称：验证精益画布

（2）活动目的：将精益画布理论与现实生活相结合

（3）活动人数：30~120人

（4）活动时间：30分钟

（5）活动规则：

步骤一，6~8人一组，设计一个简易的创业项目，对照精益画布的9个要素确定客户问题、客户群体等一系列内容；

步骤二，课前访谈10个以内的目标顾客；

步骤三，根据访谈内容，验证前期提出的客户问题是否重要、解决方案是否能真正解决顾客问题。

步骤四，根据目标顾客的反馈结果，进一步修改和完善创业项目的精益画布。

步骤五，选取2~3组，分享他们设计的创业项目以及精益画布的改进方向。

（6）教学用具：A4纸、签字笔、水彩笔

（7）活动反思：为什么预期设想的客户问题和解决方案与实际不符?

【课程思政】

人生商业模式

企业有自己的商业模式，我们的人生也有自己的商业模式。借鉴商业模式画布的要素和布局，我们可以构建人生商业模式。

1. 核心资源

个人核心资源主要有两方面。一是“我是谁”，包括兴趣、技能和个性；二是“我拥有什么"，包括知识、经验、人际关系，以及其他有形和无形的资源或资产。

兴趣是指能令人感到兴奋的事物，这一点或许是最宝贵的资源。因为兴趣是催生职业满足感的动力，因此可以在表内“核心资源”部分列出最感兴趣的方面。

技能是第二大资源，它也包括两个方面：能力与技术。能力是指与生俱来的天赋，即做起来比别人感到轻松的事情，如空间感知能力、人际沟通能力和机械应用能力；与此相反，技术是指后天习得的能力，即通过大量实践和学习做到熟能生巧的方面，如护理、财务分析、建筑施工、计算机编程等方面的能力。

个性是体现内在个人特征的因素，也是属于每个独特个体的一项资源，它体现了你是一个什么样的人，比如情商高、刻苦勤奋、性格开朗、遇事冷静、镇定自若、深思熟虑、精力充沛、关注细节等。

当然，“我是谁”这个命题包括的并不只是兴趣、技能和个性这三个方面，还包括价值观、智力水平、幽默感、教育程度、人生目的等诸多内容。

进一步地，“我拥有什么”包括有形和无形的两类资源。例如，喜欢在网上结交朋友，则可以在表内写下“人脉广泛”字样，还可以进一步说明职业声誉良好、在某个领域担任过领导工作、出版过作品或拥有知识产权等。最后，列出有利于职业发展的个人有形资产，如车辆、工具、服装以及可用于职业投资的存款或实物资产。

2. 关键业务

关键业务，即“我要做什么”，取决于上一步的核心资源。也就是说，“我是谁”必然影响着“我要做什么”。

在描述这个模块时，可以想想日常工作中经常做的事情。需要注意的是，关键业务是指为客户实施的基本的体力或脑力活动，而不是实施这些活动所创造的更重要的价值服务。

尽管如此，在描绘个人商业模式画布时，列举特定的工作任务仍然是一种非常直接的方式，它能帮助你更深刻地思考价值服务这一重要概念。列出的工作任务可能只包括两三项关键业务，也可能涉及更多的内容。需要注意的是，要在画布上列出真正重要的活动，即足以说明你的工作特点的活动，而不是罗列冗长的细节。

3. 客户群体

接下来要描述的是客户群体，即“我能帮助谁”。客户群体既包括那些付费享受某种利益的群体，也可以是那些免费享受利益但必须通过其他人付费补贴的群体。

作为个体，你的客户或客户群包括企业内部依靠你的帮助来完成任务的人。自雇型就业则可以把工作地点写为企业环境。因此，老板、上司以及其他向你支付报酬的人都属于客户群体当中的一类，可以在客户群体模块写下他们的名字。

继续思考以下问题：你在工作中扮演的是什么角色？是否在企业内部为他人服务？是否和同事密切合作？谁依赖你的工作？谁会从你的工作中获益？这些人虽然并不直接支付劳务报酬，但个人工作表现以及能否继续工作下去的原因往往取决于为同事服务的质量。因此，这些群体也可以作为客户群体。

4. 价值主张

价值主张是思考个人职业时最重要的概念，强调的是“我该怎样帮助他人完成任务”。可以试着思考两个问题：“客户请我完成什么工作？完成这些工作会给客户带来什么好处？”理解关键业务如何为客户带来价值服务非常重要，这也是描述个人商业模式的基础。

描述完客户群体和价值服务模块之后，个人商业模式的基本工作就接近尾声了。

接着需要完成以下模块：

●渠道通路（怎样宣传自己和交付服务）

●客户关系（怎样和对方打交道）

●重要伙伴（谁可以帮我）

●收入来源（我能得到什么）

●成本结构（我要付出什么）

5. 个人商业模式的优化

（1）根据设计的个人商业模式，指出软肋和需求，并在画布中圈出感到不满意的模块。例如，想挣更多的钱则在画布中圈出“收入来源”模块；不喜欢销售的工作但又不得不做则在画布中圈出“关键业务”模块以及其中的“销售”项目。

（2）针对画布中圈出的模块，询问自己相关的问题。在这些问题中，有些可以帮助解决问题，有些能够预示潜在的机会。无论是哪种情况，都可以通过“解决方案”部分寻找相应问题的应对措施。

（3）根据对诊断问题的回答，在相应模块中列出要修改的内容。

（4）修改完存在问题的模块后，重新绘制个人商业模式。

（案例来源：克拉克，奥斯特瓦德，皮尼厄. 商业模式新生代（个人篇）：一张画布重塑你的职业生涯［M］. 毕崇毅，译. 北京：机械工业出版社，2012.）

【案例讨论】

请阅读下面案例，讨论回答问题。

小黄车为什么黄了？

2014 年，戴威与北大校友共同创立了小黄车 ofo。随后，公司在共享经济的风口下高歌猛进，一度在全球连接超过 1 000 万辆共享单车，日订单量超 3 200 万单。数据显示，2016 年中国共享单车整体市场份额中，ofo 以 51.2%的市场占有率，位居行业第一。曾经的 ofo，也在资本市场上风光无限，短短 4 年内就完成了 11 轮融资，吸引了阿里和滴滴等巨头的投资，估值曾高达 30 亿美元。然而，看似坚不可摧的 ofo，从成立到辉煌再到败退却只经历了 4 年时间，其崩溃速度之快令人震惊。如今，依然有 1 600 多万用户排队等待退押金，两档押金 199 元和 99 元，即便是都按后者计，待退的押金也超过 16 亿元。

成也资本败也资本

2015—2018 年的 4 年时间里，ofo 先后获得了 11 轮融资，总额度超过 150 亿元。不过，无限风光背后，深藏的隐忧却逐渐浮现。2018 年底开始，ofo 陷入资金链危机，并因无法退还押金饱受诟病。当年 12 月 17 日，ofo 上线退押金系统，24 小时内申请退押用户突破 1 000 万。随后，小黄车黯然宣布破产，时年 27 岁的创始人戴威被纳入失信名单。

在共享出行的刺激下，2014 年，刚刚大学毕业的戴威看到共享单车的广阔发展前景，于是便喊上自己 3 个好友一同创办了 ofo 这一共享单车品牌。他们 4 人选择在北大校园内投放 2 000 辆共享单车，开启了自己的创业之路。牛刀小试，反响良好。ofo 迅速走上扩张之路。不过，前期单车的定制生产和后期的维护保养都要投入大量费用，ofo 要快速发展必须找到投资金主。好在当时国内正处于投资热的年代，共享单车的新颖模式很快吸引了投资者的关注，其中有投资界的大佬金沙江创投的董事兼总经理朱啸虎。当时，有人问朱啸虎：“为什么投 ofo?”朱啸虎回答：“因为 ofo 商业模式非常清晰。一辆自行车200元，在校园里每骑一次5毛钱，每天能骑10次，就收了5元，200元可能40天就赚回来了。加上维护成本、偷窃、损坏，可能3个月时间，成本就赚回来了。3个月能赚回投资的商业模式，是非常好的商业模式。”

有了资本的加持，ofo迅速走上发展的快车道。2016年12月，小黄车走出北京；2017年，小黄车就迅速走出国门。从走出北大校园一直到铺向海外市场，ofo只用了不到3年的时间。新颖的商业模式和“明朗”的商业前景，吸引了众多资本的涌入，各种颜色的单车开始充斥各大城市的大街小巷，其中就有和ofo缠斗的摩拜单车。

谁铺的城市越多，谁的市场份额越大，从而拥有更大的规模优势和成本优势，进而击垮对方。市场各方暗自铆劲，陷入了一场激烈的融资、烧钱、抢地盘的拉锯战。2016年10月，ofo完成滴滴领投的1.3亿美元C轮融资后，开始招聘大量的运维人员入驻三、四线城市，开启了全国性的疯狂扩张和补贴大战，并宣布以“一天一城”的速度在10天内密集进入11座城市，在2017年春节后，ofo计划将覆盖城市数提高到100座以上。2017年7月，ofo进入泰国市场。随后，ofo海外市场迅速扩展到21个。

有了巨额资本的加持，互联网烧钱模式开始上线。典型的互联网烧钱模式是指互联网企业大量投入资金，通过补贴、降价等手段快速扩大市场份额和用户规模的一种经营策略。这种模式一般发生在互联网企业竞争激烈的市场中，尤其是在新兴市场或新技术领域。互联网企业通过烧钱来迅速抢占市场，形成垄断地位，然后再通过提高服务价格或添加增值服务来盈利。为了抢夺地盘和击败对手，一时间，免押金、免租金、一元骑活动不断翻新。高峰期，小黄车每天能烧掉4 000万元，烧钱速度惊人。而且一个城市的成功，并不等于所有城市的成功；一线城市的成功，并不等于三、四线城市的成功。其中，ofo忽略了用车者的人性和地方政府的配合，也忽略了对手的顽强和背后投资人的力量。僵局持续到2017年底，朱啸虎劝两家握手言和，与其毫无意义地打“两败俱伤”的消耗战，不如放大格局、共同发展，却被戴威一口回绝，“资本要理解创业者的理想和决心”。对这场拉锯战，戴威自信满满，可朱啸虎却没了耐心，他将所持ofo股份以30亿美元卖出，套现离场。

低成本扩张VS高质量发展

相比资本的取舍，更为致命的是，在公司发展战略上，ofo出现了数次大的战略误判。

第一个战略误判就是，想着用低质低成本和速度耗死对手，迅速结束市场争夺战。在戴威团队看来，用低价快速抢占市场才是王道。小黄车采用的是传统链条、充气轮胎，将每辆车成本控制在300元以内。这样ofo就具备了成本优势，且能凭借足够多的投放量和轻便的骑行体验获得大批忠实用户。而摩拜采用轴承传动、防爆实心轮胎，还加入了物联网GPS、小型太阳能充电器等，光生产成本就高达2 000元，是ofo的近7倍，押金则是ofo的3倍。这么大的成本劣势怎么和小黄车竞争？当时连朱啸虎也认为“不消90天，共享单车之战就会结束”。但他们忽略了背靠众多资本的共享单车市场是一场持久战，远不是一战能定胜负的。骑了一段时间后，人们就发现ofo要么没气，要么掉链子，有的还被加私锁，勉强能骑的还不到一半。所以对于ofo，大家的普遍心理感受都是从期待、欣喜到最后的失望甚至愤怒。

业内人士认为，ofo选择低价快速扩张模式的重要原因是，最初ofo在校园市场起家，大学生是素质较高的群体，同学间又相互熟悉，大家都会比较爱护自行车，而且校园是一个相对封闭又集中的地方，大量的投放有助于快速占领市场。但当ofo走出校园，走出北京、上海等一线城市，来到二、三、四线城市甚至到海外时，市场特性变了，客户群体变了，而ofo没有与时俱进、同步成长，还是那个象牙塔里的ofo。在监管持续规范后，疯狂投放的ofo来了一个急刹车，"共享单车已经饱和，不允许投放新车"。换句话说，此时共享单车间的竞争变成了"谁的车耐骑，谁就能笑到最后"。"低廉的配件和配置，给用户带来糟糕的体验，让ofo逐渐失去了竞争力。越来越多的小黄车因质量问题被淘汰，维修运营成本高企，小黄车失去自己为数不多的优势。"共享单车产业人士李荣阳对记者表示。同样廉价单车的高磨损率和高故障率，需要大量的维修和维护、服务人员，后期公司的高运营成本也会拖垮公司。

相反，开始时摩拜单车为了保证耐用性和质量，整车比较笨重。摩拜单车的领导层也放慢脚步，听取市场的声音，并投入大量资金进行研发，很快从最初"笨重""难骑"的反馈中吸取教训，推出Lite版本，变得越来越好骑，大家对摩拜单车的认可度更高，口碑更好。市场定位准确，又懂得反思，聆听消费者意见，为消费者服务的公司，显然更容易笑到最后。"在大量引入资本和摩拜单车上市的背景下，戴威开始时为解决客户3公里出行的初心转变为打倒竞争对手的强烈欲望，将所有的钱用于抢占市场，而不是用在优化单车质量上，导致用户经常找不到能骑的单车，大大地影响了用户体验，最终导致用户持续流失。"李荣阳说。

毕竟，市场才是检验产品的唯一标准。在很多人看来，ofo的心中并没有服务大众的意识，有的只是KPI，以及市场占有率和投资人的钱，那市场和用户就会用脚投票抛弃你。

（案例来源：吴清. 小黄车为什么黄了？[EB/OL].(2024-11-09)[2025-02-18]. https://baijiahao.baidu.com/s? id=1815189195356068447&wfr=spider&for=pc.）

讨论题：

（1）从商业模式角度分析ofo的商业模式有什么问题。

（2）ofo应该如何调整企业的商业模式？

（3）结合本案例内容，思考企业应该如何对商业模式进行迭代。

7 创业资源整合

【核心问题】

1. 创业资源在创业过程中的作用有哪些?
2. 创业资源和一般商业资源的差异体现在哪些方面?
3. 创业资源包含哪些类型?
4. 创业者如何利用创业资源?
5. 创业者可以从何处获得创业资源?

【学习目的】

1. 了解资源外部获取的影响因素。
2. 了解资源获取的方式。
3. 掌握创业资源整合的基本原则。
4. 掌握创业资源整合的推进方法。
5. 掌握创业资源整合的基本策略。

【引例】

希尔顿的创业资源整合

"酒店大王"希尔顿出生在美国一个富裕的商人家庭。20岁那年，美国发生了严重的经济危机，几乎一夜之间，他变得一贫如洗，被迫离家出外闯荡。

一天，他饥肠辘辘地踟蹰在达拉斯市街头，已经两天没有吃一顿饱饭了。突然，草丛中一个红苹果映入他的眼帘："这也许是上帝送给我的早餐吧。"他的心一阵狂跳，双手颤抖着把苹果拾起来，正想大咬一口，可又不舍地把苹果放回了口袋中。"还是留到最关键的时候再吃吧。”他想。

就这样，他揣着那个苹果，半躺在达拉斯市车站门口的一个石墩上，沐浴着和煦的阳光，看着身边人来人往，心中充满无限遐想。中午，他用那个苹果跟一个背着画板路过的小男孩儿换了1支彩笔和10张绘画用的硬纸板。不久，人们便看到一个满面阳光的年轻人在接站的人群中，兜售一种用纸板做的东西：“出售接站牌，一美元一个。”

那天晚上，他吃上了美味的汉堡包，并在车站附近找了一家廉价的旅馆洗了个热水澡，美美地睡了一觉。此时他口袋中有6美元。两个月后，他的接站牌由硬纸板变成了制作精美的迎宾牌，还雇了3个人给他打下手。

一年后，他的存折上有了5 000美元的存款，可是他仍认为这样赚钱与他的理想差距太大。

一个偶然的机会，他发现整个达拉斯商业区仅有一家饭店。他想，如果在这黄金地段建一栋高标准、高档次的大型旅馆，肯定很赚钱。于是他准备去大城市里碰碰运气，很快他就看中了一块地皮，准备盖一家以自己名字命名的酒店。但前期买下这块地皮需要30万美元，建房成本还需要100万美元。希尔顿知道靠自己一下子肯定是拿不出这么多钱的，但以往的经验告诉他可以试试借用外力成就自己。于是，他用手中的5 000美元买了一个郊区小旅店。不久，他就有了5万美元的盈利，然后请朋友一起出资，两人凑了10万美元，开始建设他理想中的旅馆。

这天，希尔顿来到商家那里，签订了地皮买卖合同。希尔顿告诉商家，自己的钱不够，只能租地。商家想着，没钱你来干吗，直接拒绝这次买卖。但希尔顿说：“我租你的房子，分为30期，每年交3万美元的租金，如果违约，你可以收回土地和土地上的酒店。”商家听后，有些心动，反正是稳赚不赔，就签了这笔合同，希尔顿如约交了从朋友借来的一年3万美元租金。随后，希尔顿经商家的同意，以土地作抵押贷款50万美元，先让工人开工。当资金用完后，希尔顿再次找到商家，说“我现在资金困难，希望你能出50万美元”，并承诺酒店完工后，每年给商家10万美元的租金。事已至此，商家才发现自己入了希尔顿的圈套，但如果自己能投资他，不仅土地和酒店是自己的，每年还有10万美元的租金。

最终在商家的帮助下，希尔顿酒店完工了。希尔顿凭借自己的经营能力，在5年时间把酒店越做越大，并最终成为亿万富翁。

在很多人的意识里，金钱是创造财富的唯一途径，只有有钱人才有资格创业，但综观中外的百万富翁或亿万富翁，他们有相当多的人都是白手起家干事业并建立属于自己的帝国，那么他们的钱又从何处来?

分析他们的成功史，似乎都有着一个共同的答案：靠他人的力量成就自己的事业，这就和“借鸡生蛋”一个道理。

就像“酒店大王”希尔顿一样，他懂得把有实力的利益追求者与自己捆绑在一起，通过互相交换的方式，把更多别人的资金用在自己追求的事情上，而很多风险也不在自己身上。

从仅有的一个苹果到拥有7亿多美元的资产，这笔巨额财富的积累，希尔顿仅用了17年时间。希尔顿回忆起这段往事时，平静地说：“上帝从来都不会轻看卑微的人，他给谁的都不会太多。”

（案例来源：希尔顿饭店创始人：从拥有一个苹果到拥有7亿美金的传奇故事[EB/OL].(2018-02-02)[2025-02-18].https://mp.weixin.qq.com/s/5dDT-QGNRKUFeDp-wIRF8KA.）

7.1 创业资源基本概念

7.1.1 资源基础理论

资源基础理论是战略管理理论中一个非常重要的理论。这个理论的基本观点是将企业概念化为一系列资源的集合体。在资源基础理论出现之前，主导战略管理的是波特的定位学派。可能很多同学都看过波特教授那本畅销书《定位》，这个学派的基本观点是：企业是同质化的，企业竞争的优势应该归结于市场的结构，找准目标市场应该是企业的基本战略，市场的细分定位是企业成长的基本动因。也就是说，在同一行业中的不同企业的绩效差异，主要来自企业外部。

但是实际情况却往往不是如此。定位学派的理论无法合理有效地解释相同行业不同企业之间经营绩效和成长速度的巨大差异，于是资源基础理论重新从企业内部来寻找企业成长的动因。该理论用资源来解释企业差异的原因，认为资源在企业间是不可流动且难以复制的，企业的资源积累是企业获得竞争优势的关键。

7.1.2 资源编排理论

资源基础理论强调企业不同的资源（独特的、稀少的、不可替代的）是企业竞争优势的形成基础，但是资源编排理论认为资源虽然重要，但是如何利用资源也很重要。同时资源基础理论不强调管理者的作用，而资源编排理论弥补了管理者这一不足。

资源编排理论强调的主要是如何在给定条件下，通过合理地配置和利用资源，实现资源利用效率的最大化和效果的最佳化。在资源编排理论中，资源指的是生产所需的一切要素，包括人力、物力、财力、时间等。而编排则是指按照规定的原则和方法，将资源进行合理配置和组合，以达到最优的效果。

7.1.2.1 资源编排的主要原则

1. 整体最优原则

在资源编排过程中，要始终以整体最优为目标，合理配置和利用资源，避免资源的浪费。

2. 协调一致原则

资源之间的配置要协调一致，即人力、物力、财力等资源要相互匹配，以达到最佳效果。

3. 分工合作原则

在资源编排过程中，应注重分工与合作，将不同的资源进行专业化配置和利用，以提高效率。

4. 动态调整原则

根据实际情况和需求，对资源编排进行动态调整，以满足不断变化的需求。

7.1.2.2 资源编排的主要方法

1. 系统优化法

通过对整个系统进行全面分析，找出资源的最佳配置方案，达到系统整体的最优效果。

2. 线性规划法

通过建立线性规划模型，找到资源的最佳配置方案，实现资源利用效率的最大化。

3. 动态规划法

通过对资源的动态变化进行规划，制订出不同阶段的最优资源配置方案，以适应不断变化的需求。

7.1.3 创业资源在创业过程中的作用

我们简单把创业过程区分为企业成立之前的机会识别过程和创立之后的企业成长过程两个阶段。

7.1.3.1 机会识别过程

我们发现机会识别和创业资源密不可分。机会代表着一种通过资源整合满足市场需求以实现企业价值的可能性。因此创业机会的本质是部分创业者能够发现其他人不能发现的特定资源价值的现象。

7.1.3.2 企业成长过程

资源整合对创业过程的促进是通过创业战略的制定和实施来实现的。丰富的创业资源是企业战略制定和实施的基础和保障。企业创立之后，一方面创业者仍需要积极地从外界获取创业资源，另一方面已经获取的创业资源需要在创业过程中逐渐被整合和利用。

概括地讲，创业资源就是企业成立以及成长过程中所需的各种生产要素和支撑条件。创业过程的实质是各种创业资源的重新整合，并支持创业企业获取竞争优势的过程。从这一角度来看，创业活动本身就是创业资源的重新整合。

7.1.4 创业资源和一般商业资源的异同

创业资源与一般商业资源既有相同点，也有一定的差别。从广义上讲创业资源与一般商业资源的差异主要表现为以下几点：

第一，创业资源与创业活动是相伴而生的，是一个从无到有、从小到大的过程。因此，创业者所拥有的或者可以利用的资源，无论在数量上还是规模上都表现为相对少和小。

第二，创业资源的范围往往小于商业资源，不是所有的商业资源都是创业资源，只有与创业机会相匹配的资源才是创业资源。

第三，创业资源更多地表现为无形资源，而一般商业资源更多地表现为有形资源。

7.2 创业资源的分类

7.2.1 按资源来源分类

创业资源按来源可以分为自有资源和外部资源。自有资源是指创业者和创业团队自身所拥有的可以用于创业的资源。外部资源是指需要从外部获取的各种资源。自有资源的拥有状况会直接影响外部资源的获得和运用，因此，尽管创业起源于创意而不是资源，但自有资源对于创业的作用是至关重要的，请注意这里的资源绝不仅指资金资源。

7.2.2 按资源存在形态分类

创业资源按存在形态可以分为有形资源和无形资源。有形资源是具有物质形态价值的可以度量的资源。无形资源是具有非物质形态价值的难以精确度量的资源，如政策资源、企业品牌、个人信誉等。正如上节探讨创业资源和一般商业资源的区别时所讲，创业资源更多地表现为无形资源，而无形资源往往是撬动有形资源的重要手段。

7.2.3 按资源性质分类

创业资源按资源性质可分为以下几类：

7.2.3.1 人力资源

人力资源既包括创业者与创业团队的知识、训练、经验，也包括判断力、视野、愿景、价值观和信念，甚至是人际关系网络。人力资源不仅包括创业团队的成员，也包括高素质的员工。

7.2.3.2 社会资源

社会资源主要是指由人和社会关系网络形成的关系资源。社会资源可以说是人力资源的一部分或者说是一种特殊的人力资源。之所以有必要单独分类，是因为社会资源能够使创业者有机会接触到大量的外部资源，有助于创业者通过网络关系增强与合作者之间的信任从而降低潜在风险。

7.2.3.3 财务资源

财务资源主要是指资金。创业初期，由于缺乏抵押物等多方面原因，财务资源主要来自创业者自身、家庭成员或朋友，从外部获取大量财务资源是比较困难的，我们会在创业融资部分学习探讨。

7.2.3.4 物质资源

物质资源主要是创业活动所需的有形资产，如场地、设备等，有时也包括一些自然资源，如土地、森林等。

7.2.3.5 技术资源

技术资源主要是指发明专利、生产工艺、专用设备等。技术资源与智慧、知识等人力资源的区别在于，人力资源主要存在于个人身上，随着人员的流动会流失。而技术资源是与物质资源结合，可以通过法律手段予以保护，从而形成组织的无形资产。

7.2.3.6 组织资源

组织资源是指组织内部的正式管理系统，包括组织结构、运营流程、工作规范、信息系统、沟通机制、决策支持等。人力资源需要在组织资源的支持下才能更好地发挥作用。企业文化也需要在良好的组织环境中进行培养。创业过程通常被解释为组织的形成过程，所以对于创业企业来说，组织资源是具有标志性意义的资源。

【情景案例】

季琦如何整合资源让汉庭开遍全国

季琦，这位华住集团的创始人，以一己之力在酒店行业中掀起了革命。33岁创办携程，36岁创办如家，39岁创办汉庭，他的每一次创业都如同在酒店行业中投下重磅炸弹，让整个行业为之震动。10年内，他成功地将3家公司推上市，且每家公司的市值都超过10亿美元。人们称他为创业教父，他用独特的策略和眼光，将汉庭送上了酒店行业的前3名。

他的成功秘诀是什么呢？

季琦发现，中国并不缺少酒店，但大多数酒店都面临着品牌缺失、管理混乱、营销乏力、入住率低等问题，这些问题使得酒店的利润微薄。因此，当他在创办汉庭时，他决定不再像之前那样自己投资开酒店，而是转向帮助这些同行提升他们的业务。他如何实现这个目标呢？

季琦让汉庭的业务员走遍全国各地的城镇，寻找那些有潜力但缺乏品牌的小酒店。他们向这些小酒店的老板说："你们现在的生意并未达到你们的潜力，如果你想提升酒店的业务，我们可以合作。你们的问题，我们都可以帮助解决。比如，你们没有品牌，我们可以提供我们的品牌；你们的硬件设施如要提升，我们可以帮助升级改造；你们的管理如要改进，我们可以提供我们的管理系统进行培训和流程改进；你们不擅长线上营销也没关系，我们会和携程、美团等平台合作，帮助你们进行线上宣传和引流。此外，我们还有一套完整的会员系统，我们全国的会员都会优先选择你们的酒店。"对于这些小酒店老板来说，这无疑具有巨大的吸引力。他们不需要投资，不需要花费大量的时间和精力，就能提高入住率，提升利润。当然，他们都非常愿意接受这种合作模式。

一达成合作，季琦就将统一的品牌形象和服务标准引入这些酒店，将它们改造成为汉庭酒店。与传统的开酒店方式相比，季琦的轻资产模式既节省了时间又节约了资金。这种模式使得汉庭的扩张速度异常迅速，5年内就开设了3 027家酒店。

当我们入住汉庭酒店时，我们会发现每一家汉庭的风格都有所不同。这是因为季琦采用的是资源整合的方式。他通过这种方式将每一家酒店都打造得独具特色。

【案例启示】

秉承“把所有的零售做成极致批发”的思维导向，通过规模化集采（标准化、模组化、规模化、工厂化）来实现降本增效。秉持“相辅相成、平等共生、价值观趋同”的原则进行资源整合。

（案例改编自：从华住样本看酒店供应链生态圈变革[EB/OL].(2023-07-24)[2025-02-18].https://baijiahao.baidu.com/s? id=1772262312424168119&wfr=spider&for=pc.）

7.2.4 按资源在创业过程中的作用分类

创业资源按在创业过程中的作用可以分为战略性资源和运营性资源。战略性资源的特点是能够创造独特的竞争优势。运营性资源是指区别于战略性资源的一般性资源。

资源通常意义上都有双面性，但并不是所有的资源都具有战略性。例如资金对创业者来说是非常重要的资源。资金通常只能被视为一般的运营性资源，因为其他人也能不同程度地获得资金。但如果创业者获得的资金来自国际著名的风险投资公司，那么性质就发生了变化：创业者不仅获得了资金，同时还获得了管理支持、声誉等资源。

资源是否具有战略性，还可以从区分竞争优势和持续竞争优势入手。例如，雇用廉价劳动力带来的是低成本竞争优势，但显然难以长久维持，因而无法形成持续竞争优势，所以廉价劳动力不是战略性资源。

战略性资源还应该具备以下特点：

第一，有价值。资源的价值性主要是提示创业者应该重视挖掘资源的质而不只是占有资源的量。因为资源获取本身需要承担成本，部分创业企业为了筹集资金而筹集资金，筹集到的资金也因没有好的投资项目而出现资金闲置，造成很大损失。

第二，稀缺性。稀缺性实际上是指一种供求不平衡的状态。如果资源已经被大多数竞争者所拥有，那么它就不具有战略属性。

第三，难以模仿。稀缺资源很重要，但拥有的最好还是难以模仿的资源或者是需要付出极大代价才能复制的稀缺资源。而这种难以模仿的资源的形成原因通常有三种：①在独特的历史背景下形成，带有创业者强烈的个人色彩和时代背景。②资源的积累和持续竞争优势之间的关系错综复杂，即便是创业者本身也分不清楚，其实这也正是创业的魅力和研究创业的意义所在。③社会关系网络的复杂性，复制复杂的网络关系不具有现实可能性。

第四，不可替代。管理的一项重要任务就是做好资源之间的替代，以追求更好的效果。大多数资源之间具有可替代关系，例如，人力成本过高时，可以通过机器设备来替代。不可替代的资源无法被一般性资源所取代，因而成为战略性资源。所以，不可替代往往与稀缺性紧密相关。

受资源约束的创业者在资源数量上不如成熟企业。但富有创意和创业精神的创业者本身，就是难以模仿且不易被替代的战略性资源。独特的商业模式、破坏性的创新、企业文化都有可能成为创业企业的战略性资源。

7.2.5 创业者的可承受损失

相对于客观损失来说，创建不确定的新企业更需要创业者对模糊性表现出较低的厌恶感。创业者可能把承担风险等同于一种超乎寻常的意愿，即愿意面对不确定性，愿意忍受失败带来的社会与心理上的压力。

《卓有成效的创业》一书提出了创业者需要仔细思考哪些损失可承受、哪些是"禁区"的方法。

7.2.5.1 时间

人们为创业投入的时间通常被认为是"汗水资本"，绝大多数创业者长期以来都为创业呕心沥血。然而，这对他们来说合乎情理，因为时间是不同于钱的另外一种"货币"，因此他们为创业投入多少时间，这笔预算是比较模糊的。并且，因为时间是易逝的，所以人们对投入时间的感觉不同，毕竟无论如何他们都有可能浪费时间。因此，在创业中，损失时间比损失金钱更能让人接受。

7.2.5.2 意外之财

联邦快递（FedEx）得以成功，是因为一件不同寻常的事情。在史密斯（Fred Smith）构思自己的创业计划的时候，他的父亲去世了，联邦快递的创业资金就来自史密斯和她姐姐各 400 万美元的遗产。在这个例子中，史密斯的可承受损失由于遗产的出现而瞬间发生很大改变，这可能是因为人们将遗产和自己赚来的钱放入了不同的心理账户，因此在使用这两笔钱创业时，对其风险也会有不同的感觉。意外之财还包括彩票中奖和资产价格（如股份和股票价格）的大幅上涨，二者都对个人的可承受损失有重要的影响。

7.2.5.3 长期积蓄

一些研究表明，多数人的经验法则都是预支或者花掉他们心理账户中自己生活的其他方面资源，例如，为自己退休或者为家属（孩子和父母）准备的钱。

7.2.5.4 家庭住宅/房屋净值

用房屋抵押贷款创业的大有人在，但也有很多人不愿意用自己的房子冒险，这就说明，在不同的国家，人们将房子放在了不同的心理账户中。

7.2.5.5 向亲友借钱

开销和支付联系较弱的例子还包括从亲戚那里借来的、没有明确的还款日期或还款日期比较宽松的钱。举例来说，在家族企业中，亲戚的钱被称为"耐心资本"。这些资金似乎比那些有严格还款日期的资金更能用得起。

一旦接受能够承受的损失，接下来创业者就要考虑愿意为这家公司承受什么样的损失。这个问题主要取决于创业者的创业动机和强烈程度，因为这决定了愿意损失的数目。另外，接受损失的程度还取决于创业者所设定的心理门槛，因为无论创业损失低于还是高于这个预设门槛，都会对创业行动有着决定性的影响。最后还要问自己："是不是就算投资尽失也要创业？"

7.3 创业资源的利用

高度的资源约束是创业者面临的初始条件。因此，对于创业企业而言，重要的不是拥有多少资源，而是如何利用资源。在观念上，不仅能够达到“不求所有，但求所在”，而且能够接受“不求所在，但求所用”。在利用方式上，可以采用“步步为营”“拼拼凑凑”“杠杆撬动”等方式。

7.3.1 步步为营

对于资源的控制利用，理论界通常用“bootstrapping”（“步步为营”）来描述创业者在缺乏资源的情况下分阶段投入资源并在每一个阶段投入最少资源的行为。

“步步为营”的基本逻辑是创业者以当前资源条件作为实现企业目标的途径选择的决策前提。最大限度地减少外部融资的需要，最大限度地发挥企业内部资金的作用。

很多成功创业者之所以选择“步步为营”的资源控制和利用策略，是因为创业企业从外部获取资源具有很高成本且会增加创业风险。

在创业初期从外部获取资源会耗费创业者大量的时间和精力。随着外部资源的注入，企业的所有权和掌控权也会被稀释。此外，拥有很多资源并不一定是好事，它也可能会带来浪费和不必要的开支。相反资源少会迫使企业更加柔性，更能随机应变。例如创业者采取外包策略，让外包伙伴承担运营和库存的开支，减少固定成本的投资，防止沉没成本过高，利用外包伙伴已经形成的规模效益和剩余能力为自己降低成本。为了降低管理费用，有些创业者会选择到创业孵化器共享办公场地和办公设备，雇用临时工甚至租借员工。

概括起来说，“步步为营”的策略就是：保持节俭，自力更生。

7.3.2 拼拼凑凑

关于资源的创新利用。理论界通常用“bricolage”（“拼拼凑凑”）来描述创业者利用身边能够找到的一切资源——尽管这样资源的质量不一定是最好的或者最合适的，通过创造性的整合利用提高非优质资源的利用效益。

创造性地拼凑有以下三个关键要素。

第一，创业者基于习惯或理念通过日积月累拥有了一些廉价的没有特定用途的零散资源。

第二，创业者拥有一双善于发现的眼睛，能够洞悉零散资源的属性，打破企业固有的资源结构，创造性地整合廉价的没有特定用途的资源，用于发现新机会、解决新问题。

第三，创业者能够打破固有观念，接受次优方案，在不完整、不全面、不完美中不断改进，逐步发展。

很多创业企业在初期，都迫不得已或不自觉地采取了拼凑策略。如果在所有资源利用领域长期地使用拼凑策略，我们称之为“全面拼凑策略”；如果在一定领域对部分资源短期采用拼凑策略并随着企业的发展逐步放弃，我们称之为“选择性拼凑策略”。

采用“全面拼凑策略”的企业容易陷入“互动强化模式”，最终成为“拼凑式企业”而逐渐走向失败。因此有效的拼凑策略是“将就”而不是“凑合”，是做创新性资源整合而不是做“废品加工厂”，是有目标的短期策略，而不是无意识的长期行为。

概括地讲，“拼拼凑凑”策略就是具体情况具体分析，摸着石头过河。

【情景案例】

拼凑的实例

刘刚是市郊一家摩托车修理厂的老板。走进他的维修间，你会发现一个很大的库房，里面堆满了各种各样的工具、零件、废轮胎、二手引擎、气化器、燃油泵、传动器等。有趣的是，老刘总是能够从一堆乱七八糟的杂物中找到他想要的东西。

有一次，一个老顾客来找他修车，老刘放下手中的活儿就去检查。老刘从他那堆零乱的宝贝中找了个零件给顾客的车换上，就打发他走了，也没向他要钱。老刘解释说：“顾客的车排气管出了问题，我已帮他搞好了，正常情况下维修要花 100 多元。”我们问他为什么不收钱，“这点小毛病反正也收不了多少钱，”老刘又补充道，“出了大问题他还是会来找我。”“这种凑合有没有麻烦呢？”“当然有，首先坚持不了多长时间，其次增加了尾气排放，不合标准，但是没人管。”

我们在老刘的店铺待了半小时，看到他和来来往往的人打招呼。“都是朋友，”老刘解释。我们注意到，他的员工都是他的老乡。问及他的员工有没有培训，老刘说：“有啊，我做的时候他们都在看，都是我手把手教出来的。”

（案例来源：王晓文，田新. 拼凑双刃剑：迷失不足超越［J］. 企业管理，2009（5）：6-8.）

7.3.3 杠杆撬动

资源的杠杆效应，是指以尽可能少的付出获取尽可能多的收获，用能够支配的少量限定资源并借助创造性的方式撬动更多的资源。

资源的杠杆效应主要体现在以下几个方面：

（1）能够比别人更加延长资源的使用时间；

（2）能够充分利用别人没有意识到的资源；

（3）能够利用他人或别的企业的资源来达成自己创业的目的；

（4）能够用一种资源补足另一种资源，产生更高的复合价值；

（5）能够利用一种资源获得其他资源。

这个杠杆可以是资金、资产、时间，也可以是品牌形象、公共关系，还可以是个人能力。对于创业者来说最容易产生杠杆作用的是其社会资源。

简单地讲，“杠杆撬动”就是指创业者需要具备在沙子里寻找钻石的能力。

【情景案例】

创业者的人脉资源十分重要。从众多创业者案例中可以看到，许多成功者的身后都有着同学的身影，有少年时代的同学，有大学时代的同学，更有各种成人班级如进修班、研修班的同学。《福布斯》中国富豪榜中南存辉和胡成中就是小学和中学时的同学，一个是班长，一个是体育委员，后来两人合伙创业，在企业做大以后才分了家，分别成立正泰集团和德力西集团。一位创业者在接受创业专家的采访时说，他到中关村创立公司前，曾经花了半年时间到企业家特训班上学、交朋友。他开始的十几单生意，都是在同学之间做的，或是由同学帮着做的。同学的帮助，在他创业的起步阶段起了很大的作用。

7.4 创业资源的获取

7.4.1 资源获取的方式

以企业为边界，资源获取的方式主要有两种，分别是资源的内部积累和资源的外部获取。我们上节所讲的创业资源的利用方法就是基于资源的内部积累而提出的，本节我们主要探讨资源外部获取的主要途径。

资源外部获取主要包括资源购买和资源吸引两种。

第一，资源购买很容易理解，就是指：购买厂房、设备，聘请有经验的员工，通过融资获取资金，等等。

第二，资源吸引是指发挥无形资源的作用。例如，利用创业计划书、创业者的魅力或声誉吸引人力资源、技术资源、物质资源等主动加入。

7.4.2 影响资源外部获取的因素

7.4.2.1 社会网络

社会网络对于外部资源获取的影响主要表现在以下三个方面。

第一，有利于降低外部资源所有者的搜索和评估成本，提高资源的获取效率并降低获取成本。

第二，有利于形成信誉担保的自组织机制，能够通过控制机会主义行为降低交易成本。

第三，有利于资源交换双方克服环境不确定性和信息不对称问题，使创业企业增强被信任度，从而更容易获取所需的资源。

社会网络的密度对资源外部获取也有重要影响。企业需要从不同类型的组织获取不同类型的外部资源。例如，从大学和科研机构可以获取技术资源和人力资源；从银行和风险投资机构可以获取资金和信誉资源；从顾客和供应商可以获取市场资源。因此，网络密度有利于企业通过多种渠道从多种主体获取多种外部资源。

7.4.2.2 环境动态性

环境动态性是指产业变化的不可预测性和变化率，它是由竞争者的进入和退出、消费者需求的变化和技术条件的变化等引起的。

第一，环境动态性越强，创业机会就越多，企业资源需求就越强，企业外部资源获取的竞争就越激烈，新企业通过建立网络关系获取资源的需求就越强烈。

第二，环境动态性越强，企业对外部环境的依赖性就越大，企业获取资源的风险意识就越强，与外部环境的物质和信息交换就越多，企业社会网络的强度和密度就越大。

第三，环境动态性越强，以知识为基础的无形资源就越有价值，新企业就越容易获得外部资源。

7.4.2.3 信息搜集能力

识别资源的来源是新企业资源获取的前提。企业需要搜集和掌握大量资源所有者的信息。

创业者搜集到的资源所有者的信息越多，通过网络获得资源的效率就越高。信息搜索越有效，信息获取的效率就越高，成本就越低。

信息搜集的渠道也就是信息的来源，可以通过互联网、公开出版物、竞争对手和关联方、展览和行业协会等渠道获得。下面概要列举了一些常用的互联网信息搜集渠道。

- 中国中小企业信息网　http://www.sme.gov.cn
- “创客中国”国家创新创业公共服务平台　http://www.cnmaker.org.cn
- 工业行业知识产权数据资源平台　http://www.miitip.com
- 世界创业实验室　http://elab.icxo.com
- 创业邦　https://www.cyzone.cn
- 全国大学生创业服务网　https://cy.ncss.org.cn
- 优米　http://www.youmi.cn
- ASKVC 中国　https://www.koouoo.com
- 中国风险投资网　http://www.vcinchina.com
- 新芽　https://www.newseed.cn
- 产品中国　http://www.pmtoo.com
- IT 桔子　https://www.itjuzi.com
- 艾瑞网　http://www.iresearch.cn
- 鲸准　https://www.jingdata.com

7.5 创业资源的整合

7.5.1 创业资源整合的基本原则

无论创业企业是在创业初期阶段，还是在成长阶段，对创业资源的科学管理都是必不可少的。

7.5.1.1 优化配置

创业者需要对创业资源进行分类排序，这并不是说某种资源比其他资源就更重要，而是区分企业在某一特定阶段起主导作用的资源是什么，起辅助作用的资源又是什么，从而确保资源配置做到重点突出。

7.5.1.2 查漏补缺

要考虑木桶效应，进行查漏补缺。不能只考虑起主导作用的资源而忽略其他资源。创业者应考虑哪种资源的缺乏可能会导致其他资源的浪费，对潜在的资源枯竭问题进行预判，做好资源储备和预案管理。

7.5.1.3 量入为出

获取资源时，一定要考虑到资源的获取和使用是有代价的。整合资源要精益求精而不是多多益善。资源的有限性加大了创业者开发资源的成本，并不是所有的资源整合都能给企业带来效益。

7.5.2 创业资源整合的推进方法

资源整合是整个创业活动的主线。随着创业过程的开展，不同发展阶段的资源利用特点不同，资源控制重点不同，创业者需要采用不同的资源整合方法。通常而言，资源整合方法可以归纳为：寻找式资源整合方法、积累式资源整合方法、开拓式资源整合方法。

7.5.2.1 寻找式资源整合方法

寻找式资源整合方法主要在创业初期采用，创业者结合创业团队自身资源情况，分析不足，提出方案，积极寻找。这要求创业者必须具备较强的预见力和洞察力。

7.5.2.2 积累式资源整合方法

积累式资源整合方法主要在创业中期采用，创业者需要进一步了解资源的基本特征，对其进行分析、归类、定位，并在此基础上进一步整合利用，发挥资源的最大效能。

7.5.2.3 开拓式资源整合方法

开拓式资源整合方法主要在创业企业初步发展后采用，创业者如果希望企业进一步快速发展，就必须把创新性的思维注入其中，从创新的视角去寻找企业新的增长点，在新的增长点上进一步开拓和整合利用资源。

7.5.3 创业资源整合的基本策略

7.5.3.1 识别利益相关者及其利益

美孚石油公司创始人洛克菲勒（John Davison Rockefeller）曾经说过，建立在商业基础上的友谊永远比建立在友谊基础上的商业更重要。

资源是创造价值的重要基础，资源交换与整合显然要建立在利益的基础上。要整合到更多的资源，首先要尽可能多地找到利益相关者。利益相关者之间的利益关系，有时是直接的，有时是间接的，有时是明显的，有时是隐含的，有时还需要创造出来，这与创业机会识别有很多相似之处。

利益相关者是有利益关系的组织和个体。有利益关系并不意味着能够实现资源整合，还需要有共同的利益或利益共同点，因此识别到利益相关者后逐一分析每一个利益相关者所关注的利益也非常重要。

7.5.3.2 构建共赢机制

有了共同的利益并不意味着就可以合作，只意味着具备了前提条件。资源整合是多方面的合作，如果希望落实合作并维持长期合作必须能够建立多方共赢的机制。

其实在长期合作中形成双赢和共赢机制并不困难。但对于首次合作，特别是对受到资源约束的创业者来说，建立共赢机制尤其需要智慧，要让合作方看到潜在收益，为此而愿意投入资源。因此创业者在设计共赢机制时，既要帮助对方扩大收益，也要帮助对方降低风险。降低风险本身也是扩大收益。

7.5.3.3 维持信任、长期合作

共赢机制的背后其实也是博弈问题。资源整合机制首先要有利，同时还要有长期的沟通和信任来维持。沟通是创业者与利益相关者之间相互了解的重要手段，信任关系的建立有助于资源整合，降低风险，扩大收益。信任其实可以区分为人际信任和制度信任。人际信任建立在熟悉度及人与人之间的感情联系基础上，而制度信任则是用外在的（例如法律之类的）惩戒或者预防机制来降低社会交往的复杂性。

7.5.4 测算资源需求量

每个创业者在整合资源前都需要明确资源需求量。换言之，资源需求量的测算是整合资源的基础。

7.5.4.1 估算启动资金

企业要开始运营，首先要有启动资金，启动资金用于购买企业运营所需的资产及支付日常开支。对启动资金进行估算，需要具备足够的企业经营经验，以及对市场行情的充分了解。

创业者在估算启动资金时，既要保证启动资金能够支撑企业运营，也要想方设法节省开支，以减少启动资金的花费。在满足经营要求的情况下，可以采用租赁厂房、采购二手设备等方法节约资金。

7.5.4.2 测算营业收入、营业成本、利润

对新创企业来说，预估营业收入是制订财务计划与财务报表的第一步。为此，企业需要立足于市场研究、行业营业状况以及试销经验，利用购买动机调查、推销人员

意见综合、专家咨询、时间序列分析等多种预测技巧，估计每年的营业收入。之后，要对营业成本、营业费用以及一般费用和管理费用等进行估计。由于新创企业起步阶段在市场上默默无闻，市场推广成本相当高，所以营业收入不可能与推动营业收入增长所付出的成本成比例增加，因此，对第一年的全部经营费用都要按月估计，每一笔支出都不可遗漏。在预估第二年及第三年的经营成本时，首先，应该关注那些长期保持稳定的支出，如果第一年、第三年销量的预估是比较明确的话，则可以根据销售百分比法，即根据预估销售额按固定百分比计算折旧、库存、租金、保险费、利息等项目的数值。

在完成上述项目的预估后，就可以按月估算出税前利润、税后利润、净利润以及第一年利润表的内容，然后就进入预计财务报表过程。

7.5.4.3　编制预计财务报表

新创企业可以采用销售百分比法预估财务报表。这一方法的优点是，能够比较便捷地预测出相关项目在销售额中所占的比率，预测出相关项目的资本需求量。但是，由于相关项目在销售额中所占比率往往会随着市场状况、企业管理等因素变化而变化，所以，必须根据实际情况及时调整有关比率，否则会对企业经营造成负面影响。

预计利润表是应用销售百分比法的原理预测可留用利润的一种报表。通过提供预计利润表，可预测留用利润这种内部筹资方式的数额，也可以预计资产负债表为预测外部筹资额提供依据。

预计资产负债表是应用销售百分比法的原则预测外部融资额的一种报表。通过提供预计资产负债表，可预测资产和负债及留用利润有关项目的数额，进而预测企业需要外部融资的数额。

预计现金流量表。大量的事实证明，现金流量是新创企业面临的主要问题之一。一个本来可以盈利的企业也会因为现金的短缺而破产，因此，对于新创企业来说，逐月预估现金流量是非常重要的。与预估利润表一样，如何精确地算出现金流量表中的项目是一个难题。为此，在编制预计财务报表时需要假设各种情境，比如最乐观的估计、最悲观的估计以及现实情况估计。这样的预测既有助于潜在投资者更好地了解创业者如何应对不同的环境，也能使创业者熟悉经营的各种因素，防止企业陷入可能的灾难。

7.5.4.4　结合企业发展规划预测资源需求量

上述财务指标及报表的预估是创业者必须了解的财务知识，即使企业有专门的财务人员，创业者也应该大致掌握这些方法。需要指出的是，融资需求量的确定不是一个简单的财务测算问题，而是一个将现实与未来综合考虑的决策过程，需要在财务数据的基础上，全面考察企业经营环境、市场状况、创业计划以及内外部资源条件等因素。

【情景案例】

在天津生活的人都知道“国际商场”——天津市第一家上市公司。国际商场毗邻南京路，是一条十分繁忙的主干道，道路对面就是滨江道繁华的商业街。在国际商场刚开业时，门口并没有过街天桥，行人穿越南京路很不方便，也不安全。修建天桥，这是很正常的事情，估计经过那里的人都会很自然地想到这一问题。但是，估计绝大多数有这样认识的人会觉得这座天桥应该由政府来修建，所以想想、发发牢骚也就过去了。有一天，一位年轻人同样也产生了这样的想法，他没有认为这是政府该干的事情，而是立即找政府商量，提出自己出钱修建天桥并希望政府批准，前提是在修建好的天桥上挂广告牌。这是不花钱还让老百姓高兴的事，再说天桥也不注明谁出资修建，政府觉得不错，就同意了。这个年轻人拿到政府的批文后立即找可口可乐这些著名的大公司洽谈广告业务，在这么繁华的街道上立广告牌，当然是件好事情。就这样，这位年轻人从大公司那里拿到了广告的定金，用这笔钱修建了天桥还略有剩余。天桥修建好了，广告也挂上了，年轻人从大公司那里拿到余款，这就是他的第一桶金。

（案例来源：张玉利，薛红志，陈寒松，等. 创业管理（基础版）［M］. 4 版. 北京：机械工业出版社，2017.）

从以上案例可以看出，这位年轻人创造性地整合了外部资源。他整合利用了修天桥防止行人横穿马路和大公司愿意出钱打广告的客观需求，没花自己一分钱，把天桥修起来了。这位年轻人是怎么把各方面资源整合起来的呢?

有兴趣的同学也可以拓展阅读有关利益相关者管理理论和博弈论的经典案例“囚徒困境”。

【情境案例】

创业重在资源整合

中专毕业后打工 3 年，然后以所积蓄的 4 万元起家，经过 8 年创业，35 岁的浙江长兴中能电源有限公司董事长朱中华拥有了近亿元资产。朱中华的成功告诉我们，创业之路千万条，总有一条适合自己。最重要的是整合既有资源，并借势发展。

创业：重在“借鸡生蛋”

“还谈不上成功，但命运对我还算眷顾，曾经梦想的东西，正在一步步变成现实。”朱中华告诉记者，自己上大学的时候，就梦想着有一天能够成为一个企业家。那时，在大学宿舍里，朱中华最乐意做的事情，就是与同学一起畅谈以后如何创业，那时，鲁冠球等著名浙商就是他心中的偶像。

1995 年，朱中华从浙江理工大学桥梁工程专业毕业后，一无资金，二无人脉，为了不给父母增加压力，他采取了“先就业，再创业”的“迂回战术”——到上海打工。在上海，他艰苦地工作了 3 年，但他时刻没有忘记自己的梦想，他知道给别人打工永远不会有出路，只有自己创业才能有所作为。

回到湖州长兴后，朱中华意外地发现，自己的家乡长兴，已经形成了蓄电池、电源产业的块状经济，并占据了全国 1/3 以上的市场。在 20 世纪 90 年代末，蓄电池行业正处在第三次升温的阶段。他敏锐地看到了这个行业潜在的无限商机，决定投身电动车蓄电池行业。但是，在一无经验、二无资金、三无人脉的情况下，创业谈何容易？1998 年夏天的一个晚上，朱中华躺在床上，双手抱头，眼睛痴痴地望着天花板，陷入了沉思。

然而命运似乎格外眷顾朱中华。就在这个时候，朱中华得知长兴县某镇的一个镇办工业公司——浙北蓄电池厂由于亏损而停产近两年时间。这个企业有厂房，有设备，只是由于产品落后，经营不善而亏损。这一消息触动了朱中华敏感的神经：何不把它承包下来？这样不是可以省去土地、厂房和设备等方面的大笔投资吗？

他立即来到这个镇，以每年 1.5 万元的价格将浙北蓄电池厂承包下来，并将其改名为振华蓄电池厂，后又注册成立浙江长兴中能电源有限公司（以下简称“中能电源”）。

筹措资金，开发产品，有了立足之地的朱中华开始了他的创业之旅。

发展：关键是未雨绸缪

1999 年，成立之初的中能电源只有 11 名员工，还没有属于自己的厂房，朱中华走的是“借鸡生蛋”的路子。朱中华作为企业的创始人，像许多“草根浙商”一样，下车间当技术工人、跑外地做销售业务，千辛万苦，千山万水，能吃到的苦都吃过了……通过不断的努力和进取，公司度过了创业初期最为艰难的两年。2001 年之后，公司逐渐开始积累资金，而长兴蓄电池行业也处在了升温的阶段。当地政府出台了一些大力鼓励民营企业发展的政策。在这样的背景下，再加上金融部门及各方朋友的帮助和支持，2002 年，朱中华在长兴经济开发区以 5 万元/亩的价格购买了 5.5 亩土地，并建起了自己的厂房。朱中华终于如愿以偿地拥有了属于自己的厂房，他可以在自己的王国里自由地翱翔了。

朱中华知道，长兴的蓄电池行业，已经有许多人先他进入并占据了市场，后边更有无数的人在继续进入这个新兴行业。但由于蓄电池行业是一种具有污染性的行业，长兴这个小小的县城，绝对无法承载这样的环境负荷，无论是外力推动还是自身需要，蓄电池行业必定会出现一个惨烈的洗牌过程，在这种情况下，中能电源必须解决两个问题：第一是如何迅速在长兴的蓄电池行业中脱颖而出；第二是如何在未来的大浪淘沙中存活，并获得可持续发展。而解决第一个问题的关键就是在质量上超越同行，解决第二个问题的关键是在环保标准上先行一步、先人一招。

于是，朱中华双管齐下：在质量上，他四处求教，聘请哈尔滨工业大学、浙江大学等高校的专家教授进行研发、指导，在生产上精益求精。产品采用全密封防泄漏结构和最优化的设计理念，使用形式多样化。电池既能重复使用，又可间歇充电使用和循环使用，而且容量大，比能量高，自放电率低，循环寿命长，安全性能高。很快，中能电源生产的电动车蓄电池就获得了经销商的青睐。在环保上，注重环保意识和理念，立志走在行业的最前沿。为了达到国家环保标准，把化学危害缩减到最低，朱中华配合环保等有关单位检测，上、下半年分别上交两次国家检测报告。

朱中华具有前瞻性的努力很快就得到了丰厚的回报。2004 年，由于蜂拥而起的小作坊式蓄电池企业带来了严重的环境污染，长兴成为浙江省环境保护重点监管区。当地政府决定出重拳整治蓄电池行业。结果，长兴县的蓄电池企业从巅峰时期的数百家锐减到四五十家。在这场环保风暴中，先人一招的中能电源成为其中的幸存者。第二次度过危机的朱中华开始踏向了事业的康庄大道。由于依附科技创新，拥有过硬的产品质量和优质的售后服务，其公司的业绩和客户量在不断上升。2005 年，当朱中华发现公司自身的产能已经无法满足客户的需求时，他再次运用“借鸡生蛋”的做法，与金华一家经营困难的蓄电池厂合作，成立“中能金华电源有限公司”，以解其产品供应不足的燃眉之急。2006年，朱中华的中能南通亚光蓄电池有限公司成立，客户单位分布于天津、山东、浙江、安徽、湖北等地。2007年4月，朱中华又在安徽投入3 000万元资金，成立安徽中能电源有限公司。“安徽中能投产后，其产能将数倍提高，完全可以满足客户的需求。这也将是中能集团发展的一个新的起点。”朱中华说。

（案例来源：李时椿. 创业管理［M］. 2版. 北京：清华大学出版社，2010.）

【案例点评】

朱中华的成功，得益于其“借势发展”的思路，即把自有的管理优势、营销优势与现有闲置的生产能力相“嫁接”，从而激发“休克鱼”的活力。

同样，在整合既有资源的过程中，如何更好地利用银行的力量加速发展，也有诸多诀窍。比如，银行在审核企业融资能力的时候，一般对新建企业、无生产经营历史的企业，往往审核较严，此时，如果选择那些生产基础较好、产品有一定竞争力，只是由于短期现金流或管理问题而濒临倒闭的企业，此时的并购就比较容易获得银行的认可。再如，现在很多银行都提供了收购兼并的财务顾问服务，通过巧妙地设计并购方案，可以有效降低并购成本和风险。如中信银行杭州分行曾经帮助多家企业设计了“托管式渐进并购”模式，即一开始只是少量参股，其他股份采取股权托管方式，约定经营回报目标，如果实际上达到了经营目标（如税收、人员就业、企业利润率、发展速度等），则可以用一个很低的价格获得更多的股份，还可以获得原大股东的赠股。与租赁、承包企业的方式相比，这种模式有很大的优势。因为租赁、承包模式中，很难用企业财产进行抵押融资，而股权托管模式下，企业的资产有更强的使用能力。

【本章要点】

●资源概念源于战略管理的资源基础理论；创业过程的实质是各种创业资源的重新整合；不是所有的商业资源都是创业资源。

●资源更多地表现为自有资源和无形资源；按资源的性质可以分为人力、社会、财务、物质、技术和组织六种类型；战略性资源是一种有价值的、稀缺的、难以模仿的、不可替代的能够创造持续竞争优势的独特资源。

●资源的控制利用就是采用保持节俭、自力更生的“步步为营”策略；资源的创新利用就是采用具体情况具体分析、摸着石头过河的“拼拼凑凑”策略；对创业者来说最容易产生杠杆效应的是其社会资源。

●资源获取的方式主要有内部积累、资源购买、资源吸引；影响资源获取的因素主要有社会网络、环境动态性、信息搜集能力；各种影响因素相互作用、动态影响。

●优化配置、查漏补缺、量入为出是创业资源整合的基本原则；寻找、积累、开拓是创业资源整合的推进方法；识别利益相关者及其利益，构建共赢机制，维持信任、长期合作是创业资源整合的基本策略。

【重要概念】

创业资源　步步为营　拼拼凑凑　杠杆撬动　资源整合　共赢

【复习思考题】

1. 为什么说创业资源更多地表现为无形资源?

2. 需要在组织资源的支持下才能更好地发挥作用的资源是什么?

3. 迅雷公司创业初期的推广并不是靠自己，而是寻找其他的合作伙伴来推广，这体现了创业资源整合中的哪个策略?

4. 怎样理解“很多成功创业者之所以选择步步为营的资源控制和利用策略，是因为创业企业从外部获取资源具有很高成本且会增加创业风险”?

5. 为什么说创业初期拥有很多资源并不一定是好事?

【实践练习】

活动一：

1. 活动名称：纸飞机竞赛

2. 活动目的：体验如何利用资源

3. 活动人数：30~120 人

4. 活动时间：15 分钟

5. 活动规则

步骤一，每组准备 2 张 A4 纸;

步骤二，5 分钟内制作好纸飞机;

步骤三，每个小组派一名代表出来参赛，在同一水平线放飞纸飞机，飞行距离较远者为胜。

6. 教学用具：A4 纸

7. 活动反思：飞行距离意味着什么? A4 纸意味着什么? 5 分钟意味着什么? 试飞了几次，有什么启发?

活动二：

1. 活动名称：寻找资源

2. 活动目的：感受资源的寻找过程

3. 活动人数：30~120 人

4. 活动时间：45~60 分钟

5. 活动规则

步骤一，观看视频《共富经》乡村合伙人第 2 集《虾田里隐藏的秘密》(央视网，2023-07-18)(视频时长约 25 分钟)。

步骤二，小组讨论并回答问题：①案例中的创业资源有哪些? ②七井村的创业者是如何将过去没有价值的小龙虾变成乡村最大财富的？

步骤三，每个小组派一名代表分享本组讨论结果。

6. 教学用具：多媒体

7. 活动反思：创业资源有什么特征？如何发现和整合创业资源？

【课程思政】

政校文化——传承红色基因，凝聚担当力量

陈梓大三的时候在中共广州市委机关实习，毕业后，留在了机关任专职秘书。2015 年，他积极响应国家关于“大众创业、万众创新”的号召，选择了跳出舒适圈，投向自主创业。在这之前，因志愿服务、学校学生干部锻炼、毕业工作等机缘，他长期从事各种活动策划工作，所以，在产生了创业念头之后，他便尝试跟大学同学共同创办了一家文化传媒公司。

创业初期，3 个人的小团队什么都得亲力亲为，节俭度日。为了节约成本，自己裱背胶、挂横幅、搬道具、贴站位、摆台卡。白天当执行人，晚上做策划师。为了回报母校，创业刚过 4 个月，他便主动联系了自己的母校，提出帮助策划筹办校友返校日活动，结果当天到场了 3 000 多人，通过微博、微信直播“围观”活动的校友、学生超过 2 万人。但很少人知道，为了尽可能把活动做好，除了学校给予的支持和校友助力，陈梓自己兜底了 4 万余元，这对于一个当时没有稳定的业务收入且“白手起家”的他来说，是一笔不小的费用。

“让一切更有意思！”这句常常挂在陈梓嘴边的话，虽然简单易懂，但时时事事要按这个要求来做恐怕很难。随着广州马拉松限量纪念封以及大小会务活动的完美承办，越来越多的单位和客户找到了他和他的团队，公司营业收入也慢慢地稳定起来。陈梓说：“我记得有个客户跟我说过，你们不仅要让一切更有意思，更要让一切有意思且更有意义。”陈梓认为客户的话说得非常深刻，他也很受启发，就这样，陈梓和他的团队经常在活动筹备分析和最终复盘时总会关注三个问题：有什么？善于做什么？能做到什么程度？

2018 年，陈梓找到了答案——做一个新生代“红色”企业家，把红色资源利用好、把红色传统发扬好、把红色基因传承好。于是他新建公司、调整业务、重组结构，将“永远跟党一起创业”作为企业使命，把服务“政校文化”建设作为企业核心业务。政校文化，顾名思义就是服务于党政机关、高校团体。他深知，做政校服务不是什么人都懂得、什么人都能做好。要有中心意识、政治自觉、大局观念、思想高度、能抓细节，为了能让团队更加专业，他开始招人，自主培训。

2019 年 4 月 30 日上午，纪念五四运动 100 周年大会在北京人民大会堂隆重举行。在会前，公司设计部的同事早已做好海报底板，大会直播结束不到半小时，就推出了总书记寄语青年的金句海报，引起大量转播分享。每一年五四前夕，陈梓的团队都会跟团省委学校部、广东学联联合创作出一批高质量、适时代、合潮流的文创海报，并刊登在各个新媒体平台上，利用高校新媒体战线工作矩阵优势，在全省青年大学生中

引起广泛关注并产生了热烈反响。创业近5年，年营业额就从几十万元发展突破1 200多万元。

第十五届“挑战杯”广东大学生课外学术科技作品竞赛决赛在佛山科技学院举行，作为开、闭赛活动的执行导演，陈梓要对活动的整个流程负责，从参赛校旗入场仪式、领导嘉宾的致辞讲话，到节目展演，都得多次彩排，多次调整。他在短时间内教会100多名学生如何做到整齐划一、连续走位、挥舞好高校旗帜。他还自己编曲、填词、编导，创作出了南粤青年新说唱《我们都在追梦》；他为了节目创作和抓节目质量效果，经常调整方案、通宵改稿，两个月内往返广州、佛山两地超过40次。功夫不负有心人，活动的高质量举办为陈梓公司赢得了良好的社会影响和口碑。

2020年新年伊始，陈梓决心以开启党建工作为新的发展契机，充分发挥党组织的政治核心作用和党员的先锋模范作用，把企业党建作为回报党和社会的政治责任，努力形成“党建带团建、党团共发展”的格局。陈梓的公司已经向上级党组织、团组织申请设立党支部和团支部，用党、团的先进性指导和助力企业发展。

陈梓的团队，基本以“90后”为主。过去有人说，“90后”是娇滴滴的一代，但这群“90后”在2020年突如其来的疫情中，积极响应团省委号召，组建广州政校中心战“疫”文创突击队，画手绘、出海报、做宣传折页。公司买了1 000瓶免洗洗手液，送给机关单位、高校团体，用实际行动参与战“疫”，为疫情防控贡献自己的最大力量。

在实现自身快速发展的同时，陈梓还时刻不忘企业社会责任，积极投身各类社会公益慈善事业。作为新社会阶层联谊会秘书长，陈梓主动策划社团活动，亲自主持，赞助费用，走访会员单位，联络感情，了解需求，对接资源。公司用信息技术助力梅州市精准扶贫、乡村振兴和美丽乡村建设，为广州市儿童活动中心、广州市黄埔区荔园小学捐赠玩具。公司被广州市文明办、广州市妇联授予“热心公益、关爱儿童”荣誉锦旗，被广州市光彩事业指导中心授予“慷慨解囊展大爱、光彩事业现真情”荣誉等。

（改编自：曾准，倪斯铌.“青创100”广东大学生创新创业引领计划优秀创业案例集［M］.广州：华南理工大学出版社，2021.）

【案例讨论】

请阅读下面案例，讨论回答问题。

四川航空整合外部资源推出免费接送服务

在四川，众多乘坐飞机的旅客常常为机场与市区之间的长距离犯愁。无论是前往机场还是返回家中，仅凭打车，费用往往几十上百元，给旅客带来了不小的经济压力。

为了改善旅客体验，四川航空推出了创新之举——免费接送服务。只要购买五折及以上机票的乘客，均可享受此项服务。此举吸引了大量原本购买三折、四折机票的旅客，他们只需多花四五十元购买五折机票，即可省下较高的打车费用，既实惠又便捷，因此受到了广大旅客的热烈欢迎。

随后，川航与风行汽车公司展开合作，选定了价值 14.8 万元的车型，计划采购 150 辆，但希望能以更优惠的价格成交。经过几番讨价还价，结合 150 辆的规模采购优势以及风行汽车在每辆车上展示广告的承诺，最终双方达成一致，每辆汽车的成交价仅为 9 万元。

车辆问题解决后，接下来便是司机的招募。川航采取了别具一格的策略——不直接招聘司机，而是采用售车模式。他们找到了本地有意购车的人，提出只要花费 17.5 万元购买一辆车，便可成为川航的合作伙伴，负责接送旅客。这种合作方式保证了客源的稳定性和无竞争压力，同时车主每接送一名旅客川航还支付 35 元的服务费。

每趟运送 4 名旅客，即可获得 140 元的收入。考虑到一天内可以多次往返，这样的收入相当可观。因此，许多司机都积极购买车辆参与合作，很快 150 辆汽车便全部售出。

通过整合外部资源，川航不仅未花费一分钱，还极大地提升了客户满意度，机票收入也实现了显著增长。更重要的是，通过售车，川航每辆汽车净赚 8.8 万元，150 辆车总计带来了 1 320 万元的额外收入。

（改编自：经典商业案例：四川航空用免费这一招轻松实现王健林 1 亿小目标[EB/OL].(2019-05-05)[2025-02-18].https://www.sohu.com/a/311942140_120147718.）

讨论题：

（1）四川航空采用了哪种资源整合推进方法？

（2）四川航空运用了哪种资源整合策略？

8 创业计划书

【核心问题】

1. 为什么要撰写创业计划书？
2. 如何写好一份创业计划书？
3. 创业计划书的核心内容有哪些？

【学习目的】

1. 了解创业计划书的基本概念及撰写目的。
2. 掌握信息的搜集方法和创业计划书的基本结构。
3. 理解创业计划书的核心内容。
4. 掌握创业计划书撰写技巧并避免常见误区。

【引例】

商业计划的生命力：一位专业商务顾问的看法

很多人这样说：商业计划书是融资的“敲门金砖”，含金量低的商业计划书，无法吸引投资人的眼球。我不完全同意这样的说法。

商业计划书的专业性以及行业撰写要求，甚至是计划书的外包装，都对吸引投资人的“眼球”起着巨大的作用。因此，我一直提供商业计划书的撰写服务。但是，我们不妨问一句：“仅仅靠商业计划书就能融资成功吗？”

我基本同意把商业计划书作为“敲门金砖”，毕竟这是接触有效投资人的第一步。但是，我想说的是，我们需要的不仅仅是吸引投资人的“眼球”，还需要吸引投资人的“真金白银”，而这个吸引的过程，绝对不是几十页A4纸就可以决定的。

商业计划书，不是靠套用模板就能撰写出的。计划书虽然有它相对固定的一面，比如，该含有哪些章节，按照什么顺序，甚至具体到用什么字体比较合适，行间距与字符的大小等，都有些不成规矩的规矩；但是，毕竟全世界也没有形成文化或法律要求必须那么写。所以，商业计划书并不难写。

其实，撰写计划书关键在于对资本市场以及投资人心理的把握，看你在多大程度上用文字与投资人进行沟通并达成共识，多大程度上迎合他们的审阅喜好，甚至于，多大程度上加大文字上的渲染才恰到好处……这些，就需要经验与相对的专业性了。

如果计划书已经写得很完美了，也吸引了投资人的“眼球”，那么我们还应该做些什么呢？我告诉你，肯定不是等着钱进你的口袋。

商业计划书就是企业发展的指导性文件，它的内容，其实就是企业发展的纲领和步骤，不要以为写份形式上完美的计划书就圆满了。其实，计划书的本质内容才最重要。

首先你得告诉投资人你是做什么的。项目介绍除需要描述你的项目本身之外，一定要多考虑项目的“周围经济”。比如，你的项目在市场中占有什么地位，核心竞争力在哪里，哪些竞争企业的产品或技术实力可以弥补项目的缺憾，未来多少年内你的项目或产品能够做大做强。没有远见的企业家，我们称之为个体户，只为今日温饱，不求明日大计。因此，撰写商业计划书前，你要全面了解你的项目所处的环境及发展趋势。

其次是管理计划。说到管理，大家都知道它的定义，就是对企业一切资源的有效利用，让其发挥最大功能。资源中最大的资源，就是你的人、你的团队。那么，团队是什么？团队不是“人数”。1 000 人的集团，也不一定可以称为团队；3 个人，却一样可以得天下。

团队要的是集体的协作能力、思考能力、自主能力。有这些，你就可以自豪地说“我的团队……”；否则，就只能对别人说“我们这些人……”——你们只是“人”而已……

另外，学历代表过去，学习才代表将来。如果你的团队成员不够优秀，起点都很低，那么的确会一定程度影响投资人对你的认可。但是，请相信大部分有眼光的投资人，还是比较欣赏“未来”型的创业者，他们不太喜欢听你讲过去的英雄事迹，他们会更多地关心你对未来的设计和思考。

可见，撰写商业计划书前，你要制订好你的管理计划。比如，你的团队如何建设，组织结构如何设计，激励政策及人力资源如何配置，等等。

最后就是营销计划。俗话说：“酒香不怕巷子深。”大家都知道，那是计划经济时代的产物，而我们现在面对的是全球市场，这个“巷子”太“深”了，所以再香的酒，也需要出去吆喝几声。商业计划里，你可以向投资人索取高额的营销费用，或者可以在央视竞个广告标王。一夜成名的企业和产品，在这个社会并不少见。可是，你的计划里除了“出名”之外，还有可持续提升产业经济链的东西吗？广告及营销，其实要做的就是让消费者知道你的产品或服务有哪些好处，而这些好处，你真的可以持续提供吗？如果是包装出来的，那么广告费花完之时，也就是企业末路之际。

因此，撰写商业计划书前，你要科学地给产品及企业未来定位，不要停留在“自我陶醉和自我膨胀中”。

当然还有风险预测及控制、财务计划等。

无论商业计划书里面阐述了什么，你都要设身处地地想一想：你是真的在做企业发展规划，还是仅仅在畅想未来？你所阐述的思路，在后期的执行中，是否有足够的可执行性？你是否有足够的能力去将想法变成现实？

（案例来源：张玉利，薛红志，陈寒松，等. 创业管理（基础版）［M］. 4 版. 北京：机械工业出版社，2017.）

8.1 创业计划书基本概念和目的

8.1.1 创业计划书的基本概念

创业计划书是由创业者准备的一个书面文档，它描述了创建一家新企业所涉及的所有内外部因素。

计划是实现短期和长期目标的一种手段，虽然计划在不同规模和类型的企业或企业的不同发展阶段可能起到不同的作用，但都有一个重要的目的，就是在快速变化而又不确定的未来环境中发挥灯塔作用。

但是快速变化的市场环境又会导致任何计划都很快过时。在信息时代，技术的快速迭代和市场的动态变化，使得创业计划的生命愈加短暂，创业者不得不完成一个创业计划，但事实上永远也完成不了。

在这样一个快速变化的世界里，灵活性和应变能力已经成为重要的生存技能，把创业计划当作一项始终处于进行中的工作才是明智的选择。

概括地讲，创业计划不仅是创业开始之前的一个步骤，还是贯穿创业活动始终的行动指南。

8.1.2 撰写创业计划书的主要目的

撰写创业计划书的主要目的是获取资源和系统思考。

1. 创业计划书是寻找创业资源的宣言书

创业活动起始于创意而不是资源，这也是创业活动与传统商业活动最大的区别，因此创业计划书最主要的目的就是募集外部资金和其他资源。

当你拥有了创意，并决定成为一名创业者时，不具备相应的资源其实是一种常态，撰写一份简明易懂又能准确描述创意的创业计划书是关键。创业计划书可以作为一种推销性文本，用来向潜在的投资者、团队关键成员和其他外部相关者介绍项目。

2. 创业计划书是吸引创业合作者的路线图

创业计划书应该明确阐述新企业创建之前必须解决的所有资源限制。初创企业寻找投资者主要是为了筹集用于雇佣关键员工、进一步开发产品或服务、租赁办公场地、弥补运营中的其他漏洞等所需的资本。投资者很清楚这些，而且经验丰富的投资者往往愿意帮助所投资企业尽力弥补资源和能力方面的不足，因此创业计划书没有必要遮遮掩掩，应该开诚布公地介绍自己的发展路线以及困惑和不足。

3. 创业计划书是评估创业想法的商业画布

除了获取资源和支持外，撰写创业计划书的另一个主要目的就是让创业者通过深度系统的思考来提高创业成功的概率。在撰写创业计划书的过程中，创业者可以充分了解自己所在创业领域的基本情况，同时也提供一个自我评估的机会。

能促使创业者更加公正、客观地进行自我评估的问题如下：

（1）这个想法合理吗？

（2）这个想法能起作用吗？

（3）我的客户是谁？

（4）产品或服务能满足客户需求吗？

（5）对于竞争者的模仿，我有哪些防范措施？

（6）我能管理好这家企业吗？我将和谁竞争？

这个自我评估很像是角色扮演游戏，要求创业者考虑不同的情景，并且考虑可能阻碍企业取得成功的因素。如果自我评估后创业者意识到某种障碍是不能避免和克服的，那么这家新企业可能在撰写创业计划书阶段就要终止了。尽管这样的结果令人失望，但总比在投入了更多时间和资金后被迫终止要好。

撰写创业计划书的过程就是梳理创业思路、整合创业资源的过程，也是进一步认识创业项目、评估商业机会本质的过程。创业计划书能让创业团队成员明白企业的整体情况和未来目标，明确自己在目标实现中的角色定位和努力方向。

很多人都会有这样的感受：自认为想清楚了，写出来不一定清楚；觉得写清楚了，讲给别人听，别人却不一定清楚。创业也是这样，创业计划书撰写的过程、所有团队成员参与和达成共识的过程，远比计划本身更重要。

【情景案例】

PAF 公司执行摘要

简介

从 2001 年起，健身产业成长迅猛，至 2006 年健身产业价值已超过 210 亿美元。健身产业成长在很大程度上受中老年人口越来越关注自身健康的驱动。健身产业的缝隙之一是缺乏专为 50 岁及以上人口服务的健身中心，他们与年轻人的健身需求类型不同。PAF 将填补该市场缝隙——它是一家专为 50 岁及以上人口服务的健身中心，位于佛罗里达州中部。

企业描述

PAF 计划营业面积 21 600 平方英尺（1 英尺 = 0.304 8 米），位于佛罗里达州塞米诺尔县的奥维多。奥维多是开设本健身中心的理想地点——该地的中老年人口比例及其收入水平都高于全国平均水平。本中心的特色是健身器材、课程、训练都专门针对老年人，并开设营养、睡眠、大脑体操等专题讲座与讨论会。

设计为老年人服务的健身中心是独特的挑战，需对他们的生理与心理需求高度敏感。因此本中心的经营方向为：①为会员提供舒适愉悦的环境；②提供高品质课程与设施；③鼓励会员间交往，使 PAF 成为他们的生活中心之一。

产业分析

PAF 将在“健身与休闲运动中心”产业（NAICS71394）内竞争。该产业价值 210 亿美元，处于成长期。成长驱动因素主要是人们对健康与锻炼重要性的认识不断增强。该产业最大的挑战是争夺消费者的闲暇时间。

该产业是竞争性产业。健身中心平均净利率为 9%（IBISWorld，2007 年 5 月）。成功关键因素包括：选址、合理的课程与活动组合、鼓励会员参与、一批能干而积极的员工。

市场分析

PAF 的营业场所将选在佛罗里达州塞米诺尔县，奥维多就在该县境内。市场分析表明该县约有 65 400 名 50 岁及以上人口，其中 9 800 名现已是健身中心会员。

PAF 的会员人数与盈利目标如表 8-1 所示：

表 8-1　2009—2012 年 PAF 会员人数与盈利目标

年份	会员数目标/个	总计划盈利/美元
2009	2 100	1 690 398
2010	2 226	2 416 514
2011	2 360	2 561 955
2012	2 502	2 716 124

通过焦点小组调查和本企业顾问委员会研究，我们认为本企业独特的理念能够吸引到的会员 50%来源于其他健身中心的现有会员，另 50%为新会员。如果 50%的收益来自现有市场，则意味着 PAF 必须争取到佛罗里达州塞米诺尔县 11.44%的 50 岁及以上其他健身中心的现有会员。我们相信能够实现这个目标。

市场计划

PAF 营销策略的总体目标是让 50 岁及以上人士意识到锻炼的益处，并使他们认为 PAF 就是他们开始或继续锻炼的最佳场所。

企业差异化要点如下：

（1）唯一的目标市场是 50 岁及以上人口。

（2）着重强调健身中心的社交功能，强调会员对健身中心的归属感。

（3）专业工作人员，关注老年人的需求与生活。

本企业采取传统营销与草根营销相融合的促销方式。本企业已与 Central Florida Health Food 和奥维多的 Doctor’s and Surgeon’s Medical Practice 建立起合作品牌关系，并正在进行进一步洽谈，以巩固合作关系。

管理团队和公司结构

PAF 现有 5 人管理团队，由杰里米·瑞安（46 岁）和伊丽莎白·西姆斯（49 岁）领导。瑞安曾在南佛罗里达成功开办过一家健身中心，并在 3 年内发展到 38 家连锁店，后来他的健身中心被一家大型连锁俱乐部收购，他还有 14 年的健身行业从业经验。西姆斯是瑞安前一个健身中心的合伙人，且有19年的注册公共会计师工作经验。

PAF现有5人组成的董事会、4人组成的顾问委员会和10人组成的顾客咨询委员会。

运营和开发计划

PAF已签约租赁21 600平方英尺的场地，租期7年，待交租。合同约定到租期截止时，承租方有权买下该租赁场地。

该场地需注资100万美元翻新。初步翻新方案已由一位曾设计过老年人健身场所的建筑师制订，该场地翻新后将完全符合企业目标客户群的需要。

融资计划

本创业计划书包含整套预计决算表、资产负债表和现金流量表（5年期决算表和资产负债表、4年期现金流量表）。预计2009年（营业第一年）企业为亏损经营，之后稳步盈利。预计2010年投资收益率为13.1%，2011年为10.5%，2012年为11.3%。预计2010年净收益为317 740美元，2011年为269 670美元。从创业期起，本企业将一直保持正现金流。

所需资金

本企业现寻找515 000美元投资。

（资料来源：巴林杰．创业计划书［M］．陈忠卫，译．北京：机械工业出版社，2009．）

【回顾与思考】

1. 创业计划书不仅是创业开始前的一个步骤，还是贯穿创业活动始终的行动指南。

2. 创业计划书是寻找创业资源的宣言书，是吸引创业合作者的路线图，是评估创业想法的商业画布。

3. 创业计划书是创业活动中思考与行动的动态纽带。

8.2 创业计划书的准备和基本结构

8.2.1 撰写创业计划书前的准备

开始撰写创业计划书之前首先应做好充分的信息准备并盘点自身的资源状况。创业者通过多种途径获得更多方面的信息，从而对创业机会做一个初步的可行性研究，继而判断是否存在阻碍成功的因素，这些可以使创业计划书更加可信并且可行。如何盘点资源以及信息搜集的渠道，可以参照第7章中的相关介绍。

搜集足够多的信息支撑创业计划书中的观点十分必要。当你开始发展一项新的业务时会发现要找到任何数据来支持对市场规模、增长率以及竞争者定价等进行决策，实在是太困难了。虽然凭借经验或者直觉有可能你所说的都是事实，但从金融家和投资者的观点来看，如果你不能使他们相信你所说的是对的，他们就不会投资。仅仅告诉他们你所相信的东西也不会令他们信服，你需要的是证据。

完成信息搜集后，面对来自不同渠道的大量信息，创业者经常难以在短期内确定哪些是关键信息、哪些是必要信息、哪些是看似无关紧要实际至关重要的信息。掌握一定的信息搜集和整理方法可以帮助创业者在撰写创业计划书时做到有理有据、言之凿凿。

常用的信息搜集和整理方法有三种。

1. 文献检索

文献检索方法如表 8-2 所示：

表 8-2　文献检索方法

方法	内容
直接法	直接利用诸如 CNKI 等文献检索系统检索文献信息
追溯法	不利用一般的检索结果，而是重点关注文献后面的参考文献，注意追查原文，然后从原文的参考文献目录逐一扩大信息搜索范围
循环法	分期交替使用直接法和追溯法，取长补短，相互配合，获得更好检索结果

2. 市场调查

市场调查是指用科学的方法，有目的、系统地搜集、记录、整理和分析市场情况，了解市场的现状及其发展趋势，为企业的决策者制定政策、进行市场预测、做出经营决策、制订计划提供客观、正确的依据。下面介绍市场调查内容（表 8-3）、市场调查类型（表 8-4）和市场调查方法（表 8-5）。

表 8-3　市场调查内容

调查项目	内容
市场环境调查	市场的购买力水平、经济结构、国家的方针政策和法律法规、风俗习惯、科学发展动态、气候等
市场需求调查	消费者为什么购买、购买什么、购买数量、购买频率、购买时间、购买方式、购买习惯、购买偏好和购买后的评价等
市场供给调查	某一产品市场可以提供的产品数量、质量、功能、型号、品牌等，生产供应企业的情况等
市场竞争调查	了解同类企业的产品、价格等方面的情况，他们采取了什么竞争手段和策略，做到知己知彼，通过调查帮助企业确定企业的竞争策略

表 8-4　市场调查类型

调查类型	内容
探测性调查	一种非正式的、在利用二手资料基础上的小范围调查，是正式调查开始前的初步调查。当创业者对将要从事的行业领域不熟悉时可通过探测性调查来了解这个行业和领域
描述性调查	一种对客观情况进行如实描述的调查，注重对实际资料的记录，多采用询问法和观察法
因果性调查	主要回答为什么，通常是在搜集整理资料的基础上，通过逻辑推理和统计分析，找出不同事实之间的因果关系和函数关系
预测性调查	在搜集了历史和现实的数据基础上，对事物未来发展的趋势做出预测

表 8-5　市场调查方法

方法	内容
观察法	根据调查研究的对象，利用眼睛、耳朵等感官以直接观察的方式对其进行考察并搜集资料。例如，市场调查人员到被访问者的销售场所去观察商品的品牌及包装情况
实验法	由调查人员根据调查的要求，用实验的方式，把调查的对象控制在特定的环境条件下，对其进行观察以获得相应的信息。控制对象可以是产品的价格、品质、包装等
访问法	可以分为结构式访问、无结构式访问和集体访问。结构式访问是提前设计好的、有一定结构的访问问卷的访问；无结构式访问是没有统一问卷、由调查人员与被访问者自由交谈的访问；集体访问是通过集体座谈的方式听取被访问者的想法，搜集信息资料的访问，可以分为专家集体访问和消费者集体访问
问卷法	通过设计调查问卷，让被调查者填写调查表的方式获得所调查对象的信息

3. 比较类推

（1）参照同行业中其他创业者的创业计划书进行比较研究；

（2）参照市场中竞争对手的相关资料进行对比分析；

（3）将不同媒体对同一问题的相关评论进行比较分析。

8.2.2　创业计划书的基本结构

创业计划书必须具有一定的常规结构。很多创业者试图在每一件事情上都表现出创造力。但是在通常情况下，以投资人为主要代表的读者，希望看到很容易就能找到关键信息的创业计划书。因此建议参考一份常见的创业计划书标准结构模板撰写创业计划。但这并不是指完全套用模板的所有内容，而是选择一个常规的、通用的逻辑结构，然后在一定的逻辑基础上进行差异化的内容描述。

一份完整的创业计划书应该按照如下顺序和格式来编写。

1. 封面

封面除了要设计得简洁美观以外，还需要包含一些必要信息。首先是企业的名称，其次是创业者的联系方式，最后是阅读保密事项等；如果已经有了独特的商标，可以把商标融合在封面设计中以凸显企业的文化。

2. 目录

读者往往喜欢使用检索式阅读，以便快速获取关键信息，而不是从头到尾地阅读。建立一个目录，能帮助读者更容易找到自己感兴趣的信息。目录的详细程度应该与创业者想要达到的目标有关。目录通常只包含一、二级标题。

3. 正文

正文的每个部分应清楚地列示标题并与目录一一对应，应该采用统一风格的编号方式，最好按照“金字塔原理”把结论放在每段的第一句，正文的主要内容参见“创业计划书大纲模板”。

4. 附录

撰写创业计划书的一个原则是言简意赅地传递信息，在正文中所呈现的数据，需要有相应的证据支撑，但没有必要把详细的解释说明全部放入正文。创业者应该重视并充分利用附录，附录可以包括但不局限于以下内容：重要的合同资料、信誉证明、市场调查结果、主要创业者履历、技术信息、生产制造信息、宣传资料、授权书、专利证明及相关政策文件等。

创业计划书包含的内容取决于创业企业的业务性质和创业者的特征，为了尽量完整地介绍创业计划书的基本结构，本书提供了一个“创业计划书大纲模板”，以供参考。

【创业计划书大纲模板】

1　执行概要
1.1 历史与现状
1.2 市场与机会
1.3 生产与营销
1.4 团队与管理
1.5 财务与投资
2　团队/公司简介
2.1 背景（历史）概述
2.2 使命、愿景、价值观
2.3 核心成员简介
2.4 发展战略
3　产品/服务概述
3.1 基本情况
3.2 竞争优势
3.3 知识产权
3.4 新产品开发计划
4　市场分析
4.1 产业特征、规模与趋势
4.2 市场机会分析
4.3 市场细分与目标市场选择
4.4 消费者与竞争者分析
5　营销计划
5.1 产品策略
5.2 价格策略
5.3 渠道策略
5.4 促销策略
6　生产/运营计划
6.1 生产/运营流程和周期
6.2 选址与核心设备
6.3 供应链与库存管理
6.4 质量管理与知识产权保护
7　财务计划
7.1 资金来源与使用
7.2 财务假设和预测
7.3 预计财务报表
7.4 比率分析与财务评价
8　管理能力
8.1 组织结构
8.2 人力资源计划
8.3 外部合作关系
8.4 创新机制
9　风险控制与资本退出
9.1 风险因素评估
9.2 风险防范与应对
9.3 股本结构与员工期权
9.4 投资方式与预期回报

这个模板属于商业类创业计划书的框架，社会（公益）类创业计划书应当在此基础上对细节进行调整。

【情境案例】

风险投资最爱看到的商业计划书形式和页数

风险投资公司每天从各种渠道收到的商业计划书很多，每天能用来看商业计划书的时间也是有限的。所以，建议第一次给投资人的商业计划书，最好用 PPT 做。一方面，PPT 图文排版更方便、表现更丰富，方便讲清楚创业项目；另一方面，PPT 一般是按页查看，让人更有耐心去了解。内容大概在 20 页，不要刻意控制页数，重在把内容说清楚。

第一部分（2~3 页）：What——讲清楚你要做什么

用 2~3 页 PPT 讲清楚你准备干一件什么事。不要整页的 PPT 都是文字，你要做的事应该是一两句话就能说清楚的。最好能配上简单的上下游产业链图或功能示意图，让人对项目一目了然。

这里的核心是要突出专注，表明你就想做一件事，而且就想解决这件事中的某一个关键问题。不要追求大而全，产业链也不要太长。

另外，目前商业巨头明显要做的项目、已经有几家在竞争且获得较好融资的项目不要去做。这样的项目已经有太多失败的教训。不是说你做不成功，而是投资人不感兴趣。成功率较低，投资人不愿意去赌。

第二部分（4~6 页）：Why Now——行业背景、市场现状

用 4~6 页讲清楚行业背景、市场发展趋势、市场空间。要说明你在正确的时间做正确的事，而且市场空间大。

市场大，不代表有需求。要描述在目前的市场背景下，你的项目抓住了用户的痛点，或者你的项目可以为用户带来具有更高性价比的产品或服务。尽量列出与竞争对手的对比分析，表明当前的商业机会。

第三部分（5~10 页）：How——如何做，以及现状

用 5~10 页 PPT 讲清楚商业模式实现的具体方案，包括产品的研发、生产、市场、销售策略。

这里只描述这个项目是如何实施的、最终达成的效果如何。建议多研究一下精益创业，产品规划和创业步伐要小步快走，阶段性验证，调整产品思路和商业模式。

第四部分（2~3 页）：Who——你的团队

用 2~3 页 PPT 讲清楚团队的股份和分工。团队要有合理分工，需要介绍团队主要成员的背景和特长：强调个人的能力适合岗位，团队的组合适合创业项目。

项目是靠人来执行的，不同的团队执行出来的效果不同。要让投资人知道你不是一个人在战斗，另外，有没有团队也从侧面说明了你的个人领导力。当然，投给个人的钱与投给团队的钱完全不一样。有些创业者会拿网上报道的某某名人获得大笔投资的项目做比较，认为自己的项目更靠谱，应该获得相应的投资。他不知产生高溢价的是团队而不是项目，某某名人有一帮团队和相应的资源做支撑。

第五部分（1~2 页）：Why You——优势

用 1~2 页 PPT 讲清楚你的项目和团队优势。“事为先、人为重”，让投资人相信你要做的事非常有前景，而且你的团队很适合这个项目。回答好两个问题：为什么是现在做这个项目？为什么你们能做成功？

第六部分（2~3 页）：How Much——财务预测与融资计划

用 2~3 页 PPT 讲清楚前 3 年的财务情况，以及后 3 年的财务预测。早期项目能否盈利不重要，投资人主要对高增长性感兴趣。说明你的融资计划，需要多少资金，准备稀释多少股份。

资金需求一般做一年规划，这一年项目要达成什么目标，达成这个目标需要多少钱。稀释的股份要少于 30%。

（案例来源：风投商业计划书[EB/OL].(2022-04-16)[2025-02-18].https://wenku.baidu.com/view/98d4d91084c24028915f804d2b160b4e767f812d.html.）

【回顾与思考】

1. 开始撰写创业计划书之前需要做好信息搜集和整理等一些必要的准备工作。

2. 撰写创业计划书必须遵循一定的常规结构，偏离创业计划书常规结构形式是有很大风险的。

3. 创业者应该根据创业项目的类型在通用创业计划书框架的基础上进行个性化修订。

8.3 创业计划书的核心内容

8.3.1 执行概要

执行概要是创业计划书最重要的部分，应该放在创业计划书的最前面，但应该是最后写成的。执行概要不是创业计划书的引言或前言，而是对整个创业计划的高度概括。这一部分需要运用“电梯推销”的技术，要求在很短的时间内激起读者的兴趣。

本部分字数应该控制在 1 500 字以内，篇幅不应超过两页 A4 纸。作为创业计划书正文的浓缩，执行概要的段落顺序应该和正文各章节顺序一致，内容应该是正文中最重要的结论部分。

8.3.2 团队/公司简介

创业计划书的主体部分是从这里正式开始的。从发现问题到解决问题，创意的实现是通过商业组织来完成的；落实计划的第一步，应该就是成立公司。对于已经注册成立公司的创业团队，应该首先简单介绍以下信息：公司名称、注册时间、公司规模、公司性质、技术力量、项目内容、员工人数、组织结构等。

8.3.3 产品/服务概述

产品/服务概述主要描述公司的产品或服务能解决的核心问题、给顾客带来的核心价值以及预计能实现的目标。重点介绍项目的卖点：产品或服务解决了消费者的何种需求？填补了哪一部分的市场空缺？产品/服务概述一般来说应该包括：产品/服务的概念、性能、市场竞争力、研究和开发过程、发展新产品的计划和成本分析、市场前景预测、品牌和专利等。

8.3.4 市场分析

市场分析主要包括宏观环境分析、市场机会分析、行业分析、市场细分与定位。

宏观环境的分析即 PEST 分析，其中“P”是政治（politics），“E”是经济（economy），“S”是社会（society），“T”是技术（technology）。

市场机会分析主要是通过竞争分析描述创业机会的来源，一般可以使用波特的“五力”竞争模型进行描述。

行业分析主要包括行业的主要经济特性、影响行业变革的主要因素、行业中的关键成功因素等。

市场细分是指企业按照某种标准将市场上的顾客划分成若干个顾客群，每一个顾客群构成一个子市场，不同子市场之间，需求存在明显差别。

在市场细分的基础上，企业需要明确自己即将进入的目标市场的情况，即要进行正确定位。选择目标市场一般应满足以下两个要素：一是目标市场应有一定的规模和发展潜力；二是企业有相应的竞争能力。

8.3.5 营销计划

产品类项目的营销计划可以围绕 4P 理论展开，服务类项目可以围绕 4S 理论展开。下面以产品类为例概要说明。

产品策略是企业为了在激烈的市场竞争中获得优势，在生产、销售产品时所运用的一系列措施和手段，包括产品定位、产品组合策略、产品差异化策略、新产品开发策略、品牌策略以及产品的生命周期运用策略。

价格是企业竞争的主要手段之一，产品定价的前提是明确竞争目标，基础是需求预测和成本核算。价格目标包括：维持企业生存、扩大企业规模、最大利润、销售量增加、扩大市场占有率、应对竞争、质量优先、社会福利或社会影响等。不同的目标决定了最终定价的策略。

渠道策略是指产品或服务只有通过某种途径送达顾客手中才能实现价值，创造利润。需要注意的是，在新经济时代，传统渠道策略的实施环境发生了很大改变，创业企业可以采用的渠道策略更加多样化，终端销售点的选择相较渠道的选择更重要。

促销策略是指企业如何通过人员推销、广告、公共关系和营销推广等手段，向消费者传递产品信息，引起他们的注意和兴趣，激发他们的购买欲望和购买行为，以达到扩大销售的目的。

促销是最为具体的营销策略，各种促销方式有各自的优缺点，企业制定促销组合时应紧紧围绕目标市场定位，对广告宣传、公共关系和营销推广等方式进行综合选择和搭配运用，使其成为一个有机整体，发挥整体功能。

8.3.6 生产/运营计划

生产/运营是组织生产产品或运营服务的过程。需要介绍的内容和详尽程度取决于创业者的产品或服务本身的复杂度。对工业类企业而言，生产/运营计划应该包括厂址选择、工艺流程、设备、生产周期、标准生产作业计划、物料需求、仓储保障措施、劳动力供求、库存管理、质量控制等；对创意服务类企业而言，生产/运营计划需要重点思考成本结构、服务质量、原材料供应等。

8.3.7 财务计划

从某种意义上讲，财务计划其实是对营销计划和生产运营计划的可行性分析，它覆盖了创业计划的全过程，并用财务数据将其表示出来。

财务预算一般情况下运用全面预算法，以销售预测为起点，进而对生产成本及费用等各方面进行预测，编制出三大报表，即预计损益表（利润表）、预计资产负债表和预计现金流量表，以反映企业未来期间的财务状况、经营成果和现金流量状况。

在完成财务预算之后，创业者应该根据预算数据对项目的可行性做出财务评价。

8.3.8 管理能力

优秀的团队成员能力是需要通过优秀的管理组织来实现的。此部分重点介绍组织结构、人力资源计划、创业团队成员优势、顾问委员会等。

8.3.9 风险控制与资本退出

很多人说创业者就是冒险家，他们有着高的风险偏好。但真正的创业者并不喜欢风险，而且会尽量避免风险，并采用合理的方式把风险降到最低。真正的创业者，在创业开始阶段会对所需承担的风险和可能获得的利益进行评估，并采用最佳的风险管理技术和有效的方法，对风险进行防范和控制。

在这一部分，创业者还需要向投资者呈现在什么时候他们的投资能够退出［资本退出的基本形式有：首次公开上市（IPO）退出、并购退出、回购退出、清算退出］，并应重点描述每一项的投资回报率预计是多少。

【情景案例】

风投感兴趣的一份一页纸商业计划书

在一次天使见面会上，北京创盟的河北创业者李X的发酵罐气流能量回收项目引起了风投的兴趣。Lu，Hayes & Lee，LLC Managing Partner 的 Glen Lu 在会后和李X交流了半个多小时。当时吸引风投目光的是李X的一份一页纸商业计划书。

产品简介：专利产品，国内空白，年节电100亿度，政府强力推广。

公司简介：我公司成立于2005年8月，从事节能节电业务，拥有自己的技术与知识产权，包括电机节电技术、发酵罐排放气流压差发电的多项专利。

项目简介：发酵罐是药厂与化工企业普遍使用的生产工具，用量非常大，如华北制药股份有限公司、石药集团、哈药集团这样的企业，每家企业使用的大型（150吨以上）发酵罐均在200台以上。因生产需要，发酵罐前端需要压气机给罐内压气，压气机功率一般在2 000~10 000千瓦，必须24小时运转，每年电费900万~4 000万元，要满足发酵罐生产，就需要多台压气机工作。所以，压气机耗电通常是这些企业很大的一笔费用支出。经发酵罐排放的气流仍含有大量的压力能，浪费在减压阀上。如安装我公司研制的“发酵罐排放气流压差发电与能量回收”装置，可以回收压气机耗费电能的1/3左右。

同行简介：目前该技术国际统称TRT，应用于钢厂的高炉煤气压力能量回收。主要的供货商有日本的川崎重工和三井造船、德国的GHH、国内的陕西鼓风机厂。年销售额20亿元以上。

进展简介：本项目关键技术成熟并已经掌握，我公司已经与某制药集团达成购买试装与推广协议，项目完成时，预计可以在该集团完成5 000万元以上的销售。

优势简介：

（1）我公司已申请该项目的多项专利。

（2）该产品可在市场中先行一步，属市场空白阶段。

（3）符合国家产业政策，国家相关领导人亲自担任节能减排小组组长。要求各地政府落实节能减排指标。该项目属于节能减排项目。

（4）各地方政府有节能奖励，如“三电办”有1/3的投资补贴，制药集团可获得约1 600万元政府补贴。

（5）可以申请联合国CDM（清洁生产）资金（每减排一吨二氧化碳可以申请10美元国际资金，连续支付5年）。制药集团可每年节能6 000万度，减排二氧化碳6万吨，可获得国际资金供给300万美元。

用户利益：

（1）减少电力费用支出，以某制药集团为例，如全部安装该装置，一年可以节约电费3 000万~36 000万元。收回投资时间短于2年。

（2）很少维护，无须增加人员，寿命在30年，使其可以为用户创造投资额15倍以上的价值。

（3）降低原有噪声20分贝，使其符合环保要求。

（4）其他政府奖励。

目标用户与市场前景：本项目目前主要针对国内药厂、化工厂。从与某集团达成的初步协议看，集团内需求量为100多套，而全国存在同样状况的有多家药厂，再加上许多化工行业也采用了相同或类似的生产工艺，均为我公司的目标市场。总市场预计在100亿元以上。

石家庄市利能节电设备有限公司　网址：http://www.lnjd.com.cn/　E-mail:lnjdgs@yahoo.com.cn

经理：李X

（案例来源：2018年4月自考03453创业学真题及答案[EB/OL].(2019-02-14)[2025-02-18].https://www.zikaosw.cn/news/7743.html.）

【回顾与思考】

1. 执行概要不是创业计划书的引言或前言，而是对整个创业计划的概括。

2. 创业计划书的九个重要组成部分相互联系，有机统一，是整合资源、实现价值的方案。

3. 市场细分是逻辑起点，产品价值是逻辑线索，财务计划是可行性验证。

8.4 创业计划书的撰写技巧与常见误区

撰写创业计划书既是一门技术也是一门艺术，需要花费创业者很多时间和精力。计划书是计划的书面表现形式，针对不同的读者对象的计划书应该有所不同。下面从风险投资者的视角分析撰写创业计划书应该注意的相关问题。

8.4.1 撰写原则

8.4.1.1 市场导向

企业的利润、创业的成功都源于市场真实的需求，不依据明确的市场需求分析所撰写的创业计划书是毫无意义的。因此，创业计划书应以市场导向为基本原则，要充分展示出对市场现状的掌握及时未来发展的预测，要明确指出企业的市场机会和竞争威胁，同时要说明市场需求分析所依据的调查方法和事实证据。

8.4.1.2 客观真实

创业计划书中的一切描述都要尽量客观、真实。应该使用实际资料佐证，数据应该具有合理的出处，切忌主观臆断和盲目乐观。此外，逻辑还应严密。创业计划书前后的基本假设要相互呼应，保持一致。逻辑要合理，不能自相矛盾。特别是财务计划必须与市场分析和营销、生产、运营计划等匹配。

8.4.1.3 操作性强

创业计划书是创业者拟订的行动蓝图，必须具有很强的可操作性，便于实施，达到“按图索骥”的效果。

8.4.2 撰写要求

8.4.2.1 形式

创业计划书的读者知道创业者资源有限，也希望他们能节俭办事，因此活页装订创业计划书往往是一种很好的选择，但一定要配上透明的封面和封底。

正文中多用图表，文字要言简意赅，应避免纠缠于文字处理程序的设计功能，黑体字、斜体字、不同字号和颜色的过度使用会使创业计划显得业余。应仔细检查，避免表达和语法上的错误，确保不遗漏任何关键信息。为避免不同 Word 版本及相关设置引起的显示格式差异，可以将最终成稿转换为 PDF 格式。

8.4.2.2 **内容**

以展示结论、结果为主，避免对结论、方法、过程做过多陈述，可以参照专业咨询报告的方式进行论述。切忌文字堆砌，有两类内容应该坚决去掉：一是有歧义或会造成读者错误认知的；二是重复性的描述，特别是对图表内容的重复性描述。

8.4.2.3 **表述**

创业计划书尽可能使用通俗易懂的语言，简明扼要地叙述问题，但一定要注意度的把握。尽量减少口语化的表达和感性的文学色彩较浓的描述；尽量少用专业术语，如属于必需的术语，表述应尽可能使用图表附注文字进行解释，数字图表清晰明了，阅读效率较高。

8.4.2.4 **方法**

应该用科学、专业的方法去描述每个章节的内容，避免简单的文字描述。技术与产品的描述应使用比较的方法，尽量做到定性与定量相结合。市场描述应该建立在专业调查的基础上。团队及管理方面的描述要建立在团队理论和组织分析工具的基础上。

8.4.3 回顾检测

撰写完创业计划书后，不仅要回顾检测错字、病句等常见问题，更要科学、系统地检测撰写的创业计划书是否达成了撰写目的。常用的回顾检测方法有四种。

1. 电梯测试

电梯测试是广为人知的“电梯销售”的延伸。你能在大约上一层电梯的时间里，用最多不超过三句话来告诉别人你的项目如何盈利吗？首先你必须清楚地知道如何赚钱，再用最简单的语言描述出来。你自己粗略读完你的创业计划书后能否从中找到答案？

2. 顾客检验

顾客检验是指把自己放在潜在顾客的位置，问自己一系列问题。

（1）在已有选择的基础上，我会购买这样的新产品或服务吗？

（2）如果要买，为什么？

（3）我会以现在的全价购买产品或服务吗？

（4）我会立刻购买，还是先了解一下？

3. 脆弱性检验

（1）请假设最坏的情况是什么。

（2）什么事情会让我的公司瞬间倒闭？

（3）现有竞争者是否有能力使我的公司立刻破产？

（4）如果成本翻番，这还是一份好的项目计划书吗？

（5）如果第一年的收益只有预期收益的一半，成本却翻了一番，这还是一个好项目吗？

4. 依赖性检验

（1）我的公司是否严重依赖（1/3 以上的比重）某个公司或客户？

（2）如果答案是肯定的，有办法减少这种依赖性或减轻潜在的损失吗？

（3）如果我依赖的公司停业或者不再与我交易，会发生什么事情？

8.4.4 常见误区

8.4.4.1 求多求全

创业计划书并不要求必须在 20 页以上，也不是越多越好、越厚越好，很多时候简单明了，不仅能说明创业者的信心，更能说明创业者把握重点和关键问题的能力。注意要多使用数字和图表来描述，千万不要密密麻麻全是文字，不要平铺直叙，不要长篇大论，应该突出重点，明确核心。

8.4.4.2 空话套话

很多糟糕的创业计划书一开始就是大话连篇，从国际形势说到宏观经济，从历史规律谈到未来趋势。不要小看读者的智慧，不用对市场基础或者行业背景做太多铺陈。开门见山，直入正题。不能只说产品有价值却忽视了对潜在顾客的调研。不要隐藏和回避不足与风险，以免让读者认为计划不够深入和全面。如果没有清晰回答产品所处的阶段，这说明产品开发工作没有真正开展或具有不合理性。认为没有竞争者说明缺乏深入、认真的市场调研。

8.4.4.3 目标过大

经验不足、热情有余的人或者野心勃勃、急于求成的人容易把创业目标定得过高。目标不是理想，更不是梦想。你可以假想自己成为一个亿万富翁，但你不能指望一开始就创办一家规模很大、投资上千万的企业。在计划阶段应该把困难想得多一些，不要有过于乐观的销售和财务预期。在界定市场规模时不应宽泛，企业的市场规模应该界定在目标市场，而不是产业市场。

8.4.4.4 过于烦琐

创业计划书太粗太简单没有实际意义，但太烦琐也没有实际意义，甚至有害。《精益创业》的作者总结道："创业更像是火箭发射，而非汽车驾驶。"创业计划书更像是地图而不是详细的使用说明书。看似无所不包的创业计划其实对创业行动有阻碍作用，因为创业过程是以创造性的行动解决一系列实际问题的过程。预先设想的条款，往往成为束缚创业者的绳索。不要把创业计划写成活动计划或者是工作计划，未来充满变数，做过多深究无疑是纸上谈兵。

【情景案例】

PE 如何选择企业

陈玮是东方富海公司的董事长，有多年的创业投资经验，至 2012 年底累计投资 100 亿元。陈玮是这样总结其投资选人经验的：

这么多年来，我投资失败的企业 80%与人有关系，成功的企业也是与人有关系。那么怎么看人呢？同时具备 3 种特质的人会比较容易成功。第一是大气的人。我们看团队，希望他们在一起工作 3 年以上，而且这个团队是不断有人加入的，核心管理层有股份。一个公司，如果大股东占 99%的股份，其他 3 个股东只有 1%的股份，法律上没问题，但感觉很别扭。如果企业每半年换一个财务总监，那基本上不能投资。第二是一根筋的人。其执着守志、不为所动。在中国创业，一辈子专心致志做好一件事不容易，所以专注很重要。第三是好面子的人。老板一定要好面子，有责任敢于担当，因为有的企业有上万人，老板做出一个不好的决策就会影响到上万人。同时具备上述3种特质的人相对比较容易成功。

最容易拿到钱的是什么样的团队？就是唐僧带的团队。第一个是唐僧本事不大，他只知道到西天取经这一件事，这辈子一定要完成。第二个就是有一个孙悟空CEO，他也不想这么辛苦，但有一个紧箍咒约束他，取完经以后就能成佛，而且他本事也大。第三个还要有一个沙和尚这样的人，本事一般，但是遵守纪律，让干什么就干什么，执行力特别强。另外还有一个猪八戒，猪八戒有两个毛病，一个是好色，另一个是好吃懒做，但他的小手脚全部都在桌面上，没有在桌子底下。这种人也挺可爱的，你要用好了他就能发挥出自己的本事。

有两种创业者最容易拿到钱。第一种是领袖型创业者，他们有理想、有气质、有口才，会引导、会让员工死心塌地跟着干。第二种是独裁型创业者，他们有目标、有办法、有干劲、敢承担、敢拍板。

（资料来源：陈玮，王冀．PE如何选择企业［J］．创业家，2013（5）：95.）

【回顾与思考】

1. 市场导向是撰写创业计划书的基本原则。
2. 图文并茂、通俗易懂是创业计划书最好的表达方式。
3. 创业计划书不是内容越多越详细就越好。

8.5 创业计划书的展示技巧

8.5.1 展示准备

展示准备过程主要回答三个问题：展示给谁？谁来展示？如何展示？

8.5.1.1 展示给谁

如果观众是在考察投资项目的投资者，他们一般会关注市场、企业和团队三个层面的问题，在展示中开门见山地给出相关问题的答案是获得成功的关键。

1. 在市场层面

①这个初创企业所处的市场是不是朝阳产业？②这个市场估值是多少？③顾客的需求是不是刚需？市场发展持续性如何？

2. 在企业层面

①处于这个市场中的创业企业有没有潜力成为翘楚？②企业的独特性如何？③有没有技术壁垒、资金壁垒或者进入壁垒？④可扩展性如何？⑤企业的发展战略是否可行？⑥经营计划是否具体、可实施？⑦是否已经出现盈利？如果没有，有没有可能盈利或多久之后能够盈利？⑧有没有合适的退出机制？⑨五年左右能否上市或者被产业

巨头收购?

3. 在团队成员方面

①作为企业运营者的创业团队，能力结构是否完整？②团队执行力如何？③能否很好地执行创业计划？④团队对待做事的态度和工作氛围是否认真而又团结？⑤是否追求先进的管理理念？⑥领导者是否具有领导潜质?

8.5.1.2 谁来展示

一般情况下，创业团队所有核心成员都应该参加展示，但并不要求所有成员都进行陈述，因此选择合适的人员进行陈述是成功的关键。注意，展示的核心元素是人，而不是 PPT，展示者应该将观众的目光吸引在自己身上，PPT 等其他工具只是为让展示更加生动有趣。记住，展示的目的是取得信任，而只有人才能取得人的信任。

8.5.1.3 如何展示

麻省理工学院的一项权威调查表明：沟通涉及视觉、声音、口头表达等层面，其中视觉（即身体语言）占 55%，声音（即语音语调）占 35%，口头表达（即用语用词）占 7%，其他占 3%。因此，在展示过程中与观众的互动、音调的变化、情绪的感染等都十分重要，而这些需要进行多次彩排演练。不要把展示看作一次聊天或即兴演讲，而应该看作一场舞台剧或是电影，一定要准备一个剧本，对全过程进行系统的设计和预演。

8.5.2 展示内容

制作展示 PPT 可以遵循“666”法则：①每行不超过 6 个字；②每页不超过 6 行；③连续 6 页需要有一个视觉停顿，可以采用分节、插图等方式。

每次展示介绍的时间应该控制在 20 分钟以内；最多使用 12 张 PPT；每张 PPT 用时应控制在 100 秒左右。

通常 12 张 PPT 可以按照下面的内容和顺序进行排列。第 张：基本信息。第二张：问题描述。第三张：解决办法。第四张：目标市场。第五张：产品核心竞争力。第六张：竞争优势。第七张：营销策略。第八张：财务预测。第九张：管理团队。第十张：经营现状。第十一张：融资需求。第十二张：总结。

8.5.3 展示技巧

8.5.3.1 主基调

首先应该为整个展示设定一个主基调，使整体风格体现出项目特色，让计划书的装订、团队的精神风貌、企业文化、展示人员的着装等形成系统性的搭配和整体性的呼应。

8.5.3.2 视觉冲击力

注意，视觉冲击力不是指把 PPT 做得五颜六色，恰恰相反，PPT 中的颜色一般不应多于三种。视觉冲击力体现在颜色的对比、图片的精选、展示节奏的把控上。

8.5.3.3 仪容仪态

仪表端庄、衣着整洁、口齿清晰是基本要求。展示者往往容易在紧张中忘记微笑，而微笑恰恰是友好、自信和尊重的最佳体现。眼神是心灵的窗户，一定要注意通过眼神在展示过程中表现出恰到好处的抱负与自信。

【情景案例】

电梯推销

陈宏是汉能投资集团董事长兼首席执行官，在由《创业家》期刊主办的创业沙龙上，他分享了在短时间里打动投资人的沟通技巧。

前阵子我担任一个创业比赛的评委。第二名有两个创业者，分数一模一样。为了区分出第二和第三名，我们给两个创业者一人一分钟作简报。简报完双方得票是5：0，五个评委都投给了同一个人。为什么？因为赢的那个人会表达，一分钟之内把自己的激情、梦想讲得很感人。

马云曾经说过，创业者要在5分钟内敲定几百万美元。5分钟的确有点夸张，但是在很短的时间之内打动投资人，让他们有兴趣继续看他的企业，这是属实的。

我过去在硅谷创业。公司在美国上市前，就为了30分钟的演讲，专门请顾问对我进行了好几天训练。30分钟演讲，15分钟问答，问完以后投资人就走了，人家都记不住你是什么样子。这拨人在几天之后就要下单，决定要不要买你公司的股票。如果你讲不清楚，拿不到足够的认购订单，公司就上不了市。

沟通是一门功夫，我认识周鸿祎（奇虎360公司董事长）十几年了，当时他做3721“网络实名”（直接在网页的网址处打上中文即可链接目标网站的网络服务）不久，那时候他也是讲不清楚的，但现在也锻炼出来了。有时候非常好的工程师做出非常好的东西，但就是讲不出来自己的好处和优势，这是很吃亏的。你融资融得好，公司可能就活下来了、成功了，否则可能就死了。

据UT斯达康公司创始人吴鹰回忆，马云约见软件银行集团的时候，对方只给了他6分钟时间演讲。马云拿了半张纸，把主要几点写在了上面。马云用上了他的语言天赋，用英文讲电子商务，吴鹰并未完全听懂，觉得这个人很有热情，讲得也很清楚。而且马云非常自信地讲，“我不缺钱”（当时已得到高盛集团的500万美元投资）。马云讲完后，现场的投资人一致看好他。后来，马云拿到了软件银行集团的1 800万美元投资，2003年又拿到了5 000万美元的追加投资。

（资料来源：胡彩苹，陈宏. 三分钟打动投资人［J］. 创业家，2013（2）：94-98.）

【回顾与思考】

1. 应该依据不同观众的不同需求来做展示准备。
2. 不要把展示看作一次聊天或即兴演讲，而应该看作一场舞台剧或是电影。
3. 应该为展示的整体风格确定一个主基调。

【本章要点】

●创业计划书不仅是创业开始之前的一个步骤，还是贯穿创业活动始终的行动指南。

●创业活动起始于创意而不是资源，这也是创业活动与传统商业活动最大的区别，因此撰写创业计划书最主要的目的就是募集外部资金和其他资源。

●撰写创业计划书的过程就是梳理创业思路、整合创业资源的过程，还是进一步认识创业项目、评估商业机会本质的过程。

●常用的信息搜集和整理方法包括文献检索、市场调查、比较类推。

●创业计划书包含的四大部分为封面、目录、正文、附录。

●创业计划书的核心要点主要包括：执行概要、团队/公司简介、产品/服务概述、市场分析、营销计划、生产/运营计划、财务计划、管理能力、风险控制与资本退出。

●从风险投资者角度来讲，创业计划书应遵循市场导向、客观真实、操作性强原则。

●撰写完创业计划书后，不仅是要回顾检测错字、病句等常见问题，更要利用电梯测试、顾客检验、脆弱性检验、依赖性检验科学、系统地检测创业计划是否达成了撰写目的。

【重要概念】

创业计划　风险投资　回顾检测　真实性　执行概要

【复习思考题】

1. “创业者不得不完成一个创业计划，但事实上你永远也完成不了”表示的意思是什么？

2. 为什么说创业计划书撰写的过程、所有团队成员参与和达成共识的过程，远比计划本身更加重要？

3. 一页纸的创业计划书应该包括哪些主要内容？

4. 创业计划书的市场导向原则是指什么？

5. 如何正确理解关于创业计划书各部分内容之间关系的描述：市场细分是逻辑起点，产品价值是逻辑线索，财务计划是可行性验证，整合资源实现价值是目标？

【实践练习】

活动一：

1. 活动名称：pitch 练习

2. 活动目的：体验如何做 pitch

3. 活动人数：30~120 人

4. 活动时间：20 分钟

5. 活动规则：

步骤一，每组用 pitch 画布准备自己的 pitch，时间 10 分钟；

步骤二，小组两两之间分享；

步骤三，A 组 3 分钟 pitch，B 组反馈 1 分钟，然后 B 组 3 分钟 pitch，A 组反馈 1 分钟。

6. 教学用具：A4 纸、pitch 画布

7. 活动反思：发生的过程是什么？找到了什么资源？

活动二：

1. 活动名称：访问擎朗智能送餐机器人公司官网，撰写擎朗智能送餐机器人业务的执行总结（备注：也可以撰写其他特点企业的业务执行总结）

2. 活动目的：同学们掌握撰写执行总结技巧

3. 活动人数：30~120 人

4. 活动时间：90 分钟

5. 活动规则：

步骤一，教师介绍执行总结的重要性和基本结构；

步骤二，发布任务——撰写擎朗智能送餐机器人业务执行总结；

步骤三，将同学分成小组，分别进行执行总结撰写；

步骤四，各小组搜集擎朗智能相关信息；

步骤五，每组撰写执行总结；

步骤六，每组完成并分享执行总结。

6. 教学用具：A4 纸、笔

7. 活动反思：讨论撰写过程，分析方案多样性，确定关键步骤

【课程思政】

恩启——做中国孤独症儿童康复治疗的领头羊

恩启是一家致力于为孤独症儿童提供科学康复教育服务的综合性服务平台。恩启提供的服务，包括线上的恩启云课堂、VB-MAPP 在线评估系统、恩启社区及自媒体和线下服务机构“IDEA 教研中心”。所有的产品和服务，均围绕“让康复更有效”这一核心理念展开。经过多年的发展，恩启已成为国内最具影响力的行业品牌公司，以前沿的互联网技术、严谨的科学研究、创新的商业模式，引领中国孤独症康复教育事业的可持续发展。

恩启为什么会选择被主流企业忽略的孤独症儿童市场进行创业呢？该市场仅在中国就有 1 000 万以上的目标客户，但缺乏相应的服务。与其他创业公司不同的是，服务于孤独症儿童本身就是一件兼具社会意义和商业价值的事情。恩启在经历了一段初始迷茫期之后，便将自己定位于社会型企业，凸显了企业的差异化优势，并在此基础上

探索合适的方式为用户提供产品和服务。

王伟在开始恩启创业项目之前，做了十多年的人机交互产品和展示工程，但他厌倦了这种“一把一利索”的生意。他希望借助互联网技术，建立一个面向个人用户、交易金额小但源源不断的生意，从包工头儿转型做一位真正的企业家。由于一个偶然的机会，他注意到孤独症儿童治疗领域仍处于非常初级的阶段，从业人员素质普遍不高，行业标准缺乏，从事科学研究的专业组织匮乏。王伟敏锐地意识到，这也许是一个非常好的商业机会。有没有可能用新技术改造这个行业，创立一家能树立行业标准的企业呢？但是问题也随之而来。因为之前王伟主要的身份是主管技术的经理，创立并管理好一家偏医疗和教育的公司对他而言是一个全新的、巨大的挑战。

踌躇满志的王伟为公司做了第一次目标定位：让科技为孤独症儿童创造幸福！因为之前做事靠谱，再加上这个项目具有浓郁的公益色彩，王伟很快就说服3位好友共同出资，做自己的天使投资人，并且迅速组建了团队。依托以往产品开发和销售的经验，经过半年的时间，公司研发出了第一款产品“多媒体感官康复训练仪”。王伟对此也寄予了厚望，要求公司全员营销，但是销售业绩非常惨淡。而此时，前期的投资已经花得所剩无几，王伟开始体会到做企业家的艰辛和不易。最低谷的时候，王伟卖掉了自己唯一的一套126平方米的房子。

而随着对行业了解的加深，王伟开始意识到，公司之前的定位有问题：仅用技术的手段并不能解决孤独症康复治疗这样一个跨医学和教育学的社会问题。此外，一个有浓郁公益色彩的公司，是否有更好的定位，以便高效地进入这个传统行业？这个问题也给王伟带来极大困扰。

经过调研，王伟很快发现：孤独症儿童群体具有一定的社会属性，针对这个群体的产品与服务并不适合用纯商业化的手段来提供。因此王伟把企业定位为“社会创新企业”，希望能更好地体现公司的差异化定位，以更合适的方式为孤独症儿童的治疗提供产品和服务，进而促进公司的发展。王伟意识到，孤独症儿童康复的领域和之前销售的娱乐类产品不同，如果不能回到行业的源头，掌握其教育的本质，将永远不能真正在这个行业立足，更不用说树立行业新标杆。

明白了未来要往哪里去，王伟便把公司品牌确立为“恩启”，并提出了公司新的定位：恩启，努力只为特殊群体！再次出发的王伟已经摆脱了产品经理的思维，开始用企业家的眼光重新审视整个行业。他发现，看起来最简单的ToC也就是面向消费者的业务其实是最慢也是最难的，反而是ToG和ToB也就是面向政府和企业才是关键。于是，他改变了以往只重视研发的做法，密切联系行业专家和主管机构，用一次次靠谱的行动赢得各方的信任。机会永远是给有准备的人，恰巧在这个时候，中国残疾人康复协会也在考虑规范孤独症儿童康复教师的培训认证。

有专业知识、技术背景和做事靠谱的王伟，顺利拿到了公司第一个最重要的合同，与中康协合作开发一个孤独症儿童康复教师在线培训平台，并协助组织考试和认证。这个合作项目给公司带来了不多但非常宝贵的现金流。更重要的是，通过认证系统，恩启影响了中国孤独症儿童康复教师的标准。依托这套考评体系，通过社交媒体、社群等新的营销传播手段，恩启创建了国内最有影响力的孤独症儿童治疗的自媒体平台。

与此同时，王伟意识到，除了高质量的康复师外，如果能有一套科学的评测体系，康复教育将更加有效率。经过调研和咨询，王伟迅速引入美国的 VB-MAPP 评测体系也就是语言行为里程碑评估及安置程序。又用了 3 个月时间，将该评测体系转化为汉语版，并推向市场。正确的战略带来了丰厚的回报。目前，恩启已经培训超过11 000余名康复教师，有 130 多家康复机构使用 VB-MAPP 评估助手。结合公司的医疗、教育跨界属性，王伟提出了新的公司定位：恩启，让康复更有效率！

康复教师培训标准和儿童能力评价标准形成了经典的钳形攻势，有了此优势，恩启顺利掌握了市场的主动权，公司的业务进入快速发展阶段。恩启也在发展中为社会带来更多价值。

（案例来源：清华 X-lab. 从学生到创业者 清华 X-lab 案例课［M］. 北京：人民邮电出版社，2018.）

【案例讨论】

请阅读下面案例，讨论回答问题。

光合未来——把家变成花园

“把家变成花园，和植物生活在一起。”光合未来通过整合植物技术、材料技术、物联技术、艺术设计和互联网技术，打造“智能室内花园”，让这个奇妙的设想变成了现实。让光秃秃的墙壁和屋顶，“化”为“绿色的海洋”，他们是如何做到的呢？

石俊峰，清华大学和意大利米兰理工大学的双学位硕士，他的硕士毕业论文的研究课题是：城市化过程中人与自然关系的演变。为了课题研究石俊峰组建了空间创构工作室，成员都是他多年做项目集结而来的志同道合的好友。本想通过研究设计出全新的社区公园景观，为城市居民带来更高质量的自然享受，最终却得到了“公园体系非常不适合中国大部分超级都市”的结论。那么，什么才是适合中国国情的呢？这个问题在他心底始终挥之不去。本已顺利申请到瑞典皇家理工学院博士学位的石俊峰在导师的鼓励下，决定改变早已设定好的人生航线——他要创业，利用自己的专业知识，去找到这个问题的答案，并付诸行动解决它，为这个社会做点事儿。

既然公园体系不适合，那就先从家庭切入吧。起初，石俊峰和朋友们想通过设计美观的花盆来赚取创意附加值，但通过分析他们发现可优化空间太小，前景堪忧，于是转而决定从室内绿植入手。他们随后在清华“创+”大赛获得了 5 万元的无偿资金支持，并受到了投资人的关注。投资人主动打电话给石俊峰说：“你把团队带过来，我们一起聊聊你的项目吧，记得把 BP 也带上。”

撂下电话，石俊峰非常高兴。但紧接着，他就困惑了：“什么是 BP 啊？”问了好几个人，才知道原来 BP 是指商业计划书（Business Plan）。但他从没写过 BP，于是在百度文库上下载了一个几千字的 Word 版商业计划书模板。看着密密麻麻的文字描述，石俊峰心里纳闷：“见面聊天，为什么还要我带个几千字的报告呢？”

但投资人的话得听，于是石俊峰坐在咖啡馆一个字一个字地写了很久。咖啡店老板看他奋笔疾书，问他在干什么。石俊峰回答说“写商业计划书”。

咖啡店老板被震惊到了：“现在还有人用这种方式来做商业计划书？不都是做 PPT

吗?”实在看不下去的咖啡店老板把自己公司的财务叫了过来，让财务给石俊峰讲商业计划书该如何写，顺便又讲了什么是商业模式、团队管理办法、股权结构、财务模型等等。

凭借这份临时学艺、拼凑出来的创业计划，石俊峰得到了投资人的关注，虽然投资方认可项目方向，投了40万元种子轮资金，但并不赞同石俊峰的产品和商业模式。此时，石俊峰想到了绿植墙，这个概念出现在很多设计师的项目方案里，却从未真正落地到产品上。

石俊峰想要的不但是一个能盈利的产品，而且是可以真正改变室内生活环境的绿色、智能家居生态系统。绿植墙超强的延展性让石俊峰看到了希望。他畅想第四代建筑产业下的人居环境应该是朝着智能家居、回归自然的方向发展。在石俊峰的设想中，人们未来的生活场景中不需要空调和冰箱，人们也不需要外出买菜，这些都可以通过植物墙来解决。

然而，目前他还没看到有别的哪家公司在做这件事。他和他的团队分析认为这个市场机会巨大，而且需要一款非常具有创新性的产品来实现。经过讨论，石俊峰决定从做元素入手，把绿植变成乐高积木一样可拼接的建材。因为定制化的产品不具有普适性，这也是传统垂直绿化市场的弊端。3个月后，石俊峰用3D设备打印出了第一个产品模型。

与此同时，石俊峰注册了“光合未来”公司和商标。就在他准备大干一番的时候，满腔热情却被资本寒冬“冻住了”，虽然有投资意向的机构和个人有八九家，可都没有达成理想的估值和投资额。公司账面一度仅剩8万元，石俊峰决定不再等投资了。他对公司全体成员说：“即使要死也要死在冲锋的路上，绝不能站在原地等钱，把自己给等死。让我们继续做产品!”比起流行的风口，石俊峰更看重一个领域的前景发展。他从不怀疑光合未来的创业方向，他坚信随着经济水平的提升，人们会越来越注重生活品质，室内绿化必定是未来的一个潮流。只是，在没有资本扶持的眼下，他们必须先养活自己。圣诞节这天，光合未来所有成员全体出动，上街售卖经过装饰的圣诞松树和干花筒。正是这些植物礼品类的产品帮助他们暂时度过了生存危机。正当良好的盈利状态和客户资源让石俊峰看到希望并决定主推植物礼品这条产品线的时候，他们在参加一场创业比赛上被评委老师一棒子打醒，评委们提醒石俊峰：虽然这样可以暂时摆脱对资本的依赖，但是如果真的彻底脱离对资本的依赖，就证明项目的爆发潜力非常弱。资本介入是用资金换取更大的爆发力；如果项目没有爆发力，资本是不会介入的。

当时，光合未来已经开发了十多个植物礼品类的产品，在物流、仓储和客服等方面付出了很多精力。但几经思考，石俊峰认为评委老师说得对，他们决定回到主线，全面开发“智能室内花园”——它由一套完整的系统组成，植物种植在一种特殊材料的种植基里，种植基中安装有光合未来自主研发的智能硬件来监测植物的生长状态和室内环境，配套的App可以提醒主人及时进行养护。如果智能硬件监测到植物长期没有被养护，还会开启自动养护系统。

随后光合未来在一系列创业大赛中斩获佳绩，并得到了中央电视台、新浪等多家媒体的报道，同时还获得了很多订单，并受到投资人的追捧，完成了数百万元的天使轮融资。

然而，就在曙光乍现之际，紧接而来的却是又一个“寒冬”，光合未来的主打产品“智能室内花园”按计划本应面市销售，但拿到成品后，石俊峰傻眼了，大货的质量远不及样品，根本无法销售。由于缺乏经验，在未验收的情况下，公司已向不良厂商打了全款，完全无法追讨回来，综合损失100万元，公司濒临破产。

紧要关头，石俊峰决定采用B端转C端的方式来开拓市场，也就是从企业客户转向个人客户。先通过B端客户销售产品，客户在产品使用过程中自然要下载App，以此来获取C端用户。产品形态同时在B端和C端都有作为。并且，在客户的启发下，转售为租，光合未来推出绿植墙租赁业务。石俊峰还创新了一系列业务的设计、运输、安装与支付方式，灵活地进行分阶段设计、分批次运输、分模块拼装、分期支付等。

目前，除了北京总部，光合未来还在郑州和南通等地建设了自动化的玻璃温室基地，在南通市建立了子公司。现在市面上还没有一家叫得上名号的植物领域的公司，石俊峰希望未来人们在谈及与植物相关的任何产品时都能想到光合未来。石俊峰和他的光合未来将以此为愿景而不懈奋斗。

（案例来源：清华X-lab. 从学生到创业者 清华X-lab案例课［M］. 北京：人民邮电出版社，2018.）

讨论题：

1. 创业企业如何找到适合自己的发展之路？

2. 创业计划书写好了之后是不是就不能变了？

3. 如何评价创业计划书在光合未来项目发展中的作用？

9 创业融资与财务

【核心问题】

1. 什么是创业融资？融资的重要性是什么？
2. 创业融资估算的方法及融资渠道是什么？
3. 创业融资决策的方法与步骤是什么？
4. 新创企业的财务该注意哪些问题？

【学习目的】

1. 了解创业融资定义与创业融资估算方法、融资渠道；了解创业企业财务管理相关知识。

2. 掌握创业融资估算方法，培养创业融资项目展示、融资决策基本能力；掌握财务管理和团队发展的基本方法。

3. 认识到新创企业财务管理的重要性以及创业融资在创业中的作用。

【引例】

滴滴融资 23 次，创始人如何控制分散的股权？

北京时间 2021 年 6 月 30 日晚间，滴滴低调登陆美股，股票代码为“DIDI”。此次发行以 14 美元的区间上限，实际发售 3.17 亿股美国存托股份（ADS），相较于原计划的 2.88 亿股多出约 10%，至少募资 44 亿美元。按发行价计算，滴滴首次公开募股（IPO）的估值约为 671 亿美元。在国内创业企业中，滴滴堪称融资次数与融资金额均位居前列的企业之一。

1. 滴滴的融资历程

2012 年 9 月，滴滴于北京正式上线。自 2012 年起至今，其在一级市场累计融资达 23 次。

（1）起步阶段融资。2012 年 7 月，滴滴获得天使投资人王刚数百万元人民币的投资，并于 7 月 10 日成立北京小桔科技有限公司。经过 3 个月的筹备与司机端推广，于 9 月 9 日在北京上线运营。同年 12 月，滴滴打车成功获得 A 轮金沙江创投 300 万美元的融资。

（2）市场拓展阶段融资。2013 年 4 月，滴滴完成 B 轮融资，由经纬中国及腾讯投资1 500万美元。凭借这笔资金，滴滴迅速占领打车市场。当年 10 月艾瑞集团发布的打车软件行业报告显示，滴滴打车的市场份额高达 59.4%，超过其他打车软件市场份额的总和。

（3）竞争白热化阶段融资。2014 年，滴滴完成 C 轮、D 轮融资，融资金额约为 8 亿美元。到 2014 年 3 月，滴滴的用户数量突破 1 亿，日均订单量达 521 万，成为当时中国移动互联网中日均订单量最大的平台。同年 3 月 12 日，优步在上海召开发布会，宣布正式进入中国市场，由此拉开了与滴滴之间的“烧钱大战”。与国内其他消费互联网领域的竞争类似，网约车业务在发展初期主要依靠“烧钱”的策略。优步的强势进入，使滴滴感受到巨大危机。自双方在国内市场正面交锋后，疯狂发放补贴及价格战成为这场竞争的主要模式。为填补资金损耗，双方在快速“烧钱”的同时，也在积极进行融资。从 2015 年至 2016 年 8 月前，滴滴共进行了 8 轮融资。仅 2016 年，就完成了 5 次融资，其中包括战略融资和债券融资。最终，这场“烧钱”大战在 2016 年 8 月以滴滴收购优步画上句号。

（4）后期持续融资。2016 年 8 月至 2021 年期间，滴滴又进行了近 10 次融资。滴滴招股书显示，其 2020 年总收入约为 216 亿美元，亏损约 16 亿美元。然而，在 2021 年第一季度，滴滴成功扭亏为盈，实现盈利约 8.4 亿美元。

2. 背后的“国家队”

从滴滴的融资历程不难发现，其背后存在大量国资背景的投资方。滴滴的融资大致可划分为三个阶段：

（1）2012—2014 年早期发展阶段。此阶段滴滴主要聚焦于业务的初步拓展与市场的初步渗透。

（2）2015—2016 年网约车大战阶段。这一时期，国资股东给予了滴滴强大的支持。网约车的出现极大地改变了出行市场的格局，对于滴滴这样的互联网公司而言，股东的支持至关重要，这也是其最终能够成功并购优步中国的关键因素之一。

（3）2017—2021 年 IPO 前阶段。为冲刺上市做准备，滴滴持续进行融资，完善公司资本结构。

3. 股权分散，创始团队还能掌握控制权吗？

经过多轮融资后，人们不禁好奇，滴滴最大的股东究竟是谁？滴滴到底归谁掌控？招股书披露，2017 年后投资数十亿乃至上百亿美元的软银，在上市前持有滴滴 21.5% 的股票，成为滴滴的第一大股东。但这是否意味着滴滴成了孙正义的公司呢？实则不然。此前，曾有自媒体错误地认为阿里是软银的、腾讯是南非报业的、百度是美国人的，这其实是混淆了财务权益和投票权的概念。实际上，这些公司均通过 AB 股——同股不同权的股权架构设计，在股份被稀释的情况下，依然牢牢掌握着公司的控制权。所谓 AB 股，即 A 股每股拥有一个投票权，B 股每股则拥有多票投票权（通常每股为 10 票），按照 B 股 10 票来计算，A 股与 B 股的投票权比例为 1∶10。普通股东持有 A 股，而创始人持有 B 股，以此保障创始人对公司的控制权。6 月 28 日，在即将上市之际，滴滴宣布向高管突击增发 66 711 066 股股票作为激励。其中，70.8%归属程维（滴滴 CEO），24.1%归属柳青（滴滴总裁），剩余部分归属其他高管。按照定价，此次增发激励价值约合人民币 240 亿元，其中程维约占 170 亿元，柳青约占 58 亿元。此举使得程维的持股比例从 2.9%提升至 4.2%，柳青的持股比例从 0.3%提升至 1.4%。包括程维、柳青、朱景士在内的三人管理层共计掌握公司 59.5%的投票权。由此可见，滴滴的控制权依然牢牢掌握在创始团队手中。

（案例来源：滴滴融资 23 次，创始人如何控制分散的股权[EB/OL].(2021-07-01)[2025-02-18].https://baijiahao.baidu.com/s? id=1704057040574390332&wfr=spider&for=pc.）

9.1 创业融资的概念及过程

9.1.1 创业融资的概念

从狭义角度看，融资特指企业为资金筹措而实施的行为与流程。企业基于自身的生产经营现状及未来发展需求，通过严谨的预测与决策机制，向其投资者或债权人筹集所需资金，组织资金供应，以确保企业能够维持正常的生产、经营与管理活动。在此过程中，企业筹集资金的动机需遵循既定原则，并通过恰当的渠道和方式实现。而从广义角度看，融资亦称金融，涵盖了货币资金的流通与调配。

本书所探讨的创业融资，采用的是融资的狭义定义，即创业者为了将创新理念转化为商业实践，通过各种渠道、采用不同策略筹集资金以创立企业的过程。创业者需根据初创企业不同发展阶段的资金特性，结合创业规划与企业发展战略，科学设定资本结构与资本需求量，以确保融资活动的有效性与合理性。

9.1.2 创业融资过程

9.1.2.1 融资准备

融资准备不仅是一项技术任务，更是一项涉及广泛社交网络的复杂过程。创业者在着手融资前，需精心筹备一系列工作。

首先，个人信用的建立至关重要。市场经济以信用为基石，无论是国家、社会还是个人，信用都是不可或缺的宝贵资源。在创业融资中，信用发挥着举足轻重的作用。它是市场的一种规则，而且一旦受损，极易通过口碑迅速传播，对创业者特别是那些依靠亲友关系起步的创业者而言，可能会导致信用度下降，融资难度骤增。因此，创业者应在日常生活中注重道德修养，培养良好的信用意识，以积累和维护个人信用。

其次，良好的人脉关系对于获取创业资源具有决定性作用。创业者的关系网络构成了初创企业的社会资本，这种资本是企业通过社会关系获取稀缺资源并从中获益的能力。研究表明，创业者的人脉关系对创业融资和创业绩效具有直接的促进作用。需要强调的是，这里的人脉关系并非指“拉关系”“走后门”等不正当行为，而是基于正常的社会关系和社会经历建立起来的，它们能够在创业过程中提供有用的信息和资源。

9.1.2.2 融资估算

在融资活动开始之前，明确资金需求量是至关重要的。资本需求量的测算是融资的基石。创业者需清楚了解创业所需资本的用途，包括购买生产经营所需的各种资产（如现金、材料、产品、厂房、设备等）以及支持企业日常运营的开支（如员工工资、水电费等）。

从资本形式来看，资本可以分为固定资本和运营资本。固定资本主要用于购买设备、建造厂房等长期占用的资产；而运营资本则用于购买材料、支付员工工资等短期可回收的开支。此外，创业者还需结合市场调查，对营业收入、营业成本和营业利润进行估算。在初创企业的成长阶段，仅靠初始启动资本和企业盈利可能无法满足发展需求，此时需要从外部筹集资金。融资需求量的估算不是一个简单的财务测算问题，而是一个将现实与未来综合考虑的决策过程，需要在财务数据的基础上全面考察企业经营环境、市场状态、经营战略等内外部资源条件。

9.1.2.3 需找融资来源

在估算完融资需求量后，创业者需要进一步确定资金来源，即融资的渠道和对象。此时，创业者需对人脉进行详尽梳理，初步确定可能成为资金来源的各种关系。同时，广泛收集信息，包括银行、政府担保机构、风险投资机构等提供的资金支持信息，以及政府新出台的创业资金支持政策、各种创业空间孵化园的信息等。创业者需从多方面入手寻找和筛选融资来源和对象，并慎重考虑和安排企业的债权、股权和经营权的比例。

9.1.2.4 融资项目展示

当选择一般性融资渠道（如自有资金、亲友融资、银行贷款、政府资金等）时，创业者只需进行游说并按照机构要求提供相关资料即可。然而，天使投资和创业投资则有所不同。除了提交完整的创业计划书外，创业者还需与投资人进行深入接触，充分展示创业项目的市场潜力和盈利能力。只有获得投资人的认可，才有可能获得资金支持。因此，对于创业者而言，花时间精心准备一份创业计划书和融资 PPT 至关重要。这不仅有助于争取投资，还能让创业者明确战略与发展计划，为团队提供集体亮相的机会，并为培训新员工和未来融资打下基础。

9.1.2.5 融资决策

融资决策是指为筹集经营所需资金而制订的最佳融资方案。这是每个企业都必须面对的问题，也是企业生存和发展的关键所在。在制订融资方案时，创业者需要考虑众多因素，如融资渠道的选择、融资方式的选择以及股权和债权的出让比例等。这些因素将直接影响企业的后续经营和长远发展。因此，融资方案的确定对于企业的生存和发展至关重要。创业者需综合考量各种因素，制订出最符合企业实际情况和未来发展需求的融资方案。

9.2 创业融资估算

在企业经营过程当中，所有的发展阶段都会涉及融资问题。在不同的企业发展阶段，融资的目的和方式亦有所不同。越是在企业经营的后期，融资问题将会越复杂。本部分主要介绍企业在成立初期所需资金量的估算。企业成立初期所需的资金主要包括注册登记的费用、启动资金、成本、利润等。

9.2.1 注册登记费用

企业经营的前提是注册和登记新企业。注册新企业是一个标准化的流程，在注册和登记过程当中需要支付一定的手续费用。具体要求以企业所在地的工商注册部门的相关要求为准。我国自 2014 年 3 月 1 日起实施的《中华人民共和国公司法》规定，对企业注册资本实施认缴登记制取消了最低注册资本的限制，放宽了企业注册资本登记的条件，简化了登记事项和登记文件，并且可以利用网络平台进行注册，为创业者节省了时间，同时减少了验资审核等相关费用，为创业者提供了更多的便利。

9.2.2 启动资金估算

企业注册完成以后，就可以开始正常的经营活动，此时便需要有各种费用的支出，这也构成了企业的开办费用或启动资金。按照资金的用途，启动资金可以分为两大类。第一类是固定资产投资，第二类是流动资金。固定资产投资主要包括经营场地的费用、设备的费用。比如购买机器、工具、车辆、办公家具等费用，以及注册费、验资费、营业执照费、办公费、装潢费、加盟费等。一般来讲，固定资产价值较高，使用时间较长，通常采用累计折旧的管理方法，也即逐步分摊到今后的经营成本费用当中并随着经营活动的开展逐步回收。流动资金也称运营资金，是指保证企业经营活动当中所需支出的正常的运营资金。流动资金主要包括原材料、商品存货、促销费用、工资、租金、保险费用、其他费用，还有一些不可预见的费用（如罚款、丢失、盗窃）等。初创企业启动资金的估算可以通过编制现金流量表的方式来进行：首先按照用途把所有支出项目归类为固定资产投资和流动资金，然后将各大类下面的所有支出项目逐一列出。关于流动资金的估算，首先需要将流动资金包含的各个项目逐一列出，其次估算销售利润实现的时间至少要预留一定的周转期。例如，如果经估算至少需要 6 个月企业方能产生销售利润，那么企业需要将月度流动资金乘以 6 进行资金的估算，具体的估算操作见表 9-1。

表 9-1 启动资金估算的具体方式

启动资金	资金具体项目内容	估算方法
固定资金	企业用地和建筑费用	根据市场调查测算
	设备（机器、工具、工作设施、车辆、办公家具等）	根据市场调查测算
	开办费	根据市场调查测算
流动资金	购买原材料和商品存货	购买原材料和商品存货×6 个月
	促销（广告、有奖销售、上门推销、互动表演等）	促销×6 个月
	工资（业主、员工工资）	每月工资总额×6 个月
	保险费	全年
	其他费用（水电费、电话费、交通费、办公用品费）	其他费用×6 个月
	不可预估费用（罚款、丢失、盗窃）	预留充足

9.2.3 成本利润估算

企业的利润是企业一段时间内经营成果的展现。企业利润表栏数据主要依据利润等于收入减成本的公式进行计算。按照营业利润总额、净利润的顺序编制的是一个时间段内的动态报表。初创企业收入的估算是制订财富计划和编制预计财务表的基础。在进行营业收入的估算的时候，创业者应该立足于对市场的研究和对行业营业状况的分析，并且能根据试销经验和市场调查资料，结合推销人员意见、专家咨询、实践训练等方法，以预测的业务量和市场售价为基础，估计出每个会计期间内企业的营业收入，具体操作见表 9-2。

表 9-2 营业收入估算表　　单位：元

项目		1	2	3	……	合计	预测方法
产品一	销售数量						根据市场调查测算
	平均单价						根据市场调查和原材料成本测算
	销售收入						销售数量×平均单价
产品二	销售数量						根据市场调查测算
	平均单价						根据市场调查和原材料成本测算
	销售收入						销售数量×平均单价
……	……						……
合计	销售收入						产品一销售收入+产品二销售收入+……

创业者在编制预计利润表时应根据估算营业收入时预计的业务量对营业成本进行估算。根据采用的营销组合方式，对销售费用进行估算。根据行业的税费标准，对可

能发生的税费进行估算。以此计算出初创企业每个会计期间内的预计利润。营业成本的估算，如表 9-3 所示。

表 9-3 营业成本估算表 单位：元

项目		1	2	3	……	合计	预测方法
产品一	销售数量						根据市场调查测算
	单位成本						根据原材料成本测算
	销售成本						销售数量×单位成本
产品二	销售数量						根据市场调查测算
	单位成本						根据原材料成本测算
	销售成本						销售数量×单位成本
……	……						……
合计	销售成本						产品一销售成本+产品二销售成本+……

初创企业在起步阶段，业务不稳定，在市场当中通常默默无闻，这导致了营业收入和推动营业收入增长所付出的成本之间的关系不成比例。因此，对新创企业初期的营业收入、营业成本及各费用的估算应按月进行，并按期预估企业的利润情况，如表 10-4 所示。一般来讲在企业实现收支平衡之前企业的利润表尽量按月编制，达到收支平衡以后可以按季、按半年或者按全年来编制。

表 9-4 预计利润表

项目	1	2	3	……	N	预测方法
一、营业收入						表 9-2 预测销售收入
减：营业成本						表 9-3 预测销售成本
税金及附加						根据行业标准对营业所得税及附加费用进行测算
销售费用						根据拟采用的营销组合对销售费用进行测算
管理费用						根据企业规模和战略对企业经营管理费用进行测算
财务费用						根据融资渠道和融资成本对财务费用进行测算
二、营业利润（损失以“-”号填列）						营业收入-营业成本-税金及附加-销售费用-管理费用-财务费用
加：营业外收入						与经营活动没有直接关系的各种收入，如非流动资产处置、政府补贴等。
减：营业外支出						与日常经营活动没有直接关系的各种支出，如非流动资产处置、公益性捐款、罚款等。
三、利润总额（损失以“-”号填列）						营业利润+营业外收入-营业外支出

表9-4(续)

项目	1	2	3	……	N	预测方法
减：所得税费用						根据行业税费标准对所得税进行测算
四、净利润（损失以“-”号填列）						利润总额-所得税费用

9.2.4 融资估算

初创企业也需要对融资量进行估算。根据开办企业所需投入的资金和企业的营业收入、营业成本及利润，结合市场情况对企业的发展规划进行预测，从而确定企业融资的需求量。我国的税法对不同类型的企业有不同的规定和要求。在进行融资预测的时候，要结合企业自身的情况以及法律的具体规定，来综合估算资金需求量。

【思考题】

通过上面所学思考评估你的创业项目是否需要融资。如果需要，大概的融资额是多少？

9.3 创业融资渠道

融资渠道是指协助企业获取资金的来源的方向与通道。了解融资渠道的种类、特点和实用性，有利于创业者充分利用和开拓融资渠道，从而实现各种融资渠道的合理组合，筹集所需的资金。创业融资渠道，按照融资的对象可以分为私人资本融资、机构融资、社会融资。私人资本融资主要包括创业者自有资金、亲友融资、天使投资。机构融资指的是企业向相关机构融资，主要包括银行贷款信贷融资、融资租赁创业投资等。社会融资指的是针对创业企业的各种扶持基金和优惠政策，主要包括政府专项基金财政补贴、贷款援助税收优惠等。

9.3.1 私人资本融资

9.3.1.1 创业者自有资金

由于企业初创期风险较高、不确定性较大，初创企业很难获得金融机构的关注和青睐，私人资本便成为创业初期的主要融资渠道。世界银行一项调查表明，我国私营中小微企业在创业初期的资金90%都是来自创业者及创业团队的家庭和亲友。尽管有些创业者没有个人投资就创办了新的企业，但是这种情况非常少。这是因为：一方面，从资金成本的角度来讲，个人资金成本低廉；另一方面，创业者在试图引入外部资金时，外部投资者一般都会要求企业必须有创业者的个人资金投入。因此，创业者的自有资金是创业融资最根本的渠道，几乎所有的创业者都向自己新创办的企业投入了个人的积蓄。创业者个人资金的投入对于初创企业而言具有非常重要的意义。首先，创业者个人的直接投入表明创业者对创业项目充满信心，愿意以自己的金钱和时间来承担这个企业的风险，这向外部资本传递了积极的信号。其次，创业者向企业投入个人的积蓄，是创业者长期对企业尽心尽力付出时间和精力的有效保障。再次，创业者个人积蓄的投入是对债权人债权的保障。由于在企业破产清算时债权人的权益优于投资者的权益，所以企业能够筹集到的债务资金一般以投资者的投入为先。最后，在创业前期，向初创企业投入的资金越多，最终获取的创业投资分红也越多，对企业的控制权也越大。总之，准备创业的人应从自我做起，较早就有意识地进行储蓄，准备创业资金。

9.3.1.2 亲友融资

向亲友融资是初创企业获得融资的常见渠道。亲友融资是建立在亲情和友情基础上的，不是单纯为了获得高额的利润回报。在向亲友融资的时候，创业者必须用现代市场经济的游戏规则、契约规则、法律条款来规范融资行为，以保障各方的利益、减少不必要的纠纷。在进行亲友融资时，创业者一定要明确所筹集资金的性质，据此确定彼此的权利和义务。若筹集的资金属于亲友对企业的投资，则属于股权融资的范畴，双方共同承担企业的经营风险，享有企业的经营获利；如果资金是从亲友借的，则需要以书面形式明确借款的金额、偿还的日期。此外，无论是从亲友那里借资还是获取投资，创业者都应该通过书面形式将相应问题确定下来，以免将来可能出现的矛盾。创业者在向亲友融资之前，要仔细考虑这一行为对亲友关系的影响，尤其是创业失败以后无力偿还亲友投资的情况。要将日后可能产生的情况全部告诉亲友，尤其是创业风险，以便将来出现问题时将对亲友的不利影响降到最小。

9.3.1.3 天使投资

天使投资也是初创企业获得融资的渠道之一。“天使投资”一词源于美国的百老汇，最初指为公益汇演提供资助的富人，人们称之为“天使”。后来该称谓被经济领域引入，用来指代资金雄厚的人士对一些具有发展前景的初创企业提供资金支持的行为。天使投资主要是指自由投资者或非正式机构对有创意、有市场潜力的创业项目或小型初创企业进行的一次性前期投资。天使投资介入初创企业的时间较早，一般情况下，在企业的种子期和初创期就已经介入。早期的天使投资人一般都是资金雄厚的创业成功人士或者企业高层管理人员等行业专家，也包括一些高校和科研机构的专家等。随着经济的发展和风险投资的兴起，目前也有一些投资机构成立了专门从事天使投资的公司。因此现在的天使投资既可以是个人投资行为也可以是机构投资行为。天使投资的融资程序简单，融资效率高，资金投放的方式多样。天使投资人对初创企业不但可以提供资金的支持，还可以提供专业知识、社会资源等方面的帮助。天使投资可以通过股权的方式注入公司，初创企业一旦成功，其投资回报率会非常高。

【情景案例】

三年 2 200 倍回报

1976 年 1 月，沃兹尼亚克和乔布斯以自己研发出的计算机主板 Apple Ⅰ为产品在一家车库创建了苹果公司。公司启动所需的钱来自两位创始人。沃兹尼亚克以 500 美元的价格卖掉了他心爱的 HP-65 可编程计算器，乔布斯以 500 美元的价格卖掉了他的大众汽车。Apple Ⅰ计算机主板很快有了买主。全美第一家计算机零售连锁店字节商店(Byte Shops) 决定以每台 500 美元的价格购买 50 块苹果电路板。

但是对于新创公司而言，钱还是个问题，于是乔布斯去找了风险投资家唐·瓦伦丁 (Don Valentine)。乔布斯一天好几个电话的纠缠，使瓦伦丁不堪其扰。于是他说："小伙子，我投资没问题，但你得先找个市场营销方面的专家，你们两个人谁都不懂市场，对未来的市场规模也没有一个明确的概念，这样无法开拓更广阔的市场。"

瓦伦丁推荐乔布斯去找因投资过英特尔而成名和发家的迈克·马库拉 (Mike Markkula)。马库拉一下子就喜欢上了苹果，他不但加入了苹果，还成为公司初期的天使投资人——不仅自己投入 9.2 万美元，还筹集到 69 万美元，外加由他担保从银行得到的 25 万美元贷款，总共 100 余万美元。他相信这家公司会在 5 年内跻身世界 500 强。1980 年 12 月 12 日苹果公司上市，马库拉身家达到 2.03 亿美元 (9.2 万美元的天使投资增值了 2 200 余倍)。

(案例来源：孙洪义. 创新创业基础 [M]. 北京：机械工业出版社，2017.)

9.3.2 机构融资

随着初创企业进入发展期和成熟期，许多前景明朗的企业会吸引越来越多的投资机构的资金注入。初创企业的机构融资渠道主要包括银行贷款、商业信用融资、融资租赁、创业投资等。

9.3.2.1 银行贷款

银行贷款是指企业通过银行为企业筹集资金，它是初创企业机构融资的主要资金来源。银行借款是企业根据借款合同向银行借入需要还本付息的款项。银行贷款通常以风险最小化为原则，因此会要求企业提供可抵押的资产。对于进入发展期或者成熟期的企业这种融资方式具有较强的适应性。银行贷款按有无担保可以分为信用贷款和担保贷款。信用贷款指的是银行可以依据对借款人资质的信任而发放贷款。借贷人无须向银行提供抵押物。担保贷款是指以担保人的信用为担保而发放的贷款。创业者在向银行申请贷款时并非仅仅与银行打交道，往往还需要与工商税务、中介机构等部门进行接洽，手续较为烦琐，所需时间也比较长。

9.3.2.2 商业信用融资

商业信用融资是指初创企业正常运营之后，逐步开发并有了自己的客户和供应商，在商品交易过程中以延期付款或者预收货款的方式进行购销活动而形成的借贷资金。商业信用融资是初创企业常见的融资方式，主要有以下几种形式：应付账款、商业汇票、票据贴现、预收货款。这些形式都可以帮企业在资金缺乏的时候能够彼此帮助渡过难关。

9.3.2.3 融资租赁

融资租赁是一种以融资为直接目的的信用方式，是指出租人根据承租人对租赁物的特定要求和供应商的选择，出资向供应商购买租借物并租给承租人使用，承租人分期向出租人支付租金。在租赁期内，租赁物的所有权归出租人所有，承租人拥有租赁物的使用权。租赁期满以后，租金支付完毕，租赁物归出租人，但承租人仍有优先租赁权。融资租赁将融资和融物融为一体，对租赁企业的资质信用和担保要求不高。对于需要购买大件设备的初创企业及中小企业非常适用。通过融资租赁方式，初创企业不用支付高额费用购买设备，以租赁的形式将固定投入转变为流动投入，可盘活企业运营资金，减轻企业的资金压力。应当注意的是，在进行融资租赁的时候，初创企业一定要选择资金实力强、信誉良好的租赁公司进行合作。此外，很多企业都会不同程度地存在一些闲置资产，如设备、厂房等，闲置的资产不仅不能产生经济效益，而且会占用大量的资金，势必造成企业流动资金的不足。此时，可以通过融资租赁公司，采取出售回租的方式将资金盘活。

9.3.2.4 创业投资

创业投资也称风险投资，是指向不成熟的初创企业提供资金支持，并为其提供管理和经营服务获取初创企业的股权，以便在企业发展到相对成熟的时候，通过股权的转让获取高额的中长期收益的投资行为。创业投资的理念是在高风险当中追求高回报，特别强调初创企业的高成长性，其投资对象是一些不具备上市资格的处于起步或者发展阶段的企业。一旦企业顺利发展并成功上市，风险投资者便可以通过在股票市场出售股票获得高额的回报。

【情景案例】

机床出售回租

四川CZ机床集团有限公司（以下简称“承租人”）是一家从事加工中心、数控机床、大型数控专用加工设备和普通铣床的开发、生产和销售的数控制造公司。承租人现在数控机床国内市场占有率为8%，普通产品国内占有率为35%。

租赁公司经调查发现：承租人所拥有的数控机床设备属于典型的独立、可移动且二手设备市场成熟的通用设备，适合运用融资租赁中的出售回租方式进行融资。企业本身资产规模雄厚，产品销售居行业前列，有较强的盈利能力，集团规模实力即可抵消大部分风险。因此，在租赁公司不需要承租人提供任何抵押物的前提下，双方确定了融资租赁方案：由承租人提供价值2 880万元的设备作售后回租，融资2 000万元，租赁期内，设备所有权属于租赁公司，承租人使用该设备，按季向金控租赁公司支付租金；3年后租赁期满，设备所有权以残值1 000元转移给承租人。

很多企业都不同程度地存在一些闲置资产，比如，设备、厂房等。这些资产的闲置，不仅不能产生经济效益，而且占用大量的资金，势必造成企业流动资金的不足。为了盘活这部分资产，可以通过融资租赁公司，采取出售回租的方式将资产盘活。

（案例来源：孙洪义. 创新创业基础［M］. 北京：机械工业出版社，2017.）

9.3.3 社会融资

9.3.3.1 科技型中小企业技术创新基金

科技型中小企业技术创新基金是1999年经国务院批准设立的，以扶持和促进科技型中小企业技术创新，用于支持科技型中小企业技术创新项目的政府专项基金。该基金由科技部科技型中小企业技术创新基金管理中心管理，创新基金的重点是支持产业化初期的技术含量高、市场前景好、风险较大的，商业型资金进入尚不具备条件、最需要由政府支持的科技型中小企业项目，目的在于为其进入产业化扩张或者商业性资本的介入进行铺垫和引导。创新基金以创新和产业化为宗旨，以市场为导向，连接国家指令型研究发展计划、高技术产业化指导性计划以及商业性创业投资者。根据中小企业和项目的不同，创新基金通过无偿拨款、贷款、本金投入等方式扶持和引导科技型中小企业的技术创新，促进科技成果转换。

9.3.3.2 中小企业国际市场开拓基金

中小企业国际市场开拓基金是中央财政和地方财政共同安排的专门用于支持中小企业开拓国际市场的专项基金。市场开拓基金用于支持中小企业和为中小企业服务的企业、社会团体和事业单位组织中小企业开拓国际市场的各种活动。该基金的主要支持内容包括举办或者参加境外展览会、软件出口企业和各类产品的认证、国际市场宣传推荐、开拓新兴市场、组织培训和研讨会境外投资等方面。市场开拓基金支持的比例原则上不超过支持项目所需金额的 50%，对西部地区的中小企业以及符合条件的市场开拓活动支持比例可以达到 90%。

9.3.3.3 大学生创业优惠政策

自从我国推行“大众创业、万众创新”以来，国家和地方对大学生创业在各个方面提出了众多扶持政策。2014—2017 年，在全国范围内实施大学生创业引领计划，扶持和帮助大学生创业，确保符合条件的高校毕业生能够获得创业指导、创业培训、工商登记、融资服务、税收优惠、场地扶持等各项服务和优惠政策。各地的公共就业人才服务机构会为自主创业的高校毕业生做好人事代理档案保管、社会保险办理和接续职称评定权益保障等服务。同时，鼓励各地充分利用现有资源建设大学创业园、创业孵化基地和小企业基地，为高校毕业生提供创业经营场所支持。各银行金融机构也要积极探索和创新符合高校毕业生创业实际需要的金融产品和服务，降低贷款门槛，优化贷款审批流程，提升贷款审批效率，多途径为高校毕业生解决担保问题，切实落实银行贷款财政贴息。此外，高校毕业生在电子商务平台创办网店可享受小额担保贷款和贴息政策，高校毕业生创办小微企业可以减半征收企业所得税，月销售额不超过 3 万元的可以免征增值税。国家及地方出台的一系列创业优惠政策均可以为大学生创业提供便利。

9.3.3.4 众筹平台融资

众筹的兴起源于美国网站 Kickstar，该网站通过搭建网络平台面向公众筹资，让有创造力的人有机会获得他们所需的资金，以使他们的创业梦想能够实现。众筹融资打破了传统的融资模式，每个普通人都可以通过众筹模式获得从事某项创作或者活动的资金，使得融资的来源不再局限于风险投资机构。众筹平台融资是通过团购加预购的形式向网友募集项目启动资金的模式，利用了互联网和社会网络服务传播的特性，让小企业、艺术家个人也可以向公众展示他们的创意，争取人们的关注和支持，进而获得所需资金援助。众筹具有门槛低、多样性、依靠大众的力量、注重创意等特征。群众募资被用来支持各种活动，包括灾后重建、竞选活动、创业募资、艺术创作、设计发明、科学研究以及公益慈善等。众筹最初是勤俭的艺术家为创作筹措资金而采取的手段，现在已经变成了初创企业和个人为自己的项目争取资金的一个渠道。

在众筹平台上，任何有创意的人都能够向几乎完全陌生的人筹集资金，消除了传统的创业投资者与投资机构之间的许多障碍。众筹融资也要遵循一定的原则，比如众筹项目必须在发起人预设的时间内达到或者超过目标额才算成功。项目成功以后支持者将得到发起人预先承诺的回报，回报的方式可以是实物也可以是服务。如果众筹失败，那么已获得资金需要全部退还给支持者。众筹不是捐款，支持者的所有支持一定要有相应的回报。

【情景案例】

3W 咖啡——会籍式众筹

3W 咖啡采用众筹模式，向社会公众进行资金募集，每个人 10 股，每股 6 000 元，相当于一个人 6 万元。那时正是玩微博最火热的时候，很快 3W 咖啡汇集了一大帮知名投资人、创业者、企业高级管理人员，包括沈南鹏、徐小平、曾李青等数百位知名人士，股东阵容堪称华丽，3W 咖啡引爆了中国众筹式创业咖啡在 2012 年的流行。几乎每个城市都出现了众筹式的 3W 咖啡。3W 很快以创业咖啡为契机，将品牌衍生到了创业孵化器等领域。

3W 的游戏规则很简单，不是所有人都可以成为 3W 的股东，也就是说不是你有 6 万元就可以参与投资的，股东必须符合一定的条件。3W 强调的是互联网创业和投资圈的顶级圈子。没有人是为了 6 万元未来可以带来的分红来投资的，更多是 3W 给股东的价值回报，即圈子和人脉价值。试想如果投资人在 3W 中找到了一个好项目，赚回的又岂止 6 万元。同样，创业者花 6 万元就可以认识大批同样优秀的创业者和投资人，既有人脉价值，也有学习价值。很多顶级企业家和投资人的智慧不是区区 6 万可以买的。

（案例来源：孙洪义. 创新创业基础［M］. 北京：机械工业出版社，2017.）

9.4 融资项目展示

融资项目展示是指创业者为了获得资金而对创业项目进行展示的过程。除了风险投资和天使投资之外，一般情况下不需要进行融资项目的展示。自有资金只需对创业项目有足够的信心，相信创业项目的市场前景和盈利能力；亲友融资主要考验的是亲情和友情，更多是对感情的投资，而非对创业项目的投资；银行贷款、商业信用融资和其他社会融资都有着既定的流程和需要提交的资料，只需要按照规定及时提交相关资料即可。这些融资方式不需要创业者向投资人或者债权人进行创业项目的展示。风险投资和天使融资却需要创业者与投资人深入接触，只有充分展示创业项目的前景和盈利能力，才有可能赢得相应投资。

9.4.1 项目展示要点

项目展示旨在消解创业者心中“这家公司在未来是否更具价值”的疑团。初创企业往往伴随着较高的失败概率，这使其在融资进程中天然面临风险，毕竟没有投资者能确切预知哪笔投资终将走向成功。故而，他们必须确保每一笔投资都蕴含在短期内实现数倍增值的潜能。那么，那些能够使投资资金增值数倍的企业究竟具备何种特质呢？

其一，广阔的市场。单一企业的规模上限无法逾越其所处市场的范畴，因此投资者通常更倾向于向那些置身于庞大市场之中、有望带来百倍乃至千倍回报的初创企业进行投资。这里的市场既可能是亟待开发的新兴领域，也可能是创业者作为新手踏入的既有巨型市场。

其二，成为市场翘楚。这要求创业者麾下拥有一支极具战斗力的团队，以便在激烈的竞争中崭露头角。创业者不仅要展示自身与团队在执行层面的佳绩，还需在融资讲稿里彰显团队的强大凝聚力。此外，在呈现团队技能构成的多元性之际，也要展现出团队独立承担大型项目的坚定决心。

其三，紧跟发展浪潮。唯有能够紧跟发展潮流的初创企业，才有希望在市场中茁壮成长。对于融资演讲稿中所呈现的新型商业创意，创业者务必向潜在投资者阐释为何当下恰是时机，以及适宜的商业模式怎样助力其获取用户、创造盈利并实现快速增长。

其四，竞争差异化优势。创业者需向投资者表明其企业能够开展可持续的差异化竞争。任何大型市场都会吸引众多竞争者，这将使得产品价格与盈利能力承受重压。一家初创企业必须明确自身在长期竞争中形成优势的路径，是形成强劲的网络效应，还是研发难以复制的简易技术，又或是在各方面皆比竞争对手更为卓越。

其五，发展态势强劲。投资者期望目睹尽可能多的、足以证明初创企业可持续发展的有力证据。这意味着初创企业在团队、产品、目标用户以及收入等各个方面均需有出色表现。这些表现不但能够吸引投资，还能进一步印证创业团队具备完成工作任务的能力。与此同时，创业者应对这些业务指标深入思考，若志在打造成功企业，就不应如投资者那般对这些指标过分计较。

9.4.2 项目展示 PPT

若想深入洞悉一家初创企业，研读创始人精心准备的融资演讲稿堪称不二之选。卓越的企业皆能满怀自豪地将各类关键要素融入演讲稿之中，通过讲述引人入胜的故事，以最为精妙的方式让听众全方位了解公司概况。一份完整的融资演讲稿，若以 PPT 形式呈现，通常应涵盖如下主要内容：

其一为概述部分。无论企业处于何种融资阶段，也不论期望筹得多少资金，都务必让听众能够迅速且清晰地知晓企业正在从事的业务范畴。概述无须堆砌过多繁冗细节，简洁凝练的表述反而有助于消除投资人心中的诸多疑虑。

其二是需求痛点环节。“聚焦问题本身，而非急于抛出解决方案”，此乃对进行演说的公司创始人极为中肯的告诫，尤其是那些急于绕过问题而径直切入技术方案讲解的创业者。应多花费些时间详尽阐释欲为哪类人群解决何种问题。要让投资人透彻理解是为用户化解全新问题，还是以创新方式处理既有问题。告知投资人用户当下解决问题的方式，以及自身将为用户带来哪些特别的益处。用户的趣闻轶事或相关图片能够有效吸引投资人的目光，诸如用户正在使用的旧系统崩溃瞬间的截图，抑或是引用用户对痛点的生动描述。

其三为解决方案推介。在完成上述两项内容的阐述后，便可郑重推出自身产品。介绍产品的核心功能以及它们如何切实解决用户面临的问题，向投资人充分展现用户对产品的迫切需求。若时间充裕，不妨进行现场产品演示；倘若时间有限，则可提供带有详细注释的截图加以说明。倘若产品存在某些尤为值得称道的亮点，不妨在 PPT 中单独设置一页予以展示。

其四是市场潜力剖析。向投资人阐释为何自身解决方案已然覆盖相当规模的市场，以及在未来将如何进一步拓展更为广袤的市场空间。若正在冲击现有市场格局，还可援引专业分析帅的结论来佐证市场的巨大体量与迅猛增长势头。不过在多数情形下，直接告知投资人企业拥有的用户数量以及从每位用户处获取的收益更为行之有效。正如 Airbnb 将酒店行业数据、Uber 将交通运输行业数据作为产品面向巨大市场的有力证据。

其五为竞争格局解析。在每一个充满吸引力的市场中，必然会形成错综复杂的竞争态势，其中涵盖成熟企业竞争对手、初创公司竞争对手、竞争领域以及用户群体差异等多方面因素。需向投资者阐明当前市场中的企业构成，自身将涉足哪部分市场，以及如何在竞争中彰显差异化优势。应将重点聚焦于差异化战略，切不可将此部分内容演变为刻板的产品特性逐条比对。可运用坐标轴图对比展示自身与竞争对手的差异，亦或采用其他更为适宜的方式加以说明。史蒂夫·布兰克（Steve Blank），为创业者在呈现竞争格局方面提出了诸多宝贵建议。他强调应清晰界定市场中的竞争对手，但对于那些与自身目标截然不同的竞争对手，无须展开过度详尽的横向比较。

其六是商业模式阐述。主要围绕公司的收入模式、产品定价策略以及计划如何吸引并转化用户展开。具体可能涉及以下几个层面：①迄今为止获取用户的方式以及未来的调整方向；②用户接触产品的途径以及为这些渠道所投入的成本；③转化用户的策略与转化率情况；④销售与市场方面的发展规划。公司创始人往往容易忽视对上述方面的重点阐述，他们倾向于耗费更多时间剖析自身解决方案，然而投资人深知：用户获取环节出现问题对创业公司而言往往是致命的。因此，在融资演讲稿中专门设置几页来深入探讨商业模式是极为必要的。

其七为创业团队介绍。对团队成员进行简要概述，着重介绍他们的专业技能与工作背景，并阐述团队成员技能的融合互补情况以及各自在团队中所承担的角色。这部分内容的介绍顺序亦可提前，毕竟在创业初期，若公司能够突破重重困境得以存续，团队的力量无疑起着关键作用。在与投资人面对面的会谈中，公司创始人在完成自我介绍后，将演示环节交予团队其他成员让他们接力进行，此举颇具成效。

其八是战略规划布局。需明确回答融资的缘由以及未来数年公司的发展目标。还应告知投资人在未来 12~24 个月的规划中期望达成的关键突破（涵盖产品、收入、新市场开拓等方面），以及后续的融资规划。在阐述此部分内容时，应运用专业水准的财务模型，精准描绘未来两年公司在收入与支出方面的增长态势，并附上预期的用户数量月度增长数据。

其九为融资进程说明。融资 PPT 的内容应以明确阐述期望筹集的资金数额作为收尾，使投资人对融资规模一目了然。

9.4.3 项目展示技巧

在项目展示的过程中可以使用以下技巧帮助演讲者提升展示的质量和效率。

9.4.3.1 确保融资演讲稿的质量

相对于演说技巧来说，投资人对你的生意更感兴趣。但是对于所有的创业公司来说，设计精美的融资演讲稿都会是一个好筹码，即使投资人关注的是你的企业，多少也会对你准备的材料评判一番。

9.4.3.2 内容不要太多，也不要过少

你可能听说过在融资演讲稿中不要超过 10~15 页内容的建议，但是可别为了控制页数就把你的每一页 PPT 中都塞满大量内容和细节描述。确保在每一页 PPT 中清晰表达核心观点，至于细节部分你还可以在别的地方详细说明。如果你想给你的投资人留下一份关于公司规划的完整记录的话，你可能还需要准备另一个更为详细的版本。

9.4.3.3 不要只谈产品

产品固然是非常重要的，但是不要只是谈论截至目前你们做了哪些软件开发，以及在筹集到钱后你们将会进行更多的软件开发。你的演说重点应该放在为什么你们要开发这些软件上，然后用你的产品来帮助你证明团队的实力，以及你为什么要把重点放在你所开发的产品上。

9.4.3.4 不要在挖掘用户方面过于吝啬

很多创业者都会在产品方面大量投入，但是用在挖掘用户方面的投入却寥寥无几。一般投资人会关注你如何从用户身上获取盈利以及你为销售与市场工作做出了哪些努力。提前准备好这方面的内容，不要等到投资人问起的时候才手忙脚乱地应对。

9.4.3.5 深刻理解竞争格局

不要仅仅在 PPT 弹出表格中列出你的主要竞争对手，吹嘘自己的产品比他们的产品多出了一些功能。你需要对整体竞争格局了然于心，其中包括直接竞争对手、相关市场以及潜在的进入者。

9.4.3.6 将你所处的市场定位为“大势所趋”

在演说中不仅要表现出自己进军的市场中蕴含着势不可挡的时代潮流，还需要向投资人解释为什么对这个市场进行投资是明智之举，即使你的公司还没有正式启动也不能动摇你对该市场的信心。最好的市场就是将技术进步和经济增长的趋势融合其中。你需要在发言中旁征博引，向投资人解释为什么你所处的领域将会出现巨头公司。

9.4.3.7 将你的公司定位为“不二之选”

不要在投资人面前表现得过于傲慢无礼，但是也要清楚地认识到即使你的公司没有获得来自某个投资人的投资，公司也照样能够运行下去。创业者很容易在这方面陷入泥淖中，创业者选择风险投资就像挑选一个一路同行的搭档，而不是在恳求风险投资对其提供帮助。千万不要将“如果我们筹集到了钱”作为你的商业计划能够实现的

前提。虽然你应该对投资人的反馈做出回应，但是也不要把投资人的随口一说太当一回事，告诉投资人你会对他的反馈仔细思考，但是别说："好的，我们会那么做的。"

【情景案例】

"三个爸爸"千万融资神话背后的故事

2015 年 2 月"三个爸爸"空气净化器准备创业，3 月融资 1 000 万美元，再后来 30 天在京东众筹 1 100 万元，从而创下了京东众筹的纪录。"三个爸爸"是用什么办法快速拿到这么多的资金的呢？他的创始人戴赛鹰讲了这样一个故事。

"我们是 2 月份想做这个事儿，然后 3 月份我们就拿到了 1 000 万美元的投资，为什么能拿到呢？我去找高荣资本的张震的时候，正那天北京 $PM_{2.5}$200 多，特别严重。正好，我跟他讲我们要做的是为孩子造一个空气净化器。张震说：'你讲这些东西——技术这些东西，我不太懂，我也不关心。但是我被你打动了，你知道为什么吗？昨天我把我老婆和孩子打发到三亚去了，去躲 $PM_{2.5}$。我觉得你这个爸爸给孩子做净化器，这点打动了我。我这么理性、冷血的人，都被你打动了，那我想你能打动天下的父亲。'"

戴赛鹰团队在创业过程中通过周围的朋友和几个母婴社区调查了 700 多位家长找客户痛点。他们跟每位家长都进行了长时间的沟通，最后挖掘到的痛点有 65 个之多，找到 12 个最重要的痛点，又将它们简化成 4 个一级痛点，开发产品，吸纳粉丝参与。他们甚至像小米一样，也吸纳了 100 个梦想赞助商作为铁杆粉丝，而且将他们命名为"偏执狂爸妈"。后来他们在总结他们创业的经验时主要提出了"痛点+尖叫点+爆点"的结论，同时在互联网经济下他们熟练地运用了粉丝经济、病毒营销等方法促使他们创业成功。

（案例来源：李洪毅："三个爸爸"千万众筹背后的故事[EB/OL].(2015-06-07)[2025-02-18].https://m.jiemian.com/article/298615. html.）

9.5 创业融资决策

在进行创业融资决策时，除了考虑不同融资方式的优缺点、融资成本外，还要考虑初创企业所处的生命周期以及自身的特征。进行创业融资决策时要特别关注以下几方面的问题。

9.5.1 融资渠道的选择

创业融资需求具有阶段性的特征，根据企业的生命周期可以将创业企业划分为不同的发展阶段，不同阶段则具有不同的风险特征和资金需要。同时，不同融资渠道能够提供的资金的数量和奉献程度也不同。因此，创业者在融资时需要将不同的融资需求与融资渠道进行匹配，提高融资工作的效率以获得创业所需的资金，化解企业融资的难题。

在种子期的企业具有高度的不确定性，很难从外部融资，那么创业者自有资金、亲友款项、天使投资、创业投资以及合作伙伴的投资可能是较多采用的融资渠道。在进入启动期以后，创业者便可以选择使用抵押贷款的方式筹集资金。当企业进入成长期，前期的经验基础及发展潜力已经逐步显现，资金需求量较以前有所增加，融资渠道也会有更多的选择。在企业获得常规的现金流用于满足生产经营之前，创业者可以采用股权融资的方式来筹集合作伙伴投资款。创业投资是常用的融资方式，此时还可以采用抵押贷款、租赁以及商业信用的方式来筹集生产经营所需部分资金。在成长期后期，企业的成长性得到了充分的展现，资金规模不断扩大，产生的现金流进一步提高，有能力偿还负债的本息，此时创业者多采用各种负债方式筹集资金以获得经营杠杆收益。综上，企业生命周期阶段和融资渠道的对应关系见表 9-5，其中“√”表示该阶段采用较多的融资渠道，“＊”代表该阶段可能会采用到的融资渠道。

表 9-5　企业生命周期阶段与融资渠道对应关系表

融资渠道	种子期	启动期	成长期	成熟期
自有资金	√	＊		
亲友融资	√	＊		
天使投资	√	√	＊	＊
众筹融资	√	√	＊	＊
风险投资	＊	√	√	√
合作伙伴	√	√	√	√
政府基金	√	√	√	√
抵押贷款		√	√	√
融资租赁		√	√	√
商业信用		√	√	√

按照企业生命周期阶段性融资的过程，时下有着各种各样的流行术语，比如天使投资、VC、PE、IPO、A 轮、B 轮、C 轮等。这些词语是创投领域中的常用词语。为了便于对企业阶段融资方式的理解，需要对这些术语做出界定，见图 9-1。

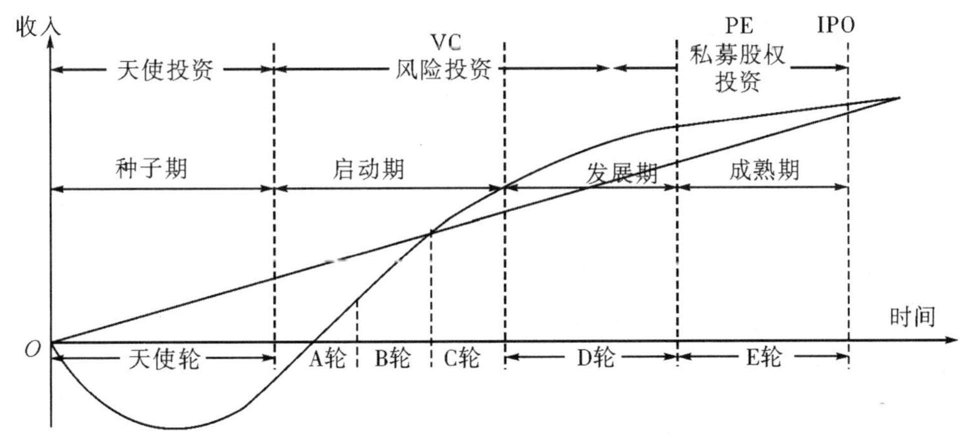

图 9-1 不同融资阶段及对应的行业术语

1. 天使投资（angel investment）

在企业经营初期（种子期），富有的个人出资协助具有专门技术或独特概念的原创项目或小型初创企业，进行一次性的前期投资，它是风险投资的一种形式。天使投资人可能是你的邻居、家庭成员、朋友、公司伙伴、供货商或任何愿意投资公司的人士。在该阶段企业多处于起步状态，入不敷出，投资风险较大。

2. 风险投资（venture capital，VC）

这是把资本投向蕴藏着失败风险的高新技术及其产品的研究开发领域，旨在促使高新技术成果尽快商品化、产业化，以取得高资本收益的一种投资过程。一般在企业种子期的后期到企业准备上市私募股权（PE）之前都可以成为风险投资，风险投资多为机构性投资，有严格的融资流程。投资期限一般为 3~5 年，投资方式一般为股权投资。

3. 私募股权投资（private equity，PE）

这是通过私募形式募集资金，对私有企业，即非上市企业进行权益性投资，从而推动非上市企业价值增长，最终通过上市、并购、管理层回购、股权置换等方式出售持股套现退出的一种投资行为。私募股权投资的资金来源于有风险辨识能力的自然人或有较强承受能力的机构投资者。一般发生在企业成长期和成熟期，以及企业公开上市之前。

4. 首次公开募股（initial public offerings，IPO）

首次公开募股是指一家企业或公司第一次将它的股份向公众出售（首次公开发行，指股份公司首次向社会公众公开招股的发行方式），也就是我们经常说的公司上市。企业上市要经过严格的审核流程，不同国家和地区的上市审批流程也存在差别。

这些融资方式之间有以下关系：风险投资没有清晰的投资阶段界限，天使投资是风险投资的一种，私募股权也可以认为是风险投资的一种，也即风险投资贯穿于企业发展的整个生命周期。从天使投资阶段到 IPO 之前，企业获得的融资的次数可以标记为天使轮投资、A 轮投资、B 轮投资、C 轮投资等。企业的实际融资过程是随着企业发展而不断变化的，发展阶段和融资方式都会存在交叉和重叠，并不像图 9-1 一样有清晰的界限划分。

9.5.2 融资方式比较

根据资金来源的性质的不同，融资可以分为债权融资和股权融资。

9.5.2.1 债权融资

对于借款性质的资金，资金所有人提供资金给资金使用人，然后在约定的时间收回资金（本金）并获得预先约定的固定报酬（利息）。资金所有人不过问企业的经营情况，不承担企业的经营风险，他所获得的利息也不因为企业经营情况的好坏而变化，如上面提到的银行贷款、亲友借款等。

9.5.2.2 股权融资

对于投资性质的资金，资金提供者拥有企业的股份，按照提供资金的比例享有企业的控制权，参与企业的重大决策，承担企业的经营风险，一般不能从企业抽回资金，其获得的报酬根据企业经营情况而变化，如天使投资、风险投资等。

债权融资和股权融资各有优缺点，如表9-6所示。

表9-6 债权融资和股权融资的优缺点

融资方式	优点	缺点
债权融资	创业者保有企业有效控制权； 创业者独享未来可能的高额回报； 债权方无权过问企业经营和管理	需要提供抵押或担保； 企业要按时清偿贷款和利息； 企业具有较大资金压力； 负债率高，再筹资和经营风险大
股权融资	无须提供抵押或担保； 同企业共同承担企业经营风险； 投资者为企业提供资金以外的资源	创业者失去部分企业的控制权； 重大决策需要投资者参与，降低企业决策效率； 上市企业融资时需要披露信息； 投资者参与企业的股份分红

【情景案例】

创始人乔布斯离开苹果公司

1976年，乔布斯和沃兹尼亚克成立了苹果公司。1980年苹果股票上市，他们一夜之间便成为百万富翁。1983年以后，苹果公司的业务越做越大，乔布斯开始寻找一位出色的CEO来管理公司。他看中了时任百事可乐的总裁斯卡利（John Sculley），软磨硬缠4个月以后，斯卡利仍然犹豫不决，最后乔布斯凭借一句“你是想卖一辈子的糖水还是改变整个世界呢?”打动了斯卡利，随后斯卡利迅速出任苹果公司CEO。1985年，PC业务普遍萧条，苹果电脑主要的现金流产品MPO2在持续畅销8年后也开始下滑，而诞生了18个月的“金牛座”销量也不容乐观。斯卡利和乔布斯的矛盾这个时候就开始出现：来自传统行业的斯卡利把降低成本作为第一要务，而新兴的IT行业需要研发费用。作为CEO的斯卡利决定改革苹果现有的组织架构，年轻气盛的乔布斯则坚持己见、不接受斯卡利的主张。两人的关系急转直下，1985年5月甚至到了势不两立的地步。斯卡利向董事会施压：如果乔布斯留在苹果，他就挂冠而去。最终针对乔布斯去留的投票开始了，由于乔布斯并未掌握足够多的股权来反制斯卡利，最终斯卡利解除了乔布斯的一切权利，仅保留了他的苹果董事会主席的职务，但乔布斯已经不能对任何决策产生影响。同年，乔布斯便离开了苹果公司。

（案例来源：张玉利，薛红志，陈寒松，等. 创业管理［M］. 4 版. 北京：机械工业出版社，2016.）

9.5.3 融资方式选择

创业活动千差万别，所涉及的行业、初始资源禀赋、面临的风险、预期收益等有较大不同，其所要面对的竞争环境、行业集中度、经营战略等也会不同，因此，不同创业企业选择的资本结构也会有所不同。对于高科技产业或独特商业价值的企业，经营风险较大，预期收益也较高，创业者有良好的相关背景，较多采用股权融资的方式；传统类的产业，经营风险较小，预期收益较容易预测，比较容易获得债权资金。实践中，创业企业在初始阶段较难满足银行等金融机构的贷款条件，债权资金更多采用民间融资的方式。新创企业类型、特征和融资方式的关系如表 9–7 所示。

表 9–7 新创企业类型、特征和融资方式

类型	特征	融资方式
高风险、预期收益不确定	弱小的现金流； 高负债率； 低、中等成长； 未经证明的管理层	个人积蓄； 亲友款项
低风险、预期收益易预测	一般是传统行业； 强大的现金流； 低负债率； 优秀的管理层； 良好的资产负债表	债券融资
高风险、预测收益较高	独特的商业创意； 高成长； 利基市场； 得到证明的管理层	股权融资

9.5.4 创业融资原则

在筹集创业资金的时候，创业者应该在自己能够承受的风险的基础上遵循既定的原则，尽可能以较低的成本，及时获取足额的创业资金。一般来讲，创业融资应该遵循以下原则。

1. 合法性原则

创业融资作为一种经济活动，影响着社会资本及资源的流向和流量，涉及相关经济主体的经济权益，创业者必须遵守国家的有关法律法规，依法依约履行责任，维护相关融资主体的权益，避免非法融资行为的发生。

2. 合理性原则

在创业的不同时期，创业资金的需求量不同，能够采用的融资方式可能也不同，创业者应根据创业计划，结合创业企业不同发展阶段的经营策略，运用相应的财务手段，合理预测资金需要量，详细分析资金的筹集渠道，确定合理的资本结构（包括股权资金和债权资金的结构），以及主债权资金内部的长短期资金的结构等，为企业持续发展植入一个“健康的基因”。

3. 及时性原则

市场经济条件下，机会稍纵即逝的特性，要求创业者必须能够及时筹集所需资金，将可行的项目付诸实施，并根据新创企业投放时间的安排，使融资和投资在时间上协调一致，避免因资金不足影响生产经营的正常进行，同时也防止资金过多造成的闲置和浪费，将资金成本控制在合理的范围之内。

4. 效益性原则

创办和经营企业的根本目的是获得一定的经济利益，所以，创业者应在进行成本效益分析的基础上决定资金筹集的方式和来源。鉴于投资是决定融资的主要因素，投资收益和融资成本的对比便是创业者在融资之前要做的首要工作，只有投资的报酬率高于融资成本，才能够使创业者实现创业目标；而且投资所需的资金数量决定了融资的数量，对创业项目投资资金的估计也会影响融资的方式和融资成本。因此，创业者应在充分考虑投资效益的基础上，确定最优的融资组合。

5. 杠杆性原则

创业者在筹集创业资金时，应选择有资源背景的资金，以便充分利用资金的杠杆效应，在关键的时候为企业发展助力。大多数优秀的风险投资在企业特殊时期往往会与企业家一起，将有效的资源进行整合，如选择投行、券商，进行 IPO 路演等，甚至还参与到企业决策中来。这种资源是无价的。因此，创业者不能盲目地“拜金”，找到一个有资源背景的基金更有利于企业的持续快速发展。

【情景案例】

俏江南，资本之殇

24 年辛苦创业，最终落得从企业“净身出户”的下场，这便是俏江南创始人张兰的全部故事。如果没有和资本联姻，张兰或许没有机会实践其宏大的抱负，或许至今仅仅维持着小富即安的状态，但至少还能保全她对企业的控制。

1991 年张兰怀揣 2 万美元回国创业。1992 年先后在北京创办了“阿兰餐厅”“阿兰烤鸭大酒店”“百鸟园花园鱼翅海鲜大酒楼”，生意蒸蒸日上。2000 年，将创业近 10 年攒下的 6 000 万元投资进军中高端餐饮业，“俏江南”餐厅应运而生。2008 年的金融危机物价大幅下降，经营成本下降。再加上俏江南中标奥运竞赛场馆餐饮供应服务商，又极大提升了它的品牌知名度。这成为俏江南发展的转折点。2007 年，俏江南销售额已高达 10 亿元左右。2009 年，俏江南财富估值达 25 亿元。

2008 年，张兰引入了国内知名投资方鼎晖投资。鼎晖以 2 亿元的价格换取了俏江南 10% 的股权，并与张兰签署了对赌协议——如果俏江南不能在 2012 年实现上市，张兰则需要花高价从鼎晖投资手中回购股份。

2011 年 3 月，俏江南向中国证监会递交 A 股上市申请……2012 年 1 月 30 日，中国证监会例行披露的IPO申请终止审查名单中，俏江南赫然在列。折戟A股之后，2012年4月，俏江南谋划在香港上市，香港上市前途也是一片迷茫。俏江南上市受挫后，鼎晖投资要求张兰按对赌协议高价回购股份，双方发生激烈冲突。

2014年CVC（CVC Capital Partners）以3亿美元收购俏江南约83%的股权后，张兰继续留任俏江南公司主席。谁知时间不到一年，张兰与CVC公司之间的矛盾突然爆发，这次不先有口水战，还有“硝烟弥漫”、措施强硬的法庭诉讼和资产查封。

与多数案例创始人因“对赌”失败而出局不同的是，俏江南从鼎晖融资之后，由于后续发展陷入不利形势，投资协议条款被多米诺式恶性触发：上市夭折触发了股份回购条款，无钱回购导致鼎晖启动领售权条款，公司的出售成为清算事件又触发了清算优先权条款。日益陷入被动的张兰最终被迫“净身出户”。很显然，张兰的所有困境来自融资，融资的目的是发展，但融资所带来的对赌，则像一把枷锁让张兰陷入了疲于奔命的境地。

（案例来源：俏江南资本之殇 张兰从自己创办的企业出局[EB/OL].(2016-01-11)[2025-02-18].https://cbgc.scol.com.cn/news/38478.）

9.6 创业财务管理

创业财务管理是创业者必须掌握的一项关键能力。在创业过程中，财务管理的重要性不言而喻，它是创业成功的重要保障。本章将介绍创业财务管理的基础知识，包括创业者应该具备的财务素养、创业初期的财务管理、融资及投资决策、财务报表分析等内容。

9.6.1 财务素养储备

9.6.1.1 创业者应当具备的财务素养

创业者必须具备一定的财务素养，才能更好地进行创业财务管理。创业者应该了解财务管理的基本知识，包括财务报表的基本构成、财务分析的基本方法、税务法律法规等。此外，创业者还应该了解行业内的财务特点、竞争对手的财务状况、市场情况等，以便更好地制定财务战略，提高财务管理水平。

9.6.1.2 创业初期的财务管理

在创业初期，创业者应该非常注重财务管理。首先，创业者需要明确企业的经营目标和财务目标，并制订相应的财务计划。其次，创业者需要建立财务制度，包括会计核算、成本核算、预算管理、现金流量管理等。此外，创业者还需要根据企业的实际情况，选择适合企业的财务软件，提高财务管理的效率。

9.6.1.3 融资及投资决策

在创业过程中，融资是一个重要的问题。创业者需要根据企业的实际情况，选择适合的融资方式，包括自有资金、借贷、股权融资等。同时，创业者需要根据融资的规模和方式，确定相应的融资成本和风险，以及对企业的财务状况和发展前景的影响。

投资决策也是创业者必须面对的问题。创业者需要根据企业的实际情况和市场需求，选择合适的投资项目，并进行相应的投资分析和风险评估。此外，创业者还需要了解投资市场的规律和变化，以便更好地把握投资机会。

9.6.2 财务报表分析

财务报表是企业财务管理的基础，创业者需要根据财务报表进行财务分析，以便更好地了解企业的财务状况和经营情况。财务报表分析主要包括以下方面：

1. 资产负债表分析

资产负债表是企业财务报表的重要组成部分。创业者可以通过资产负债表分析，了解企业的资产结构和负债结构，以及企业的资金运作状况和偿债能力等。

2. 利润表分析

利润表是企业财务报表的另一个重要组成部分，可以显示企业的营业收入、营业成本、税前利润、净利润等。创业者可以通过利润表分析，了解企业的盈利能力和经营效益等。

3. 现金流量表分析

现金流量表可以显示企业的现金流入流出状况，以及现金流量的来源和用途。创业者可以通过现金流量表分析，了解企业的现金管理状况和资金运作状况，以便更好地制定财务战略。

9.6.3 创业财务管理的挑战与应对

创业财务管理面临着许多挑战，创业者需要根据企业的实际情况，采取相应的应对策略，具体包括以下几个方面：

1. 资金短缺

资金短缺是创业过程中常见的问题，创业者需要采取有效措施解决。可以通过加强预算管理、控制成本、优化现金流量等方式，提高企业的资金利用效率。

2. 风险管理

创业过程中面临着许多风险，包括市场风险、技术风险、财务风险等。创业者需要采取有效措施降低风险，包括建立风险管理机制、控制风险投资比例、进行风险分散投资等。

3. 税收管理

税收管理是创业财务管理的重要方面，创业者需要遵守税收法律法规，合理规划税收筹划，减少税收负担。可以通过了解税收政策、选择合适的税收筹划方式等方式，优化企业税收管理。

总之，创业财务管理是创业过程中至关重要的一环，对创业者的财务能力提出了很高的要求。创业者需要具备一定的财务知识和能力，合理规划资金、优化现金流量、控制成本、降低风险、提高盈利能力，从而为企业的长期发展打下坚实基础。在创业过程中，创业者需要根据企业的实际情况，制定适合自己企业的财务管理策略和方案，不断完善财务管理体系，提升自身的财务管理能力。同时，创业者还需要不断关注市场动态、调整经营策略、掌握财务风险，以保证企业的长期稳健发展。

【情景案例一】

小米科技的创业财务管理

小米科技是一家中国的智能手机和消费电子制造商，成立于2010年。小米在创业初期面临着资金短缺的问题，但是公司的创始人雷军采取一系列措施解决了资金问题，包括自筹资金、优化现金流量、精简管理等。此外，小米还采取了多元化的融资方式，包括股权融资、债务融资、众筹等方式，成功实现了企业的快速发展。

（案例来源：综合相关报道和官方网站信息撰写）

【情景案例二】

滴滴出行创业财务管理

滴滴出行是中国领先的出行平台，成立于2012年。滴滴在创业初期面临着资金短缺、市场竞争激烈等问题，但是公司的创始人程维采取一系列措施解决了这些问题，包括大力投入市场、控制成本、优化产品等。此外，滴滴还采取了合理的财务策略，包括融资、并购等方式，成功实现了企业的快速发展。

（案例来源：综合相关报道和官方网站信息撰写）

【情景案例三】

京东商城创业财务管理

京东商城是中国最大的电商平台之一，成立于2004年。京东在创业初期面临着资金短缺、市场竞争激烈等问题，但是公司的创始人刘强东采取一系列措施解决了这些问题，包括控制成本、优化供应链、扩大市场份额等。此外，京东还采取了多元化的融资方式，包括股权融资、债务融资等方式，成功实现了企业的快速发展。

（案例来源：综合相关报道和官方网站信息撰写）

9.7 创业融资中的估值原理

在创业融资过程中，企业估值是核心环节之一，它关系到投资者与创业者之间的利益分配和企业未来的发展。本节旨在阐述企业估值的基本原理和方法，为创业者和投资者提供参考。

9.7.1 估值的基本概念

企业估值是评估一家企业在特定时间点的经济价值的过程。这一价值反映了企业作为一个整体在市场上的交易价值，是投资者和企业进行投资决策、融资、并购等活动时的关键依据。

1. 资产价值

企业资产价值是估值的基础，包括有形资产如现金、设备、房地产，以及无形资产如品牌、专利和商誉。这些资产的价值可以通过财务报表分析获得。

2. 盈利能力

企业的盈利能力是评估其价值的关键因素，通常通过净利润、毛利率、净利润率等财务指标来衡量。盈利能力强的企业通常具有更高的市场估值。

3. 成长潜力

企业的未来成长潜力是市场高度关注的一个方面。高成长潜力的企业能够吸引更高的估值，因为它们预示着未来可能获得更大的收益。

4. 市场竞争力

企业在其所在市场中的竞争力也是影响估值的重要因素。技术领先、品牌影响力、市场份额和客户忠诚度等因素都可以增强企业的市场竞争力，从而提高其估值。

市场情绪和投资者偏好：市场对某个行业或公司的热情可能会推高公司估值。市场情绪的变化可能导致某些公司的估值波动。

9.7.2 估值基本原理

企业估值的基本原理是评估企业当前和未来的经济价值。这些基本原理构成了企业估值的基础，并指导着估值实践。在实际操作中，估值分析师会根据具体情况选择合适的估值方法，并结合这些原理来确定企业的公允价值。

其基于经济学和金融学的理论，包括但不限于：

1. 资产价值原理

基于公司的资产价值，涉及公司所有的资产，包括资金、房地产、机器设备、股票等。资产价值决定了公司的净资产价值。

2. 收益能力原理

基于公司未来的收益能力，考虑未来经济、行业和公司内部环境变化。评估公司未来的净现金流，利用现值公式将未来的现金流现值化计算出来。

3. 未来现金流量假设

未来现金流量假设认为一个企业的价值取决于它未来的现金流量。这意味着企业未来的现金收入和支出将对其价值产生影响。因此，投资者在评估企业价值时，会考虑企业未来可能产生的现金流入和流出。

4. 市场效率假设

市场效率假设认为市场是有效的，即所有信息都被充分反映在股价中。这意味着股票价格已经反映了所有可用信息，包括公司财务状况、行业前景、政治环境等因素。因此，股票价格已经达到了其真实价值。

5. 风险与收益权衡原理

企业的价值与其风险和收益密切相关。风险越高，要求的回报率也越高，因此企业的价值相对较低；反之亦然。投资者会根据企业的风险水平来调整其估值。

6. 市场比较原理

企业的价值可以通过比较类似企业在市场上的交易价格来估算。这种方法假设市场上类似企业的交易价格能够反映其真实价值。在估值实践中各种市场乘数均有应用，如市盈率（P/E）、市净率（P/B）、企业价值/销售收入（EV/Sales）、企业价值/息税折旧摊销前利润（EV/EBITDA）、企业价值/息税前利润（EV/EBIT）等。

7. 流动性原理

企业的流动性也会影响其估值。流动性较高的企业，即能够快速变现其资产而不影响其价格的企业，通常具有更高的估值。

8. 控制权原理

控制权或所有权的集中或分散也会影响企业估值。控制权的集中可能意味着更高的协同效应，从而提高企业价值。

9. 法律法规遵循原理

估值过程应遵守相关法律法规，确保合法合规。这包括对估值方法的选择、假设的合理性以及估值结果的公正性。

9.7.3 常用的估值方法

企业估值是金融分析中的核心环节，涉及多种方法和技术。以下详细介绍几种常用的企业估值方法。

1. 市盈率法（P/E 估值法）

适用性：适用于盈利稳定的公司。

方法：通过比较公司的市场价值（市值）和净利润的比率来估算公司的价值。

计算公式为：市盈率=公司市值/净利润

或 合理股价=每股盈余（EPS）×合理的市盈率（P/E）

优点：简单易懂，广泛使用。

缺点：受盈利波动影响大，对于盈利不稳定或暂时亏损的公司不适用。

2. 市净率法（P/B 估值法）

适用性：适用于重资产公司，如银行、保险公司。

方法：通过比较公司的市场价值和净资产的比率来估算公司的价值。

计算公式为：市净率=公司市值/净资产

或 合理股价=每股净资产×合理的市净率（P/B）

优点：提供了从公司资产价值角度的估值。

缺点：忽视了公司的盈利能力和成长性。

3. 企业价值/息税折旧摊销前利润法（EV/EBITDA）

适用性：适用于资本结构复杂或亏损公司。

方法：通过比较企业的总价值（包括债务、股权和少数股东权益）和息税折旧摊销前利润的比率来估算企业价值。

计算公式为：EV/EBITDA=企业价值（EV）/息税折旧摊销前利润（EBITDA）

优点：排除了财务杠杆和会计政策的影响，更适用于跨国公司比较。

缺点：不适用于高杠杆或高折旧的公司。

4. 折现现金流法（DCF）

适用性：适用于所有公司，尤其是成长型公司。

方法：通过预测公司未来的自由现金流，并使用适当的贴现率将这些未来现金流折现到现值来估算公司价值。

优点：理论上最严谨，考虑了公司未来所有现金流。

缺点：依赖于对未来现金流的预测和贴现率的选择，主观性强。

5. 股利贴现模型（DDM）

适用性：适用于股息支付稳定的公司。

方法：通过预测公司未来的股息支付，并使用适当的贴现率将这些未来股息贴现到现值来估算公司价值。

优点：直接基于公司的分红能力。

缺点：依赖于股息支付的预测，对于不支付股息的公司不适用。

6. 市销率法（P/S）

适用性：适用于销售收入稳定但盈利不稳定的公司。

方法：通过比较公司的市场价值和销售收入的比率来估算公司的价值。

计算公式为：市销率=公司市值/销售收入

优点：适合评估尚未盈利或盈利不稳定的公司。

缺点：忽视了公司的成本结构和盈利能力。

7. 重置成本法

适用性：适用于资产价值明确的公司。

方法：估算从头开始建立同样的公司所需的成本，并据此估算公司价值。

优点：基于实际资产价值，较为客观。

缺点：难以考虑无形资产和市场条件的变化。

8. 清算价值法

适用性：适用于面临清算的公司。

方法：估算公司如果立即清算，其资产能在市场上卖多少钱。

优点：提供了公司在最坏情况下的价值。

缺点：不考虑公司继续经营的价值。

这些方法各有优劣，适用于不同类型的公司和行业。在实际应用中，投资者和分析师通常会结合多种方法来进行更全面的估值分析。

【拓展阅读】

估值的基本流程

设想情景

设想你开设了一家连锁餐馆，初始投资额为500万元人民币。经过一年的运营，餐厅实现了盈亏平衡；第二年，餐厅开始盈利，净利润为20万元；第三年，盈利进一步提升至50万元；而到了第四年及以后，餐厅的运营状况趋于稳定，每年的净利润稳定在 100 万元。面对这样的盈利前景，我们如何为这家餐厅进行估值呢？

估值基本原理

首先，我们需要找一家已上市的餐饮企业作为参照，假设这家企业的股价为 10 元，每股盈利为 0.2 元，且其盈利状况稳定。我们可以通过计算这家企业的市盈率（股价除以每股盈利，或总市值除以年利润）得出一个参考标准。例如，若其市盈率为 50 倍，那么对于一家年盈利为 100 万元的企业，其整体估值应为 5 000 万元。在规划商业计划时，我们需要清晰地说明盈利所需的时间、盈利的稳定性以及预期的盈利水平，并通过实践向投资人展示这些目标的实现情况。

资金引入与股权分配

然而，你目前并没有足够的资金进行这 500 万元的投资。幸运的是，你找到了一位投资人，他愿意提供这笔资金，但要求 40%的投资回报率。根据这一要求，4 年后他期望的回报是 500 万元乘以（1+40%）的 4 次方，即 1 920 万元。那么，这位投资人在 4 年后应占有的股份比例是多少呢？

我们可以通过计算得出，他的回报是 1 920 万元，而 4 年后公司的整体估值为 5 000万元。因此，投资人所占的股份比例为 1 920 万元除以 5 000 万元，即 38.4%。相应地，你所占的股份比例则为 61.6%。

那么，这家公司在接受投资后的当前估值是多少呢？我们可以通过投资人的投资金额除以他所占的股份比例来得出答案。即 500 万元除以 38.4%，得出投后估值为 1 302.08万元（为简化计算，这里采用四舍五入到小数点后两位）。而投前估值则为投后估值减去投资金额，即 1 302.08 万元减去 500 万元，得出 802.08 万元。这个投前估值不仅包含了你的创业想法、行动方案和商业计划，还包含了你过去的经验、创业激情等无形资产。

常用的估值方法

估值对于不同人来说具有不同的价值。如果公司尚未实现盈利，我们应如何为其进行估值呢？这时，我们可以寻找参照系和标尺来辅助估值。核心在于选用你认为能够体现公司价值的关键指标作为参照。以下是一些常用的估值方法和参照系。

市销率：市值除以销售收入。例如，我们可以将京东的销售收入与亚马逊的市销率相乘来得出京东的估值参照。

用户价值：市值除以用户数。这种方法尤其适用于互联网公司。例如，我们可以参考推特等类似公司的用户价值来估算新浪微博的估值。具体来说，我们可以根据新浪微博的月活跃用户（monthly active user，MAU）和日活跃用户（daily active user，DAU）数量，结合推特的估值系数来得出新浪微博的估值参照。

请注意，以上估值方法和参照系仅供参考，实际估值应根据公司的具体情况、市场环境以及投资人的期望等因素进行综合考虑。

（案例来源：朱恒源，余佳. 创业八讲［M］. 北京：机械工业出版社，2016.）

【情景案例】

人人网的估值探讨

发展历程

人人网，其前身校内网，由美团创始人王兴在2005年12月创立。校内网凭借实名制的社交模式，迅速风靡中国各大高校，短时间内便占据了大学生用户80%以上的市场份额。然而，由于盈利模式尚不明朗且运营成本持续攀升，王兴于2006年10月将校内网转手给了千橡互动（后更名为人人公司），该公司的创始人为陈一舟。

陈一舟接手校内网后，立即着手进行战略调整。他将千橡公司旗下的5Q校园网与校内网进行合并，并在2009年将校内网正式更名为人人网。这一更名不仅标志着品牌升级，更意味着人人网的目标用户群体从单一的在校学生扩展到了更为广泛的城市白领等社会群体。

上市之路

在陈一舟的领导下，人人公司通过合并与更名，进一步巩固了用户基础并扩大了市场份额。同时，公司还积极拓展其他业务领域，如游戏、团购、在线招聘等，形成了多元化的业务结构。2011年5月，人人公司选择在美国纽交所上市，这一决策为公司提供了一个良好的融资平台。上市首日，人人公司的市值便达到了74.82亿美元（另有说法称市值曾一度超过90亿美元），在当时的中国互联网公司中，其市值仅次于百度和腾讯，位列第三。这一估值充分体现了市场对人人网未来发展前景的高度期待。

估值分析

参照系选择：作为“中国Facebook”的人人网，其估值自然离不开与全球社交巨头Facebook的对比。当时，Facebook的市值已高达700亿美元。

市销率分析：人人网的市销率达到了惊人的67倍。有观点认为，这一估值远高于高盛年初对Facebook投资时所给的25倍市销率，显示出市场对人人网的过度追捧。然而，也有人提出反驳意见，认为中国市场的增速远高于美国，且仍有大量潜在用户未接入互联网，因此人人网的高估值反映了其未来巨大的市场潜力和成长空间。

用户价值分析：从用户价值的角度来看，人人网平均每月上网一次的用户数量为3 100万人，远低于Facebook的6亿月活跃用户。以Facebook的市值除以用户总数，每户估值约为120美元；而人人网的每户价值仅为40美元，较Facebook低了2/3。然而，这一差距也可从收入层面得到解释：Facebook上一年平均从每名用户身上获取了4美元收入，而人人网仅为80美分。

结论

对于人人网的估值，市场上存在着不同的声音和看法。正如俗语所说，“公说公有理，婆说婆有理”，市场本身就是由多元化的观点和判断构成的。最终，市场的走势给出了对人人网价值的评判：虽然开盘时股价大涨，但随后出现了较大幅度的回落。后来，人人网的市值已缩水至原来规模的20%左右，约为10亿美元。这一结果无疑为投资者和业界提供了深刻的启示。

（案例来源：朱恒源，余佳. 创业八讲［M］. 北京：机械工业出版社，2016.）

【本章要点】

●融资是指创业者为了将某种创意转化为商业现实，通过不同渠道、采用不同方式筹集资金以建立企业的过程。

●创业融资过程包括融资准备、融资估算、寻找融资来源、融资项目展示、融资决策。

●融资渠道是指协助企业获取资金的来源的方向与通道。

●融资渠道包括私人资本融资（如自有资金、亲友融资、天使投资）、机构融资（如银行贷款、融资租赁、创业投资）和政府背景融资（如政府专项基金、财政补贴、税收优惠）。

●创业融资决策需要考虑融资渠道的选择、融资方式的比较、融资方式的选择以及遵循创业融资原则，这些决策将直接影响企业的后续经营和长远发展。

●创业财务管理的基础知识，包括创业者应该具备的财务素养、创业初期的财务管理、融资及投资决策、财务报表分析等内容。

【重要概念】

创业融资　融资渠道　企业估值　债权融资　股权融资　创业财务管理

【复习思考题】

1. 为什么要研究和学习融资课程？

2. 如何理解融资在创业过程中的重要性和作用？

3. 创业融资过程中的关键步骤有哪些？每个步骤的核心任务是什么？

4. 创业初期资金需求如何估算？有哪些因素需要考虑？

5. 创业者在融资时应该如何选择融资渠道和融资方式？它们对企业未来发展有何影响？

【实践练习】

（1）活动名称：拟订融资计划

（2）活动目的：了解融资渠道、学习如何拟订融资计划

（3）活动人数：30~60 人

（4）活动时间：60 分钟

（5）活动规则：

假如你是一位即将毕业的大学生，准备开始自己的创业之旅，结合本章介绍的融资渠道，拟订一份融资计划。

步骤一，列出可能寻求的主要融资渠道；

步骤二，研究你所在的城市、大学或你计划投入的行业对创业活动的扶持政策，请尽力搜集这些信息，讨论哪些可能为你提供创业资金；

步骤三，拟订融资计划，制作PPT并在课上分享展示。

（6）活动反思：从搜集的信息中学到了什么？哪些融资渠道是可以获得的？哪些是无法获得的？融资计划还有哪些地方需要修改与完善？

【案例讨论】

请阅读下面案例，讨论回答问题。

豆瓣网的早期融资历程

杨勃从2004年10月开始开发豆瓣网，历经5个月时间，豆瓣网正式上线。

杨勃在第一次创业时把多年积蓄都投进去，结果打了水漂，因此在豆瓣网的成本控制上他表现得非常谨慎。“我觉得用20万元人民币（约合2.5万美元）差不多就可以做出一个雏形来，没必要一开始就把架子搭得那么大。”不过二次创业的杨勃当时手里连这20万元也拿不出来。“我自己的钱都砸在快步易接里头了。”

在开始写豆瓣网站程序后不久，杨勃就想到了天使投资。他首先找到自己在清华大学物理系读书时的同寝室同学梁文超，当时梁文超在美国硅谷的Maxim公司工作，很痛快地给他投资了1.5万美元，梁文超的一个同事也跟着投资了1万美元。双方并没有签订协议，只是达成口头协定：如果一年内有投资者进来，而且投资者给出的估值高于豆瓣网的价值，那么梁文超和他的同事就可以按照豆瓣网的价值来获得相应的公司股份；反之亦然。这种做法相当于把风险都留在了杨勃这边。在硅谷的时候，杨勃和梁文超是他们班仅有的两个还没有结婚的同学，相互之间交流比较多。实际上，梁文超只是出于信任才把钱“借”给了杨勃。2005年底，梁文超和他同事的“借款”如约转换成了豆瓣的股票。当时豆瓣的市场估值大约是67万美元。

没过多久，杨勃又开始了寻找第二轮天使投资人的工作，原定的目标是10多万美元，但杨勃很快就觉得一时花不了那么多钱，最后只筹了6.5万美元。2006年春节前后，这笔钱陆续打到了杨勃的个人账户上。豆瓣网的估值也随之涨到了百万美元以上。

杨勃事后回忆：“我的确跟陈一舟有过接触，当时是希望他个人能够做豆瓣网的天使投资人。陈一舟更希望将千像集团作为投资主体，但我并不希望那么早就有公司资本进来。”由于双方在预期上存在差距，所以也就没有什么结果。

在网站上线后不久，就有风险投资人开始关注杨勃和他的豆瓣网，但杨勃最初并不愿意过早与风险投资接上头，他担心急功近利的风险投资会改变网站的发展方向，使用户受损。但是2005年以来中国创业投资市场竞争的加剧迫使杨勃不得不跟风险投资接上关系，试图融资100万美元。最先找到杨勃的是美国风险投资公司IDG技术创业投资基金。早在2000年，IDG就投资了杨勃参与创建的“快步易捷”。2005年6月拥有广泛触角的IDG再次注意到了刚刚起步的豆瓣网。从IDG开始算起到最终拿到投资，杨勃总共谈了15家左右的创投机构。但凡看过豆瓣网的投资者都说“挺好，挺好”，可就是不投资，个个都在观望。

虽然杨勃跟纯粹国外背景的风险投资机构在语言沟通上并不存在障碍，考虑到本土风险投资机构和国际风险投资机构在对市场的深层理解上存在一定差距，他最终还是选择了有本土背景的冯波和赵维国等共同创办的联创策源基金。不过，冯波第一眼并没有看上豆瓣网，尽管他在很早以前就已经是豆瓣网的用户了。但是对于上线不到半年、没有多少用户也没有一点商业元素的豆瓣网，冯波还是很难找到足够的理由来说服自己。2006 年 4 月，断断续续地接触半年之后，逐渐被豆瓣网粘住的冯波和联创策源的投资经理原野才开始认真讨论起杨勃及其豆瓣网。经过两个月的讨论，联创策源打算投资 200 万美元。杨勃的第一反应是“他们想占更多的股份”。冯波给他解释：“100 万美元用的时间不长，中间你再急于去融资的话，会失去你的鸿鹄之志，你的生活也会变得很拮据，我们索性给你 200 万美元。”杨勃接受了，出让了跟 100 万美元价值相当的股份。2006 年 6 月，杨勃和冯波正式签署了投资协议，联创策源的 200 万美元投资也打到了豆瓣网的账户上。2008 年金融危机来临，豆瓣网准备第二轮融资的时候，正好花掉其中的 100 万美元。事后杨勃才意识到，自己是个幸运儿：“如果当时联创策源没有给 200 万美元，我们会变得很被动，不会那么从容地做完第二轮融资。”

豆瓣网的第二轮融资于 2009 年年中开始筹备，其间有六七家公司和基金伸出橄榄枝。2009 年年底，豆瓣网获得挚信资本和联创策源总额近 1 000 万美元的投资。其中，联创策源是跟进投资，而挚信资本则是首次投资豆瓣网。挚信资本是一家专业的海外投资基金，主要投资和服务于本土的优秀企业。截至 2010 年 1 月，豆瓣网注册用户已突破 3 000 万，每月页面浏览量超过 10 亿次。杨勃计划在完成新一轮融资后将豆瓣网的读书、电影、音乐、社区作为更加独立的产品看待并成立相应的团队单独运作，这几条产品线会针对不同的产品生命周期设定不同的盈利目标。投资机构并未给豆瓣网施加盈利压力，“投资者仍然认为我们处在规模快速增长的阶段，对盈利没有近期的要求。”

讨论题：

1. 杨勃获得资金的渠道有哪些？
2. 试分析杨勃为什么能够融资成功。
3. 你从上述故事中，可以学到哪些经验？

10 新企业成立与发展

【核心问题】

1. 企业分为哪些类型？
2. 成立新企业需要注意哪些方面？
3. 新企业需要为开拓市场做哪些准备？
4. 什么是公司内部创业？
5. 如何进行公司内部创业？
6. 成立新企业与公司内部创业有哪些区别？

【学习目的】

1. 认识企业的类型。
2. 了解成立新企业前需要准备的工作。
3. 掌握成立新企业所需的条件。
4. 了解成立新企业与内部创业的区别。
5. 了解公司内部创业的挑战与实现路径。

【引例】

"实习僧"的创办和成长

2012年年中上线"实习僧"微博后，陈俊宇承受了很多的不理解——或来自家人，或来自身边朋友。不理解源自不看好。"发布实习信息当个公益项目还可以，怎么能拿来创业？"周遭如是说。近4年过去，陈俊宇的坚持渐获认可。家人不再督促休学的他完成研究生论文，3轮融资也让他更有信心走下去。

大学时，陈俊宇与黄林海（创始人）分别在学校的创新与创业联盟及就业与创业协会任职。每年5月左右，两个协会负责举办暑期实习双选会，面向四川省内高校。

过程中，陈俊宇发现，北上广的学生社会实践机会很多，但二线城市相对较少。他认为学生找实习岗位也好、企业招实习生也罢，中间缺少一个平台。

2012年年中，陈俊宇和几个伙伴开通"大学生实习公益实践"微博，在全平台（公司官网、BBS、其他微博账号等）寻找实习信息并发布。他还拉来学弟学妹做志愿者，以保证从早到晚更新的速度和频率。

为保证实习质量，陈俊宇会挑选BAT、网易、搜狐等大企业的信息，注明地点、岗位、要求等。到年底，微博收获了5 000多个粉丝，他将微博更名为"实习僧"，"发现实习需求蛮大的，市场内也没有专门的实习生渠道"。为推广，陈俊宇请协会中相熟的"大V"帮忙宣传，"也不是特别大，一两万粉丝那种，推广下来基本零成本"。随着用户增加，陆续有企业发私信希望将自己的招聘信息发布出来；更多的招聘信息，也为微博带来更多的粉丝。

2014年初，粉丝数涨至近10万时，陈俊宇想到做网站，将学生与企业的关系绑得更紧，"企业注册后可自己发布实习信息，我们可以收集学生简历"。团队直接花3 000多元买了一个网站模板，"能够实现招聘网站的基本功能"，包括企业发布岗位、学生创建简历及投递职位等。

此后，"实习僧"网站及微信公众号上线。团队在"实习僧"微博上发布信息后，留下链接为网站引流；微信公众号除发布实习信息之外，还发一些与学生生活相关的文章，如情感、热点等，吸引学生关注。彼时，陈俊宇已经顺利保研。虽然学校支持他创业，但一忙一整天的他根本无暇顾及学业。2014年9月，他选择休学，全力投入"实习僧"。

获投天使轮熬过低谷

网站上线不久，陈俊宇意外地赚到第一桶金。创业后，"实习僧"一直免费提供服务。但阿里巴巴找上门来，请"实习僧"帮忙找技术岗位实习生，并主动提出按简历成交量付费。岗位信息发布后，团队从投递的简历中人工挑选出300封。最终阿里巴巴从中选走100封，每封简历付费150元。"实习僧"因此有了第一笔1.5万元收入。钱到账后，陈俊宇开心极了，十几平方米的办公空间看起来都不再逼仄。但他仍未考虑盈利的方式。在他看来，还是应该积累一定的用户数量再做打算。

靠着友成基金会给出的5万元资助及"黑苹果"的8 000元，陈俊宇与团队艰难地活着，他与合伙人不拿一分工资。运营半年后，购买的网站渐渐不能满足功能需求。陈俊宇希望再赋予网站一些针对实习招聘有特点的功能，如反馈环节（即查看简历投递、查看状态等）、广告位、弹窗等。他砸出手头的钱，准备找技术人员，自己开发网站。

2014年6月，技术合伙人到位。团队参考了拉勾网等招聘网站的模式，并花费2个月时间开发后，"实习僧"第一版正式网站上线。上线这天是8月初，成都烈日炎炎。陈俊宇坐在学校一个实验室里，满脸汗水——已分不清是因为炎热还是激动。"自己开发网站很有成就感，效果我也很满意。"

这份激动却很快被融资不顺浇灭。2014年9月本来马上敲定的种子轮融资，由于

FA 的欺瞒，投资方认为陈俊宇不诚信。煮熟的鸭子飞了，士气也大受影响，技术人员的纷纷出走让陈俊宇跌进谷底。2014 年底，他带着 7 000 多企业注册用户、10 多万学生注册用户的数据，再次寻求融资。

电子科大的一次路演上，陈俊宇与近 20 个项目的负责人坐在台下，紧张地等待上台 6 分钟的机会。路演结束，一个投资人递上名片，直接同陈俊宇约定时间到办公室详谈。这一次，"实习僧"终于获英菲尼迪 100 万元天使轮投资，熬过了资金难关。拿到钱后，招人成为陈俊宇的首要任务，包括研发、市场、运营等。单技术岗，他就面试了 50 多人。资源互换的业务合作也陆续找上门来，如做教育的网站，"就是一起做个人力资源专场等活动，让招聘有趣一些，大家彼此贴 logo 等"。

再融 1 000 万元造闭环

2015 年 8 月，"口袋兼职"出于布局需求，找到陈俊宇表达了投资意向。最终，对方拉上中科招商总裁及分众传媒副总裁一起，投给"实习僧"Pre-A 轮 500 万元。

此后，随着 CTO 到位，团队于 2015 年 11 月 11 日上线新版网站，"改善了高并发卡顿的问题，从底层到前端全改了"。

虽仍未明确盈利模式，但陈俊宇在第二版网站上线后明确了广告位收费，"平均一个月收入七八万"。杯水车薪下，陈俊宇却并不焦虑，"还是想把用户量做起来，也不知道哪儿来的信心"。

在用户量达到 50 万、日均 PV 70 万后，他预感到学生使用手机看信息、投简历的频率将越来越高，决定转战移动端。2015 年 12 月，经一个月开发后，"实习僧"App 正式上线。其间，学生用户有很多疑问，诸如"简历怎么写""面试怎么办""产品经理的晋升路径如何"等。

陈俊宇便想到通过微信社区提供在线职前培训。团队派出"僧妞"（运营人员）逐个邀请用户进入微信群，并请各岗位（人力资源、产品等）的牛人前辈通过语音分享经验。然而人工拉群耗时耗力，入群人数也有限制。团队于是开发 H5 页面，于 2016 年 7 月上线"前辈"微信公众号，用户在线购买后可学习课程，"客单价也就几块钱"。团队同时上线免费课程以获客。为形成完整链条，陈俊宇又打起了校招的主意，"学生找完实习（岗位），最后目的肯定是要找校招，这就是一个出口"。他考虑得很简单，直接做一个校园招聘的网站就好。

2016 年 10 月，"校园招"网站上线。"企业看好'实习僧'平台的流量，7 万多的学生用户则可以在其中同时查到企业校招、宣讲会及内推机会的信息。"在想办法做流量的同时，陈俊宇从 B 端用户身上看到了盈利的机会——为其提供定制化服务。团队主要为企业设计招聘或品牌宣传中的特色活动，如挑战赛等，客单价 20 万元左右，已服务客户 50 余个，包括联合利华、华为等，"基本每年都会合作"。

2017 年第一季度，"实习僧"营收 500 万元。在过去的 3 月中，项目完成 1 000 万元的 A 轮融资，投资方为翊翎资本。截至 2017 年 4 月，"实习僧"拥有近 10 万企业用户、300 万学生用户，已有 50 余万学生通过平台找到实习岗位。此外，"前辈"拥有 5 万粉丝，已有 10 万人次付费。接下来，陈俊宇计划进一步完善"闭环"，"把学生从开始求职到出去工作的中间环节都打通，包括教育培训等"。而提升招聘的效率与精准度则是他下一步的另一个重点。

（案例来源：石晗旭. 融资 1 000 万 他为 300 万大学生张贴 10 万企业实习岗位 季营收 500 万[EB/OL].(2017-05-04)[2025-02-18].https://mp.weixin.qq.com/s? __biz=MzA3NTQ5ODAzNA==&mid=2649502075&idx=4&sn=52fb5e7cea518647cd3ad81a96a830de.）

10.1 成立新企业

创建新企业需要什么条件，以及什么时间成立比较适宜，都是创业者普遍关心的问题。但是，对于这些问题并没有统一的定论。蒂蒙斯的创业要素模型提出创业团队、创业机会和创业资源三者形成了一个倒三角模型，只有各要素保持平衡，才能实现企业的持续经营。创业者识别到具有高市场潜力的创业机会，组建好创业团队，并且整合好创业所需的物质资源，无疑是创建新企业的最佳时机。但是，这种情况太过理想化了。如果等这些条件都具备了，所谓的创业机会或许已经不再是机会了。然而现实情况是，部分创业者刚发现一个自认为是创业机会的机会就去注册一家新企业，甚至连最基本的创业机会的识别和评估都没有。这样又过于草率，创建的企业很容易在早期就夭折。

那么，创业者在创业过程中究竟什么时候、具备什么样的条件再创建企业比较适宜呢？张玉利教授认为，要综合考虑外部和内部条件。外部条件包括：创业机会经过了有效的识别和评估，具备企业初期运营的基本条件，对企业的商业模式有一个相对清晰的计划，新企业的成立可以形成特有的竞争优势。内部条件包括：创业者具有一定的创业能力和素质，具有创业精神和成为创业者的强烈动机。具备了这些条件，就可以开始创建一家新的企业了。

10.1.1 新企业组织形式的选择

在创建新企业前，创业者应该事先确定企业的法律组织形式。目前，我国企业主要有三种基本的组织形式：个人独资企业、合伙企业和公司制企业（主要包括有限责任公司和股份有限公司）。创业者在创建企业时，可以依据不同组织形式的要求建立不同组织形式的企业（见图 10-1）。创业者可以个人独立创办个人独资企业，也可以由创业团队一起创办合伙制企业，或者成立有限责任公司或股份有限公司。企业的各种法律组织形式没有绝对的优劣之分，对创业者来说各有利弊，但无论选择哪种形式，都必须根据国家法律法规要求和初创企业的实际情况，科学衡量各种组织形式的利弊。

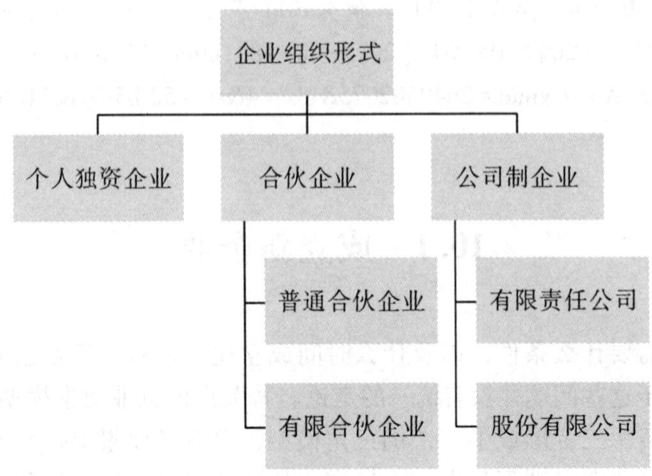

图 10-1　企业组织形式

10.1.2　个人独资企业

个人独资企业，作为历史最为悠久且广泛采用的企业法律组织形式，亦被称作个人业主制企业。它是依据法律规定而设立，由一个自然人全额投资并承担无上限的连带法律责任，其所有财产均归属于该投资者个人的经营性实体。一旦企业资产不足以偿付债务，选择此企业形态的创业者需依法动用其个人其他资产来清偿。在各类企业中，个人独资企业的成立门槛最为宽松。

1. 设立条件

（1）投资者为一个自然人。

（2）有合法的企业名称。

（3）有投资者申报的出资。

（4）有固定的生产经营场所和必要的生产经营条件。

（5）有必要的从业人员。

2. 个人独资企业的优点

个人独资企业是企业制度序列中最初始和最古典的形态，也是民营企业的主要企业组织形式。其主要优点为：

（1）手续便捷。企业的设立、变更及解散等流程极为简化，仅需向相关机构登记即可完成。

（2）经营灵活。企业主独资运营，受外界制约少，能迅速捕捉市场变化并做出响应。

（3）权责统一。企业资产的所有权、控制权、经营权及收益权高度集中，有效保护商业秘密，激发企业主的创新精神。

（4）预算硬约束。企业主自负盈亏，对债务承担无限责任，促使企业主将个人经济利益与企业经营成效紧密挂钩，全力以赴提升企业效益。

3. 个人独资企业的缺点

虽然独资企业具有上述优点，但它也有比较明显的缺点：

（1）融资困难。以个人名义融资难度大，限制了企业的资本扩张与规模化发展。

（2）高风险承担。企业主的无限责任在强化财务纪律的同时，也加重了其个人风险负担。

（3）创新乏力。对风险的规避态度限制了企业向高风险领域的投资，不利于新兴行业的培育与发展。

（4）连续性挑战。企业所有权与经营权的高度集中，虽赋予了企业充分的自主权，但也使企业易受企业主个人健康或能力变化的冲击，影响企业的持续经营。

（5）内部管理风险。雇佣关系中劳资双方的目标差异，可能导致企业内部组织结构效率降低，潜藏管理风险。

10.1.3 合伙企业

合伙企业，作为一种依法构建的商业实体，是基于两位或更多合伙人之间签订的合伙协议而成立的。这些合伙人共同出资、携手经营、共享盈利、共御风险，并对合伙企业的债务负有无限连带责任，展现出其作为营利性组织的本质。其核心构成要求至少包含两位具备完全民事行为能力的合伙人，且每位合伙人均需依法承担无限责任。值得注意的是，我国法律及行政法规明确禁止诸如国家公务员等从事营利性活动的人员成为合伙企业的合伙人。

合伙企业体系涵盖普通合伙企业与有限合伙企业两大类别。二者之间的核心差异在于有限合伙企业内部分化为普通合伙人与有限合伙人两大群体。普通合伙人对企业债务及义务承担无限责任，而有限合伙人则可通过货币、实物、知识产权、土地使用权等财产权利形式出资，甚至在某些情况下，亦能以劳务作为出资（但需注意的是，在有限合伙企业中，有限合伙人不得以劳务出资）。有限合伙企业的创新之处在于实现了企业管理权与出资权的明确划分，有效融合了管理智慧与资本力量的优势，因此，它成为国外私募基金的主流组织形式，诸如黑石集团、红杉资本等业界巨擘均采用了此类企业架构。2007 年 6 月 1 日，随着《中华人民共和国合伙企业法》的正式实施，我国迎来了如青岛葳尔、南海创投等股权投资类有限合伙企业的蓬勃发展。

10.1.3.1 设立条件

1. 普通合伙企业的设立条件

（1）有两个以上合伙人，并且都是依法承担无限责任者。

（2）有书面合伙协议。

（3）有各合伙人实际缴付的出资。

（4）有合伙企业的名称。

（5）有经营场所和从事合伙经营的必要条件。

2. 有限合伙企业的设立条件

（1）有限合伙企业由两个以上五十个以下合伙人设立，但是，法律另有规定的除外。

（2）有限合伙企业至少应当有一个普通合伙人。

（3）有限合伙企业名称中应当标明“有限合伙”字样。

（4）有限合伙人可以用货币、实物、知识产权、土地使用权或者其他财产权利作价出资。

（5）有限合伙人不得以劳务出资。

（6）有限合伙人应当按照合伙协议的约定，按期足额缴纳出资；未按期足额缴纳的，应当承担补缴义务，并对其他合伙人承担违约责任。

（7）有限合伙企业登记事项中应当载明有限合伙人的姓名或者名称及认缴的出资数额。

（8）有限合伙企业由普通合伙人执行合伙事务。执行事务合伙人可以要求在合伙协议中确定执行事务的报酬及报酬提取方式。

（9）有限合伙人不执行合伙事务，不得对外代表有限合伙企业。

10.1.3.2　合伙企业的优点

（1）资本筹集更容易。能够从多位合伙人处筹集资金，突破个人资金限制，提升企业信贷能力，拓宽资金来源渠道。

（2）风险分散。风险由众多所有者共同承担，显著增强了企业的抗风险能力，为企业探索高风险、高回报领域提供了可能。

（3）信誉提升。合伙人以其全部资产为企业背书，极大提升了企业的市场信誉。

（4）管理优化。多位经营者在共同目标的驱动下，能够集合各自的知识、经验和智慧，促进企业经营管理水平的提升。

10.1.3.3　合伙企业的缺点

（1）法律形式的复杂性。合伙企业是根据合伙人之间的契约建立的，每当一位原有的合伙人离开或者接纳一位新的合伙人，都必须重新确立一种新的合伙关系，从而造成法律上的复杂性，而通过接纳新的合伙人，增加资金的能力也受到了限制。

（2）决策时滞性。由于所有合伙人都有权代表企业从事经营活动，重大决策都需得到所有合伙人同意，因而很容易造成决策上的延误与差错。

（3）非经营合伙人承担的风险较大。所有合伙人对企业债务都负有无限连带责任，这就使那些并不能控制企业的合伙人面临很大风险。

10.1.4　公司制企业

公司是当代社会中占据主导地位的企业组织形式，其核心特征在于以盈利为目标，由股东出资建立，拥有独立的财产权利，能够独立开展生产经营活动，并依据法律享有民事权利及承担相应责任。公司以其全部资产对债务负责，这是其作为法人实体的基础。根据现行的《中华人民共和国公司法》，公司主要分为有限责任公司与股份有限公司两大类别。

10.1.4.1　设立条件

1. 有限责任公司

有限责任公司的股东以其认缴的出资额为限对公司承担责任，公司以其全部资产对公司的债务承担责任。创业者设立有限责任公司，除了要有固定的生产经营场所和必要的生产经营条件外，还应具备下列条件：

（1）股东人数符合法定人数。

（2）有符合公司章程规定的全体股东认缴的出资额。

（3）股东共同制定公司章程。

（4）有公司名称，建立符合有限责任公司要求的组织机构。

（5）有公司住所。

2. 股份有限公司

股份有限公司的全部资本分为等额股份，股东以其认购的股份为限对公司承担责任，公司以其全部资产对公司的债务承担责任。

设立股份有限公司要建立符合股份有限公司要求的组织结构，要有固定的生产经营场所以及必要的生产经营条件，股份发行、筹办事项要符合法律规定。除此之外，根据《中华人民共和国公司法》的规定，还应当具备以下条件：

（1）公司名称和住所。

（2）公司经营范围。

（3）公司设立方式。

（4）公司股份总数、每股金额和注册资本。

（5）发起人的姓名或者名称、认购的股份数、出资方式和出资时间。

（6）董事会的组成、职权和议事规则。

（7）公司法定代表人。

（8）监事会的组成、职权和议事规则。

（9）公司利润分配办法。

（10）公司的解散事由与清算办法。

（11）公司的通知和公告办法。

（12）股东大会会议认为需要规定的其他事项。

10.1.4.2 公司制企业的优点

市场经济要求市场主体拥有清晰界定的财产权，并保持独立与平等。法人制度赋予了公司在市场经济中的核心地位，而公司以其法人形态完全符合市场经济的要求，成为市场的主要参与者。与其他市场主体相比，公司的优势如下：

（1）有限责任。股东的责任限于其投资额，这既满足了投资者的利益需求，又降低了其风险，提高了投资积极性。

（2）广泛集资。尤其是股份有限公司，可通过公开发行股票、债券等方式筹集资金，有利于大型企业的建立。

（3）管理分离。公司实行所有权与经营权分离，提高了管理水平。

（4）组织结构优化。公司的组织结构有助于资本及经营运作的利益最大化。

（5）稳定性高。公司独立于股东个人，其运营不受股东个人状况影响，具有长期稳定性和高可靠性。

10.1.4.3 公司制企业的缺点

（1）设立复杂。创建程序烦琐，成本较高。

（2）双重税收。存在双重纳税问题，加重了税收负担。

（3）信息公开。股份有限公司需定期报告财务状况，不利于信息保密。

（4）法规严格。政府对公司制企业的监管较为严格，法规要求多。

10.1.4.4　**特许经营**

1. 我国特许经营的发展情况

特许经营权在近期的发展中持续表现出其独特的商业价值和市场潜力。具体表现如下：

（1）特许经营权的持续扩张：越来越多的企业开始采用特许经营模式进行市场扩张。通过授予被特许人经营权，企业能够迅速拓展市场，提高品牌知名度和影响力。特许经营权不仅在国内市场得到广泛应用，还逐渐走向国际化。许多国内知名品牌通过特许经营方式，成功进入国际市场，实现了品牌的全球化布局。

（2）特许经营权形式的多样化：随着市场环境的变化和消费者需求的多样化，特许经营权的形式也在不断创新和发展。除了传统的商业特许经营外，还出现了知识产权特许、技术特许等多种形式。这些新兴的特许经营形式为企业提供了更多的合作选择和商业机会，有助于推动产业的升级和转型。

（3）政府对特许经营权的支持和规范：政府在推动特许经营权发展方面发挥了积极作用。通过出台相关政策和法规，政府为特许经营提供了良好的法治环境和政策支持。同时，政府也加大了对特许经营市场的监管力度，保障了市场的公平竞争和消费者的合法权益。

2. 特许经营的定义

特许经营是指拥有注册商标、企业标志、专利、专有技术等经营资源的企业（特许人），以合同形式将其拥有的经营资源许可其他经营者（被特许人/加盟商）使用，被特许人按照合同约定在统一的经营模式下开展经营，并向特许人支付特许经营费用的经营活动。

3. 特许经营的特征

（1）特许经营的核心是特许权的转让

特许经营的核心在于特许权的转让。这里的特许权通常包括品牌、商标、专利、商业秘密、经营模式、技术培训等一系列无形资产的使用权。特许人（通常为知名品牌或成功企业）将其拥有的这些资源和成功经验通过合同形式转让给受许人（即加盟商或加盟店），允许他们在一定范围内使用这些资源，并开展与特许人相似的经营活动。这种转让不仅为受许人提供了创业和发展的基础，也为特许人带来了品牌扩张、市场占有率提升等商业利益。

（2）总部与加盟店之间的关系是通过签订特许合同而形成的纵向关系

在特许经营体系中，总部（特许人）与加盟店（受许人）之间的关系是通过双方签订的特许合同来明确和规范的。这份合同规定了双方的权利和义务，包括特许权的使用范围、期限、费用支付、经营模式、产品质量、服务质量、广告宣传、市场支持等方面的具体条款。这种纵向关系确保了总部对加盟店的经营活动进行统一管理和监督，同时也为加盟店提供了必要的支持和保障。通过合同的约束，双方能够共同维护特许经营体系的稳定和持续发展。

（3）特许经营的所有权是分散的，但经营权高度集中，对外形象要保持一致

在特许经营体系中，所有权是分散的，即各个加盟店是独立拥有和经营的企业实体。然而，在经营权方面，则呈现出高度集中的特点。总部通过特许合同对加盟店的

经营活动进行统一规划和指导，确保整个体系在品牌形象、产品质量、服务质量等方面保持一致。这种经营权的高度集中有助于提升特许经营体系的整体竞争力和品牌形象，同时也为消费者提供了稳定、可靠的服务体验。

（4）加盟总部提供特许权许可和经营指导，加盟店要为此支付一定费用

在特许经营中，加盟总部不仅提供特许权许可，还为加盟店提供全面的经营指导和支持。这包括市场调研、选址评估、店面设计、人员培训、营销策划、物流配送等一系列服务。这些支持和服务有助于加盟店快速启动并成功运营。然而，这些支持和服务并不是免费的，加盟店需要为此支付一定的费用。这些费用通常包括特许权使用费、管理费、广告费、培训费等。费用的具体金额和支付方式会在特许合同中明确规定。通过支付这些费用，加盟店能够获得总部的支持和指导，从而提升自身的经营能力和市场竞争力。

综上所述，特许经营作为一种独特的商业模式，通过特许权的转让、特许合同的签订、经营权的集中和费用的支付等机制，实现了总部与加盟店之间的紧密合作和共同发展。这种合作模式不仅有助于提升品牌形象和市场竞争力，也为创业者提供了更多的商业机会和成功路径。

4. 选择特许经营方式创业的优势

（1）利用品牌效应。加盟商可以承袭特许商的商誉，在开业阶段就拥有良好的品牌形象，从而顺利开展业务。

（2）降低市场风险。对于缺乏市场经验的投资者来说，特许经营可以降低创业风险。借助特许商的品牌形象、管理模式等支持系统，加盟商可以更好地应对市场竞争。

（3）分享规模效益。这包括采购规模效益、广告规模效益、经营规模效益和技术开发规模效益等。

（4）获得多方面支持。加盟商可以从特许商处获得培训、选址、资金融通、市场分析、统一广告和技术转让等多方面的支持。

5. 选择特许经营方式创业的劣势

（1）受许人对特许人资源过度依赖，这会造成潜在风险。因为小规模经营对市场风险的承受力较弱，当出现市场变动时，受许人可能无法及时做出反应。

（2）无法实现产品及服务生产、销售的绝对标准化。不同地区的受许人个人经营理念、区域文化和风俗偏好存在差异，可能会导致产品和服务的质量不统一。

（3）初始资金投入大。加盟商需要承担特许经营费用、店铺租金、装修费用等初期费用，资金压力较大。

（4）受许人的自主权受限。虽然受许人在经营活动中享有一定的自主权，但也需要遵循特许商的统一规定和标准，这可能会限制其创新和发展。

综上所述，特许经营作为一种独特的经营模式，在我国市场经济发展中发挥着重要作用。在选择特许经营方式创业时，创业者需要充分了解其优势和劣势，并结合自身实际情况进行决策。

10.1.5 新企业的名称设计

企业名称是企业形象的重要组成元素，是企业文化浓缩的符号。有了好名称，才

有利于建立起长久发展的企业。企业命名是企业文化、市场战略的识别系统，也是企业经营的重要形象设计。新企业的创建，需要一个代表承载企业理想的名称与之共同成长。

10.1.5.1 企业命名的原则

企业名称是一个企业区别于其他企业或组织的特定标志。所以，从总体上来说，新企业的名称要有高度的概括力和强烈的吸引力，做到“名正言顺”。所谓“名正”，是指企业的名称首先要合法，需要遵循《企业名称登记管理规定》和《企业名称登记管理实施办法》，到工商行政管理部门申请注册；“言顺”是指企业名称要顺口、响亮，从传播的角度来看尽可能朗朗上口。具体说来，企业的命名要遵循以下原则：

（1）应符合企业理念、服务宗旨，这样有助于企业形象的塑造。

（2）应简短明快。名称字数少、笔画少，易于和消费者进行信息交流，便于消费者记忆，同时还能引起大众的联想，寓意更加丰富，比如“百度”公司。

（3）应具备自己的独特性。具有个性的企业名称可避免与其他企业名称雷同，以防大众记忆混淆，并可加深大众对企业的印象。

（4）应具有冲击力和气魄，给人以震撼。

（5）企业名称要响亮，易于上口，易于记忆和传播，比如“小米”公司。

（6）企业名称要符合区域文化，富有吉祥色彩，比如“小龙坎”火锅。

（7）企业名称要富有时代感。富有时代感的名称具有鲜明性，符合时代潮流，并能迅速为大众所接受。

（8）企业名称要考虑世界各地的通用性。

10.1.5.2 企业命名的方法

（1）人名地名命名法。人名和地名一般具有特殊的含义，以人名和地名命名的企业名称，朴素简洁、响亮大方、寓意丰富。例如“长江集团”“青岛啤酒”“茅台”“王麻子”等。

（2）寓意起名法。寓意起名法的核心是关注企业名称的寓意，大多运用寓意美好的字词，如祥、康、福、泰、恒、兴、庆、和、富、德、隆等。例如，“全聚德”烤鸭、“老凤祥”银楼、“同仁堂”药店等，都运用了吉祥美好的字词。

（3）别名俗语命名法。很多企业在长期的经营过程中，虽然没有正式、明确的商标和品牌的标识，但是拥有较强的社会影响力，潜移默化地形成了各自的品牌，这些品牌多是口语俗语，比如“狗不理”包子、“老孙家”牛羊肉泡馍、“老干妈”辣椒酱等。俗语贴近生活，亲切自然，传播速度快、范围广，社会影响力大，生命力强，具有很多优点。

（4）功能特点命名法。这是根据企业或者产品的特点对企业或者产品进行命名的方法。这种命名方法直接明了，让人一眼就能了解企业或者产品的功能和特点。例如，“感冒通”“肠炎宁”这些名字简单明确、易读易记，容易打造成优秀品牌。

（5）原料命名法。这是一种特殊的命名方法，特点是个性独特、引人注目。这样命名的企业和产品也不在少数，其中最具代表性的就是“五粮液”了。“五粮液”是我国著名的白酒品牌，是由高粱、玉米、小麦、大米、糯米五种粮食酿制而成的，故命名为“五粮液”。

（6）商标命名法。这是根据商标来命名原来的企业的方法。这类命名法多是由于商标的品牌知名度和社会影响力大大超越企业本身。为了企业有更好的发展，用商标名称逐步取代原来的公司名称，如“乐百氏”。

（7）音韵命名法。这种方法会根据发音来评判企业名称的好坏，而不太考虑其他方面的因素。最著名的例子之一就是“CocaCola”（可口可乐）。“CocaCola”是将“cock”（公鸡）和“cold”（冷）这两个单词各自变换一个字母，“k”和“d”都变成“a”。“CocaCola”本身并没有什么含义，但是它的字母结构很有意思，不仅好拼好念，更容易记忆，令人一下子就能记住这个名称。

10.1.5.3 **企业命名的禁忌**

（1）忌雷同近似。现在不仅有山寨的产品，还有山寨的企业和商标。一些企业为了借用成功企业的品牌效应，注册字形或是发音类似的企业名称或商标。这样的名称不仅不能带来效益，其效果大都适得其反，引起消费者的厌恶。

（2）忌用多音字。企业名称使用多音字，就像使用冷僻字一样，会给人们呼叫带来很大不便，寓意本身就不够明确。

（3）忌用意不良。例如，化妆品行业的企业，为博消费者眼球，想注册“海洛英”商标，那么很可能乘兴而入商标局却又败兴而出。因为“海洛英”一词与毒品谐音，显然已经违反了公司及商标注册规则。

（4）忌用偏字。好的名字正像好的文章一样，能在平淡中见神奇，而不是靠冷僻字、多笔画字或异体字。例如，“四通”“方正”“金利农”“康师傅”这些名称，都是常用字组成。

（5）忌语意隐晦。语意隐晦容易让人看不懂。就像选用冷僻字一样，寓意虽好，但没有人懂，也就没有意义。

【作业与思考】

1. 假设你们团队的创业项目要创建企业，你们的企业将叫什么名字？为什么？
2. 你们的产品或服务是否需要品牌？如何树立产品或服务品牌？

10.1.6 新企业的地址选择

企业选址是决定企业成功与否的关键因素之一，特别是在创业初期，这一决策显得尤为重要。一个优越的地理位置能确保普通企业的生存，而不良的选址则可能导致优秀企业的衰败。企业的地理位置直接影响消费者接触企业的便捷性，同时，不同的选址也会给消费者留下不同的印象。尽管随着经济和技术的不断进步，地域差异对企业经营的影响逐渐减弱，但它依然是制约企业发展的一个重要因素。因此，创业者必须掌握做出明智选址决策所需的知识和技能。

10.1.6.1 **影响企业选址的因素**

1. 经济因素

在决定企业落户何地时，区域经济状况是首要考虑因素。需深入探究该区域的人口分布、生活水平、行业结构及企业活动特点。要分析该区域行业是否集中，各行业是否繁荣，是否存在季节性波动，以及企业迁入迁出的情况等。此外，还需关注区域居民的收入水平、就业状况及交通条件，这些因素将直接影响企业的市场需求和运营成本。

2. 政治因素

政府对市场的监管政策也是选址时不可忽视的方面。创业者需评估当前及未来可能影响产品或服务、分销渠道、价格及促销策略的法律和法规。为降低法律风险，企业应选址于政府支持相关产业的地区。在跨国经营时，还需特别关注目标国家的政治稳定性、歧视政策等因素。

3. 技术因素

对于高科技初创企业而言，技术进步是推动其成功的关键因素。然而，技术发展的不确定性使得选址变得尤为重要。为紧跟技术潮流，许多企业选择靠近技术研发中心、科技孵化器或新技术信息传递迅速的地区。例如，美国硅谷在20世纪50年代后迅速崛起，成为电子工业的聚集地，并孕育了众多高科技初创企业。

4. 人口因素

创业者需深入了解潜在消费者群体的特征。例如，文具店应选址于学生集中的区域。此外，还需关注人口稳定性、迁移趋势及数量变化等因素。这些因素将直接影响企业的市场潜力和客户基础。

5. 竞争因素

搜集并分析竞争者的信息对于选址至关重要。需了解竞争对手的数量、位置及业务状况，并研究间接竞争者的动态。有利的竞争环境包括：区域内无竞争者、竞争者管理不善或消费者需求增加。

6. 发展规划

选址时还需考虑城市建设的规划情况。需了解短期及长期规划内容，确保所选位置在未来一段时间内仍具有优势。同时，还需关注交通、市政、绿化等公共设施的建设或改造计划，以确保企业长期稳定发展。

除上述因素外，自然因素、社会文化因素等也可能对选址产生影响。创业者需根据自身条件和项目特点进行综合考虑。

10.1.6.2 不同类型企业的选址

1. 生产型企业

生产型企业需选址于交通便利、电力供应充足、水资源有保障的区域。同时，应尽量靠近原料基地和劳动力资源丰富的地区。此外，还需考虑税收优惠政策等因素以降低运营成本。

2. 商业型企业选址

商业型企业的选址与商业圈密切相关。应选择位于商业圈核心地带的店铺，以便吸引顾客并提高知名度。然而，商圈内租金较高可能对初创企业构成压力。因此，在资金有限的情况下，可选择租柜台、联合经营或委托代销等方式降低运营成本。同时，也可在商圈边缘客流量较大的地方选址，并通过内部宣传吸引顾客。

3. 服务型企业选址

服务型企业包括的门类很多，每种类型的企业经营特点都不一样，所以选址方式也不一样。但有一点是相同的，即必须有客流量。如果服务对象是居民，就要在居民区附近选址；服务对象是学生，就要在学校附近选址；服务对象是社团机关，则要在机关附近选址。

此外，全国大部分城市都建有各类型的企业孵化器，为不同类型的中小企业和初创企业提供减免租金的办公空间，同时为其发展提供支持性服务（如财务方面、管理方面、技术方面和经营方面的服务）。公众、传媒和金融界也为企业孵化器中的企业提供很多支持，还可以享有税收优惠政策。企业的集聚效应营造出良好的创业氛围，使多个初创企业在同一屋檐下共同奋斗，较低的租金和共享现场服务增加了创业成功的机会。因此，企业孵化器也是初创企业一个很好的选择。

10.1.7 新企业的组织结构

企业组织结构是企业内部流程运转、部门设置及职能规划的基础性框架，它决定了企业如何分配资源、协调活动和实现目标。随着时代的变迁，企业组织结构经历了从传统到现代的深刻变革，形成了多种各具特色的形式。

10.1.7.1 传统组织结构

1. 直线制

直线制是企业组织结构中最原始也最直接的一种形式。在这种结构中，企业各级行政单位从上至下实行严格的垂直领导，下属部门仅接受一个上级的指令，并由各级主管负责人对所属单位的所有问题负责。直线制不设立专门的职能机构，所有管理职能基本上由行政主管自行执行。这种结构的优点在于结构简单、责任明确、命令统一，要求行政主管亲自处理各类业务。然而，它仅适用于规模较小、生产技术较为简单的企业，因为随着企业规模的扩大和业务的复杂化，这种结构可能会导致管理者负担过重，决策效率降低。

2. 职能制

职能制组织结构在各级行政单位除主管负责人外，还设立了相应的职能机构。这些职能机构在总经理的领导下，协助其进行职能管理工作。这种结构要求行政主管将相应的管理职责和权力下放给职能机构，职能机构有权在自己的业务范围内向下级行政单位发布指令。因此，下级行政负责人除了接受上级行政主管的指挥外，还必须接受上级各职能机构的领导。职能制的优点在于管理工作较为精细，能够充分发挥职能机构的专业管理作用，减轻直线领导人员的工作负担。然而，它也存在一定的弊端，如妨碍了必要的集中领导和统一指挥，可能导致“多头领导”现象，不利于建立和健全各级行政主管和职能科室的责任制。

3. 直线—职能制

直线—职能制是在直线制和职能制的基础上，结合两者的优点而建立起来的一种组织结构。它将企业管理机构和人员分为直线领导机构和职能机构两类。直线领导机构和人员按命令统一原则对各级组织行使指挥权，而职能机构和人员则按专业化原则从事组织的各项职能管理工作。这种结构既保证了企业管理体系的集中统一，又充分发挥了各专业管理机构的作用。然而，它也存在职能部门之间协作和配合性较差、办事效率低等问题。

4. 事业部制

事业部制是一种高度集权下的分权管理体制，适用于规模庞大、品种繁多、技术复杂的大型企业。在这种结构中，企业按地区或产品类别分成若干个事业部，每个事业部从产品设计、原料采购、成本核算、产品制造到产品销售等各个环节都实行单独核算、独立经营。公司总部只保留人事决策、预算控制和监督大权，并通过利润等指标对事业部进行控制。事业部制的优点在于能够调动各事业部的积极性和创造性，提高企业经营管理的灵活性和适应性。然而，它也可能导致各事业部之间出现竞争过度、资源浪费等问题。

5. 矩阵制

矩阵制组织结构是一种既有按职能划分的垂直领导系统，又有按产品（项目）划分的横向领导关系的结构。这种结构是为了改进直线职能制横向联系差、缺乏弹性等缺点而形成的一种组织形式。它围绕某项专门任务成立跨职能部门的专门机构，如产品（项目）小组，以协调有关部门的活动，保证任务的完成。矩阵制的优点在于能够加强各部门之间的横向联系和协作，提高组织的灵活性和应变能力。然而，它也可能导致管理成本增加、员工归属感降低等问题。

10.1.7.2 新型组织结构

1. 学习型组织

学习型组织是一种强调持续学习和改进的组织形式。在这种组织中，每个成员都参与识别和解决问题，以提高组织的整体能力和竞争力。学习型组织的基本价值在于解决问题，这与初创企业的特征相契合。与传统组织设计以效率为着眼点不同，学习型组织注重员工参与和客户需求。通过学习型组织结构，员工能够了解客户的需求并解决问题，从而提高组织的价值。此外，学习型组织还废除了管理者和工人之间的纵向结构以及导致部门间争斗的支付和预算制度。团队是学习型组织的基本结构单元，人们共同工作以创造产品。

2. 团队型组织

团队型组织是一种由相互协作的个体组成的正式群体，旨在实现共同的目标。对于小企业来说，团队结构可以作为整个组织结构的基础，提高企业的凝聚力；而对于大企业来说，团队结构则主要作为职能结构的补充，提高企业的灵活性和员工的工作效率。团队结构的主要特点是打破部门界限，并将决策权下放给工作团队员工。这种结构要求员工既具备专业技能，又具备非专业能力。

3. 虚拟组织

虚拟组织是利用信息技术（特别是互联网）将成员联系起来的一种组织形式。它具有虚拟的组织结构、人员、办公场所以及核心能力。虚拟组织是一种规模较小但具备主要商业职能的核心组织，其决策集中化程度很高，但部门化程度很低或根本不存在。虚拟组织结构是小型企业的一个可行性选择，因为它可以通过充分利用外部资源来实现低成本扩张经营。这种组织结构适用于能够快速对市场做出反应的产业，如时尚产业等。

4. 无边界组织

无边界组织是在信息通信技术（特别是计算机网络）的支持下，通过取消组织垂直界限使组织扁平化、设立多功能团队围绕工作流程运作来消除因职能部门存在而形成的组织水平界限、打破组织与客户之间的外在界限及地理障碍等一系列调整而建立的新组织结构。无边界组织并不意味着企业不需要边界，而是表明企业不需要僵硬的边界。它使企业具有可渗透的和灵活的边界，以柔性组织结构模式代替刚性模式，以可持续变化的结构代替原先相对固定的组织结构。

5. 网络组织

网络组织是一种既强调等级又强调协调的组织形式。在网络组织中，中心有一个由关键人物组成的小规模内核，为组织提供持久的核心能力。在网络经济条件下，可以充分利用互联网强大的整合资源能力进行网络化管理。通过对互联网的开发，企业可以将面临的众多分散的信息资源加以整合利用，通过一个界面观察到很多不同的系统，从而实现迅速而准确地决策。

6. 多元化组织

随着时代的发展，企业不再被认为只有一种合适的组织结构。企业内部不同部门、不同地域的组织结构也不再是统一的模式，而是根据具体环境及组织目标构建的不同的组织结构。目标决定战略，而战略决定结构。因此，管理者需要学会利用每一种组织工具，根据某项任务的业绩要求选择合适的组织工具，并在不同组织结构之间进行灵活转换。这种多元化组织结构的灵活性有助于企业更好地适应不断变化的市场环境和客户需求。

10.1.8 新企业创建相关法律和伦理问题

在企业的初创阶段，妥善应对一系列至关重要的法律和伦理挑战，对于新企业而言至关重要。创业过程中所面临的法律和伦理议题纷繁复杂，对于创业者来说，首要任务在于深刻认识到这些潜在问题的存在，以免因初创时期的法律或伦理疏漏而给新企业造成不可承受之重，甚至导致其夭折。尽管创业者通常并无违法的主观故意，但他们可能会误判自己在企业设立与运营相关法律知识上的掌握程度，或是忽视伦理道德的重要性。

10.1.8.1 相关法律问题

一个社会的法律规定，为其公民能做什么或不能做什么建立了一个框架。这个法律框架在一定程度上允许或禁止创业者决策和行动。显然，创建新企业也会受法律法规的限制与影响，创业者在创建新企业之前必须了解这些因素。表 10-1 指出了影响初创企业的一些基本法律问题。

表 10-1 新企业可能遇到的法律问题

创建阶段的法律问题	经营现行业务中的法律问题
确定企业的组织形式	人力资源管理（劳动）法规
设立适当的税收记录	安全法规
协调租赁和融资	质量法规
起草合同	财务和会计法规
申请专利、商标和版权保护	市场竞争法规

在每一个创业活动中，创业者都需遵循特定的法律框架与规定，这些规定明确界定了他们的行为边界。因此，熟悉并遵守相关法律法规，是创业者不可或缺的任务。企业创立初期，创业者面临的法律挑战多样，涵盖确定企业的法律架构、建立合规的税务记录系统、协调租赁事务与融资安排、制定合同文本，以及申请专利、商标和版权保护等关键领域。

知识产权，作为个人或组织对其智力劳动成果的法定权利，涵盖专利、商标及版权等，构成了企业不可或缺的核心资产。通过许可经营或转让，知识产权能够为企业带来可观的许可费收入。事实上，几乎所有企业，包括新兴企业，都拥有一些对其成功至关重要的知识、信息及创意资源（参见表 10-2）。随着时代变迁，知识产权的重要性日益凸显，逐渐超越了传统意义上的有形资产（如土地、房产和设备），成为企业最具价值的财富。对于创业者，特别是大学生创业者而言，深入理解知识产权的内容及相关法律，不仅是有效保护自身创意与成果的必要之举，也是防止无意间侵犯他人知识产权的法律保障。此外，创业者及其初创企业还需密切关注并遵守《中华人民共和国反不正当竞争法》《中华人民共和国合同法》《中华人民共和国产品质量法》及《中华人民共和国劳动法》等一系列法律法规，以确保企业的合法运营与健康发展。

表 10-2　初创企业各部门中典型的知识产权形式及常用保护方法

部门	典型的知识产权形式	常用保护方法
营销部门	名称标语、标识、广告、手册、非正式出版物、未完成的广告、客户名单、潜在客户名单及类似信息	商标、版权和商业秘密
管理部门	招聘手册、员工手册、招聘人员在选择和聘用候选人时使用的表格和清单、书面的培训材料和企业的时事通讯	版权和商业秘密
财务部门	各类描述企业财务绩效的合同、幻灯片，解释企业如何管理财务的书面材料，员工薪酬记录	版权和商业秘密
管理信息系统部门	网站设计、互联网域名，信公众号、企业特有的计算机设备和软件的培训手册，计算机源代码、电子邮件名单	版权、商业秘密和注册互联网域名
研发部门	新的和有用的发明及商业流程、现有发明和流程的改进、记录发明日期和不同项目进展计划的实验室备忘录	专利和商业秘密

10. 1. 8. 2　相关伦理问题

创业伦理是一种融合了理论精髓与实践智慧的伦理体系，它应创业教育的需求与时代的呼唤而生，主要涵盖了创业活动中应遵循的一系列规范与行为准则。作为初创企业蓬勃发展与取得成功的精神支柱，创业伦理不仅助力创业者实现其创业愿景，还促进了创业责任感、使命感及荣誉感的深植。

创业者的核心使命在于创造财富，正如古语所云："君子爱财，取之有道。"在创业征途中，恪守伦理道德是确保事业成功与可持续发展的基石。管理学领域的伦理，通常也被称作商业伦理，它关乎组织在对外交往、内部管理中的权利和义务规范，以及在决策过程中体现的人际关系与价值导向。

作为创新实践的引领者，创业者通过推出新产品、新服务及提供就业机遇，对社会进步与发展做出了巨大贡献。然而，部分创业者却因片面追求商业成就而遭受诟病，甚至在极端情况下不惜牺牲道德准则。例如，有的创业者拖延支付供应商和债权人的款项，甚至对员工的薪资发放也采取同样策略，这种做法可能源于实际困境，但也可能并非如此。更有甚者，未经允许擅自使用他人资源以弥补自身不足，此类行为因违反法律法规及市场经济原则而面临惩处。若此行为出于故意，则不仅是道德的沦丧，更是对商业伦理的严重背离，长此以往将严重损害创业者的信誉。

《创业者乐园》一书的作者厄仁菲尔德（Tom Ehrenfeld）提出了一系列确保创业行为符合伦理标准的宝贵建议。首要原则是“行正义之事”。创业者应避免夸大企业实力或前景以吸引投资者、员工及客户，即便出于促进企业成长的目的，虚构事实亦是道德与伦理所不容的失信之举。其次，“言出必行”同样重要。一种坦诚相待的文化氛围能够激发更多的公开与诚实，而对谎言的纵容只会引发谎言的泛滥。

【作业与思考】你们创业团队的创业项目更适合哪种组织结构？为什么？

10.2　创业企业业务发展管理

新创企业涉足一个新兴市场时，往往缺乏可直接借鉴的现成模式，一切均需从零开始探索。同时，与上下游客户、供应商等尚未建立起稳固的信任关系，这意味着他们需要投入大量的时间和金钱成本，与业已成形的竞争对手争夺市场份额。新创企业最初很难得到客户经销商的认可，整个供应链尚不完善，这使得新产品或服务的生产和销售面临重重挑战。因此，为新创企业找到并明确业务发展方向，无疑是一项至关重要的考验。

企业运营离不开持续的现金流支持，尤其对于初创企业而言，前期往往需要大量的资金投入，而收入却迟迟未能实现。加之缺乏经营经验、信用记录不足、缺乏可抵押资产以及发展前景未经证实等因素，新创企业往往难以从银行等外部机构获得融资。因此，现金流管理对于新创企业而言至关重要，一旦忽视，将会导致资金短缺而又无法及时补充，企业将面临生存危机。

新创企业的团队成员多为新加入人员，相互间的信任度较低，需要一段时间的磨合。同时，团队内部职责划分不明确，容易陷入混乱状态。初创期间，由于价值观差异、行为模式不匹配等原因，人员流动也较为频繁。因此，确保团队主要支柱稳定，是新创企业能够持续发展的关键因素之一。

综上所述，新创企业在运营管理初期，必须确保做好三件事：业务有所突破、现金流保持稳定、团队保持稳定。只有这三者同时实现，企业才能顺利度过初创期，向成熟企业迈进。

10.2.1　业务发展管理

新创企业业务腾飞的秘诀在于迅速且高效地将其产品推向用户，并赢得市场的接纳。鉴于创业企业资源相对匮乏，其营销策略无法照搬资金雄厚的大企业模式。面对业务发展的重重挑战，新创企业需精准识别并聚焦于几大关键突破口，这些突破口可能蕴含于用户群体、地域市场、行业领域或产品分类之中。

昔日，苹果公司在推出 iPod 音乐播放器之初，面对的是一个尚未被充分开发的市场——便携式音乐播放。通过深入调研，苹果发现两大潜在用户群体：一是热爱音乐的年轻人，他们渴望随时随地享受高品质音乐；二是健身爱好者，他们需要在运动中也能轻松控制音乐播放。于是，iPod 凭借其卓越的设计、便捷的操作和海量的音乐库，迅速在这两大市场中站稳脚跟。

新创企业常犯的一个错误是“盲目撒网”，即在不明确目标的情况下，将有限的资源广泛投入，结果往往收效甚微。反观昔日的中国智能手机品牌魅族，在资金紧张的情况下，选择了在科技爱好者聚集的论坛和社交媒体上进行精准营销，而非盲目投放广告。这种做法不仅有效降低了营销成本，还成功吸引了目标用户的关注，为魅族手机的初期推广奠定了坚实基础。

新创企业在进行业务管理时应该注意以下几点：

第一，确定突破口后，新创企业应集中所有资源，全力以赴地开拓这一市场。然而，现实中的创业者往往面临诸多诱惑，总想同时进军多个市场。但正如俗语所说，“贪多嚼不烂”，创业者应专注于单一市场，逐步积累经验后再向其他市场扩张。例如，雷军在创办小米之初，便选择了线上销售这一突破口，通过精准的互联网营销策略和极致的性价比，迅速在智能手机市场占据了一席之地。

第二，快速调整。企业的市场定位需要在实际运行中根据市场反馈进行快速调整。创业者应具备快速学习和迭代的能力。例如，一位年轻的创业者在开发智能家居产品时，起初通过传统的销售渠道进行推广，效果并不理想。后来，他调整了策略，利用社交媒体和网红营销，成功吸引了年轻消费者的关注，从而实现了销量的快速增长。

第三，稳步复制。创业者在试验过程中应不断总结经验，将成功的模式做深做透后，再迅速复制到其他市场或区域。切忌在未稳固根基的情况下盲目扩张。曾经有一家初创的在线教育公司，在多个地区同时开展业务，但由于缺乏足够的资源和管理经验，业务最终走向全面溃败。

10.2.2 创业企业财务管理

随着业务的逐步发展，企业不仅获得了收入，改善了财务状况，更重要的是在市场中建立了良好的声誉，为后续获取资源降低了难度，同时也激发了团队的士气。这使得市场、资源和团队之间形成了一个良性循环。

10.2.2.1 财务管理

如果将创业过程比作驾驶汽车进行长途旅行，那么产品设计就相当于为汽车铺设了道路，而财务管理则是汽车的仪表盘，实时监控着汽车的行驶状态。现金流则是汽车的燃料，一旦耗尽而未能及时补充，汽车将无法继续前行。因此，创业者需要时刻关注企业的财务状况，以便准确判断业务发展的形势。在财务管理方面，创业者需要关注的主要指标包括盈利前景、固定资产的投资回报周期以及现金流的可持续性。

10.2.2.2 现金流管理

即使企业的利润表显示盈利，也不意味着企业已经完全摆脱了财务危机。现金流的稳定与否直接关系到企业的生死存亡。因此，创业者必须将现金流管理放在至关重要的位置。为了保持现金流的健康稳定，创业者需要从开源和节流两个方面入手。在开源方面，除了积极销售产品外，还需要注意减少赊销、降低应收账款余额，并努力拓展多元化的收入来源。在节流方面，则需要严格控制成本开支，避免浪费和过度投资。同时，创业者还需要密切关注企业的现金流入和流出情况，确保在任何时候都能保持足够的现金储备以应对突发情况。

10.2.3 创业团队的发展

创业不仅需要有好的想法和产品，还需要找到能够将这些想法和产品变为现实的人。新创企业是一个基于特定领域或方向探索产品和业务模式的临时性组织，在这个过程中难免会遇到各种挑战和矛盾。创业者作为这个组织的领导者，需要处理好与投资人、创始团队以及核心员工之间的关系。

10.2.3.1 与投资人的关系

创业者需要管理投资人的心理预期，避免随意承诺而无法兑现导致信任危机。同时，创业者应全力以赴赢得投资人的信任和支持，并在尊重投资人的前提下保持对企业发展方向的控制权。例如，通过建立不对称投票机制或建立特别条款等方式来确保创业者对企业的控制权。

10.2.3.2 与创始团队的关系

虽然创始团队有着共同的创业目标，但在实际经营中仍需要不断磨合和适应。为了保持团队的稳定性和凝聚力，创业者需要设计一些制度来确保团队成员在离开时能够好说好散、不影响公司的继续发展。例如，通过股权激励、回购协议等方式来保障团队成员的权益和公司的利益。

10.2.3.3 与核心员工的关系

在初创期，企业往往面临着产品方向不定、业务模式尚未成型等问题。因此，创业者需要灵活调整岗位职责和人员配置，以适应不断变化的市场需求。同时，创业者还需要努力保持与核心员工的紧密关系，确保他们在公司形成稳定的产品结构和业务模式后能够继续为公司贡献力量。对于专业职业经理人的引入需要特别谨慎，以避免因不匹配的心理落差而引发矛盾。

总之，创业者需要为公司树立共同的愿景和使命，协调各方关系，建立一个有向心力的核心团队。只有这样，才能在激烈的市场竞争中立于不败之地。

10.3 公司内部创业

10.3.1 公司内部创业内涵

在高速变化的市场环境中，成熟企业步入成熟期或衰退期时，可能因市场萎缩、技术落后、行业竞争激烈或组织失去活力而逐渐衰退。为了持续发展和繁荣，企业必须找到新的业务增长点。公司创业便是在这种背景下应运而生，它是指在已有组织内部实施新想法、新行为，进而产生新产品或新业务模式的过程。

优秀的公司往往能够在不断的发展过程中，通过新的创业活动实现业务的不断更替，如同在肥沃的土壤上发出新芽，探索新的生长方向。以亚马逊为例，最初作为一家在线书店，它不断通过内部创业，拓展到电子书、云计算、智能设备等多个领域，最终成为一个综合性的科技巨头。这一过程中，亚马逊不断寻找创新的增长点，通过新业务的发展来保持企业的活力和竞争力。

然而，并非所有企业都能像亚马逊一样保持创新精神、持续百年以上。事实上，许多曾经显赫一时的企业，如诺基亚、摩托罗拉等，都因为未能及时适应市场变化并找到新的业务方向而走向衰落。这再次证明了公司内部创业的重要性。

10.3.2 公司内部创业的挑战

虽然成熟公司拥有丰富的资源和经验，但内部创业并非易事。与白手起家的新创公司相比，内部创业面临着独特的挑战。

首先，内部创业需要克服观念的冲突。大公司往往设置了许多部门层级，导致业务第一线的员工很难将宝贵的市场信息传递给决策者，从而错失市场机会。为了解决这一问题，公司需要优化决策流程，确保市场趋势能够迅速反映到公司的决策体系中。例如，阿里巴巴通过扁平化管理，赋予一线员工更多的决策权，使得公司能够快速响应市场变化。

其次，内部创业受到既有运作模式的制约。成功的公司往往有一套自运行的逻辑和惯例，但这也可能限制创新。为了摆脱这一困境，公司需要鼓励员工跳出固有思维模式，勇于尝试新的方法和工具。腾讯通过设立创新实验室，鼓励员工探索新技术和新领域，从而推动了微信、QQ 音乐等创新产品的诞生。

再次，公司内部资源的分割成为新业务发展的障碍。大公司内部职能分工明确，但这也可能导致部门间资源争夺激烈。为了应对这一挑战，公司需要建立跨部门协作机制，确保新业务能够获得必要的资源支持。谷歌通过“20%时间政策”，允许员工将部分工作时间用于自己感兴趣的项目，从而促进了多个创新产品的诞生。

最后，公司内部创业还面临着来自领导层的障碍。对于公司最高领导层来说，发展新业务意味着承担巨大的风险。一旦创业失败，他们可能会面临股东会的罢免和声誉损失。因此，他们需要在创新和稳定之间找到平衡点。而对于内创团队领导层来说，他们需要承受职业生涯和财务报酬的双重挑战。如果创业失败，他们可能无法获得预期的报酬和晋升机会。

10.3.3 启动公司内部创业

要在已有的组织体系中嫁接出新的枝丫，需要采取一系列措施来支持内部创业活动。以下是启动公司内部创业的四大步骤：

10.3.3.1 树立愿景

公司愿景是统领整个管理体系和运营体系的核心。它告诉员工公司要干什么、不干什么，并引导员工朝着同一个目标前进。为了树立愿景，公司可以通过更名、口号、宣传等方式来宣贯未来的发展方向。例如，特斯拉通过更名和推出新产品来宣贯其致力于可持续能源和电动汽车的未来愿景。

10.3.3.2 创造环境

为了创造一个有利于新业务成长的环境，公司需要确保新业务能够获得必要的资源支持。这包括资金、人力、技术等。同时，公司还需要建立跨部门协作机制，确保新业务能够顺利推进。为了打造有利于新业务发展的环境，公司可以设立专门的创新基金或孵化器，为内部创业团队提供资金支持和技术指导。

10.3.3.3 **搭建新团队**

新的业务单元需要新的团队来推动。公司需要从现有员工中挑选具有创业精神和意愿的人，组建新的团队来负责新业务的发展。为了激励员工参与内部创业，公司可以设立激励机制，如股权激励、奖金等。同时，公司还需要为新员工提供培训和发展机会，帮助他们快速成长。

10.3.3.4 **资源配置**

虽然大公司拥有丰富的资源，但对于创业团队来说可能仍然不足。因此，公司需要为新创事业提供相对灵活的资源配置。这包括资金预算、人力资源、技术支持等。为了确保资源的有效利用，公司需要建立严格的资源管理机制和审批流程，确保资源能够用于最有价值的项目。

通过以上四个步骤，公司可以启动内部创业活动，并为其提供支持。如果新芽生长旺盛，则公司可以找到新的业务增长方向，实现持续发展。如果失败了，公司也能从失败的过程中获得人才、经验甚至专利等宝贵资源，为未来的创新奠定基础。

总之，公司内部创业是一项充满挑战而又极具潜力的活动。通过树立愿景、创造环境、搭建新团队和资源配置等步骤，公司可以克服内部创业的障碍，推动新业务的发展。同时，公司还需要不断优化内部管理机制和激励机制，为内部创业团队提供更好的支持和保障。

【本章要点】

●新企业往往不是在理想条件下成立的。

●成立新企业前需要考虑企业形式、企业名称、地址、组织结构以及相关法律和伦理问题。

●创业企业初期要做到业务做起来，现金流不断，团队不散架。

●公司内部创业是在已有的一个组织内部实施新想法、新行为，产生新产品或是新业务模式的行为。

●成立新企业与公司内部创业同样面临挑战。

●公司内部创业是一个创新性活动，需要树立愿景、创造环境、搭建新团队和资源配置。

【重要概念】

新企业　组织形式　组织结构　业务发展管理　创业团队　公司内部创业

【复习思考题】

1. 创业者如何成立新企业？
2. 创业者可以如何设计自己的企业？
3. 如何克服创业初期面临的困难？

【实践练习】

（1）活动名称：案例分析

（2）活动目的：了解知识产权保护对企业的重要性

（3）活动人数：30~60 人

（4）活动时间：1 周

（5）活动规则：

根据本章知识，在网上搜索 10 家成立时间在 5 年左右的新企业，要求如下：

①既包括注册成立的新企业，也包括连锁经营的新企业以及收购形成的新企业；既有度过生存期进入成长期的企业，也有没度过生存期甚至倒闭的企业。

②比较这些企业发展的差异性，分析其中的关键原因。

③分析这些企业在创立时选择注册成立新企业、收购现存企业或特许经营的背景和理由，以及这种选择对其发展的影响。

（6）活动反思：成立新企业并实施起来面临哪些容易被忽视的困难？注册成立、连锁经营以及收购分别需要考虑哪些重点？成立新企业的关键是什么？

【课程思政】

高质量发展的巴彦淖尔实践

内蒙古自治区巴彦淖尔市紧紧围绕铸牢中华民族共同体意识工作主线，立足边疆民族地区特点，聚焦“六大建设”精准发力，不断促进党的民族工作高质量发展，在推进中华民族共同体建设与全社会各方面融合发展方面取得了显著成效。

加强和完善党的全面领导，依托“市直部门公开述职、旗县区高质量发展现场会评比、苏木乡镇乡村振兴擂台大比武、村党支部领办合作社、村民小组五人工作法”五级党建特色载体，将铸牢中华民族共同体意识纳入党的建设和意识形态工作责任制，纳入政治考察和巡察重点，融入各级各类学校办学治校、教书育人全过程，保证铸牢中华民族共同体意识工作成为各级各部门的法定职责、必尽之责。

把保障和改善民生作为经济社会发展的出发点和落脚点，实施对全市经济发展和民生改善具有支撑性、牵引性、撬动性作用的“六个工程”，进一步推动各族群众共居共学、共建共享、共事共乐。2023 年，全市主要经济指标增速迈进自治区第一方阵。新建续建中小学幼儿园，改造棚户区和老旧小区，国家区域医疗中心主体工程完工，实施热源新建改造、供热管网更新改造等“温暖工程”项目建设。一件件民生实事的兑现，补齐了民生短板，增进了民生福祉，让各族群众实实在在感受到推进共同富裕在行动、在身边。

立足国家重要生态功能区的定位，全力打好黄河“几字弯”攻坚战，抓好防沙治沙和风电光伏一体化工程，加快建设乌兰布和沙漠东北部新能源基地。全面推广新时代防沙治沙“磴口模式”，乌兰布和沙漠绿进沙退、点沙成金，乌拉特草原泛起碧浪、牧歌悠扬，乌拉山废弃矿山加快修复、披上绿装，黄河湿地绿意延绵、风光旖旎，乌梁素海苇丛茂密、鱼跃鸟翔。如今的巴彦淖尔作为美丽中国的生动缩影，吸引了众多游客前来观光打卡。

以高质量建设国家农业高新技术产业示范区为抓手，围绕核心科技目标，实施科技“突围”工程，首届巴彦淖尔农博会成功举办，“一院七中心”成立并实体化运行，开展 21 项农牧业科技成果展示和示范。将整灌区推进高标准农田作为全方位夯实粮食安全根基的关键举措，持续筑牢“河套粮仓”坚实根基，让“中国碗”里盛放更多的河套粮、肉、果蔬。小麦、向日葵单产创自治区历史新高，“中国羊都”“中国沙漠有机奶基地”花落巴彦淖尔。

立足“一带一路”沿线重要节点城市的实际，聚势蓄能、扩大开放，搭建常态化国际贸易平台，深化区域合作，对外开放向更大范围、更宽领域、更深层次不断拓展。2023 年全市外贸进出口总额首次突破 400 亿元关口，稳居全区第一。全国首创 AGV 无人驾驶跨境运输模式，助力甘其毛都口岸 2023 年过货量历史性突破 3 700 万吨，领跑全国公路口岸。“乌拉特号”中欧班列开足马力，累计出口贸易额达 3 292 万美元。

将中华文化符号和中华民族视觉形象融入各族群众日常生活，有形有感有效铸牢中华民族共同体意识。推出“籽籽相拥·同心筑梦”“十个一”主线工程，精心创作《总书记到咱巴彦淖尔来》等一批具有中华文化底蕴、充分汲取各民族文化营养的文艺精品；打造一批主题场馆、传习场所、同心创业街区。全面实施“三项计划”，开展各族青少年“夏令营”“同心营”“交流营”等系列活动 120 余场次，建设自治区级互嵌式社区 16 个、市级 20 个，促进各民族广泛交往交流交融；打造自驾游、乌兰布和沙漠有机徒步之旅、边境民俗风情游等 7 条精品线路，积极构筑中华民族共有精神家园。

（案例来源：高质量发展的巴彦淖尔实践[EB/OL].(2024-11-04)[2025-02-18]. https://www.56-china.com.cn/show-case-8659. html.）

【案例讨论】

请阅读下面案例，讨论回答问题。

言几又的创业发展

全国多个城市言几又书店陆续传出闭店消息，其中北京、杭州、广州、厦门的言几又门店均已全部关闭，上海目前仅有一家门店在营业。而在言几又的“大本营”成都，原本 10 家门店目前仅剩 3 家在营业。不仅如此，公司及实际控制人但捷目前已被限制高消费，并被列为失信被执行人，未履行执行金额达 1 600 多万元。

曾经高峰时期，言几又在全国14个城市拥有58家门店，一年接待客流达3 000万人次。各路资本纷至沓来，前后完成4轮融资，累计融资额超2.4亿元。

看似风光无限、前景光明的言几又是如何走上下坡路的？仅靠"颜值"支撑的网红书店未来出路在哪儿？

在言几又工作过4年、曾见证言几又早期蓬勃发展的S女士，虽然已经离职，但也时刻关注着自己老东家的消息，"很难受，一手开出来的店一个个都关了。"由于电商冲击、短视频侵占阅读时间等原因，实体书店经营较为困难已是众人皆知，但纵然如此，像言几又这样大幅下滑的案例也并不多见。"实体书店虽然赚不了大钱，但要活下去还是可以做到，至少不至于是现在这个状况。"谈到此，S女士很感慨，"北京五棵松店才可惜，之前一直都是全国销冠店，业绩非常好的，结果也关了。"

书、文创、美食全都卖，言几又为什么不赚钱？

言几又闭店的消息不断传来，也有人反思这背后的原因。其中一条则认为言几又作为一家书店，在图书管理、品类分类上不够用心。"这种网红书店本来就很难盈利啊，去翻过这家店进的书，很多鸡汤文、口水文章啊，就封面包得花里胡哨，选书的品质是一点都没有，就是个打卡网红地，关门大吉真的一点都不惊讶。"一位网友在微博上留言道。

得不到爱书之人的青睐，就只有用其他方式吸引顾客。言几又此前披露数据显示，其图书销售在总营收中占比只有40%，剩余60%主要来自文创产品、餐饮、活动和场地出租等。业内人士指出，卖书的毛利其实并不高，文创和餐点的利润空间相对更大，但文创开发设计成本也不低，如果不能推陈出新，也还是难赚钱。

以2018年开业的言几又西安迈科中心旗舰店为例，投资1.4亿元，请来日本著名设计师池贝知子设计，除了13万册书，还引进了美食、艺术品商店、酒吧等业态。但不到两年时间，这家店就转让给了日本连锁书店"茑屋书店"。

"言几又的这种商业模式是存在一定问题的。"四川省连锁商业协会会长冉立春如是说。如今，实体书店靠卖书已经很难赚钱了，于是很多采用了会员制形式，但对会员的权益做得很笼统，只是让顾客预付会员卡，其他会员的权益却并不完善，因此即便是会员回头客也不多。书店想在卖书的基础上叠加增值服务，但增值服务也毫无特色。

同时，言几又还存在着盲目跨界经营的问题。2018年4月20日，四川言几又置业有限公司以底价1.42亿元拿下成都天府新区一地块，根据建设规划，竞得人须开发建设建筑面积不少于19万平方米的国际文创中心。但时至今日仍未动工开发，2022年4月天府新区发布公告，将其认定为闲置土地，闲置原因为"企业原因"。

除了没赚到什么钱却还一直在拼命花钱，冉立春认为，这么多年来，言几又未能培养出书店经营的核心团队和人才，也是失败的一大原因，"毕竟企业的发展仅靠创始人一人之力是远远不够的"。

投资人不再热衷，网红书店出路何在？

言几又的溃败，是各种内外因素综合作用的结果，但关门的书店又何止言几又一家。

《2020—2021中国实体书店产业报告》显示，2020年，中国有1 573家书店关门。

2020 年 12 月，诚品书店关闭了位于深圳的门店。2021 年 8 月 17 日，钟书阁宣布上海静安店结束营业。许知远创办的单向空间书店也曾在公众号发出求助信，希望读者参与众筹，帮书店渡过难关。

而在创投行业也在经历“寒冬”的当下，投资人对于网红书店似乎也不再热衷。记者通过创投数据服务商 IT 桔子统计，截至目前，文娱传媒投资事件共 106 件，其中“媒体及阅读”13 件（2021 年同期是 32 件），跟书店相关的仅有一家韩国的在线电子书销售平台。

言几又被执行金额超千万

“如果要投一个书店，我们可能首先要看它的盈利情况，如果是开在商场，是不是能拿到比较低的租金，这是前提。”深创投西南大区总经理许翔说。在他看来，不同投资人的风格不一样，就他个人观点，文化消费行业本身就具有巨大的不确定性，年轻人的兴趣是会变的，如果网红书店仅凭“高颜值”吸引消费者，这种模式难以持续。

“网红书店实行的其实是多种经营，卖的不是书，而是用户体验，甚至体验本身和看书也没有关系。”浙江大学国际联合商学院数字经济与金融创新研究中心联席主任、研究员盘和林介绍。最近几年，线下模式情况不佳，尤其是零星疫情导致大家出行减少，进一步加剧了线下门店客源流失。

至于未来网红书店出路何在，盘和林认为：“还是围绕需求，书是书店的载体，要么回归书籍内容，培养读书群体，要么，干脆做咖啡店，只是咖啡店的主题是书，也就是用书来保持格调。”要回归到经营主题上去思考问题，如果大家已经可以在网上获得足够的书籍内容，那么何必一定要纠结于开书店。用户习惯改变了，经营者的思路也要一同改变。

（案例来源：融资超 2 亿后深陷“闭店潮”言几又缘何折戟“网红”路？[EB/OL].(2022-07-15)[2025-02-18].https://baijiahao.baidu.com/s? id=1738405727069114913.）

讨论题：

1. 言几又网红书店存在哪些问题？
2. 类似言几又这样的网红店应该怎么做才能扭转局面？
3. 谈谈言几又网红书店的发展历程给你的启示。

11 创业营销

【核心问题】

1. 什么是创业营销?
2. 创业营销的构成要素及其要素组合是什么?
3. 创业营销有哪几种类型?其与传统营销的区别是什么?
4. 创业营销是怎样进行的?
5. 创业营销的战术有哪些?

【学习目的】

1. 掌握创业营销的定义、构成要素和要素组合。
2. 理解创业营销的类型以及创业营销与传统营销的区别。
3. 熟悉创业营销的实施过程。
4. 了解创业营销的战术。

【引例】

特斯拉汽车的创业营销

特斯拉汽车公司是高端的全电动汽车制造商。特斯拉汽车公司成立于2006年，它的第一辆车定价10万美元，是一款时速达200英里的运动型全电动跑车。这款车赢得了《时代》杂志交通运输类的最佳发明奖。基于其独特的购买过程，该公司采取先下订单的方式，并于2008年投产。

2012年，特斯拉推出了全新的S型电动豪华轿车，到2013年底，通过非传统的渠道已售出18 000辆，成为市场上最畅销的大型豪华轿车。S型成为《汽车趋势》杂志的年度汽车，并得到了美国国家公路安全管理局授予的五星安全评级。

接下来，特斯拉将生产X型、交叉型SUV。它也宣布推出最新版本的S型，型号为S70D，全轮驱动时速可达250英里，也计划推出模型3，定价35 000美元，以占领更广阔的目标市场。2015年，特斯拉预计销售55 000辆车，比2014年增长74%。那么，特斯拉是如何改变消费者的购车之旅的？他们相信，他们已经创造了购买汽车的新模式，该模式基于定制化、社交化的购物体验。他们的方法是尽力创造一种零阻碍、吸引消费者的接触点和重要体验。正如达西（Paul D'Arcy）所指出的："自从人们开始他们的决策之旅，特斯拉就围绕着在线信息、商务和社区设计了自己的一套方式。"该战略强调参与内容丰富的在线体验，通过企业网站和社交媒体进行。网站干净清晰，信息广泛，还有马斯克（Elon Musk）的博客，大多数车主和"主导产品设计师"已经变成公司的形象代言人。

特斯拉也希望消费者觉得和品牌有个人情感上的联系——热衷于拥有特斯拉，并想要与其他消费者分享这种热情。所以，用户论坛和用户社区成为在线体验的重要部分。该公司确实没有传统的广告，它更多地依赖粉丝创造品牌，这些粉丝对该车有极高的评价。

然而，请注意，与产品的实体互动也可以发挥作用，该公司推出了"在高档商场以品牌为中心的小店面"。这些小店面通常配有一辆车和一个品牌专家，旨在通过醒目、低成本运营的特点，使该品牌更容易被公众接受。这款车的设计独特而富有吸引力，消费者在购物时，可能会进店逛逛并且随意问问题，商店采用佣金驱动的销售策略。但当消费者准备购买时，他们可以在网上支付可退还的押金，也可以通过支付保证金安排试驾。

这些商店已经成为公司广告的一个重要部分。正如一位观察家所说，当消费者开车路过商店的橱窗时，他们会拍下特斯拉车的照片。"这表明这款车是多么酷。你感觉到你是某些重大事情的一部分，一个汽车新时代。"此外，媒体纷纷报道该品牌引发的口碑传播，很多是在社交媒体上，这些社交媒体在发挥自己的公关作用的同时，提高了特斯拉公司及其汽车的知名度。

特斯拉正在努力改变消费者对汽车及在汽车购买过程中所考虑要素的传统观念。该公司一贯传递的信息就是它制造的是有史以来最好的汽车，不只是最好的电动车。它希望和传统的燃油汽车公司撇清关系，消费者对那些公司的感知通常是脏的、复杂的、不可靠、难以维修。实际上，特斯拉服务中心用白色的地板强调汽车的干净本质及维修起来一点也不复杂。特斯拉创造了不同寻常的购买过程，其汽车的需求量持续超过产量，因为买家先定制个性化汽车，然后才收到车。它还持续创新游戏规则——在全球范围内增加2 000个超级汽车充电桩、努力完善无人驾驶技术、实现更好的续航里程和安全功能，并把价格降到更多的消费者可以接受的范围。

（案例来源：所罗门. 消费者行为学［M］. 杨晓燕，等译. 12版. 北京：中国人民大学出版社，2018.）

11.1 创业营销的本质

创业营销常常与小型企业中有资源限制的营销活动紧密相关，这类企业高度依赖创新型、非传统的营销战术和个人网络。它描述的是针对未经计划的非线性、理想化的创业企业的营销活动。在西方主流高校如斯坦福大学和哈佛大学，创业营销课程主要聚焦于高增长、高科技企业应如何开拓市场。虽然创业营销用途广泛，但其定义尚未统一，理论架构的专业划分也尚待明确。

11.1.1 创业营销的定义

关于创业营销的概念，存在以下三种观点：

第一种观点认为创业营销是创业者为减少营销投入而进行的营销活动，常常采用创新型、非常规的营销战术和个人网络。这是对未经计划的、非线性的、理想化的创业企业营销活动进行的理论总结。

第二种观点将创业营销等同于中小企业的营销活动。

第三种观点与斯坦福大学、哈佛大学等西方主流高校的创业营销课程相关，认为创业营销主要是指高科技企业机会驱动、高增长、高风险的市场营销活动。

综合这些观点，创业营销（entrepreneurial marketing，EM）被定义为：通过创新型的风险管理、资源利用和价值创造，主动识别、评价和利用机会，以获取和保留有价值的客户。创业营销基于机会视角，营销者主动寻求新手段为目标顾客创造价值，从而建立顾客忠诚，不受当前资源限制，产品或市场创新是建立核心营销职责和维持竞争优势的关键手段。

目前，被学术界广为接受的创业营销定义是“通过创新的途径进行风险控制、资源利用以及价值创造，从而进一步识别和利用那些能够获取和留住有利可图的客户的机会”（Morris 等，2002）。该定义融合了创业学的要素（如积极主动性、机会、冒险和创新）和营销学的要素（如客户关注、资源利用、游击营销以及价值创造），并考虑了适用于破碎、动态甚至恶劣的商业环境的营销行为方式。

根据创业营销的定义，创业营销适用于中小企业，也适用于大企业。只要是营销者不受当前资源限制、基于机会视角主动寻求新策略并为目标客户创造价值的活动都属于创业营销的范畴。

11.1.2 创业营销的内涵

创业营销不仅涵盖了创业学和营销学的关键要素，还考虑了适用于复杂商业环境的营销行为方式。它通过营销反馈不断迭代创业机会，改进营销方式。创业营销不是创业企业的专利，所有企业只要存在新市场开拓或新价值创造的需求，都需要采用创业营销的思路与工具。它要求采用创新的方法，突破资源的约束。

在当今这个高度不确定且竞争激烈的市场环境中，企业要想获取并保留有价值的顾客，实现持续增长，就必须采用创业营销的思路与策略。创业营销不仅适用于初创企业，对所有希望突破资源束缚、捕捉市场机会的企业而言，都是一把利器。以下是创业营销的七大核心要素。

11.1.2.1 **先发制人**

创业营销强调企业不能只是被动地响应或适应外部环境，而应主动出击，引领市场潮流。这要求企业快速开发适当的营销方法，关注顾客的差异性需求，并采取有针对性的行动，从而主动抓住机会。例如，特斯拉电动汽车公司就通过率先推出高性能电动汽车，成功引领了电动汽车市场的潮流，成为行业标杆。特斯拉不仅通过技术创新降低了电动汽车的成本，还通过构建完善的充电网络和售后服务体系，提升了顾客的购买体验和满意度。这些先发制人的举措，使得特斯拉在电动汽车市场中占据了领先地位。

11.1.2.2 **执着于机会**

机会是创业营销的核心，代表了未被充分发掘但具有潜力的市场。创业者需要主动探索和发现机会，同时加强对现有资源的有效利用，以创造市场。例如，Airbnb 通过发现共享住宿市场的机会，利用互联网技术将房主与旅客连接起来，成功开创了新的商业模式。Airbnb 在发展过程中，不断洞察市场需求的变化，推出了一系列创新性的服务，如短租、长租、民宿等，满足了不同顾客的需求。同时，Airbnb 还通过加强与当地政府和社区的合作，提升了品牌的社会影响力和美誉度。

11.1.2.3 **亲近顾客**

创业营销注重与顾客的亲密关系，通过深入了解顾客的需求和喜好，创造动态的客户需求。这要求企业不仅要关注顾客的显性需求，还要挖掘顾客的隐性需求，从而与顾客建立共生关系。例如，星巴克就通过提供个性化的服务和体验，与顾客建立了深厚的情感连接。星巴克在营销过程中，不仅注重产品的品质和创新，还通过举办各类活动、提供舒适的购物环境等方式，提升了顾客的购物体验和满意度。同时，星巴克还通过会员计划、社交媒体等渠道，加强了与顾客的互动和沟通，增强了情感连接。

11.1.2.4 **关注创新**

创新是创业营销的灵魂。企业需要不断重新定义产品和市场环境，组建创新团队，创造性地开发新产品和服务。这要求企业在营销过程中，不仅要关注现有的产品和服务，还要不断探索新的细分市场、定价策略、品牌管理等创新点。例如，苹果公司就通过持续创新，成功引领了智能手机和平板电脑市场的潮流。苹果公司在创新过程中，不仅注重产品的技术创新和外观设计，还通过构建完善的生态系统和服务体系，提升了产品的竞争力和用户体验。同时，苹果公司还通过推出 iPhone、iPad 等颠覆性产品，成功发掘了新的市场机会。

11.1.2.5 **风险评估**

在创业营销过程中，风险是无法避免的。企业需要采取措施识别风险因素，减少或分散风险，从而不断降低环境的不确定性。同时，企业还需要进行灵活的资源管理，如与其他企业合作开发项目、分阶段推出产品等，以应对潜在的风险。例如，Netflix 在流媒体服务领域就通过灵活的资源管理策略，成功降低了版权费用和用户流失等风险。Netflix 在发展过程中，不断关注市场动态和竞争对手的变化，及时调整业务模式和营销策略。同时，Netflix 还通过与内容提供商的合作、推出原创内容等方式，降低了版权费用的风险；通过优化用户体验和推出个性化推荐等功能，降低了用户流失的风险。

11.1.2.6 **资源整合**

资源整合是创业营销的重要手段之一。企业需要以最少的投入获得最大的产出，通过挖掘被他人忽视的资源用途、利用他人或其他企业的资源等方式，实现对资源的最大化利用。例如，Uber 就利用智能手机应用程序将司机和乘客连接起来，实现了资源的有效整合和优化利用。Uber 在资源整合过程中，不仅注重与司机的合作和沟通，还通过优化算法和调度系统等方式，提高了车辆的利用率和乘客的满意度。同时，Uber 还通过与餐饮、购物等行业的合作，拓展了业务范围和收入来源。

11.1.2.7 **价值创造**

价值创造是创业营销的最终目标。企业需要发现未经开发的客户价值，建立独一无二的资源组合，最终实现价值创造。在动态发展的市场中，价值不断被重新定义，这要求创业者必须采用不同于竞争对手的眼光理解顾客需求，创建基于价值的顾客关系。例如，哈雷-戴维森公司就通过聚焦创新性价值创造，成功吸引了大量忠实顾客。哈雷-戴维森公司在营销过程中，不仅注重产品的品质和创新性设计，还通过举办哈雷车主俱乐部等活动加强与顾客的互动和沟通。同时，哈雷-戴维森公司还通过推出限量版车型、定制服务等个性化服务方式满足了不同顾客的需求和喜好。这些创新性价值创造方式使得哈雷-戴维森公司在全球摩托车市场中占据了重要地位。

在当前高度不确定的市场环境下，企业需要采用创业营销的思路与策略来应对挑战并抓住机遇。通过先发制人、执着于机会、亲近顾客、关注创新、风险评估、资源整合和价值创造七大核心要素的实践应用，企业可以更好地适应动态复杂的市场环境并实现持续增长。需要注意的是，这些要素并非完全独立而是相互关联、相互促进的。因此，企业在实践过程中需要综合考虑并灵活运用这些要素以取得最佳效果。

【情景案例】

哈雷-戴维森：创业营销者的典范

哈雷-戴维森是全球知名摩托车和自行车品牌，始创于 1903 年，2005 年正式进入中国市场，2008 年在上海设立亚洲代表处。该公司不是简单地通过产品、价格、渠道、促销策略来影响消费者，而是通过重新定义行业及其标准，特立独行，系统实践。

先发制人。以“成为首选”为经营哲学，对摩托车行业进行根本性变革，让消费者感到拥有一辆哈雷摩托车是生活的一种梦想，并逐渐演变成一种生活方式，进而成为美国文化的一部分。哈雷品牌象征着自由、粗犷的个人主义，象征着激情与叛逆，它能引领美国甚至全球的消费潮流。

关注创新。哈雷定期推出新车型，个性化定制车型，在线提供维修与服务建议，并为客户创建在线愿望清单。这样既增加了客户的期待，又能不断收集新需求，促进新创意的产生。

风险评估。类似戴尔模式和即时管理模式，哈雷不故步自封且善于利用他人资源。

例如，采取订单式生产，顾客的首付款用于购买原材料或为他人融资贷款。

资源整合。哈雷利用非传统手段保持产品的高质量和低成本，如让客户和员工做营销，保证营销部门的小规模；利用旗下的一些品牌探索和开发新市场。

亲近顾客。哈雷注重与客户保持良好的情感关系，客户社区（如车主会）规模不断壮大；在政策上规定 CEO 和高层经理必须骑摩托车参加各项事宜。“你需要边骑车边决策”，这增加了层级间面对面接触的机会，方便决策者随时随地进行营销调研。

执着于机会。将哈雷定位为人们生活的主要装饰品，业务扩展至商品零售、骑车培训、财务建议等多个领域，商品种类涵盖男装、女装、中装及其附属品、家具收藏品、玩具和游戏等。

价值创造。哈雷对客户价值有着深刻的领悟，通过建立持久的顾客关系创造价值，产品设计和品牌形象深受不同顾客（包括男人与女人、年轻人与老年人、富人与穷人）的喜爱。

（资料来源：辛德胡特，莫瑞斯，皮特．创业营销：创造未来顾客［M］．金晓彤，等译．北京：机械工业出版社，2009.）

11.1.3 创业营销的类型

结合熊彼特和柯兹纳（Israel M. Kirzner）对创新和创业的分析，Sadiku-Dushi 等（2019）认为可以用一个 2×2 的矩阵来研究创业营销战略。在创业者制定营销战略时，他们需要考虑的一个关键问题是为哪个市场（全新市场还是原有市场）创造什么样的价值（全新价值还是现有价值）。在考虑清楚这一问题后，他们可选择的战略就在如表 11-1 的矩阵中。

表 11-1 创业营销战略

柯兹纳的市场机会分析	熊彼特的价值创造分析	
	创造现有价值	创造全新价值
开发原有市场	传统营销	熊彼特创业营销Ⅰ型
开发全新市场	柯兹纳创业营销	熊彼特创业营销Ⅱ型

这四种创业营销战略没有优劣之分。创业者应该选择适合自身特点和竞争优势的战略。例如，Lyft 晚于 Uber 三年诞生，面对 Uber 早已建立的先行者优势，Lyft 认为现有市场还有空间。因此，他们采取了比较传统的营销策略：吸引战略投资、打广告战、打价格战。Lyft 不仅生存下来还日益发展壮大。

对于采用“柯兹纳创业营销”战略的创业者，其难点不在于产品创新，而在于发现利基市场（Niche Market）。在创业者技术上不占优势的时候，为现有产品发现一个未被开发的市场就显得格外重要。一个在国内名不见经传的手机品牌深圳传音（Tecno）在非洲却有领先于苹果手机的销量。根据 StatCounter 的数据，2019 年 3 月份深圳传音在非洲的市场份额是 8.68%，而苹果是 8.57%。其中的重要原因是深圳传音比较早地发现了非洲这块亟待开发的处女地。

采用“熊彼特创业营销Ⅰ型”战略的创业者的难点在于如何说服顾客相信产品和

服务的全新价值。对于一个已经成熟的市场，顾客可能每天被五花八门的营销信息轰炸。创业者需要在这些竞争对手中脱颖而出，让顾客相信创业者提供的产品或服务是不一样的、更好的。特斯拉可以算是采用这一营销战略最成功的案例。当大多数人认为汽车市场已经成熟饱和的时候，特斯拉在 2008 年推出了第一款电动汽车，一举成为汽车行业创新的领军企业。

采用“熊彼特创业营销Ⅱ型”战略的创业者面临最多的挑战。这一战略下的创业者不仅要创造价值，更要培育新市场。更糟糕的是自己辛辛苦苦培育的新市场还可能被后来者挤占，为他人作嫁衣裳。比如共享单车，摩拜、ofo 等共享单车企业投入了大量人力、物力、财力创造新价值，培育新市场，但是都成为共享单车市场的先驱了，现在我们能够看到的共享单车主要是美团、支付宝、青桔。

【情景案例】

传音控股，手机界的“非洲之王”

传音控股的创始人竺兆江，1996 年刚毕业就进入波导手机工作，凭借出色的能力与销售业绩，短短几年就成为波导销售公司的常务副经理，主要负责波导手机的海外市场开拓。

在这期间，竺兆江曾深入 90 余个国家和地区考察调研，凭借自身对市场的敏锐嗅觉，意识到非洲市场的广阔空间，值得前去开拓业务。在当时的非洲有超过 10 亿的人口，而手机品牌却寥寥无几，这很像 2000 年左右的中国，拥有巨大无比的市场潜力。然而这样的观点当时并不被波导的管理层所认可。

年轻气盛的竺兆江，坚信自己的判断，2006 年辞职，带领团队相关成员来到深圳创业，做出口到非洲的手机。2007 年，竺兆江以功能机进入非洲市场。2009 年，中国智能手机市场开始爆发式发展。2013 年，竺兆江引入大量资本，研发出适合非洲市场的智能手机。

当时，中国尚没有手机品牌专注其他发展中国家市场，尤其是尼日利亚、埃塞俄比亚等非洲国家；同时三星等国际品牌并未针对非洲进行本土化销售，手机价格贵，与本地需求脱节，导致手机渗透率低。

公司针对非洲用户需求，推出深肤色人像摄影、多卡多待、语言适配、超长待机等功能，通过“非洲定制”解决当地用户痛点，在非洲消费者中建立强品牌认同感；旗下 itel、TECNO、Infinix 三大手机品牌，分别定位为中低端、中高端、高端时尚细分市场，多年入选“最受非洲消费者喜爱的品牌”百强榜。传音控股为大变局下中国企业全球化提供了新思路。

（改编自：传音控股：手机界的“非洲之王”[EB/OL].(2021-03-24)[2025-02-18].https://baijiahao.baidu.com/s? id=1695106012968294076.）

【作业与思考】

1. 你觉得竺兆江是如何找到创业营销机会的？
2. 传音控股采用了哪一种创业营销战略？

11.2 传统营销与创业营销

11.2.1 传统营销与创业营销的区别

创业营销旨在为营销者提供更有针对性、更有效的营销新方法，它并不排斥传统营销的基本框架及手段。所以，创业营销与传统营销所采用的许多营销方法是相同的，很难用简单的二分法加以区分。为了突出创业营销的创新性和特殊性，这里对创业营销与传统营销进行对比，见表 11–2。

表 11–2 创业营销与传统营销的区别

项目	传统营销	创业营销
概念	以客户为中心：市场驱动，产品开发紧跟顾客需求	以创新为导向：想法驱动，对市场需求的直观评估
战略	自上而下地市场细分、锁定以及定位	自下而上地锁定客户以及其他有影响作用的人群
战术	4/7 的营销理论	互动式的营销方法，口碑相传的营销
对环境的反应	外部市场环境相对稳定，通过低程度的创新被动反应	外部市场环境不确定，试图影响、重新定义或细分市场
对消费者的态度	针对现有市场，通过调研识别消费者需求	创造崭新市场，引导消费者，通过动态创新或逆向调研洞察消费需求
营销主角	营销专业人士；品牌推广者	创业者及其核心创业团队；新品类的创立者
营梢焦点	对营销组合进行有效管理	通过关系、联盟、资源整合和新产品、新价格、新渠道、新媒体为客户创造新的价值
客户角色	提供知识及反馈的外在资源	是企业营销过程的积极参与者，共同议定产品、价格、分销和传播策略
市场响应	市场渠道	驱动市场
产品	基于市场调研对现有产品的改进，对现有需求的解决方案	顾客参与产品设计与研发，是积极的共同创造者
价格	基于成本	基于能为客户创造的价值
市场	针对现有市场	开辟崭新市场
促销	通过调研识别并清楚地说明顾客需求	通过动态创新和领先用户，了解、引导顾客需求

表11-2(续)

项目	传统营销	创业营销
风险	最小化营销风险	风险在可控范围内
市场情报	正式的市场调研和情报系统	非正式的人脉关系、非正式的市场情报搜集

传统营销理念的核心在于以客户为焦点；然而，在创业营销的范畴内，客户与创业者共同成为塑造企业文化、战略导向及业务行为的关键力量。创业营销是一种通过创新路径来管控风险、优化资源配置及创造价值的策略，旨在发掘并利用那些能够吸引并保持高价值客户的机会。这一模式以创新为驱动，融合了创业学与市场营销学的精髓，并因创业者独特的个性特质与价值导向而展现出多样化的形态。

相较于传统营销，创业营销代表了一种新颖的营销思维与精神，它摒弃了许多传统规则，采纳独特且非传统的营销策略，助力初创企业在激烈的市场竞争中脱颖而出。这些策略往往是应现实需求而生，创业公司通常配备极少的营销人员，有时甚至由创业者亲自上阵。他们面临的预算限制极为严格，往往是大型竞争对手的极小一部分，因此，他们必须竭尽所能，最大化利用有限的资源。

尽管如此，创业公司却拥有大公司难以比拟的优势：其一，灵活性强，团队规模小巧，能够迅速响应，执行高效；其二，易于接受变革，没有沉重的历史包袱与复杂的关系网络束缚；其三，内部沟通顺畅，销售、研发、管理等部门紧密协作，促进信息流通；其四，与市场紧密相连，对目标客户有深入了解，有时甚至能精准把握每位客户的需求，从而更准确地满足其真实需求。

创业营销作为创业学与市场营销学的交叉领域，深受创业者个性与价值观的影响，展现出多样面貌。传统营销强调在产品或服务开发前的详尽客户需求调研，而创业营销则侧重于创新及通过主观评估市场需求激发创意。以小米科技为例，这家初创企业从智能手机操作系统 MIUI 起步，通过积极收集并响应用户反馈，不断迭代产品，最终打造出集高性能与高性价比于一身的手机，成功颠覆了行业格局。

在客户接触方面，创业者倾向于采用自下而上的策略，偏好通过与客户直接互动，利用口碑传播来拓展市场。例如，2005 年创立的 Airbnb，通过鼓励用户分享个人房源信息，构建了一个连接房东与房客的全新住宿平台。这一创新的“共享住宿”模式不仅满足了旅行者对独特住宿体验的需求，也为房东提供了额外的收入来源，实现了用户、房东与平台的三方共赢，从而在众多初创企业中迅速崛起。

在创业营销中，更强调用户的参与，在产品开发过程中强调用户参与产品设计与研发，是积极的共同创造者；强调领先用户、天使用户在新产品或新服务推广过程中发挥重要作用。在战术选择上，传统营销通常采用 4P 或 7P 的营销理论，而创业营销更多地采用互动式的营销、口碑相传的营销方法等，下一部分我们会重点介绍创业营销的战术。在市场情报的搜集方面，对于传统的营销而言，通常的做法是“兵马未动，粮草先行”。大公司通常的做法是先通过营销部门或者专业的市场调研公司对客户需求、市场规模、支付意愿等信息进行大规模、系统化的调研，然后再根据调研的结果进行下一步策略的制定。然而对于创业营销而言，则更多通过各种非常规的方式建立人脉网络以及搜集市场信息。例如，Airbnb 和 Uber 这样的平台鼓励消费者信息共享，并且基于消费者之间的相互信任，口口相传。了解顾客需求的同时提供了增长、效率和盈利的新机会。

11.2.2 市场驱动与驱动市场

进一步地，有学者提出市场驱动行为（market-driven behavior）和驱动市场行为（market-driving behavior）概念——前者是指在既定的市场中，为满足明确的需求而采取的吸引、服务客户并维系客户关系的营销行动；后者是指在不确定的市场中，重新定义市场需求，通过巩固与所有市场利益相关者（如客户、分销商、媒体等）的关系，采取新的营销行动。传统营销通常采用市场驱动方式，而创业营销通常采用驱动市场方式。表 11-3 总结了市场驱动和驱动市场两种方式的主要区别。

表 11-3 市场驱动和驱动市场方式的主要区别

市场驱动方式	驱动市场方式
响应市场需求	开辟新市场，建立新标准
增加创新数量	侧重突破性、革命性创新
强调品牌忠诚	重新定义新客户
讲究品牌识别（名称、标志、标语）	讲究品牌体验（顾客参与）
从产品或服务中获益、强调产品功能	从可感知、被认可的体验中获益，强调对生活方式的影响
强调交易、关系和全面渠道合作	强调整体、社区、客户网络和深度合作
利用现有资源	建立联盟
领导市场	拥有市场
客户是提供知识和反馈的外在资源	客户是合作伙伴
定量分析市场	多种方法并用洞察市场

传统营销采取市场驱动方式，目的是帮助企业适应相对稳定的市场环境，减小营销风险。当前和未来，面对复杂多变的全球市场环境，更多企业会克服各种文化与技术障碍，推动营销活动由市场驱动向驱动市场方式转型，通过引领或开辟市场，快速把握稍纵即逝的市场机会，摆脱企业生存或持续增长的困境。例如，特斯拉汽车的崛起就是通过驱动市场的方式，抓住电动汽车市场的机会，并通过深耕汽车智能化，满足了 5G、物联网技术飞速发展的需要，打造出一系列“产品驱动市场”的标杆车型。

11.3 创业 STP 战略

对于新创企业来说，在资源有限的情况下，必须精准定位，才能集中全部力量突破一个市场缺口。必须以最小的代价找到最合适的细分市场，定点接触目标群体，从而走过初期的艰难阶段。席慕蓉曾有一句诗词“只剩下那在千人万人中也绝不会错认的背影”——市场定位就如同找背影，需要在巨大无比的市场中，精准地找到心中勾勒的客户形象，然后再去接近她，这就开始了营销的过程。整个过程经历三步：首先，要把对象市场划分成无数类别；其次，要根据自己的情况选定目标类别；最后，在那个细分市场中建立自己产品的独特定位。

11.3.1 市场细分

市场细分（market segmentation）指将市场划分为较小的顾客群，这些顾客群具有不同的需求、特点或行为，并需要不同的市场营销战略或组合。为此，企业应该确定不同的细分方式，并了解所有顾客群体的大致情况，其目的是缩小目标范围，找准发展方向，让企业能更专注、有效地竞争。比如，将电脑市场分为笔记本市场和台式机市场是按产品类型分类；将手机市场分为 5 000 元以上的高端市场和 2 000 元以下的低端市场就是按价格分类。创业者要把市场细分出不同的类别并认真调研每个细分市场由哪些玩家占领。

任何市场中的购买者在欲望、资源、地点、购买态度和购买行为等方面，都存在很大的差别。通过市场细分，公司将庞杂的大市场划分为需要用不同的产品和服务有效满足其独特需要的较小的细分市场。这里，我们将重点讨论细分消费者市场的标准。

市场细分的方法并不唯一。市场营销者必须单独或综合运用多种细分变量，以便找出考察市场结构的最佳方法。表 11-4 列出了细分消费者市场的主要变量，包括地理、人口、心理和行为四类。

表 11-4　细分消费者市场的主要变量

细分变量	例子
地理	国家、地区、州、县、城市、街区、人口密度（城市、郊区、农村）、气候
人口	年龄、性别、家庭规模、生命周期阶段、收入、职业、教育、宗教、种族、世代
心理	生活方式、个性
行为	时机、利益、使用者情况、使用频率、忠诚度

地理细分（geographic segmentation）指将市场分成不同的地理区域，诸如国家、地区、省、城市或者街区。公司可以决定在一个或几个地理区域从事经营活动，或者在所有区域内经营，但同时关注需要和欲望的地理差异。目前，许多公司都努力使自己的产品、广告、促销和销售本土化，以适应各个地区、城市甚至街区的需要。

人口细分（demographic segmentation）是将市场按年龄、性别、家庭规模、生命周期阶段、收入、职业、教育、宗教、种族和世代等人口统计因素划分为多个群体。人口统计因素是最常用的市场细分基础。原因之一是消费者的需要、欲望和使用频率往往与人口统计变量密切相关。另一个原因是人口统计变量比其他类型的变量更容易测量。即便市场营销者最终采用诸如所追求的利益或行为等其他细分基础定义细分市场，也必须先了解细分市场的人口统计特征，以便评价目标市场的规模和策划有效的营销计划。

心理细分（psychographic segmentation）根据社会阶层、生活方式或个性特征将购买者划分为不同的群体。具有相同人口特征的人，在心理特征上可能大相径庭。

行为细分（behavioral segmentation）根据人们对产品的了解、态度、使用情况或反应，将购买者划分为不同的群体。许多市场营销者认为，行为变量是进行市场细分的最佳起点。

市场细分的方法很多，但并非所有的市场细分都有效。有效的市场细分必须具备以下条件：

●可测量性。细分市场的规模、购买能力和基本情况是可以测量的。

●可接近性。公司可以有效地影响和服务细分市场。

●规模大。细分市场要足够大，或有利可图。一个细分市场应该是值得公司用量身定做的市场营销方案去追求的尽可能大的同质群体。

●差别性。细分市场在理念上应该容易区分，并对不同的市场营销组合要素和计划有不同的反应。

11.3.2 目标市场选择

在市场细分完成后，创业者就需要结合自己的资源、技能等选择最具吸引力的细分市场。对于选定的目标市场，新企业一定要能形成自己的优势地位。那些已经被占领的细分市场并不是一个好的选择，那里除了有人公司的阻截，市场空间很小，想要分得一杯羹的机会极少，并且建立优势的难度很大。即使选定了目标市场也得在持续经营中观察环境的变化，如果目标市场因为外部因素改变而魅力不再，创业者需要及时重新界定目标市场。

11.3.2.1 评价细分市场

评价细分市场时，公司必须考虑三类因素：细分市场的规模和增长潜力，细分市场的结构和吸引力，以及公司的目标和资源。

创业企业应当搜集和分析各个细分市场的资料，包括细分市场当前的销售量、增长速度和预期的盈利性等。公司往往更加青睐那些具有恰当规模和增长速度的细分市场。但是“恰当的规模和增长”是相对而言的。规模最大、增长速度最快的细分市场并非对所有公司都有吸引力。小公司可能由于缺乏为规模较大的细分市场提供服务所需的技能和资源，或者这些细分市场竞争过于激烈，而选择绝对规模较小的细分市场。这些市场在大公司看来也许吸引力不大，但是对小公司而言具有盈利潜力。

公司还需要考察影响细分市场长期吸引力的结构性因素。如果一个细分市场已经有很多强大且激进的竞争者，吸引力就不大。如果细分市场存在许多现有或潜在的替代产品，价格和盈利会受到影响。购买者能力也会影响到细分市场的吸引力。购买者如果议价能力很强的话，就会试图压低价格，提出更苛刻的服务和质量要求，甚至引起卖者之间相互竞争——这些都会降低卖方的盈利性。此外，有能够左右价格、质量和供应量的强大供应商的细分市场，吸引力也不大。

即使一个细分市场有恰当的规模和增长潜力，并且具有结构优势，公司也必须考虑自身的目标和资源。一些有吸引力的细分市场可能由于与公司的长期目标不相符，或者公司缺乏取得成功所需的技能和资源而被舍弃。例如，汽车市场的经济型细分市场规模比较大，而且持续增长。但是，根据自己的目标和资源，对以豪华和性能著称的汽车制造商宝马而言，进入这一市场意义不大。公司应该只进入那些自己能够创造卓越顾客价值并获得超越竞争对手的优势的细分市场。

11.3.2.2 **选择目标市场**

对各个细分市场作出评价之后，公司必须决定以哪几个细分市场为目标。目标市场（target market）指公司决定为之服务的、具有共同需要或特点的购买者群体。目标市场的选择可以有不同的层次，可以非常广泛（无差异营销），或者非常狭窄（微观营销），或者介于两者之间（差异化营销或者集中营销）。

运用无差异营销（undifferentiated marketing）或者大众营销（mass marketing）战略的公司常会忽略细分市场的差异，用一种产品和服务满足整个市场。这种大众营销战略注重的是消费者需求的共性而非个性。公司为吸引绝大多数购买者而设计的产品和市场营销战略，许多现代市场营销者对此心存疑虑——要开发一个满足所有消费者的产品或品牌实在太难了。而且，不少公司已经通过满足特殊细分市场和缝隙市场的需要取得了成功，大众市场营销者常常发现自己很难与这些更加聚焦细分市场的公司竞争。

运用细分市场营销（segmented marketing）战略的企业会选择专注于几个特定的细分市场，并为每个市场量身打造独特的产品与服务。以华为公司为例，在中国市场，它推出了多款针对不同消费群体的智能手机系列，如 Mate 系列（面向高端商务人士）、P 系列（主打时尚摄影）、Nova 系列（面向年轻潮流用户）以及畅享系列（注重性价比），这些系列在各大电子产品零售店中并驾齐驱。华为还进一步细化每个系列，以满足进一步细分市场的需求，比如 Mate 系列的保时捷设计版、折叠屏版等，以及 P 系列中针对不同摄像头配置和颜色偏好的多款机型。差异化营销策略无疑带来了运营成本的上升。相较于单一产品线的大量复制，开发十个各具特色的产品系列，每个系列再包含多款变体，其研发、生产成本显著增加。此外，为每个细分市场定制独立的营销策略，还需投入额外的市场调研、需求预测、销售数据分析、定制促销计划及多渠道管理工作。例如，Mate 系列可能侧重于高端商务场合的广告投放，而 Nova 系列则可能通过社交媒体和 KOL 合作来吸引年轻消费者，这些差异化的营销手段无疑提高了总体的促销成本。

运用集中营销（concentrated marketing）或者补缺营销（niche marketing）战略的公司，不是追求大市场中的小份额，而是力求在一个或几个较小的补缺市场中占据大份额。Shein 作为一家快速时尚电商平台，通过聚焦年轻女性消费者市场，尤其是 Z 世代和千禧一代，成功实现了快速增长。Shein 通过提供价格低廉、款式多样的服装，以及快速响应市场趋势的能力，赢得了年轻消费者的青睐。其集中营销战略不仅降低了营销成本，还帮助 Shein 在竞争激烈的时尚电商市场中脱颖而出。

微观营销（micromarketing）是一种策略，旨在精准匹配特定个人及地区的独特偏好，从而调整产品特性和营销手段。它超越了从广泛人群中筛选客户的传统模式，转而深入研究每一位潜在消费者的个性化需求。微观营销体系包含了当地营销与个人营销两大分支。当地营销（local marketing）侧重于依据特定地域——无论是城市、街区，还是个别商店的顾客群体——的需求与期望，灵活调整品牌定位和促销策略。一个生动的例子是星巴克（Starbucks）在其全球各地的门店推出的“城市杯”系列，这些限量版咖啡杯不仅融入了当地文化元素，还通过独特的设计语言，让顾客在品尝咖啡的同时，体验到浓厚的地域风情。而个人营销的极致，则是个体化营销（individual marketing）——这是一种完全基于单个消费者需求与偏好来定制产品和营销策略的做法。个体化营销亦被称作一对一营销（one-to-one marketing）、大规模定制（mass customization）或是单人市场策略（markets-of-one marketing）。以耐克（Nike）的 NIKE BY YOU 服务为例，消费者可以参与到运动鞋的设计过程中，从材质选择到颜色搭配，甚至是个人标识的添加，均能实现高度个性化定制，让每一双鞋都成为独一无二的专属之作。

对于初创企业而言，在目标市场选择中，通常应该采用集中营销或微观营销，这样不仅有利于降低营销成本，还能够帮助企业进一步去测试创业机会和产品，降低创业风险。

11.3.3 独特定位

在确定目标市场后，下一步要做的就是在目标市场中建立独特的位置和竞争优势，让自己和其他企业鲜明区分开来。任何产品想要成功都必须向顾客提供一个理由——为什么选择我。

之前种种，都是为了确定目标顾客，而独特的定位则是让顾客选择自己的定锤之音。例如，王老吉在客户心中树立的形象是“怕上火，喝王老吉”，一下子就和可乐、红茶等饮料区分开来，占据了顾客心中去火饮料的位置。

新创企业一旦进行了市场定位，就应该集中资源占领市场，否则转换的成本极其高昂，将是新企业无法承受之痛。

除了决定将要进入哪一个细分市场，公司还必须确定一种价值主张——如何为目标市场创造差异化的价值，以及希望在目标市场中占据什么位置。产品定位（product position）是消费者根据产品的重要属性定义产品的方式——相对于竞争性产品而言，公司的产品在消费者心目中占据的位置。产品在工厂中生产，但品牌在消费者心目中创造。

日产 Versa 和本田飞度（Fit）定位于经济；梅赛德斯和凯迪拉克定位于奢华；保时捷和宝马定位于性能。差异化和定位包括三个步骤：确定赖以建立定位的可能的价值差异和竞争优势；选择恰当的竞争优势；制定整体的定位战略。然后，公司必须向目标市场有效地沟通和传达所选择的定位。

创业营销者可选择不同的差异化来源进行创造性的市场定位，通常有三种市场定位战略可供选择：

1. 避强定位

这是一种避开强有力的竞争对手的定位战略，其优点是风险小。例如，元气森林通过推出无糖饮料，成功避开了传统饮料市场的激烈竞争。元气森林通过推出无糖饮料，成功抓住了消费者对健康饮食的需求趋势。其独特的包装设计和清新的口感也赢得了消费者的喜爱。元气森林的无糖饮料定位不仅避免了与传统饮料市场的直接竞争，还成功吸引了大量追求健康饮食的消费者。

2. 补缺定位

将企业产品定位在目标市场的空白处，不与目标市场上的竞争者直接对抗，创业营销者采取补缺定位更易于成功。例如，小米手机在初创时期通过聚焦性价比，成功填补了智能手机市场的空白。

3. 重新定位

重新定位通常是指对那些销路不好、市场反应差或形象不清晰的产品进行二次定位，优点是能摆脱困境，重新获得增长与活力。重新定位的经典案例是万宝路香烟，万宝路正是靠重新定位取得二次创业成功的。万宝路曾一度陷入销售困境，其女性化定位和淡口味难以满足主流市场的需求。为扭转颓势，公司决定重新定位，将万宝路打造为男性化、强劲口感的香烟品牌。通过调整包装设计、强化品牌形象及开展有针对性的营销活动，万宝路成功转型为“男性香烟”的代表，销量激增，成为全球最著名的香烟品牌之一。

【情景案例】

蔚来汽车的差异化定位

蔚来汽车的差异化定位为：以客户体验为核心。

蔚来汽车，这家成立于2014年的全球初创企业，自成立以来便秉持独特的差异化定位策略，特别是在客户体验方面下足了功夫。蔚来汽车不仅致力于设计、制造和销售智能、互联的电动汽车，更将用户体验作为企业发展的核心驱动力。

高端定位与差异化服务

蔚来汽车的产品线主要面向高端用户，包括ES8、ES6、EC6和ET7等车型，这些车型均定位于中大型SUV或轿车，售价在30万和70万元之间。蔚来汽车不仅提供高性能、高智能、高品质的电动汽车，还通过一系列增值服务，如换电服务、充电服务、维修服务以及独特的NIO House和NIO Life生活方式体验，将汽车产品转变为一种全新的生活方式。

客户体验至上的理念

蔚来汽车深知客户体验的重要性，因此从产品设计、制造到售后服务，每一个环节都融入了客户至上的理念。例如，蔚来汽车推出的NIO Pilot智能驾驶系统，集成了多颗高精度激光雷达、多个高清摄像头、毫米波雷达和超声波传感器等，为用户提供全方位的感知能力和多种驾驶场景的自动驾驶功能。此外，蔚来汽车还首创了换电服务体系NIO Power，通过遍布全国的换电站，为用户提供快速、便捷的换电服务，极大地提升了用户体验。

直营模式与全程服务

与传统车企的4S店销售模式不同，蔚来汽车采用了直营模式，确保了产品品质的统一和服务体验的一致性。蔚来汽车的直营门店不仅提供车辆销售服务，还是一个展示蔚来品牌理念、产品特点和用户体验的场所。此外，蔚来汽车还通过NIO Life等平台，为用户提供丰富的生活方式产品和服务，进一步强化了品牌与用户之间的连接。

数据驱动与个性化体验

蔚来汽车还充分利用大数据技术，通过“金数据”等合作伙伴，打造客户体验管理系统，实现客户信息的定制化服务和安全保障。这一系统不仅提升了客户体验，还确保了客户信息的独立性和安全性。通过数据分析，蔚来汽车能够更精准地了解用户需求，从而提供更加个性化的产品和服务。

蔚来汽车通过高端定位、差异化服务、直营模式、数据驱动以及个性化体验等策略，成功地在新能源汽车市场中树立了独特的品牌形象，赢得了广大用户的认可和信赖。

（案例来源：蔚来汽车的官方网站）

11.4 创业营销的过程

11.4.1 步步为营创业的三大步骤

创业，对于许多人而言，既充满了无限的诱惑，又伴随着难以预知的风险。如何在这条充满未知的路上稳步前行，是每个创业者必须面对的课题。这里从试水、试错、试飞三个步骤讲述步步为营的创业营销策略。

11.4.1.1 试水——克服恐惧，迈出第一步

创业初期，许多人因为害怕失败而止步不前。试水阶段，就是先做不花钱或低成本的尝试，以此来克服内心的恐惧，反思自己是否适合创业。这一阶段对于打工族、大学生和事业单位职工尤为重要，因为他们通常缺乏足够的资金和资源，但拥有创新的思维和无限的潜力。打工族、大学生或事业单位，特别需要试水这一阶段，不怕没有钱，就怕不下水。万事开头难，对于大多数人而言，创业的 0.1 都是人生中最难迈出也是最容易胎死腹中的一步。要迈出这一步，建议先在泳池浅水区练游泳。对于大学生而言，最好从身边的需求入手，比如，张旭豪创办“饿了么”，就是首先在大学里面给同学送外卖。他创办“饿了么”的灵感正是源自校园内的日常需求。在最初，他并没有急于投入大量资金，而是从校园外卖这一细分市场入手，逐步验证自己的商业模式。通过在小范围内提供外卖服务，张旭豪不仅收集了大量的用户反馈，还不断优化了自己的产品与服务。正是这种从小处着手、逐步试错的策略，让“饿了么”得以在激烈的市场竞争中脱颖而出，最终成为外卖行业的佼佼者。

对于打工者而言，试水可以从兼职或内部创业开始。这不仅能够帮助他们积累宝贵的创业经验，还能在不影响主业的情况下，逐步探索适合自己的创业方向。例如，某位在职场发展遭遇瓶颈的打工者，通过兼职开设网店，不仅实现了收入的多元化，还发现了自己在电商领域的潜能。而对于事业单位职工来说，试水同样可以成为他们职业生涯的重要转折点。通过参与或主导单位内部的创新项目，他们可以在不离开体制的情况下，逐步培养自己的创业思维与实践能力。

特别值得一提的是，试水阶段不仅是一个实践的过程，更是一个自我反思与成长的过程。在行动中反思，我们才能更加清晰地认识自己，判断自己是否真正适合创业，是否具备创业的潜能与决心。当职场发展遇到瓶颈时，试水便成为一条自我探索与突破的捷径。通过小规模的尝试与实践，我们可以更加准确地判断自己的兴趣所在、优势所在以及未来的发展方向。

11.4.1.2　**试错——实现从 0.1 到 1 的创业飞跃**

在创业的征途中，试错是通往成功不可或缺的一环。它不仅是实现从 0.1 到 1 的突破的关键，更是发现创业机会的黄金时期。试错的本质，在于以最小的成本探索未知，寻找那个能够点燃创业火花的"1"——最小化可行产品（minimum viable product，MVP）。

在试错阶段，首要的是拥有想法，敢于胡思乱想，不怕不靠谱。正如伟大的发明往往源自看似荒诞的想象，空想多了，才能通过对比与筛选，最终找到那个靠谱且充满潜力的创意。记住，想法是创业的火种，没有想法，再多的资金也只是无根之木。Airbnb 的创始人最初的想法是提供气垫床给参加设计大会的人，这个看似不靠谱的想法，却通过不断的试错与优化，最终演变成全球知名的民宿预订平台。他们敢于尝试，不怕失败，通过不断的用户反馈与产品迭代，最终找到了属于自己的商业模式。

找到那个"1"——最小化可行产品，是试错阶段的核心任务。MVP 不仅能够帮助创业者快速验证想法的可行性，还能通过用户的反馈，不断优化产品与服务，打磨出更加完善的商业模式。这个"1"可能就是创业的引爆点，是打开市场大门的钥匙。2000 年前后，许多 B2B 电子商务企业遭遇了互联网泡沫的冲击，面临着交易稀少、买卖双方不信任、物流不畅等多重挑战。许多创业者因无法快速找到 MVP，无法有效打磨商业模式，最终因看不到未来和希望而迅速倒闭。这些案例告诉我们，从 0.1 到 1 的过程必须迅速且高效，环节越少越好，不追求尽善尽美，但要确保方向正确。

对于有志于创业的大学生或新手而言，试错不应是盲目的，而应是有愿景和大方向的。通过试错，不断提升自己的想象力、创造力和对未来的判断力，避免陷入低水平的重复试错。只有这样，才能在创业的道路上保持清醒的头脑，不被一时的困难所迷惑，坚定地走向成功。

11.4.1.3　**试飞——实现从 1 到 N 的爆发式增长**

在创业的征途中，试飞阶段是实现从 1 到 N 的关键一跃，它标志着企业已从初创期的摸索走向了快速发展的轨道。然而，这一阶段的挑战同样巨大，如何在快速成长中保持稳健，如何为即将到来的爆发式增长做好充分准备，是每个创业者必须面对的课题。

试飞阶段，企业如同翱翔于天空的雄鹰，需要强有力的翅膀——一支高效、团结的团队。然而，如何吸引并留住人才，如何在高速发展的同时保持团队的凝聚力和战斗力，成为创业者亟待解决的问题。此时，建立适应高速成长的团队文化显得尤为重要。这不仅包括共享愿景、共同价值观的建立，还涉及有效的激励机制、透明的沟通机制以及灵活的组织架构等。小黄车（ofo）曾一度站在共享单车行业的风口浪尖，借助风险资本的强大推力，似乎即将一飞冲天。然而，由于其缺乏试水和试错阶段的积累，没有具备稳固的造血功能，最终在激烈的市场竞争中败下阵来。小黄车的案例告诉我们，没有坚实的团队和文化作为支撑，即使飞得再高，也难以抵御市场的风雨。

字节跳动（ByteDance）在成立之初，面对微信、QQ 等社交媒体的激烈竞争，并没有急于求成。其创始人张一鸣通过开发 12 个 App 来摸索用户的阅读喜好，最终将全部用户和高热度内容导入今日头条，实现了用户留存和爆发式增长。在这一过程中，字节跳动不仅积累了丰富的用户数据和市场经验，还通过多轮融资引入了大量资金，为企业的快速发展提供了坚实的保障。与小黄车不同，字节跳动在试飞阶段表现出了极强的稳健性和韧性，最终实现了从 1 到 N 的成功跨越。

另外，融资是试飞阶段不可或缺的一环。然而，如何智慧地融资、如何在保持控制权的同时引入合适的资本，成为创业者必须面对的挑战。合理的融资策略不仅能够帮助企业迅速扩大规模，还能为企业的长期发展奠定坚实的财务基础。

试飞阶段充满了不确定性，失败是不可避免的。然而，面对失败并从失败中汲取教训，成为创业者必须具备的能力。保持韧性，勇于尝试，不断调整策略，才能在激烈的市场竞争中立于不败之地。

11.4.2 步步为营创业营销的切入点和基本原理

11.4.2.1 步步为营：创业营销的精准切入点

在创业的试水阶段，创业者往往面临着缺人、缺资金、缺营销经验的现实困境。因此，开展创业营销活动不能盲目全面出击，而必须精准定位，找到步步为营创业营销的有效切入点，才能突破初期的生存瓶颈，稳健前行。以下三个切入点，是创业营销者常用的策略。

1. 深耕冷门或细分市场，以小博大

在激烈的市场竞争中，大企业的光环往往让创业者望而却步。然而，正是这些被忽视的冷门或细分市场，为创业者提供了以小博大的机会。例如，选择插座行业而非家用电器行业，看似不起眼，实则蕴含着巨大的市场潜力。因为大企业林立、竞争激烈的家用电器市场，对于资金有限、经验不足的创业者来说，无疑是一场硬仗。而插座行业，尽管产品小巧，但需求广泛，且竞争相对较小。通过专注于这一细分市场，创业者可以快速积累资金、技术和市场经验，待大企业反应过来时，已经占据市场先机。公牛插座就是一个典型的例子。在家用电器行业巨头林立的背景下，公牛插座选择了插座这一细分市场作为突破口，凭借过硬的产品质量和精准的营销策略，迅速在市场中脱颖而出，成为细分市场的领导者。

2. 选择资金回笼快的营销方式，确保资金流动

对于资金有限的创业者来说，资金回笼的速度至关重要。因此，在选择营销方式时，创业者应优先考虑那些能够快速回笼资金的方式。避免积压库存、减少资金占用，是步步为营创业营销的重要原则。例如，一些创业者可能会认为，进入超市销售能够快速扩大市场份额。然而，超市的结算制度往往较为苛刻，月结制度对于试水阶段的企业来说，无疑是一笔巨大的资金压力。此外，超市的费用高昂，对销量的要求也较高，许多中小企业因此不堪重负，被市场淘汰。比如，某中小企业曾尝试通过超市渠道扩大市场份额，但由于资金压力巨大、销量未达预期，最终不得不放弃这一策略，转而寻找更适合自己的营销方式。

3. 利用互联网，降低创业门槛

互联网的发展为创业者提供了前所未有的机遇。利用互联网平台或手机 App 进行创业营销，不仅可以降低创业门槛，还可以极大地拓展市场边界。例如，自媒体创业、在线教育、网络主播、网络推广、知识付费等领域，都成为创业者青睐的热点。这些创业营销活动只需要一台能上网的电脑或手机，即可轻松开展。通过互联网创业营销，

创业者可以利用自身的技术优势降低营销成本，实现快速盈利。YouTube 的创始人陈士骏，在 27 岁时用一张信用卡和几台计算机，与两位朋友一起创立了 YouTube。他们利用所学的计算机专业知识，不断优化产品体验，吸引了大量用户。不到两年时间，YouTube 就被 Google 收购，陈士骏从信用卡负债中获得了 130 亿美元的收入。这一传奇故事，充分展示了互联网创业营销的魅力和潜力。

综上所述，步步为营创业营销的精准切入点，是创业者突破初期困境、实现稳健发展的关键。通过深耕冷门或细分市场、选择资金回笼快的营销方式、利用互联网降低创业门槛等策略，创业者可以在激烈的市场竞争中脱颖而出。

11.4.2.2 步步为营创业营销的基本原理

在创业的试错和试飞阶段，为提高试错成功率或减少试飞风险，创业营销者更需要采取步步为营的创业营销，即不能只考虑一些广告或促销等营销手段，还要采取一种系统思考和解决问题的方式，即让所有相关营销活动共同奏效来实现营销目标，要紧紧围绕公司的使命，确定公司的目标市场：谁会买？为什么买？在此基础上，开展营销活动。

在试错阶段，信息的影响力比信息的数量重要得多，高质量、有针对性的信息沟通可大大降低试错成本。创业营销不会像传统营销那样投放大量昂贵的广告，创业营销者通常只有有限的机会与潜在顾客沟通并交流信息，所以必须学会想顾客之所想，要确切知道顾客去哪里寻找信息，然后通过什么媒介将有限的营销资源聚焦于这些顾客。如果顾客喜欢通过电脑网络寻找有关特定类型业务的信息，那么营销资源就应该集中于网络；如果顾客喜欢在智能手机上寻找有关特定类型业务的信息，那么营销资源就应该集中于手机终端。这对大企业来说，可大大减少营销资源的浪费。对中小企业而言，会浪费本来就较少的营销费用，甚至使企业陷入生存困境。

在试飞阶段，必须努力与顾客建立终身的联系，增加顾客终身价值，这是创业营销的最高境界。一方面，要与消费者建立私人关系，发现和记住消费者的私人细节，例如，记住顾客的生日并在特殊的日子给他们送上祝福与关爱等，让顾客满意甚至感到无比幸福；另一方面，想尽一切办法增强消费者的自信心和对产品或品牌的信心。这要求企业具有制作各种营销材料的专业水准和长期一致的品牌识别力。同时营销人员还应具有出色的口头传播和顾客服务水平。只求企业眼前利益而忽视顾客长期价值的营销行动常常让企业陷入烧钱式传统营销的陷阱。

在创业的试错与试飞阶段，面对充满不确定性的市场环境，创业营销者需要采取更为谨慎和系统的营销策略——步步为营创业营销。这一策略强调的不是单一营销手段的运用，而是要将所有相关营销活动视为一个整体，通过系统思考和协同作用，共同实现营销目标。其核心理念在于：紧密围绕公司的使命，精准定位目标市场，深入了解目标顾客的需求与偏好，从而制定出高效、精准的营销策略。

1. 试错阶段：精准沟通，降低成本

在试错阶段，创业营销者面临的首要挑战是如何在有限的资源下，快速而准确地找到目标顾客，并与之建立有效的沟通。此时，信息的影响力远远超过信息的数量。高质量、有针对性的信息沟通能够显著降低试错成本，帮助创业者更快地做出市场定位。滴滴出行在初创时期，并没有选择大规模的广告投放，而是通过精准的市场调研和数据分析，确定了目标用户群体（主要是城市年轻人）。随后，滴滴利用社交媒体、线上论坛等渠道，与目标用户进行深度互动，传递其便捷、安全的出行理念。这种精准的信息沟通策略，不仅有效降低了营销成本，还迅速提升了品牌知名度和用户黏性。

2. 精准定位，聚焦资源

在步步为营的创业营销中，精准定位目标市场至关重要。创业者需要深入了解目标顾客的信息获取习惯，然后将有限的营销资源聚焦于这些顾客经常接触的媒介上。这不仅能够提高营销效率，还能避免资源浪费。传统营销往往依赖于大量广告投放，试图覆盖更广泛的受众群体。然而，这种做法往往导致营销资源分散，难以精准触达目标顾客。相比之下，创业营销更加注重精准定位和资源聚焦。例如，如果目标顾客更倾向于通过社交媒体获取信息，那么创业营销者就会将营销资源集中在社交媒体平台，通过内容营销、社交媒体广告等方式，与目标顾客建立更紧密的联系。

3. 试飞阶段：建立长期关系，提升顾客价值

进入试飞阶段后，创业营销者需要更加注重与顾客的长期关系的建立。通过提供卓越的产品和服务，以及个性化的关怀和互动，提高顾客的忠诚度和满意度。同时，还要通过激发消费者的自信心和对品牌的信任感，提升顾客终身价值。星巴克在创业初期就非常注重与顾客的长期关系的建立。他们通过提供高品质的咖啡和舒适的环境，赢得了顾客的喜爱。同时，星巴克还通过会员制度、个性化服务等手段，与顾客建立更紧密的联系。例如，星巴克会记住顾客的喜好和购买历史，为他们提供个性化的推荐和服务。这种长期的顾客关系管理策略，不仅提升了顾客满意度和忠诚度，还为星巴克带来了持续的业绩增长。

11.4.2.3 步步为营创业营销的优劣势

步步为营创业营销的方式既有优势又有劣势。创业营销实践表明，步步为营的创业营销优势多于劣势，它是企业提高销量的高效方法，特别对绝大部分创业者来说在创业初期别无选择，只能采用步步为营的创业营销方法。表 11-5 描述了步步为营创业营销的优劣势。

表 11-5 步步为营创业营销的优劣势

劣势	优势
耗费创业营销者的时间、精力和创造力，使其更为繁忙而疲惫	帮助创业营销者在起步期运用有限资源提高销售量，突破生存困境
匆忙使用步步为营的营销方式会忽视营销技巧，带来严重的道德伦理问题	帮助创业营销者建立与消费者的牢固关系
需与资金实力强、能进行持久宣传的大公司打硬仗	帮助创业营销者有效争夺顾客，比大公司省钱

（资料来源：SCHINDEHUTTE M，MORRIS M，PITT L. Rethinking marketing［M］. Upper Saddle River：Pearson Education，2009.）

步步为营的创业营销受局限的不仅仅是资金，创业营销者的想象力或所投入的时间、精力和创造力更为重要。例如，美国 Evans 工业公司利用创造力成功进行了创业营销。

【情景案例】

美国 Evans 工业公司的创业营销

总部位于美国底特律的 Evans 工业公司主要生产原材料工业产品。2001 年，Evans 公司希望能够找到一个刺激渠道销售的方法，但必须划算。Evans 公司首席运营官 Salvatore Aliotta 说："我们当时没有太多的资金。因此，不得不考虑其他的方法，让经销商更注意我们的产品。"当时，加州彩票最高奖项的价值为 2 000 万美元，Evans 公司买了几百张彩票，将它们寄给了各个经销商。Evans 公司在每个信封里都附了一张首席运营官亲笔签名的信，信中说："这张彩票或许能帮你们成为百万富翁，但是销售 Evans 公司的产品成为百万富翁的可能性更大。"这次小小的营销活动只花费了 300 美元，却让经销商们津津乐道。

在这次花费 300 美元却极大地抓住了客户注意力的营销活动中，创造力是唯一的法宝和利器，也是创业营销成功最为关键的因素。

（资料来源：创业营销，姚飞）

11.5 创业营销的战术

在创业营销的广阔天地中，创新与独特性是脱颖而出的关键。本节将深入探讨几种富有创意且成本效益高的游击营销策略，包括偷袭营销、街道营销、草根营销、病毒营销、增长黑客以及社群营销。这些策略不仅适用于资金有限的初创企业，也是大品牌在寻求市场突破时不可忽视的利器。

11.5.1 偷袭营销

三十六计中的第一计是瞒天过海。偷袭营销可以算是瞒天过海在创业营销中的精确运用。偷袭营销通俗来说就是，某企业本身并不是某种赛事或活动的赞助商，但却运用某些非常规手段建立和赛事活动的联系，让消费者误以为该企业就是赞助商。比如 2012 年伦敦奥运会前夕，一个叫 Paddy Power 的品牌在伦敦街头树立了众多广告牌，声称自己是"本年度伦敦最大赛事的官方赞助商"。广告牌上还在括号中加了一个免责声明："此处专指法国伦敦"。原来法国有一个和伦敦市同名的伦敦镇，Paddy Power 赞助了一个当地的传统比赛。为此事，国际奥委会还与 Paddy Power 对簿公堂，但前者却意外输掉了官司。

【情景案例】

杜蕾斯借势世界杯

2014 年巴西世界杯期间，每当有球队晋级或出局，杜蕾斯就会迅速在其官方微博上发布一张与该球队相关的海报，海报上巧妙地将杜蕾斯的产品与球队元素相结合，同时配以幽默风趣的文案，瞬间引爆了社交媒体。例如，当西班牙队出局时，杜蕾斯发布了一张海报，上面是一个巨大的红色“0”（代表零进球），而“0”的中间则巧妙地融入了杜蕾斯的产品形象，文案则是“杜蕾斯致敬西班牙，防守才是最强的进攻”。这张海报不仅与世界杯热点紧密相关，还巧妙地融入了杜蕾斯的产品特性和品牌理念，让人会心一笑的同时，也深深地记住了这个品牌。

这次偷袭营销的成功之处在于，杜蕾斯并没有直接赞助世界杯，也没有花费巨额资金进行广告投放，而是借助了世界杯的热度和球迷的关注，通过创意海报和幽默文案，成功地与世界杯建立了联系，并成功地提升了自己的品牌知名度和美誉度。

然而，偷袭营销虽然能够带来显著的营销效果，但也需要谨慎操作。如果过度借势或误导消费者，可能会引发法律风险或损害品牌形象。因此，企业在运用偷袭营销策略时，必须确保内容的合规性和创意的独特性，以实现最佳的营销效果。

11.5.2 街道营销

街道营销是一种将品牌信息直接传递给目标消费者的创意方式。它利用街道上的各种元素，如电线杆、公交站台、地面等，通过创意设计和互动体验，吸引消费者的注意力，形成深刻的品牌记忆。

【情景案例】

耐克“跑步轨迹”街道艺术

耐克曾在一座城市的主要街道上，利用夜光涂料绘制了一系列跑步轨迹图案，从街头延伸至街尾，形成一道独特的风景线。这些轨迹不仅美观，还寓意着跑步者的坚持与自由。同时，耐克还在社交媒体上发起了一场“寻找跑步轨迹”的互动活动，鼓励消费者前往现场打卡拍照并分享到社交平台。这场街道营销不仅让耐克的品牌形象更加生动，还成功激发了消费者的参与感和归属感。

11.5.3 草根营销

草根一般代指平民百姓和广大群众。草根营销顾名思义就是指利用群众的力量进行营销。单个顾客的力量可能微不足道，但星星之火，可以燎原。人数众多的顾客形成合力，就能把一个品牌或者活动的影响传播放大。草根营销在最初阶段往往源于一则针对特定群体的信息，该信息需要传达很强烈的情感诉求，能够使特定群体形成强烈的情感共鸣。这些强烈的情感会促使这个特定群体不断向群体之外的人传递这种诉求，最终把一个品牌或运动的传播推向高潮。

【情景案例】

冰桶挑战的公益营销

2014 年，冰桶挑战在全球范围内迅速走红，这场原本由肌萎缩侧索硬化症（ALS）协会发起的公益活动，通过社交媒体上的视频分享，迅速吸引了全球数亿人的参与和关注。许多知名品牌和个人纷纷加入挑战，将冰桶浇在自己头上的同时，也向 ALS 协会捐款或提名他人参与。这场草根营销不仅为 ALS 协会筹集了大量善款，还成功提升了参与品牌的社会形象。

11.5.4 病毒营销

偷袭营销、街道营销、草根营销以及所有游击营销的成功都一定程度上依赖于病毒营销。由于不借助大众传媒方式，如果没有病毒营销，各种游击营销战术的影响可能仅限于直接看到、接触到广告的顾客。只有通过病毒营销，游击营销战术的影响才会呈指数级地扩大。所以，无论创业者采用何种创意的游击营销，其中最关键的一环是在网络、微博、微信中把这种创意传播出去。让人们看到、关注、关心、转发是病毒营销的内核。现在微信朋友圈中流行“求转发”“求点赞”的信息。这种靠“求”的营销方式并不是真正的病毒营销。真正的病毒营销通过创意让人们自发地、主动地传播。

【情景案例】

蜜雪冰城的广告神曲

蜜雪冰城在 2021 年推出的广告歌曲《你爱我，我爱你，蜜雪冰城甜蜜蜜》堪称病毒营销的典范。这首歌曲改编自 20 世纪美国经典乡村民谣 *Oh! Susanna*，旋律简单欢快，歌词简短魔性，一句“你爱我，我爱你，蜜雪冰城甜蜜蜜”迅速在网络上走红。

蜜雪冰城通过其官方渠道发布了这首歌曲的 MV，画面以 IP 形象“雪王”为主角，三个雪王在画面中魔性起舞，从视觉层面增加了品牌 IP 形象的曝光。这首歌曲以其洗脑的旋律和朗朗上口的歌词，迅速在各大社交平台传播开来，引发了全民 UGC（用户生成内容）的创作热潮。网友们纷纷对这首歌曲进行多语言翻唱、歌词改编、原创编舞等二次创作，这些 UGC 作品在社交媒体上引发了轰动，频频登上热搜。蜜雪冰城不仅活跃在网友 UGC 作品的评论区，还将这些二次创作作品收集起来，发布了主题曲 20 种语言合集版本，对主题曲进行了二次传播。这种与消费者互动、借助消费者力量进行传播的策略，使得这首歌曲成为真正的“病毒式”传播。

通过这首广告歌曲，蜜雪冰城不仅成功提升了品牌知名度，还塑造了亲民、平价、有趣的品牌形象。这种病毒营销策略不仅成本低廉，而且效果显著，为蜜雪冰城带来了大量的曝光和口碑传播。可以说，蜜雪冰城通过这首广告歌曲，实现了品牌声量和产品销量的双重提升，成为病毒营销的成功案例。

11.5.5 增长黑客

增长黑客（growth hacking）是对所有的以增长为最终目的的营销战术的统称。正如这个词汇的发明人，Growth Hackers 网站的创始人和 CEO 西恩·埃利斯（Sean Ellis）给予这个词的定义，增长黑客的指北针就是增长。增长黑客通过对一些非传统营销方案的快速迭代实现用户数飞速增长的目的。

由于缺乏资金和经验，增长黑客的营销方式主要集中在创新、可规模化以及用户的相互连接。他们经常把用户的获取、注册、获利、保留以及病毒式传播等潜在的增长与产品本身巧妙地结合在一起。

虽然不同的公司会采取不同的增长黑客策略，然而无论如何变化，这些公司最终的目的都是快速增长。他们总是会成功地将一种病毒植入获取用户的环节。新用户通常会从他们的人际网络听说某种产品或服务，在成为这些产品或服务的用户的同时他们又将相关的信息再次在自己的人际网络中分享出去。这样一种类似于漏斗形状的过程（包括客户获取、激活、保留、营利、推荐给亲友）会无限循环下去从而形成用户数量的指数级的增长，而如何优化这个漏斗中的每一个环节，都会让其中最有优势的环节获得更多的用户。很多独角兽创业公司例如 Hotmail、谷歌、推特、脸书、Dropbox、YouTube、滴滴、微信、拼多多等都曾经采用增长黑客的营销方式来建立品牌和提高利润。

【情景案例】

拼多多增长黑客营销案例

拼多多作为中国电商市场的一匹黑马，其快速增长离不开其独特的增长黑客营销策略。拼多多巧妙运用社交裂变和病毒式营销，实现了用户规模的迅速扩张。

拼多多的核心策略之一是利用微信社交关系进行导流。用户可以通过邀请好友帮助砍价，以更低的价格购买商品。这一玩法不仅吸引了大量对价格敏感的用户，还通过好友间的分享和转发，实现了病毒式的传播。同时，拼多多还通过冠名综艺节目、与手机厂商合作预装 App 等方式，进一步扩大了用户基础。在激活用户方面，拼多多打破了传统电商的营销模式。当用户首次进入 App 时，并不会被立即引导注册和登录，而是在用户处于购物场景时才进行引导。这种策略降低了用户的抵触心理，提高了用户的留存率。拼多多还通过设计各种线上活动，如拼团、限时秒杀等，激励用户购买和传播。这些活动不仅增加了用户的购物体验，还通过用户的分享和传播，吸引了更多的新用户。此外，拼多多还充分利用数据驱动营销，通过市场反馈和用户行为数据，不断优化产品设计和营销策略。这种以数据为驱动的增长黑客策略，使得拼多多能够对市场变化做出快速响应，持续推动用户增长。

【情景案例】

电子邮箱 Hotmail 的营销策略

当年曾经红极一时的第一款基于网页的电子邮箱 Hotmail，就是一个成功的黑客增长营销的案例，它的创始人杰克·史密斯（Jack Smith）和印度企业家沙比尔·巴蒂亚（Sabeer Bhatia），就靠着一个看似平常的点子，成功地将 Hotmail 的用户在短短的 6 个月之内就获取了 100 万的用户数量。这个数量放在今天可能不算什么，可是不要忘记这是在互联网刚刚兴起的 1996 年，当时很多人压根儿都不知道互联网为何物。他们当时采取的策略其实很简单，就是在每份通过 Hotmail 发送的邮件底端加了一句话："PS: I love you. Get your free e-mail at Hotmail."。紧接着他们又采用同样的策略在 5 个礼拜后将用户数量翻了一翻。随后发生的事情可能很多人都知道了，微软以 4 亿美元的天价收购了这家成立不到一年半的创业公司，并于 2013 年将 Hotmail 更名为 Outlook。

11.5.6 社群营销

社群营销（community-based marketing）是一种建立在关系和网络上的创业营销方式，这种方式注重通过那些以产品用户社群（诸如用户俱乐部、网上社群、粉丝群等）来交流产品功能特性的用户来打造产品、树立品牌形象。

社群营销会围绕某些关键词或者名人效应来发挥最大的价值，因为提高用户权益的一个重要方面就是增加客户在社交网络上的参与度。比起人为地建立和维护一个社区，用户自己建立和维护的社区将会产生更多的交流和互动，从而产生更多的用户权益，进一步对产品和品牌进行推广。他们喜欢在这样一个虚拟的空间里无拘无束地表达自己的意见和建议，也可以畅所欲言地提出或者回答一些产品使用中遇到的问题。营销学者们通过研究发现，将产品推广给新用户的成本是那些现有社群用户成本的 6~7 倍，难怪很多知名的大公司，例如耐克、星巴克、苹果等也开始积极地拥抱这一创业营销方式。

对于创业公司来说，在拥有了一定数量的用户群体后，社群营销将会大大地降低营销费用以及提高营销效果。

【情景案例】

小米的粉丝经济

小米是一家专注于智能硬件和电子产品研发的全球化移动互联网企业。小米通过构建粉丝社群，实现了与用户的深度互动和情感连接。小米不仅在线上建立了论坛、微博等社交平台，还定期举办线下活动如米粉节、新品发布会等，邀请用户参与并分享使用体验。通过这些活动，小米不仅收集了用户的反馈和建议，还成功提升了品牌的知名度和忠诚度。同时，小米还通过社群营销推动了产品的销售和推广，实现了粉丝经济的最大化。

总之，在创业营销的道路上，创新和独特性是关键。通过运用偷袭营销、街道营销、草根营销、病毒营销、增长黑客以及社群营销等创意游击营销策略，初创企业可以利用有限的资源实现品牌知名度的快速提升和市场份额的快速增长。这些策略不仅适用于初创企业，也是大品牌在寻求市场突破时不可忽视的利器。

【本章要点】

●创业营销是指通过创新型的风险管理、资源利用和价值创造，主动识别、评价和利用机会，以获取和保留有价值的客户。

●创业营销包含先发制人、执着于机会、亲近顾客、关注创新、风险评估、资源整合和价值创造七个构成要素。

●结合熊彼特和柯兹纳的分析，根据所处的市场和所要创造的价值，可以将创业营销战略分为四类，创业者应该选择适合自身特点和竞争优势的战略。

●传统营销与创业营销存在许多区别，但所采用的许多营销方法是相同的，并不能将二者完全区分开来。

【重要概念】

创业营销　创业营销战略　战略　传统营销　营销战术

【复习思考题】

1. 为什么要学习和研究创业营销?
2. 创业营销成功的关键是什么?
3. 相比于传统营销，创业营销有哪些新突破?
4. 创业营销还有哪些战术?

【实践练习】

（1）活动名称：设计企业创业营销方案

（2）活动目的：理解并掌握创业营销

（3）活动人数：30~60 人

（4）活动时间：两周

（5）活动规则：

充分运用 AI 工具，策划并录制一条短视频（符合国家和学校的相关规定，内容积极向上，具有正能量，时间不限），在企业审核后上传到抖音、微博、B 站、快手等自媒体，确保有 1 万以上的播放量，在课堂上陈述并复盘。

步骤一，选题，确定视频脚本。

步骤二，熟悉相关工具。

步骤三，视频制作。

步骤四，测试及调整，在短视频平台发布，并通过反馈进行调整。

（6）活动反思：创业营销成功最重要的是什么？创业营销成功的案例中有什么相同点和不同点？创业营销未来的发展趋势是怎样的？

【课程思政】

党员故事："90后"李渊鹏，做一名有社会责任感的创业者

"路虽远，行则将至；事虽难，做则必成。"李渊鹏说他很喜欢这句话，也常用这句话激励自己。十几年来，他坚守自己的创业初心，在装饰设计行业里摸爬滚打，不断挑战自我。尽管创业艰辛，但他始终相信："青年创业有非常大的优势，只要听党话、跟党走，就一定会在这个时代实现自己的梦想，找到属于自己最合适的位置。"

"90后"李渊鹏现为山西省青年企业家商会副会长兼党支部副书记。说起创业，还有不少故事。"我父亲是山西建投集团的工程师，我从小跟父母住工地、吃食堂，上高中后假期经常到工地勤工俭学，干些力所能及的事情，也体会到了父母的不容易。从儿时的耳濡目染到后来的热爱，让我在大学期间坚定选择了设计专业。"

在李渊鹏上大学时，创业种子就萌芽成长。2012年，他在校创办了设计工作室，次年在导师带领下，他组队参加了第八届全国信息技术应用水平大赛，荣获团体赛全国二等奖。

"我积极向党组织靠拢，在党组织的悉心培养和老师同学的热情耐心帮助下，终于成为一名党员。"李渊鹏说，"从那时起，我时刻为自己党员的身份感到骄傲与自豪。"

"作为一名青年党员，我想通过自己的创业鼓励跟我一样的同龄人，参与到创业浪潮中，实现人生理想抱负。"李渊鹏说。2017年，他创立了山西泊隆工程技术有限公司。创业初期，他带着团队每天打电话发传单、走街串巷找客户，为了节省费用住了两年见不到阳光的地下室。功夫不负有心人，公司慢慢地有了起色，在竞争激烈的市场中获得了一些业绩。几年里，他带着团队参与了山西交控、太原南站、太旧高速、太古高速等调度指挥中心的新建和改造，省肿瘤医院、省军区、临汾市乡宁县靓城提质设计，清徐县政务服务中心项目的设计和施工等，得到了客户的支持与信任。"建功新时代，是我们的使命。企业刚刚起步，路上难免会有惊涛骇浪，但我和我的团队有信心，一定能乘风破浪、无畏前行。"

创业道路上的成绩，让李渊鹏更多了一份对社会的责任和担当。如今，他是山西文化旅游职业大学环境艺术设计专业实践课讲师、山西省时尚产业联合会秘书长……多重社会身份，让李渊鹏更加清楚自己的使命，更明白自己所肩负的社会责任。"其实，我最看重自己的党员身份，这是最大光荣，当然更是责任。无论什么时候，都要发挥先锋模范作用。"李渊鹏不仅这样说，更用行动彰显党员风采。作为大学教师，"以学生为中心"的教育教学理念在他的课堂上牢牢扎根，把实践课程教学这盘"硬菜"烹调得引人入胜；作为山西省时尚产业联合会秘书长，他为青年民营企业家提供

资源对接与交流合作的平台；作为山西省青年企业家商会党支部副书记，他带领会员不断地学习，让年轻人跟党走。

李渊鹏坦言，自己走过的路，皆是人生的财富，但党员身份，更让自己多了一份责任和担当。他满腔热情投入社会慈善事业，多次资助病残致贫的优秀大学生完成学业。2018 年 8 月，公司荣获山西希望工程 2018 年度贡献奖；2019 年 8 月，共青团山西省委授予助力脱贫攻坚圆梦行动先进单位称号。2020 年疫情期间，他带领团队共同捐资抗疫，累计为 120 余户病残致贫的困难家庭提供捐助。2023 年“六一”国际儿童节之际，公司捐建的山西第五所“小马书屋”在太原市迎泽街小学校揭牌。“我希望通过‘小马书屋’的落地，让孩子们在良好的阅读环境下多读书、读好书，树立正确的世界观、人生观、价值观，走向更美好的未来。”李渊鹏说。

（来源：90 后李渊鹏：做一名有社会责任感的创业者[EB/OL].(2024-01-14)[2025-02-18].http://www.sxdygbjy.gov.cn/ywdt/jzdt/art/2024/art_45596bc831634cf2ba6df904e8654ad8.html.）

【案例探讨】

请阅读下面案例，讨论回答问题。

小红书如何找准潜在用户与市场

小红书 1.0：找到真实的用户痛点

小红书于 2013 年在上海创建，当时聚焦出境旅游信息分享的平台很多，但在海外购物信息分享领域还是空白。两位创始人毛文超与瞿芳敏锐地看到这一巨大的市场机会，决定在此领域创业。

小红书的第一个产品形式是《小红书出境购物攻略》，以 PDF 格式放在自己的网站上供用户下载，不到 1 个月，就被下载了 50 万次。

不久，移动互联网取代 PC 互联网的发展趋势兴起。毛文超与瞿芳迅速做出调整，带领团队于 2013 年圣诞节前，在苹果手机应用商店上线了主打海外购物 UGC（用户原创内容）分享的“小红书”App。在这里，用户开始分享和交流其用真金白银“砸”出来的境外购物心得，包括每件商品的详细信息，如品牌、包装、价格、购买地点和使用心得等。正是这一决策，植入了小红书在日后发展过程中贯穿始终的“分享美好”的社区基因。

小红书发布 PDF 攻略与上线手机 App，都正好赶在国庆、圣诞这两个购物的高峰节点，使其顺利完成了种子用户的积累。2014 年春节，当又一批出境旅游的人们在 Apple Store 上搜索海外购物相关的 App 时，第一个被搜索推荐的应用就是小红书。就这样，没有做任何推广，小红书凭借精准的市场定位与极为差异化的内容，在 7 天春节假期里，迎来了用户的第一次爆发式增长。随之而来的是小红书社区里分享旅行与美食的内容逐渐增多。这促使创业团队开始思考小红书的内容是否要从海外购物延展到其他品类，是否要引入代购进入社区的分享购物信息。

当时，小红书正处在需要亮眼的数据背书的 A 轮融资关键时期，开放其他门类的信息分享可为小红书提供更好的数据支撑。但优秀的创业者往往懂得在合适的时间点有所取舍，小红书决定只做真实用户而非代购者的购物类内容分享，设计了一个模仿驾照扣分的系统，隐藏与真实购物体验不相关的信息。

小红书 2.0："社区+电商"双轮驱动

2014 年，小红书因只做"真实"用户购物分享而迅速成为专业海外购物分享社区，在行业内名声大振，吸引了越来越多精准的高黏性用户加入。小红书也因此成为用户海外购物时的消费决策平台，为很多用户在线下门店或者其他电商平台购物时提供重要参考。当时，为保护用户体验，用户在小红书只能逛不能买，品牌主也不能在小红书社区投放广告。

后来，出于变现的压力，小红书 App 开始提供跨境电商服务，通过分析社区前端用户数、评论数和点赞数的结构化数据精准选品，帮助用户完成从发现商品到购买商品的体验闭环。庞大规模的优质流量以及商品的正品保障，让小红书通过"社区+电商"模式，找到了流量变现的路径。2015 年，小红书因此而获得腾讯、纪源资本等多个投资人的青睐，创业不到 3 年便成为估值 10 亿美元的独角兽企业。

基于用户更多生活领域信息的分享和阅读需求，小红书开始拥抱社区的内容多元化，并引入千人千面的算法推荐机制，从以海外购物分享为主演进到覆盖美食、旅行、学习、育儿与健身在内的各类生活方式分享，吸引了近千位明星入驻，使小红书由此从一个单纯的好物分享平台，变成对年轻人极具影响力的生活方式平台和消费决策平台。

近千位明星入驻社区分享日常生活，一改创业初期的广告零投放模式，赞助现象级的综艺节目、在下沉市场和安卓手机用户中的全面推广，都使得小红书在 2018 年实现了用户的新一轮爆发式增长。

同时，这一阶段的小红书商城引进第三方商家和国内品牌，并逐渐提升其比例，成功构建自营与平台相结合的电商模式。这样既增加了商品种类，也降低了自营囤货的库存风险，实现了从跨境电商到综合电商平台的转变。

2018 年 6 月，小红书完成阿里巴巴集团领投的超过 3 亿美元的财务融资，公司估值 30 亿美元。2019 年春节，小红书又通过赞助各大卫视春晚，开展一系列的站内站外红包活动，使得活跃用户数相比上一年同期增长超过 300%，达到新的历史高度。

小红书 3.0：坚守与再进化

在小红书的社区电商模式中，社区只是手段，电商才是最终目的，衡量其业绩的核心指标是电商行业常用的 GMV（商品交易规模）。关于小红书的市场定位，瞿芳认为小红书其实是一座城市，城市是由"城"和"市"组成，"城"是人民生活居住的场所，而"市"只是交易场所。包括明星、普通上班族与年轻大学生在内的 2 亿用户喜欢在这里分享生活，记录美好，了解世界，才形成小红书这座"城"。有了小红书社区这座 2 亿人居住的"城"，才有了电商这个"市"。如果居民弃"城"而去，"市"也将不复存在。

目前，电商虽然是小红书最重要的商业化变现方式，但若把小红书简单定义为一个交易导向的电商公司，过度追求电商的交易规模，势必会伤害社区用户体验。事实上，真实、多元、美好的 UGC 社区才是小红书的核心竞争力和赖以生存的根基。而商城只是小红书之城的一个组成部分，如果脱离社区单独存在，其与天猫、京东等电商巨头相比并没有任何优势，很难独立生存。小红书必须找到符合自己基因、与社区生态高度融合的全新商业模式，而不应该只是效仿京东、天猫等面向C端用户的交易差价或交易佣金模式。简言之，小红书的核心优势在于它是一个用户通过在社区的高频交流，发现好品牌和创造消费的平台。

其他所有电商企业都主要是创造交易价值，而小红书是唯一兼具品牌营销与渠道交易两个核心价值的企业。从品牌商的角度来看，他们也极为认可小红书的品牌传播与营销价值，希望参与其中，获得品牌价值和营销效果的提升。从国际大集团到本土新兴品牌，目前已经有近一万个品牌在小红书建立了品牌号。从小红书社区用户的角度来看，也希望小红书能帮他们提供更多品牌的真实信息，发现好的品牌与好的商品。从小红书自身角度来看，作为生活方式分享和消费决策入口，品牌商也是小红书城市生态必不可少的组成部分。所以，发挥面向B端品牌商的品牌传播与营销价值，进而获取商业价值，是小红书在电商业务之外的另一条商业化通路。另外，广告本身也早已是大多数社区的重要收入来源。

2018年，在用户突破1.5亿之后，小红书开始社区商业化的探索。2018年12月，小红书上线了品牌合作人平台，品牌合作人平台可以用来联结品牌和小红书博主，同时，社区电商部为品牌打造了从社区种草到交易转化的标杆案例。另外，小红书还陆续上线了美妆、奢侈品、旅游等行业的一些头部品牌广告。

2019年，小红书整合内部的数据、社区与电商资源，上线更多品牌赋能工具，为品牌商提供系统的广告与整合营销服务解决方案，帮助品牌商不仅在小红书平台发现、触达转化与留存用户，还帮助其在小红书之外创造持续有效的品牌价值。小红书由此创造的广告与整合营销服务收入，已经成为小红书除电商收入之外新的业绩增长点。2019年开年，小红书便通过员工内部信的形式宣布了新一轮的组织升级。这次组织调整，主要是为了匹配小红书在广告与整合营销服务领域的战略进化。

首先在商业端，小红书将原来的社区电商事业部升级为“品牌号”部门。品牌号部门将围绕“品牌号”这一核心产品，将社区电商业务与整合营销业务打通，为品牌方提供从社区内容到粉丝维护再到交易闭环的全链条服务，帮助他们提升商业价值。这种模式将给品牌方带来独特价值。

小红书的自营电商业务则升级为“福利社”部门，并将商品采销、仓储物流和客户服务等全价值链流程打通，以更高效地响应用户需求，为用户提供更优质的体验。2020年8月4日，《胡润全球独角兽榜》发布，小红书排名第58位。

（资料来源：刘学辉，金梅. 小红书五年发展史：三个阶段的进化与坚守［EB/OL］.（2019-02-26）［2025-02-18］. https：//www. iyiou. com/news/2019022693420. 有更新和删减。）

讨论题：

1. 小红书市场细分的依据是什么？符合长尾效应吗？

2. 小红书的目标市场选择策略是什么？在评估目标市场时主要考虑什么因素？

3. 小红书采取什么市场定位战略？为了与竞争者相区分，它采取了哪些有意义的差异化行动？

12 社会创业

【核心问题】

1. 什么是社会创业?
2. 社会创业机会的来源有哪些?
3. 什么是社会企业? 运营管理有什么特点?

【学习目的】

1. 了解社会创业的基本概念、特征和分类。
2. 辨析社会创业与商业创业的联系与区别。
3. 理解社会企业的概念、认定标准。
4. 掌握社会企业运营管理的特点。
5. 理解并掌握社会创业的一般过程。

【引例】

老爸评测

2015 年，魏文锋偶然发现女儿使用的包书皮存在有害物质。仅仅拿着检测结果，告诉学校的老师，让他们不要再要求孩子使用包书膜，这只能保护自己和身边朋友的孩子，全国还有多少不知情的家长在为孩子购买这样的毒包书皮，这些看不见的危害侵害了多少孩子的身体健康，日积月累，后果不可想象。魏文锋决定办一个微信公众号，向全国的家长宣布检测结果。而这篇报道毒包书皮的微信文章被家长们疯狂转载，点击量迅速达到 10 万+，自拍的视频点击量达到 60 万+，引起了全国轰动——得到了上万家长的支持，这让魏文锋有了更多的信心去为孩子们的安全多出一份力，他的公益检测之路也就此开始。

2015 年 6 月，魏文锋自筹资金组建团队，发起了“老爸评测 DADDYLAB”项目，凭借强大的专业技术支持，以社会企业为平台，“发现生活中看不见的危害”的口号，坚决与有毒产品死磕到底。随着项目的影响力越来越大，魏文锋也越来越忙碌。2016 年 3 月，他不顾家人的反对，毅然辞去华测瑞欧总经理职务，放弃百万年薪，全职做“老爸评测”。目前，“老爸评测”已经检测了将近 40 种课桌上、餐桌上常用的产品，包括铅笔、橡皮、切菜板、蚊香、婴儿尿不湿等，就连学校的教室、跑道也都一并操心了。

既然市面上这么多有毒产品，消费者单是看产品的评论、别人的推荐并不能做出正确选择，而且短时间怎么才能买到安全无害的产品呢？魏文锋选择和电商平台合作，在有赞移动电商服务平台，开一家“老爸评测”的微电商，将检测合格的产品进货，供家长挑选。这家微电商有一个特别之处就是它是靠家长众筹的模式运营，并不通过差价赚钱，只收回产品的成本价、包装费和人工费。给消费者充分参与的自主权，用良币驱逐劣币，这种举措得到了家长的充分信任，“老爸评测”每月都能获得上千订单，月入几十万元。这样的模式让“老爸评测”有了自我造血的能力、可持续发展的希望，生存问题和社会问题都一并解决了。

凭借着超高的人气，“老爸评测”一举获得了 2016 年社创之星的总冠军和“最佳人气王”两个奖项，虽为一家初创机构，却能在较短的时间内获得这么大的影响力，其以家长参与互联网众筹的创新模式、对产品检测的高要求、电商平台运营的做法、社区营造的传播理念都是值得其他机构去学习和借鉴的。

（资料来源：2016 年最具影响力的五大社会企业案例[EB/OL].(2017-01-17)[2025-02-18].https://wap.msweekly.com/show.html? id=78682.）

12.1 社会创业概述

12.1.1 社会创业兴起与发展

1844 年，在英国工业小镇罗奇代尔，一些穷困的工人集资成立“罗奇代尔公平先锋合作社”，他们不追求扩大利润，专门为社员提供质量有保证价格又公道的食品，这在后来被公认为世界上第一家社会企业。从 20 世纪 80 年代开始，非营利组织产生收入的活动猛增，一种以企业家的精神、商业企业运作模式解决社会问题，提供社会福利服务，为失业者提供工作，为社会边缘群体提供帮助的新型组织形式席卷欧美，在非营利部门中成为新的引人注目的力量。

西方国家福利体制的转型是社会创业活动兴起的直接动因。20 世纪 70 年代的经济危机引发了福利国家危机，西方国家福利体制的转型为社会企业的发展提供了自上而下的政策动力。为了应对经济危机，减少财政赤字，就要减少公共开支，政府首先从缩减庞大的社会福利支出入手。政府的福利开支减少，却还要满足公众对社会福利不断增长的需求，这种需求因为经济危机的到来显得更加迫切。失业、贫困、社会排斥等社会问题更加严重。这就要求国家的福利体制必须转型，社会福利模式由原来的以政府配置为主体的消极福利体制向鼓励个人、社会共同分担责任的积极福利体制转型。

里德比特（Charles Leadbeater）在《社会企业家的崛起》中指出，社会企业具有社会性和企业性，它将创新和企业精神结合在一起，创造出了一种主动的社会福利机制，鼓励服务对象更多地为自己的生活负责，从而能打破福利的僵局。社会企业的运作模式和公益理念恰好符合政府改革福利模式的政策导向，于是得到了政府政策的支持和认可，获得了有利于发展的良好的政策环境，为非营利部门提供的产品和服务创造了巨大的市场，从而满足那些被社会排斥的社会区域、社群未被满足的福利需求。

福利危机同时还掀起了社会福利服务的民营化浪潮，为社会企业的发展创造了市场渠道和收入来源。政府之所以热衷于以社会福利民营化的方式来提供社会福利服务，主要原因在于他们发现，购买非营利部门的服务比政府亲自提供服务更有效率，成本更低，这就达到了政策的预期，即通过民营化减少财政开支的目的。

20 世纪 80 年代开始，人口老龄化、妇女社会地位和经济地位的变化、家庭结构的变化、城市下层阶级的出现等一系列社会结构的变化创造了巨大的市场需求，社会变化引发的一系列新的社会需求是单纯依靠政府的力量和传统的方法难以满足的，由此激发了社会企业这样一种新的解决方案的产生。在一些政府无法顾及或者忽视的领域，社会企业以善于发现需求并善于以创新的方式满足需求、运作灵活等优势弥补了政府在公共服务供给上的不足。

与此同时，资金压力促使传统非营利组织更加注重市场化筹资，政府财政资助和个人捐赠的减少，使非营利组织面临资金困境，为了摆脱困境，市场化的筹资手段被更多地采用，由此产生了依靠商业模式运作公益项目的新的组织形式——社会企业。

社会创业、社会企业等概念在 2004 年左右正式引入中国，2006 年伯恩斯坦（David Bornstein）的《如何改变世界：社会企业家和新思想的力量》和里德比特的《社会企业家的崛起》的中文版发行，以及小额信贷发明人尤努斯博士获得诺贝尔和平奖后对中国的访问，在非营利组织、学术界、媒体和来自不同背景的社会精英中成为热门话题。2007 年左右，南都公益基金会、友成基金会等成立并开始推动探索中国社会创业发展之路。2008 年社会企业家技能培训项目、上海社会企业研究中心、社会企业民间高峰会等一系列标志性机构的创建进一步推动了社会创业在中国的发展。2014 年，广东顺德社会创新中心发起了全国首个地方性的社会企业认证。

【情景案例】

从“网红县长”到乡村振兴领路人：陈灿平的社会创业之路

陈灿平，一位曾在湖南安化县担任副县长并被誉为“网红县长先驱”的杰出人物，在经历了职业生涯的波澜起伏后，于湖北罗田县开启了他公益创业的崭新征程。

在安化这片被誉为“中国黑茶之乡”的神奇土地上，陈灿平肩负起了扶贫攻坚的重担。尽管这里拥有得天独厚的资源优势，但发展之路却布满荆棘。到任之初，他敏锐地洞察到电商行业的蓬勃兴起，毅然决定以电商为突破口，推动黑茶产业的发展。2018 年秋，他注册了抖音账号（后经历更名），以短视频为载体，向外界生动展现安化的风土人情，逐渐吸引了众多关注者的目光。然而，2020 年春，疫情的肆虐给安化黑茶的销售带来了前所未有的冲击。面对困境，陈灿平没有退缩，而是选择了迎难而上，毅然开启了直播带货的崭新尝试。3 月 1 日，他在长沙返回安化的高速公路上发布直播预告，当晚便成功开启了首场直播，收获了 5 000 余名新粉丝。此后数月，他更是不遗余力，累计直播超过 300 场，用实际行动诠释了责任与担当。

在直播间里，陈灿平以其独特的直播风格赢得了观众的喜爱。他身着深蓝色夹克，党徽在左胸熠熠生辉，一边随着节奏轻摆身体，一边激情洋溢地呼喊。面对观众对他身份的种种好奇与质疑，他总是耐心解答，一遍遍地确认自己的身份："我以前在安化县挂职副县长，现在是官基坪村的第一书记……感谢大家的支持!"

在直播带货的过程中，陈灿平坚持零佣金直播带货，对于观众的打赏收入，也从不计较、从不提现，而是全部回馈给社会。他深知网络直播的利弊，但只要坚守为"脱贫攻坚"事业、为人民群众服务的初心，他就能够勇往直前。事实证明，他的努力不仅为安化黑茶打开了新的销售渠道，更让黑茶的品牌价值在他离任前从 33 亿元飙升至 639 亿元，这一辉煌成就的背后，是他对事业的执着追求和对群众的深厚情感。

凭借在直播带货领域的卓越贡献，陈灿平迎来了人生的高光时刻。2020 年 10 月，他荣获全国脱贫攻坚奖创新奖；2021 年 2 月，他更是登上了央视春晚的舞台，随后又荣获全国脱贫攻坚先进个人奖。然而，面对荣誉和地位，他并没有迷失自我，而是更加坚定了回归基层、服务群众的决心。他毅然辞去了西南民族大学经济学院院长的职务，表示："我愿意做更多自己想做的事情，为基层群众贡献自己的力量。"

2022 年 7 月中旬，陈灿平接受了湖北省罗田县政府的聘请，出任官基坪村"第一书记"。他计划注册新的社交媒体账号，推介村里的天麻、茯苓、板栗等特色农产品。为了支持他的工作，县里特地配备了价值 60 万元的直播设备。9 月，他再次来到官基坪村，在这里度过了十几天的时光，并成功开展了 10 场直播活动。直播场地选在一处拥有 99 间房屋和 32 口天井的古建筑群内，尽管这里平日里显得冷清，但陈灿平的到来却为这里注入了新的活力。

陈灿平深知网红的生命周期有限，平台算法和推流机制不断变化，且"网红"身份容易让人迷失自我。因此，他呼吁同行们坚守初心、牢记使命、为人民而红。他的社会创业征程仍在继续，他将以更加坚定的步伐和更加饱满的热情投入乡村振兴的伟大事业中去。

（整理自：明鹊，黄之涵．"网红县长"陈灿平有了新身份："红"与"火"都是过眼云烟[EB/OL].(2022-11-02)[2025-02-18].https://www.thepaper.cn/newsDetail_forward_20544979.）

12.1.2 社会创业基本概念

一般认为社会创业的英文"social entrepreneurship"由阿育王基金会的创始人德雷顿（Bill Drayton）在 20 世纪 80 年代创造，之后迪斯（J. Gregory Dees）又在《社会企业家的含义》一书中对该词进行了最早的解释。社会创业由于从定义的提出到现在的间距时间并不长，而缺乏统一的定义是一个领域处于早期发展阶段的显著特点，在这个阶段，这个领域还很难达到聚合状态。以下列举了一些比较有代表性的定义供大家理解参考：

Leadbetter（1997）：社会创业是指利用创业的行为为社会目标服务，这些服务并不以利润为目标，而是针对特定的弱势群体。

Mort 等（2002）：社会创业是一个多维的构念，通过善良的创业行为达到完成社会使命的目的，具有识别社会价值和创造创业机会的能力，其关键决策特征是创新性、先动性和风险承担性。

Shaw（2004）：社会创业是社区、志愿者、公共组织以及私人企业为整个社会工作，而不仅仅为了经济利润。

Stern（2005）：利用创业的和商业的技能去构建新的社会问题解决方式的过程，它既要实现非经济目标，也要具有自我可持续性。

Mair 和 Mairti（2006）：利用创新的方式整合资源实现社会价值目标的过程，通过探索和利用创业机会来促进社会变革和满足社会需求。

Austin 等（2006）：社会创业是社会目标下的创新活动。

Martin 和 Osberg（2007）：社会创业需要识别机会以创造社会价值，从而锻造一种新的、稳定的社会平衡，帮助和减少弱势群体，建立一个稳定的系统以便拥有更好和更均衡的社会。

尽管有持续的争议和讨论，但社会创业领域在一些关键特征方面还是存在一些广泛共识的：

（1）社会创业关注的是那些自由市场体系和政府没有解决的社会问题和没有满足的需要。

（2）社会创业从根本上是受社会利益驱动的，往往借助而非抵制市场力量。

（3）社会创业的基本特点是发现和解决社会问题，增加社会财富。

（4）社会创业具有三大特征，即社会性、创新性和市场导向性。

本书倾向于认为社会创业是个人、群体或组织在社会使命的驱动下，通过突破一般非营利组织、商业组织或政府组织传统做法的行动方式，以实现社会目标、解决社会问题、提升社会公共产品与服务供给效率、促进社会群体发展、推动社会变革而开展的一项创新活动。

从本质上来说，社会创业是一种可以发生在非营利部门、商业部门与政府部门之内或跨部门之间旨在创造社会价值，提升社会公共利益与福利的创新活动。

从目的上来说，社会创业旨在解决社会问题，满足社会需求，提升社会公共利益，促进社会群体（尤其是弱势群体）的发展，甚至推动社会系统性变革。

从创业过程上来说，社会创业的机会来源于各种社会问题或未被政府、市场满足的社会需求，通过创新问题解决方案、创新生产方式、创新组织模式等手段与方法，建立可持续发展的社会-经济结构、关系、制度、组织以及实践活动以满足社会需求，创造社会价值。

从创业形式上来说，社会创业的主要形式包括：创建具有社会目的的营利性组织（社会企业），营利组织利用资源组建非营利性附属机构或组织以解决社会问题，创建非营利组织并利用商业手段实现社会价值的可持续性创造。

为了便于更精准地了解社会创业的概念，本书对以下两组概念进行辨析。

12.1.2.1 社会创业与社会创新

社会创新（social innovation）最早由当代著名管理学家德鲁克（2007）提出。德鲁克从管理学的角度认为社会创新是指在社会各个领域、组织中实践创新与创业精神，鼓励企业家在解决社会问题、满足社会需求的过程中寻找组织的利润增长机会，通过有效的管理手段在实现社会资源的公平配置的同时，实现组织和整个社会的发展。德国社会学家查普夫（Wolfgang Zapf）等学者，以及斯坦福大学社会创新研究中心等机构从不同角度对社会创新概念的内涵和外延都进行了进一步的阐释。

综合相关研究成果，本书倾向于认为社会创新是政府、企业、社会组织或公民以实现社会进步，推动社会体制、系统改革为目标，利用新的方法与手段提高资源配置率以解决社会问题，满足社会需要的行动过程。而社会创业属于社会创新的概念范畴，具体表现为：

第一，社会创业是社会创新的重要形式之一。根据社会创新发起者的不同可将社会创新分为：个人发起的社会创新，包括社会企业家与社会活动家所开展的活动；社会运动发起的社会创新，如公平贸易运动、黑人运动等，这些运动往往从建立小团体开始，建立组织联盟，将私人问题转变为社会公共问题，并促使相关政策法律的制定或主流商业模式的变革而取得成功；社会组织发起的社会创新。由此可见，社会创业是社会创新的一种重要活动形式，但要实现社会创新并不仅限于社会创业一种形式。

第二，社会创新是社会创业的最终目的。社会创新以发现社会问题、发现未被市场满足的社会需求为起点，通过创新地组合和利用资源，以促进社会的变革与发展为最终目的，并强调成果具有一定的规模性和可扩展性。受到社会创新思想的影响，在社会创业的概念界定中出现了“社会创新派”（social innovation school），他们认为社会创业者在社会中所扮演的角色就如同企业家在经济领域所扮演的角色，这些社会创业者着眼于解决社会结构中的系统性问题，希望创造一个全新的系统来满足社会需求，而这种社会创业所产生的社会影响力往往是区域、国家甚至是世界性的。

12.1.2.2 社会创业与企业社会责任

“企业社会责任”（corporate social responsibility，CSR）这一概念形成于20世纪50年代，是指为了实现企业、社会与环境可持续发展，在企业承担作为一个经济单元对自身经营、股东利益所必须尽到的经济、法律责任基础上，兼顾利益相关的社会群体的利益，并按照社会期望为促进社会发展、维护生态环境做出力所能及的贡献，平衡经济效益、社会效益与环境效益的过程。而社会创业与企业社会责任之间存在着本质上的差异，它们是不同的概念，不能将其视为一种新型的企业社会责任活动形式。这具体体现在：

第一，两种活动的目标不同。社会创业活动是一项旨在解决社会问题、满足社会需求、推动社会变革与发展的活动。实现社会目的在社会创业的过程中处于核心地位，而经济价值的创造为社会目的的实现提供保障，社会创业组织会将获得的一部分经济利益继续投入项目的运营中，而不是在股东间进行分配。与之相比，企业社会责任从本质上来说是为了实现企业利润的最大化。

第二，两种活动对创新的要求不同。企业社会责任并不一定具有创新性，它可能只是将企业行为与一些长期存在的标准（商业伦理道德、法律法规等）结合起来的活动，但社会创业则强调活动的创新性，这种创新性可以是提供新的产品与服务、建立新的组织、提供新的社会问题解决方案及社会需求供给方案等。

12.1.3 公益创业、社会创业、商业创业

相较于商业创业，社会创业在公众视野中的影响力显著较小，且时常与公益创业的概念交织在一起而被广泛传播。此外，受文本翻译历史的复杂性、较短的发展历史等诸多因素影响，即便是专业人士也常对社会创新的范畴、社会创业与公益创业及商业创业之间的关联、差异及界限存在混淆与争议。

奥尔特（Kim Alter）从可持续发展的视角出发，提出了一个包含六种类型的混合光谱模型。该模型左侧涵盖了传统非营利性组织、非营利性组织创收行为以及社会创业组织；而右侧则包括社会负责型企业、营利且兼顾社会责任的企业以及传统的营利性企业。从左至右，从传统的非营利性组织到传统的营利性企业，这一过程不仅体现了从社会价值创造向经济价值创造的转变，还清晰地描绘了六种类型在目的上的差异。同时，该模型还展示了从两端的社会与经济可持续和谐发展向中间的可持续和谐发展平衡状态的延伸，生动表现了社会创业组织在促进社会与经济共同实现可持续平衡发展方面的独特作用，如图 12-1 所示。

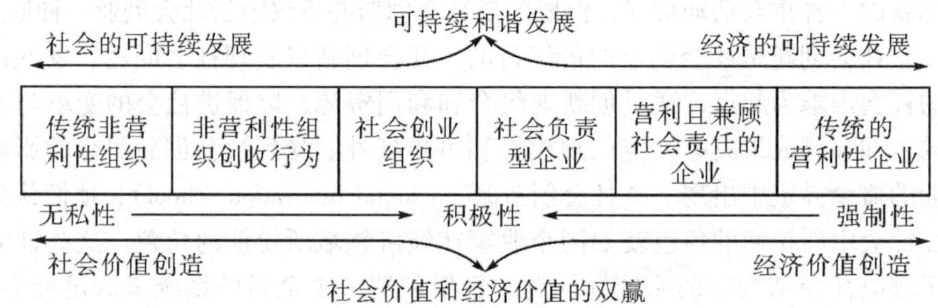

图 12-1 混合光谱

从广义角度来看，“社会创业”是一种社会创新举措，它囊括了营利性企业和志愿者组织，是所有通过商业模式来达成社会目标的创业行为的一部分。

而从狭义角度来看，“社会创业”则位于传统商业创业与公益创业之间，它追求社会与经济的可持续性平衡，并致力于社会价值与经济价值的协同实现。

【情景案例】

欣耕工坊

欣耕工坊成立于 2007 年 5 月，作为一家极具社会责任感的社会企业，它始终秉持“授之以渔”的理念，致力于通过商业运作解决弱势群体社会问题，以贸易所得开展助学和扶贫工作，为弱势群体创造平等发展机会。

在助力残障人士方面，2009 年，欣耕工坊负责实施了“自渔自乐”残障人工作坊项目，该项目获得上海市社区公益创投大赛资助，落地于上海市静安区江宁街道阳光

之家。项目通过开展缝纫技能与手工艺技能培训课程，让残障人士掌握一技之长。同时，项目采用产品设计、培训、生产、销售、再培训、再生产的运作模式，丰富了残障学员的学习内容，有效提升了他们的社会就业竞争能力。此外，欣耕工坊在技能培训中还开设励志和心理辅导课程，帮助残障学员以积极乐观的心态面对生活。

对于贫困地区农村妇女，欣耕工坊同样发挥了重要作用。2008 年 3 月起，在河南开展环保类产品家庭手工作坊项目。欣耕工坊结合中国文化及环保主题，由设计师设计样品，将制作工艺传授给当地 30~50 岁的农村妇女，组织她们参与生产。截至目前，欣耕工坊已为 100 多名农村妇女提供培训和生产就业机会，人均月补贴约 300 元，其中 2/3 的妇女已能自主创造就业，她们在家庭中的地位得到了极大的提高。

欣耕工坊通过发掘弱势群体的市场机会，搭建业务平台，开发“造血式”扶贫项目，不仅提高了弱势群体的独立生存能力和社会竞争力，还帮助他们重建信心，在社会企业助力弱势群体的道路上树立了典范。

（案例改编自：上海欣耕教育助学信息咨询有限公司[EB/OL].[2025-02-18].https://www.baike.com/wikiid/3858025813273512124? baike_source=doubao&anchor=10.）

【作业与思考】

1. 你怎么理解社会创业、公益创业和商业创业的区别与联系？
2. 你认为社会创业在世界范围内快速兴起的主要原因包括哪些？
3. 你怎么理解社会创业与社会创新、企业社会责任的区别与联系？

12.2 社会创业过程

12.2.1 发现和创造机会

本书前面的章节已对普通创业机会做了单独的讨论，社会创业的机会与普通创业机会在认知过程上具有相似的地方，但是在机会特征、机会来源、机会类型方面存在一定的差异。

12.2.1.1 什么是社会创业机会？

社会创业机会是指一个需要投入时间、金钱等一系列资源才能产生社会影响力的潜在可能性。为了保持营利性和公益性的平衡，社会创业机会的识别往往需要发现和挖掘经济和社会双重价值——也被称为混合价值的创造。

12.2.1.2 社会创业机会的来源

社会创业机会主要来自技术变革、公共政策的变化、公众观点的变化、偏好的改变以及社会和人口统计上的变化。

第一，与商业创业相似，技术变革同样能够促进社会创业。比如因特网的发展促使网络产品和服务需求的爆炸性增长，不仅商业创业非常成功，社会创业也同样成功，以九九公益日为代表的腾讯公益等互联网公益项目就是典型。

第二，公共政策的变化确实能够加速社会创业的进程，因为有的时候有些政策不仅创造了新的社会需求，还可以使社会创业者能够用新的方法满足社会需求成为可能，比如中国汶川地震的发生导致中国在灾后重建的政策上具有极大的倾斜性，包括灾区企业税收的减免等，这样就有很多社会创业出现，包括许多个人去灾区开办儿童摄影培训、灾区心理咨询等就是典型的例子。

第三，在某一领域公众观点的改变可以创造社会机会。例如：美国公众反对战争的情绪高涨，会为那些想要成立倡导反战组织的社会创业者提供一种需求。

第四，社会和人口统计上的变化也会引起社会创业。比如中国目前男性人口和女性人口的比例为 11：10，社会上很多网络群实际上就是自发组织的红娘牵线群，其目的在于解决这种人口比例失调的问题。

对于大学生社会创业者而言，本书建议尝试在联合国可持续发展议程框架下，从《千年发展目标》《2030 可持续发展议程》《巴黎协定》等包含的核心关键词的拓展中去发现、识别、创造社会创业机会。

12.2.1.3 社会创业机会的类型

上述分析侧重于从社会需求的角度探讨社会创业机会的起源，但若从社会供给的视角出发，我们亦可将社会创业机会细分为自发驱动型、自助驱动型及投资驱动型三大类别。

自发驱动型社会创业机会源自社会创业者、社会企业家及社会活动家对于更加系统化、高效化的社会活动方法的不懈探索。在这一过程中，他们往往积极寻求政治家和企业家的支持，以推动社会创业行为的实施与发展。

自助驱动型社会创业则突出创业者在创业初期利用社会创业模式来实现个人或特定群体的自我帮助。此类创业通常展现出两大显著特征：一方面，其受益人往往同时充当着廉价劳动力的角色；另一方面，相较于商业创业的客户群体，自助驱动型社会创业的客户展现出更高的耐心与理解度。

至于投资驱动型，这里的“投资”特指慈善投资。在“利他”使命的引领下，众多商业企业或个人选择设立慈善基金，或通过现有基金会指定并资助特定项目，这些项目进而成为社会创业的重要动力源泉之一。

【情景案例】

在地自然

滇池作为昆明人最大的一所自然学校，他们了解它吗？又如何去保护它呢？带着这样的问题，昆明市西山区在地自然体验中心于 2013 年正式成立，这是一家致力于推动滇池湿地公众化教育的社会组织。机构始终坚持本地化、生活化自然教育实践，旨在启发青少年和成人对自然的敬畏与热爱，创造共同学习以及相互陪伴的社区化平台。

为了让当地居民感知与爱护湿地之美、自然之美，在昆明市滇池管理局、云南省滇池保护治理基金会的指导下，在地自然肩负起滇池湿地生物多样性公众教育的重任。它通过湿地自然观察、自然笔记、湿地自然导师培训、湿地观察手册设计制作等方式，拓展公众对湿地的认知；开展湿地的项目式学习，让越来越多的公众得以走入湿地“沉浸式体验”，亲身感受滇池湿地生物多样性之美；走进学校，开展科普教育活动，帮助更多的孩子和家长建立与湿地的连接感，进而保护湿地；结合大学生“三下乡”等活动，进行动植物观察、历史人文研学与水质监测调查等。

（摘编自：唐雯旖. 在地自然：带你一起探寻滇池生物多样性之美［J］. 至爱，2022（8）.）

12.2.2 从机会到行动

12.2.2.1 社会创业资源

资源的稀缺性是传统商业创业和社会创业都必须面对的困境，所以如何冲破资源束缚、获取异质性资源往往决定创业的成败。相较于传统商业创业，社会创业资源的可得性较弱，因此更加需要在创业资源的多样性拓展及创新使用方面着力，如人力资源、社会资本以及专门知识等无形资源的创新使用。

1. 社会创业资源的获取途径

对于社会创业而言，资源约束不仅是常态，也是企业成长的制约因素，如何采取行动策略以突破资源约束是社会企业管理的首要问题。社会企业往往处于“外部资源获取难、内部资源单一化”的资源困境，致使社会企业在采取传统的资源获取手段时收效甚微。资源拼凑和资源动员在社会企业的资源获取方面起着特殊作用。

社会创业常用的资源拼凑具有以下特点：手头资源、立即行动以及为新目的整合资源，主要包括实物拼凑、人力拼凑、网络拼凑、技能拼凑、市场拼凑以及制度拼凑等。在不同的发展阶段所拥有的资源存量以及资源诉求不同，可能会导致企业采取不同的资源拼凑行为。社会创业可以通过获取外部资源和管理现有资源创新地将它们结合起来，通过拼凑克服资源约束。

资源动员是指创业者利用社会网络充分挖掘和调动其外部潜在的创业资源，是社会企业成长的重要基础和必要条件，其与传统资源获取方式的区别在于其通过社会资本撬动实体资源，而非直接建立在实体资源基础上。社会创业者可以通过广泛的社会网络关系，为创业争取实体资源和财务资源等。

2. 社会创业的利益相关者

利益相关者是指能够对组织绩效产生影响的人。社会创业活动面对的利益相关者范围比商业创业活动要广泛得多，包括创业者、雇员、消费者、慈善家、受益群体、志愿者、政府机构以及投资者等，他们拥有社会创业活动所需的有形资源和无形资源。为了维持运作和存在，社会创业者必须向利益相关者提供有价值的东西，来进行资源互换。在共同的社会使命下，利益相关者通过参与、互动和对话等方式，与社会企业共同解决社会问题。值得注意的是，不同类型的利益相关者的需求是不同的甚至是相冲突的，也使得召集他们的具体措施会有所不同。

第一，社会企业与政府和非营利组织建立合作关系时，政府选择合作的理由往往是提高政府的效率以及依赖于社会企业的公共产品（服务）供给等。反过来，社会企业依赖于政府提供的合法性、资金和政策导向等。社会企业与非营利组织之间合作的机会往往存在于能相互提供的有价值的、专业的知识信息，以及更好的流通网络和信息获取渠道中。

第二，社会企业与商业企业形成合作时，于商业企业而言可以拓展其公共关系，塑造企业良好形象，提高被社会认可的声誉，增强员工组织身份认同感；于社会企业而言，商业合作可以丰富其资金来源，从而减少对政府资金及社会资金捐赠的依赖，同时还能学习到高效的管理经验和商业模式。

第三，社会企业还可以为员工提供培训服务、福利和奖励等，从而提高人力资源的技能、满意度、忠诚度和生产率。但由于社会企业的价值主张不是经济利益，调动这类利益相关者相对较难，因此，往往需要通过使命的力量和工作进展来吸引更广泛的利益相关者及其手中资源。

12.2.2.2 社会创业模式

本书前面的章节对于商业模式（“九要素模型”）进行过讨论，本章引出另外一种更适合社会创业的商业模式理论（四构面模型）进行概要分析，便于更准确地理解社会创业商业模式与传统商业模式的异同。

“四构面模型”是由敦商学院哈默尔（Gary Hamel）教授提出，主要要素分别为顾客界面、核心战略、战略资源、价值网络。

1. 顾客界面

顾客界面是企业运营策略的基础性核心内容，包含三个次级要素。第一是目标顾客，指企业在制定经营策略时的主要服务的消费者群体；第二是销售实现与支持，用以描述如何构筑渠道来实现目标客户获取产品或服务；第三是定价结构，这是合理决定产品或服务价格的一种工具。

2. 核心战略

核心战略是保持市场竞争力的核心因素，主要从三个层次进行分析。第一是企业使命，就是企业所追求的最终价值的总体目标（社会价值和商业价值）；第二是产品与市场范围，明确产品或服务的边界，便于集中优势资源实现重点突破；第三是差异化基础，指相较于竞争对手的可比的重点优势特征，包括软实力与硬实力两个方面。

3. 战略资源

战略资源主要包括两个次级要素：第一是企业核心竞争力，主要指企业在市场竞争中能够带来比较竞争优势的能力；第二是战略资产，指在能使企业获得经济利益的资源和能力的配置组合中不可替代的内容，包括顾客资产、渠道资产等。

4. 价值网络

价值创造是创业活动过程中的主要目标与使命。为了更大限度地、更高效地完成价值目标的创造，创业活动应该根据价值传递机制，形成网络交互式的利益相关体，从而构建以创业活动为核心的利益相关者共赢机制。

这四大类要素既相互独立又相互联系，与此同时，又通过构面联结因素，包括资源配置、顾客价值、企业边界，来检验构面间是否充分联结。“结构配置”是指围绕核心战略，去整合战略性资源及能力的过程；“顾客利益”是基于顾客界面的企业核心战略打造的活动过程；“公司边界”主要是在价值网络中明确了企业的内外部战略资源的界定，结合外部的合作关系网络帮助企业合理做好战略资源的内外部安排。最后通过四大支撑因素，即效率、独特性、匹配度、利润，衡量商业模式是否具有利润潜力与竞争优势（见图 12-2）。

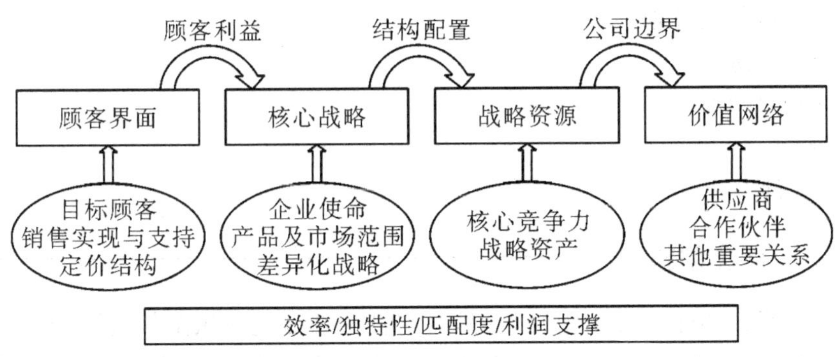

图 12-2　四构面模型

12.2.2.3　社会创业计划

本书前面的章节已对商业计划书进行过专门讨论，本章仅结合社会创业的特点，提供一份社会创业商业计划书纲要，以此总结社会创业计划的要点。

1. 执行概要

（略）

2. 需求与机会

（1）社会问题概述

（2）趋势分析：社会、政治、法律和经济趋势

（3）问题分析：问题的根源

（4）环境分析：其他组织解决这一问题的方案

（5）阻碍分析：解决问题中取得进步的挑战

（6）机会分析：以上信息如何确定处理问题的机会

3. 社会影响力模型

（1）组织概述

（2）经营管理模型：项目逻辑模型、所需的资源

（3）社会影响力模型：社会问题的界定、使命、成功愿景

（4）社会影响力战略描述

4. 执行战略

（1）计划时间表：试点（第一阶段）、退出（第二阶段）、缩放（第三阶段）

（2）第一阶段战略目标

（3）团队管理：包含志愿者

（4）财务可持续性

（5）市场营销

（6）技术管理

（7）公共政策：与问题有关的当前政策，可能有助于项目的政策，通过对外关系合作增加影响机会

（8）绩效评价：包括衡量项目社会价值的目标、指标，以及与提高绩效的正反馈回路。

(9) 风险管理

5. 第一阶段行动计划

(1) 分工与协作

(2) 活动时间表

6. 附录

支撑性文件

12. 2. 3 社会创投

"社会创投"，亦称"公益创投"，是对"社会企业创业风险投资"或"公益组织创业风险投资"的简称，属于社会风险投资范畴，专注于投资那些具有潜在重大社会影响力的社会企业。这涵盖了投资前的尽职调查、提供财务支持以及非财务性的增值服务等，旨在实现最大化的社会影响。尽管社会创投的定义与内涵持续演进，但它已成为推动社会创业活动从起步到扩大影响力的关键支撑，并在初创阶段发挥着日益重要的孵化作用。

12. 2. 3. 1 社会创投的特征

相较于传统商业企业，社会创投表现出以下几个显著特征：

1. 持久社会影响力的追求

传统风险投资主要投资于商业企业，追求最高经济回报；而社会创投则投资于社会企业等组织，并非单纯的慈善捐赠，旨在通过高效利用资源，实现社会效益与经济效益的最大化，从而产生深远的社会影响力。

2. 与社会企业的紧密联系

在传统慈善领域，捐赠者通常只负责资金捐赠，不参与资金使用及流向。然而，在社会创投中，投资者作为合作伙伴，有权参与社会企业的日常经营管理，提供管理咨询服务，建立起双方紧密合作的关系。

3. 多元化的支持体系

社会创投不仅提供财务支持，还涵盖非财务支持，如管理咨询、经营管理参与、供应商与法律顾问介绍等。其目标是帮助社会企业实现独立运营，提升综合能力，以便在市场中获得份额，持续解决社会问题。

4. 耐心资本

社会创投的共性在于其"耐心资本"理念，不局限于短期利益回报，而是追求长期的持续影响力。投资者在投资前严格筛选对象与项目，一旦选定，将提供 3~5 年，甚至更长时间的持续援助，因为影响力的创造需要长期投入与努力。

5. 退出策略

当社会创投项目完成，被投资的社会企业具备高效运营能力后，投资者将终止资金支持，转而寻找下一个潜力项目。

12. 2. 3. 2 社会创投与其他投资的区别

1. 与慈善捐助的区别

广义上，慈善捐助是不求经济回报、纯粹追求社会效益的投资。它无严格投资方向，不参与资金使用决策。而社会创投则追求经济价值回报，无论投资领域如何，都期望获得财务收益，这是两者的本质区别。此外，社会创投收益可再投资，而慈善捐助需持续捐赠，导致两者在社会效益扩展性、效率上存在差异。因此，更多有策略、远见的慈善家与基金会开始采纳社会创投理念，摒弃单一捐助模式。

2. 与社会责任投资的区别

社会责任投资传统上指投资于对解决环境、社会问题有正面贡献的公司，避免投资负面领域。其决策标准之一是避免对社会环境造成不良影响，但非主动追求社会效益。这与社会创投形成鲜明对比。社会创投更为主动，而社会责任投资相对被动。两者虽有联系，但亦存在区别。

3. 与传统投资的区别

社会创投不仅追求财务回报，还追求投资产生的社会价值。投资者在获得收益的同时，也参与慈善事业，对解决特定社会问题做出贡献。这种双重投资目的，是社会创投与慈善捐助及传统投资的本质区别，也是其独特优势所在。

【作业与思考】

1. 为什么说社会创业机会来自市场失灵和政府失灵？

2. 在《联合国千年发展目标》《2030 年可持续发展议程》中你能找到那些社会创业机会？

3. 比较前一章的商业计划书，看看本章讨论的社会企业的商业计划有哪些显著特点。

12.3 社会企业管理

12.3.1 社会企业的概述

12.3.1.1 社会企业的定义

关于“社会企业”的定义，至今仍缺乏普遍共识。该概念最初由经济合作与发展组织（OECD）于 1994 年提出，并在 1999 年得到明确界定：它指的是任何基于企业战略、为公共利益服务的私人活动，其核心目的并非单纯追求利润最大化，而是旨在达成既定的经济与社会目标，同时拥有解决社会排斥与失业问题的创新策略。英国政府的第三部门办公室（Office of the Third Sector）则将其描述为：不以股东及所有者利益最大化为宗旨，而以社会目标为根本的企业，其所得利润全部用于企业再投资或回馈社会。美国社会企业联盟（Social Enterprise Alliance）的定义强调，社会企业是主动融合非营利（或政府导向）的社会使命与市场化运作机制的组织。

2004 年，《中国社会劳动研究》首次将“社会企业”这一概念引入中国，并形成了四种主要观点：第一种认为社会企业介于纯公益性的非营利组织与传统的营利性商业企业之间，兼具经济性和社会性，旨在实现社会与环境目标，并维持可持续发展；第二种将其视为中小企业的一种商业创新模式；第三种则认为社会企业是通过高效资源整合来创造价值的竞争性组织，其资源整合能力直接决定价值创造的大小；第四种观点指出，社会企业承担着公共服务和社会保障功能，在扶贫、助残、支教、环保、促进就业等多个领域发挥重要作用，提供独特的产品与服务，这些往往超出了普通非营利组织与传统商业企业的经营范围。

综上所述，本书将"社会企业"界定为：一类以基本社会目标为导向，不以最大化股东及所有者利益为首要动机，且其盈利全部用于再生产或社会服务的企业。

12.3.1.2 社会企业与非营利组织的差异

相较于非营利组织严重依赖社会捐赠及政府拨款，社会企业依托市场化商业活动拥有更为自由的资金收入。社会企业与传统非营利组织相比，典型的特征表现如下：

（1）以解决社会问题为根本使命，同时兼顾"经济"和"社会"的双重目标；

（2）组织发展不依赖于社会捐赠或政府拨款，而是以市场化商业手段创造利润，保障自身成长所需的资金来源；

（3）以社会创新创业的思维模式，高效、可持续性地解决各类社会问题；

（4）发展理念在于"助人自助"，更关注直接受众的切身感受。总体而言，非营利组织不会以市场化运作的经营收入为首要目标，而更多依赖外界公众的捐赠与资助；而社会企业却在解决社会问题的同时，重视经营性利润的有效创造，以保证组织及公益事业可持续发展的资金来源。

12.3.1.3 社会企业的分类

社会企业具有多重属性，不同的社会企业往往具有不同的社会目标，本书尝试从社会企业设立的宗旨、解决社会问题的种类两方面入手对社会企业进行分类。

1. 政府补充型社会企业

由于政府的各种原因公共产品或者公共服务的供给不足而产生的政府补充型社会企业，能够通过其技术优势或者创新，补充其不足，推动社会全面发展和进步。

2. 社会补充型社会企业

为保障某类特殊弱势群体的社会权益而产生的社会补充型社会企业，其企业运行的终极目标是完善社会保障体系，是现有社会保障的一种补充。

3. 市场补充型社会企业

为了倡导经济活动的公平公正，提倡绿色经济、环保经济，通过公平交易保障产业链中弱势群体的权益而产生的市场补充型社会企业。其收益主要用于支持当地的经济建设和社会建设，弥补由政府宏观调控失灵造成的市场漏洞。

【情景案例】

残友集团

刘勇出生于西安，其幼年时期因一场意外事故遭受重创，致使身体瘫痪，此后生活中需依靠钢架支撑身体行动。一次偶然的机会，刘勇结识了身患血友病的郑卫宁。相同的困境与对生活的热爱，使二人结下深厚情谊，更为日后携手创业奠定了坚实基础。凭借对未来的憧憬与改变命运的决心，二人踏上创业征程。郑卫宁以个人积攒的

30 万元作为启动资金，与刘勇共同开办了一家网吧，并兼营网络编程业务。

创业之路荆棘密布，充满艰辛与挑战，但他们凭借着坚定的意志、敏锐的商业洞察力以及不懈的努力，稳步前行，逐步积累起丰富的行业经验。随着业务的有序推进，他们的事业版图不断扩展。1999 年，深圳残友集团正式成立，这一里程碑事件不仅标志着他们个人事业的飞跃，更承载着众多残障人士的梦想与希望。经过 10 余年的稳健发展，残友集团的业务领域不断拓展，涵盖软件研发、动漫制作、电子产品组装等多个领域，形成了多元化的产业布局。尤为值得称赞的是，残友集团在发展过程中始终坚守对残障人士的关爱与责任。目前，集团雇员总数达 3 700 余人，其中残障员工占比超 90%，为残障人士提供了广阔的就业空间与实现自我价值的平台。残友集团构建了独特的“三位一体”架构，即由企业、基金会和社会组织三部分有机组成。在这一架构中，企业 90%的股份归基金会所有，基金会每年将企业 90%的利润划拨至社会组织，社会组织则将这些资金精准投入到残友的 32 家分公司，主要用于为残疾人员工提供全方位的后勤保障服务，从饮食起居到出行安排，事无巨细，全力保障残疾人员工的生活质量。通过这种紧密关联、相辅相成的架构设置，残友集团成功构建起一套可持续的支持体系，为残障员工提供了长期、稳定且全面的支持，让每一位残疾人员工都能在温暖与关怀中追逐梦想，实现人生价值的升华。

（案例来源：残友事业官网，http://www.canyoucn.com/founder/index.html.）

12.3.2 社会企业的法律形式

12.3.2.1 国外社会企业的法律形式

国外社会企业的法律形式主要以营利性组织和非营利性组织两种法律形式为基础，可大致分为三种类型：公司形式、合作社形式、无特定法律形式。如表 12-1 所示。

表 12-1 国外社会企业的法律形式

<table>
<tr><th colspan="2">公司形式</th><th colspan="2">合作社形式</th><th colspan="2">无特定法律形式</th></tr>
<tr><td>英国</td><td>社区利益公司</td><td>葡萄牙</td><td>社会团结合作社</td><td>芬兰</td><td>社会目的公司</td></tr>
<tr><td rowspan="3">美国（州）</td><td>共益公司</td><td>西班牙</td><td>社会倡议合作社</td><td rowspan="3">立陶宛</td><td rowspan="3">社会企业</td></tr>
<tr><td>低利润有限责任公司</td><td>希腊</td><td>有限责任社会合作社</td></tr>
<tr><td>弹性目标公司</td><td>法国</td><td>集体利益合作社</td></tr>
<tr><td>比利时</td><td>社会目的公司</td><td>波兰</td><td>社会合作社</td><td rowspan="2">韩国</td><td rowspan="2">社会企业</td></tr>
<tr><td>加拿大（州）</td><td>社区贡献公司</td><td>意大利</td><td>社会合作社</td></tr>
</table>

1. 公司形式的社会企业

公司形式的社会企业是指采用公司形式注册的社会企业。一般而言，英、美等国家倾向于采用公司形式的社会企业，例如英国的社区利益公司和美国的共益公司。英国是公司形式社会企业发展较为成熟的国家。根据英国政府的官方资料，仅仅在 2020 年 4 月至 2021 年 3 月，英国就注册成立了 6 838 家社区利益公司。英、美国家倾向认为，公司形式的社会企业在本质上仍属于公司范畴内的组织，公司形式的社会企业与普通公司一样通过商业形式进行运作，参与市场竞争，不同的只是前者要将企业所得的一部分利润用于社会，实现自身社会目标。

2. 合作社形式的社会企业

这种形式的社会企业由合作社转化而来，合作社主要通过联合个体的方式为弱势群体提供帮助。与其他形式的社会企业相比，合作社形式的社会企业带有更多的非营利性色彩，因为合作社形式的社会企业带有天然而具体的社会目标与利润分配限制机制。采用这种形式的社会企业的代表国家有意大利、波兰、希腊等。

3. 无特定法律形式的社会企业

采取这种形式的国家一般在其现有法律形式的基础上，对社会组织进行社会企业认定，将符合标准的社会组织认定为社会企业，并不对主体形式进行限定。换言之，其将“社会企业”理解为一种法律标签，符合条件的社会组织都可以纳入社会企业范围，社会企业并非一种专门的法律形式，而是作为一个集群概念，内含多种现存法律形式。例如韩国不仅设定了社会企业的大类标签，而且对社会企业的标签进行了进一步的细化，包括：就业岗位提供型社会企业、地区贡献型社会企业、社会服务提供型社会企业、混合型及创意/创新型社会企业。这些不同类型的社会企业对应服务不同的社会目标，会得到不同程度的政府扶持。不仅如此，韩国还设立了准社会企业制度，即对于无法完全满足认定标准的企业，可以通过申请转为准社会企业，从而获得一定的政府资助。

12.3.2.2　国内社会企业的法律形式

虽然社会企业并非最早起源于我国，但我国社会企业也已经有十几年的发展历史，并且在此过程中，社会企业在提供公共服务、提升我国社会福利水平等方面做出了较大贡献。但由于我国社会企业相关立法的缺位，我国社会企业的法律形式呈现出以原有法律形式为基础、多种形式并存的样态（图 12-3）。《中国社会企业与社会投资行业扫描调研报告》显示，我国社会企业的法律形式相对多样，其中多数为已经注册的社会组织与企业，另外，也有相当比例的社会企业同时注册了两种及以上的不同性质的组织。

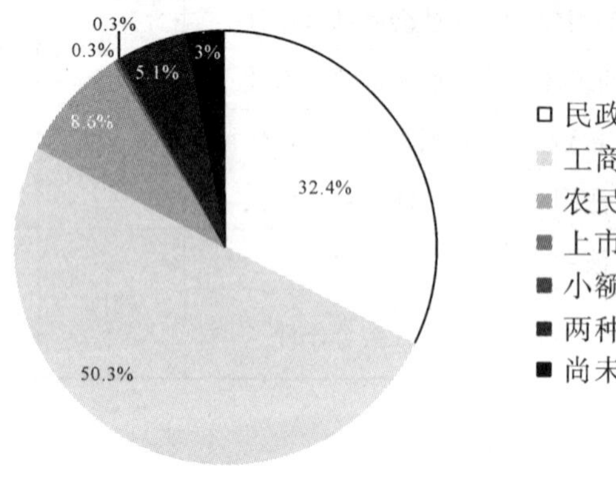

图 12-3　我国社会企业的法律形式

1. 工商部门注册的企业

这类型的社会企业主要为《中华人民共和国公司法》《中华人民共和国合伙企业法》与《中华人民共和国个人独资法》所调整的企业类型。在经营范围方面，公司的经营范围由章程规定，对利润分配、任意公积金等均可由公司自主决定。我国现行法律制度并未禁止企业将自身利润用于实现社会目标，因此，在工商部门注册的企业占比远高于民政部门登记的社会企业和农民专业合作社等社会企业。由于我国目前尚未在立法层面明确社会企业的概念，我国社会企业在诸多方面与一般企业的待遇并无差异，例如在税收方面，社会企业与商业公司同样按照25%的税率承担负税，同时还面临着资本产权界定难、信息披露缺乏依据、社会投资者积极性不高等问题。

2. 民政部门登记的社会企业

这主要分为两类：一是民办非企业单位，二是社会团体。若以上文对社会企业的界定为标准，在我国民政部门登记的社会组织中，满足社会企业标准的社会组织并不多，其主要原因在于，在一般情况下，我国法律禁止民办非企业单位与社会团体从事营利性经营活动。而特殊情况是指：在2016年，《中华人民共和国民办教育促进法》将民办学校进行了分类，即民办学校包含营利性和非营利性两种形式。

3. 农民专业合作社

这是指以农村家庭承包经营为基础，通过提供农产品的销售、加工、运输等与农业生产经营有关的技术、信息等服务来实现成员互助目的的组织。目前我国相关法律法规对农民专业合作社的利润分配有严格的要求：首先，农民专业合作社要保证一定比例的可分配利润返还给本社成员；其次，农民专业合作社成员中，农民成员所占比例应保证在80%以上。

12.3.2.3 社会企业的认证

社会企业认证是构建社会企业可持续发展生态系统的第一步，目前已有22个国家和地区具备较完整的社会企业认证体系，认证数据可以展示社会企业在全球的发展状况。起步较早、发展较为成熟的认证模式包括英国CIC模式、美国L3C模式、美国B Corp模式以及韩国模式等。中国香港地区的已认证社会企业超过570家，在中国台湾地区登录社会企业平台的组织超过120家。我国内地（大陆）自2015年佛山市顺德区首次开展地方性社会企业认证以来，陆续有中国慈展会、成都市、北京市等开展了社会企业认证工作，分别呈现出认证范围的地方性和全国性、认证推动的政府主导和行业主导的不同特点。总体来看，社会企业认证分为两大认证体系：一是由中国慈展会所开创的全国性认证，属于行业认证；二是地方性的社会企业认证，通过认证的社会企业能得到当地政府的认可与支持。

由于目前中国社会企业的标准难以统一，各地区对社会企业的法律保护和政策支持还处于发展、完善的状态，因此社会企业的认证显得尤为重要。建立社会企业的身份识别机制，通过认证授予社会企业的合法性是关键。目前认证主要围绕以解决社会问题为使命创立的社会企业自身如何定义、身份确认、公司治理、价值主张、价值分配、环境影响、如何认定、领域划分等展开。2020年，社会企业认证平台（China Social Enterprise Certification Center，CSECC）联合其他专业机构就中国在执行行业与地方认证的3家非营利的认证机构所实施的《中国社会企业行业认证标准体系》《地方社会企业认证体系》标准在认证企业的机构资质、创新解决方法、社会目标优先、解决问题的效能、行业影响等方面有了更精细的标准定义，以保证认证机制能够稳定社会目标，并推动社会企业获得更多、更广泛的社会认可。

【情景案例】

科学松鼠会

“科学松鼠会”的组织架构，你甚至无法想象，这样一个活动繁多、组织缜密的机构，它的全职员工仅有4人。其在各地的活动组织全靠志愿者帮忙。当然，这并不是什么好事情。游识猷表示，根据具体项目临时招募志愿者的松散机制亟须改进，机构正准备建立一定的组织和流程来拓展志愿者空间。而人力资源不足正是“科学松鼠会”当下面临的最大问题。

目前，参与“科学松鼠会”活动的主要是成年人，平均年龄在26岁。姬十三希望这些活动扮演的角色“是一种补偿和调色，而非生平志向”。

“特别地，果壳将问答视作话题讨论的一种特殊形态，它与小组、主题站、日志构成产品上的互补，满足不同需求。你可以将一个问题推送到关注的小组，也可将自己的回答收录在日志。它将是果壳的特殊单元。请静候它的慢慢生长。”

2009年，“北京一群松鼠文化传播有限公司”注册成立，开始从事科学图书出版和科学传播工作。2010年5月，公司更名为“北京果壳互动科技传媒有限公司”。11月，在获得国际知名风险投资机构挚信资本100万美元投资的背景下，“果壳网”正式亮相登场。

姬十三称这是一个“蓄谋已久的决定”，“但总有些故事，因为经历了时间，看起来意味深长，厚积薄发”。

这个全新上线的泛科技主题网站，推出了趣科技、健康、心理、爱宠等多个主题站，来覆盖和迎合都市青年人群与科技相关的各类话题与兴趣点。除此之外，“果壳网”还推出特色的“果壳问答”服务，用户的问题将在这里被关注、解答和分享。该板块的模式类似于此前在互联网上已小有名气的“知乎”，但区别在于这里的回答更具有科技视角。

几乎同时，“科学松鼠会”也对组织架构进行了全新升级，完成了从草根组织到具有合法身份的公益性非营利机构的转型。更为高级的“哈赛科技传播中心”作为民办非企业单位注册成功，管理以“科学松鼠会”为旗舰的科普项目群。同时将工作内容扩展到高端科学讲坛“果壳时间”科学支教、科学互助等多个与科学相关的公益项目。

虽然身份为公益性非营利机构，但“科学松鼠会”的资金来源主要是靠策划项目，申请来自合作方的经费支持。

一方面，“北京果壳互动科技传媒有限公司”与“哈赛科技传播中心”完全独立，分别由不同的核心团队运营。另一方面，前者又将坚持社会公益目标，承诺在一年内向后者提供百万人民币级别的经济支持。

作为这两家机构创始人的姬十三表示：“我们的目标始终是面向公众倡导科技理念，让鲜活的科技内容走进流行文化。而实现这一目标的过程，既可以选择公益方式，也可以通过商业路径。”

（整理自：张木兰．生活谣言终结者：科普类NGO的生存之道［N］．公益时报，2012-07-31.）

12.3.3 社会企业可持续运营

12.3.3.1 社会企业可持续运营概念

企业的可持续运营从之前只关注环境问题转向关注员工健康、福利、安全等问题，即达到经济、社会、环境三重底线均实现可持续运营，并逐步升级为供应链的可持续运营，即在供应链上的企业相互协助，共同达到可持续运营。结合社会企业同时兼顾经济价值和社会价值这一特征，社会企业可持续运营不仅包括上述一般意义上的概念，还重点指为其自身造血机制的可持续，即社会企业单靠外界资源输入是远远不够的，需要有自身供应链的可持续运营能力，需要有政府、社会投资者、居民等多方共赢的运营模式，才能实现社会企业的不断发展与可持续运营。

12.3.3.2 社会企业可持续运营障碍

1. 政策环境的限制

到目前为止，对于社会企业的界定和认知，一直停留在各专家的不断探讨与争议上，国家没有官方文件出台，没有明确的社会企业方面的法律实体，从而导致一些福利政策也无法拟定。社会企业的发展缺乏国家重视，缺乏政策支撑，同时令创业者很难找准社会企业在市场中的位置，使其经营方向出现偏差或很难在市场中生存。

2. 过于依赖外部输入

由于社会企业诞生的背景特殊，大部分社会企业由非营利组织转型而来，因此避免不了依然保持非营利组织的经营方式，即对外界捐助、政府扶持的依赖较为严重，从而使资金获取比较被动，资金的不足限制了社会企业的业务扩展。因此对外部输入的过于依赖，以及自身造血能力不足导致社会企业发展缓慢，难以实现可持续运营。

3. 供应链单一，参与主体少

社会企业是为了实现社会目的而创建的，所以在发展初期，社会企业的参与者多为有共同社会意识的志愿者或组织，而与社会企业自身有共同意识的参与者又是少数，且社会企业的运营目标决定了它并不是以营利为目的，所以对员工和参与者的回报有限，故而对其他主体的吸引力不足，使得社会企业的参与主体少。另外大多数社会企业的供应链模式单一，经营规模比较小，盈利能力也比较弱，要实现长久持续的运营就比较困难。

4. 竞争力弱

任何企业要想在市场上存活都需要有自己核心的竞争力，如技术、人才、战略等。以大多数社会企业目前的经营状况来看，其在人才、技术等方面均缺乏有力的竞争力。首先，由于社会企业性质特殊，具有社会企业精神的优秀管理者很少；其次，由于社会企业的盈利少，对非志愿的员工回报少，所以员工流失率高；最后，社会企业以实现社会使命为目的，所以除了经营目标和经营环节的不同之外，在技术上很少有其特别之处。

12.3.3.3 社会企业可持续运营的影响因素

1. 内部影响因素

这主要是指企业自身及供应链上的影响企业可持续运营的因素，包括从领导层到员工层的人力资源维度，从企业供应商到顾客的供应链的价值创造能力维度，以及从企业内部稀缺资源到企业的核心技术优势的核心竞争力维度。

（1）人力资源维度。社会企业的可持续运营离不开人力资源的吸引与利用，各层级的人员各司其职、分工合作才能使企业的运营有条不紊。社会企业家需要有丰富的管理经验、良好的社会经验以及自身附带的特定资源如人脉、合作伙伴等。社会企业员工需要具备相应的工作素质以及合格的操作技能，保证产品或服务的质量，具有良好的社会使命感，力争为企业创造效益。充分聘用优秀的人员，并使其各尽其才，保证社会企业在人力资源上的稳定和持续。

（2）供应链的价值创造能力维度。供应链的价值创造能力也就是社会企业的自我造血能力，不能对外界形成过度依赖。供应链的价值创造能力首先要求社会企业在帮助扶助对象的同时保证其商业供应链是完整的、可运营的，其次要求该供应链是一个良性的、可持续的、可盈利的供应链。这就需要社会企业结合自身特征及业务需求，不断维护、拓展和丰富供应链上的主体，充分调动供应链上各主体的积极性，实现每个环节最大限度的价值创造，从而提升自身的造血功能，为自身业务发展提供良好的支撑，创造更多的价值，更好地解决社会问题，完成社会使命。

（3）核心竞争力维度。社会企业要想实现可持续运营，更需要具备自身的核心竞争力，在市场竞争中需获取属于自身的稀缺资源以及核心技术等，使竞争对手无法超越。核心技术和稀缺资源的掌握是商业企业获胜的筹码，更是具有特殊属性的社会企业获胜筹码。社会企业需根据自身的异质性，认清自身的短板和优势，在实现社会目的的同时，寻找和掌握自己特殊的稀缺资源，研发出自己的核心技术，只有这样才能在同行业的市场竞争中不受外部因素影响，凸显自己的优势，实现长久持续运营。

2. 外部影响因素

这是指除了社会企业内部自身及供应链上的影响因素之外的生态圈中的其他影响因素，包括它的环境影响因素、第三方合作伙伴影响因素等。

（1）外部政策环境维度，包括政府的支持、公共政策、企业政策等。在目前政府尚未出台社会企业相关政策的情况下，社会企业需顺应时代发展，及时了解相关的公共政策和企业政策，在不违背政策的情况下，积极调整企业战略，响应政策，主动与政府合作，为自身发展争取有利的政策环境支持。

（2）外部参与主体维度，指除企业内部自身员工、管理者、供应商等之外的，与社会企业有共同意愿或有利益交换的第三方合作主体。参与主体越多元，社会企业可获取的信息、资源就会越多样，多样的信息和资源为社会企业的运营提供更多的可利用资源和机会，各合作主体的相互作用和制约为社会企业的发展提供更稳定的支撑环境，更有利于社会企业在市场中的持续运营。

【作业与思考】

1. 是否只有符合社会企业认证标准的企业才能算是社会企业？为什么？

2. 根据国外社会企业发展的历史和现状，结合我国实际情况，你认为我国社会企业未来在法律形式方面会有哪些必然的发展趋势？

3. 社会企业的运营管理为什么可以视为一种“悖论管理”？

【课程思政】

滴滴养猪——互联网+精准扶贫创业项目

精准扶贫作为近年来的热门话题，激发了众多创业者的创新思维。2018 年中央一号文件聚焦“三农”，与精准扶贫紧密结合，为这一领域注入了新的活力。四川省苍溪县白驿镇岫云村党支部书记李君，作为全国人大代表，凭借其在扶贫道路上的坚持与探索，推出了“滴滴养猪”项目，旨在通过互联网+模式，实现精细化养猪，促进农民增收，同时让城市居民享受到优质优价的猪肉。

团队背景：连续创业者的领军

李君并非普通的村支书，他拥有丰富的创业经验。从大学期间创业做大学生兼职中介，到后来开店、涉足电子商务，他经历了创业的起伏与波折。汶川地震后，他毅然回到家乡，投身农村扶贫事业，通过 10 年的努力，探索出了“互联网+小农经济”的发展路径，并创立了多个品牌，如“时光鸡”“岁月鸭“年华猪”等。

2017 年，他成立了四川年华猪农业科技有限责任公司，专注于推动养猪业的精细化生产。团队由 10 人组成，涵盖生产、流通、产品开发等领域。值得一提的是，该项目的早期投资中，有新三板挂牌公司老板的参与，这不仅是对两人友情的肯定，更是对项目商业前景和社会效益的认可。

选品理由：单价高、刚需、市场痛点明显

在选品上，李君选择了养猪而非养禽。这是因为猪肉在我国是刚需，拥有万亿级市场；同时，猪的单价更高，更利于成本控制和智能溯源；此外，猪肉市场存在诸多痛点，如滥用饲料、激素、抗生素等问题，导致猪肉品质下降，影响消费者健康。因此，李君决定通过技术手段解决这些问题，实现生猪产业的良性循环和可持续发展。

切入模式：去规模化、去重量化、去中间化、定制化

“滴滴养猪”项目采用“公司+合伙人+农户”的模式，整合有养殖能力的农户，以时间而非重量作为养殖标准，通过猪儿妞妞 App 实现系统化管理和共享养殖。农户负责养殖，合伙人负责管理，公司负责线上线下营销。通过去规模化、去重量化、去中间化、定制化的方式，拉近生产与市场的距离，解决农户与消费者的信任问题。

技术保障与价格保护

在养殖过程中，李君摒弃了传统的规模养殖，采用小规模、绿色生态的养殖模式。通过引入智能耳标和溯源体系，确保猪肉的绿色环保和品质安全。同时，公司改变传统的计价方式，实行价格保护机制，降低农户风险，保障农户劳动价值。农户严格按照养殖标准饲养，就能拿到 2 000 元/头的保底价，且养殖成本相对较低。

互联网工具与诚信体系

猪儿妞妞 App 作为项目的核心工具，链接农户与消费者，实现信息共享和透明化。消费者可以通过 App 查看认养年猪的生长情况，直至出栏。同时，公司构建了合伙人及消费者综合评价体系，优先推荐诚信评价较高的农户。这些措施进一步增强了消费者与农户之间的信任关系。

规模与体量：满足市场需求

根据推算，一个村每年可以产出300~600头年华猪，满足一个门店或社区居民的需求。在苍溪县，这样的村子有785个，市场潜力巨大。若销售及生产计划顺利推动，全县农户每年生猪养殖收入预计可达数亿元。同时，公司平台利润和线下猪肉店面终端利润也十分可观。

商业延展：新零售理念结合

在项目后端环节，李君结合新零售理念，计划开展年华猪门店业务。通过连锁经营模式，在中高端成熟社区底商开设门店，结合线下猪肉产品销售和体验切入市场，并售卖新产品如卤肉、饺子、包子等地方特产。公司通过打造品牌，获取用户流量并向线上引流，实现线上线下融合发展。

风险控制：多维度保障

在风险控制方面，李君采取了多项措施。首先，通过黑名单机制和连续考核机制控制农户和村级合伙人的风险；其次，构建项目护城河，利用企业在农村的组织能力和与农民打交道的经验作为核心竞争力；再次，在消费定位上，确保猪肉价格适中，满足广大消费者的需求；最后，在防疫风险上，由于养殖分散且防疫延伸到村一级，出现集中疫情的几率较小。

"滴滴养猪"项目通过创新性的商业模式和技术手段，实现了精准扶贫与经济效益的双赢。该项目不仅促进了农民增收和农村经济发展，还为城市居民提供了优质优价的猪肉产品。未来，随着项目的深入实施和市场的不断拓展，"滴滴养猪"有望成为生猪产业领域的佼佼者。

（资料来源：罗曙驰．"滴滴养猪"来了！四川村支书连续创业，互联网+精准扶贫引投资[EB/OL].(2018-03-05)[2025-02-18].https://baijiahao.baidu.com/s?id=1594094918473174412.）

【思考与讨论】

1. 从社会创业视角分析"滴滴养猪"的商业模式。
2. 你认为推进"滴滴养猪"成功的最主要因素是什么？
3. "滴滴养猪"的商业模式可以复制到其他类型的农产品吗？为什么？

【本章要点】

●什么是社会创业？
●社会创业机会的来源有哪些？
●什么是社会企业？运营管理有什么特点？

【重要概念】

社会企业　社会创业　社会创新　社会创投

【复习思考题】

1. 为什么要研究和学习社会创业课程?

2. 社会创业的定义是什么? 它与商业创业有哪些根本的区别?

3. 社会企业在运营管理上有哪些特点? 这些特点如何帮助它们实现社会目标?

4. 社会创业机会通常来自哪些领域? 请举例说明如何从社会问题中发现创业机会。

5. 社会创业与社会创新之间存在哪些联系与区别? 请结合具体案例进行分析。

6. 社会企业如何平衡社会使命和经济可持续性? 请讨论实现这一平衡的策略和挑战。

【实践练习】

社会企业家访谈

(1) 活动名称: 创业者访谈

(2) 活动目的: 了解创业者精神, 学习如何开展访谈

(3) 活动人数: 30~60 人

(4) 活动时间: 60 分钟

(5) 活动规则:

步骤一, 按照 4~6 人一组将学生分成小组, 每个小组选择一位创业者作为访谈对象;

步骤二, 各小组针对各自的访谈对象, 设计合适的访谈提纲;

步骤三, 各小组与访谈对象取得联系, 开展 1 个小时左右的访谈, 访谈时需做好文字、图片、视频等形式的记录;

步骤四, 整理访谈内容, 各组制作短视频并在课上分享访谈心得。

(6) 活动反思: 从访谈的创业者身上学到了什么? 哪些是可以学习的? 哪些是无法学习的? 访谈提纲还有哪些地方需要修改与完善?

【案例讨论】

请阅读下面案例, 讨论回答问题。

扎根农村, 下乡创业者陈兴友和他的安州电商产业园

安州区电商产业园正式成立于 2015 年, 目前已经驻有电商企业 84 家, 2020 年全年销售额达到了 3 亿元。四川省绵阳市安州电商产业园是集电商孵化、电商服务、电商培训、仓储物流于一体的综合性电子商务产业园, 公司以专业运营的模式, 以网(微) 商和电子商务技术支撑企业为主体, 以其他配套服务企业为补充, 通过行业协会促进, 形成“政府+协会+网商+实体经济”的园区模式。安州互联网公社、农村淘宝、华教集团等重点项目运行良好。近年来, 园区电商企业成长迅速, 川蜀老味道公司依

托第三方平台经营特色调味品，自创“椒吱”品牌，日均发货量超 6 000 单，一季度实现销售额 1 500 余万元，同比增长 300%；明雪电子商务公司主营特色调味品和本地农特产品，一季度实现销售额 75 万元，同比增长 200%。目前，园区电商经营范围囊括农业、仓储、服务业、教育业等，此外，金融服务类企业和物流快递等企业也陆续入驻电商产业园，园区集聚效应显现，激活了产业新动能。

经历疾风骤雨，愈有坚如磐石的信心；穿越惊涛骇浪，更有扬帆远航的底气。陈兴友和他的团队一起见证和创造了安州电商产业的辉煌。安州区继 2017 年成为全省电子商务产业发展示范县和全省电商发展十佳县后，2022 年又吹响了数字安州的号角；安州电商产业园继 2018 年成为市级科技企业孵化器后，继续开拓创新，2021 年建成绵阳市首个农特产品直播基地，2022 年被评为全省电商示范基地，成功申报全省新业态基地，安州区电商产业园已经入驻 80 多家创新企业，直接带动了 300 余人就业，年产值超 3 亿元。

在已经深度嵌入乡村振兴人才培训、产业孵化、产品上行的基础上，作为睢水镇的“乡村产业运营官”，陈兴友和他的团队在 2022 年的乡村振兴“成绩单”异常亮眼：为枫香村招引各类投资商 100 余人次，落地农旅企业 5 家，吸引投资 900 余万元，吸引游客 3 000 人次，带动特色水产、特色研学、乡村旅居等产业创收 200 余万元，环比增长 450%，村集体经济收入突破 20 万元，全村新增就业岗位 50 余个，带动新增就业人数约 200 人，吸引的返创人才增长 50%，与安州区 6 个社区共建线上农特产品、旅游服务、用工信息共享平台。

陈兴友表示，2023 年，他和他的公司团队已经有了进一步助推乡村高质量振兴规划和行动方案。他将与安州区睢水镇深度合作，探索实践“人才+项目+股份”的村庄运营新模式，运营好“数字枫香”平台，做好“特色农业+科普基地+田园旅居”功能定位，丰富乡村公园的业态内涵，搭建数字化招商营销平台、乡村产品电商销售平台、数字化旅游服务平台、数字化基层治理平台，加速赋能全域农文旅融合发展，发展乡村特色产业，拓宽农民增收致富渠道。

（案例来源：综合相关资料撰写）

讨论题：

1. 基于本案例分析社会创业如何有效整合政府、企业和社会资源，推动农村电商产业园的可持续发展。

2. 社会创业在乡村振兴中如何发挥引领作用从而促进农村产业升级和农民增收？

3. 社会创业如何平衡商业利益与社会责任从而实现可持续发展与社会效益的双赢？

参考文献

奥莱特，2017. 有序创业 24 步法：创新型创业成功的方法论［M］. 徐中，译. 北京：机械工业出版社.

奥斯特瓦德，皮尼厄，2011. 商业模式新生代［M］. 王帅，毛心宇，严威，译. 北京：机械工业出版社.

奥斯特瓦德，皮尼厄，2016. 商业模式新生代（经典重译版）［M］. 黄涛，郁婧，译. 北京：机械工业出版社.

巴林杰，2016. 创业计划书：从创意到方案（原书第 2 版）［M］. 陈忠卫，等译. 北京：机械工业出版社.

布兰克，多夫，2013. 创业者手册：教你如何构建伟大的企业［M］. 新华都商学院，译. 北京：机械工业出版社.

蔡珊，2019. 猪八戒网络平台的社会创业商业模式研究［D］. 南昌：江西财经大学.

陈劲，王皓白，2007. 社会创业与社会创业者的概念界定与研究视角探讨［J］. 外国经济与管理，29（8）：10-15.

陈劲，郑刚，2021. 创新管理（精要版）［M］. 北京：北京大学出版社.

陈鑫，2018. 社会企业组织合法性获取及演变机制研究［D］. 武汉：华中科技大学.

德鲁克，2007. 创新与企业家精神［M］. 蔡文燕，译. 北京：机械工业出版社.

邓立治，2018. 商业计划书：原理、演示与案例［M］. 2 版. 北京：机械工业出版社.

赫里斯，2016. 创业学（原书第 9 版）［M］. 蔡莉，葛宝山，译. 北京：机械工业出版社.

霍洛维茨，2015. 创业维艰：如何完成比难更难的事［M］. 杨晓红，钟莉婷，译. 北京：中信出版社.

霍勇刚，2019. 社会企业研究：概念界定、组织形式与类型划分［J］. 韶关学院学报，40（7）：47-52.

蒋里，乌伯尼克尔，等，2022. 创新思维：斯坦福设计思维方法与工具［M］. 税琳琳，译. 北京：人民邮电出版社.

蒋闰婧，2019. 我国社会企业的成长路径研究［D］. 杭州：浙江大学.

蒯华伟，2018. 我国社会企业发展动力来源与模式探究［D］. 桂林：广西师范大学.

莱斯，2021. 精益创业：新创企业的成长思维［M］. 吴彤，译. 北京：中信出版社.

李丹，2019. 中国社会企业多元制度逻辑的管理模式与机制研究［D］. 成都：电子科技大学.

李典，高峰，李欣欣，等. 2019，基于精益—敏捷创新模式的新产品开发研究［J］. 江苏商论（4）：95-100.

李家华，张玉利，雷家骕，2015. 创业基础［M］. 2 版. 北京：清华大学出版社.

李娇娇，2018. 价值共创视角的中国社会企业可持续运营模型研究［D］. 郑州：河南大学.

李姗霖，2019. 我国大学生社会创业动机研究［D］. 武汉：武汉大学.

李时椿，2010. 创业管理［M］. 2 版. 北京：清华大学出版社.

李晓晗，2022. 社会企业商业模式创新过程中的使命漂移研究［D］. 大连：大连理工大学.

历娜，2004，中国制造企业实施精益创新的理论与对策研究［D］. 长春：吉林大学.

利果里，2016. 通用电气：FastWork 催生内部创新［J］. 中欧商业评论（7）：32-35.

林海，严中华，黎友焕，2013. 社会企业商业模式创新路径研究：以格莱珉银行为例［J］. 改革与战略，29（8）：73-77.

刘蕾，董欣静，2019. 社会创业的合法性获取策略［J］. 江苏师范大学学报（哲学社会科学版），45（1）：107-114，124.

刘长江，2016. 重新定义商业模式［M］. 北京：中国经济出版社.

龙光影，2019. 社会企业发展的现状和优化路径研究［J］. 企业科技与发展（6）：16-17，19.

卢明哲，2016. 公益创投：公益组织可持续发展的创新机制［J］. 经营管理者（31）：355.

罗旭，2019. 中国社会企业效用评价模型研究［D］. 北京：北京邮电大学.

麦映萍，2022. 社会创业团队治理对组织韧性的影响机理研究［D］. 泉州：华侨大学.

莫里斯，马，吴葆之，2016. 敏捷创新：用革命的方式来实现共享、激发创新并加速成功［M］. 高航，徐晓波，译. 北京：电子工业出版社.

莫瑞亚，2013. 精益创业实战［M］. 2 版. 张玳，译. 北京：人民邮电出版社.

内克，格林，布拉什，2015. 如何教创业：基于实践的百森教学法［M］. 薛红志，李华晶，张慧玉，等译. 北京：机械工业出版社.

秦远建，方壮新，2008. 论现代服务企业的敏捷创新［J］. 商业时代（36）：19-20.

沙洛维，比弗，特罗特，2016. 精益—敏捷项目管理实现企业级敏捷（修订本）［M］. 王雪露，译. 北京：电子工业出版社.

沙勇，2013. 中国社会企业研究［M］北京：中央编译出版社.

舒博，2010. 社会企业的崛起及在中国的发展［D］. 天津：南开大学.

孙德林，黄林，黄小萍，2012. 创业基础教程［M］. 北京：高等教育出版社.

孙洪义，2016. 创新创业基础［M］. 北京：机械工业出版社.

孙宇，2021. 基于农村贫困问题的社会创业可持续发展框架［D］. 大连：大连理工大学.

瓦尔多克，2016. 敏捷主义：从技术、商业和个人视角看敏捷商业思维［M］. 蜂巢思维，译. 北京：电子工业出版社.

瓦格纳，2015. 创新者的培养［M］. 陈劲，王鲁，刘文澜，译. 北京：科学出版社.

瓦拉瑞尔，泽丝曼尔，比特纳，等，2015. 服务营销（原书第6版）［M］. 张金成，白长虹，等译. 北京：机械工业出版社.

汪忠，廖宇，吴琳，2014. 社会创业生态系统的结构与运行机制研究［J］. 湖南大学学报（社会科学版）（5）：61-65.

王皓白，2010. 社会创业动机、机会识别与决策机制研究［D］. 杭州：浙江大学.

王名，朱晓红，2010. 社会企业论纲［J］. 中国非营利评论（2）：1-31.

王琦，杨安玲，2021. 利益相关者影响企业社会责任的研究述评［J］. 商业会计（18）：19-24.

王爽爽，2017. 社会创投对社会企业绩效的影响研究［D］. 长沙：湖南大学.

王彦博，2012. 基于知识创新的跨组织网络的微观层面研究［D］. 天津：天津大学.

邬爱其，焦豪，2008. 国外社会创业研究及其对构建和谐社会的启示［J］. 外国经济与管理（1）：17-22.

徐永光，2017. 公益向右　商业向左：社会企业与社会影响力投资［M］. 北京：中信出版社.

余烁萍，2021. 开放系统视角下社会企业发展研究［D］. 广州：广州大学.

张馨文，2022. 我国社会企业法律规制路径研究［D］. 长春：东北师范大学

张旭华，2012. 敏捷创新者的思维向量［J］. 企业管理（12）：94-96.

张耀辉，张树义，朱锋，2011. 创业学导论：原理、训练与应用［M］. 北京：机械工业出版社.

张玉利，陈寒松，薛红志，等，2017. 创业管理（基础版）［M］. 4版. 北京：机械工业出版社.

张玉利，薛红志，陈寒松，等，2020. 创业管理［M］. 5版. 北京：机械工业出版社.

赵萌，郭欣楠，2018. 中国社会企业的界定框架：从二元分析视角到元素组合视角［J］. 研究与发展管理，30（2）：136-147.

朱恒源，余佳，2016. 创业八讲［M］. 北京：机械工业出版社.

朱乐源，2017. 社会企业发展影响因素分析与改善对策研究［D］. 浙江：浙江工业大学.

朱燕空，罗美娟，祁明德，2018. 创业如何教：基于体验的五步教学法［M］. 北京：机械工业出版社.